用友 ERP 系列丛书

跨专业综合实训

——VBSE 实践教程

◎主　编　张志强
◎副主编　史建军　周付安

电子工業出版社

Publishing House of Electronics Industry

北京 · BEIJING

内 容 简 介

《跨专业综合实训——VBSE实践教程》是基于用友新道科技有限公司推出的虚拟商业社会环境（VBSE）跨专业综合实训平台编写的教材。通过在校园中搭建虚拟商业社会环境，全面模拟企业中的真实场景和工作情境，系统设置企业运作的职能部门、岗位、流程、业务等，全面仿真数据、货币、单据、账簿、营业执照、公章、合同、工作文档等，使学生能够完整体验真实的企业工作环境。

全书分为7个模块，分别是：模块1 跨专业综合实训认知、模块2 虚拟商业环境构建、模块3 企业期初状况分析、模块4 人力资源管理实务训练、模块5 财务会计工作实务训练、模块6 供应链管理实务训练、模块7 企业管理实务训练。

本书适合应用型本科及高职高专学生学习使用。

未经许可，不得以任何方式复制或抄袭本书之部分或全部内容。

版权所有，侵权必究。

图书在版编目（CIP）数据

跨专业综合实训：VBSE实践教程 / 张志强主编. —北京：电子工业出版社，2017.8
（用友ERP系列丛书）

ISBN 978-7-121-29717-5

Ⅰ. ①跨… Ⅱ. ①张… Ⅲ. ①企业管理—应用软件—高等学校—教材 Ⅳ. ①F272.7

中国版本图书馆CIP数据核字（2016）第196503号

策划编辑：张云怡
责任编辑：张云怡 特约编辑：张国栋 尹杰康
印　　刷：北京虎彩文化传播有限公司
装　　订：北京虎彩文化传播有限公司
出版发行：电子工业出版社
　　　　　北京市海淀区万寿路173信箱　邮编　100036
开　　本：787×1 092　1/16　印张：22.25　字数：569.6千字
版　　次：2017年8月第1版
印　　次：2023年7月第7次印刷
定　　价：49.00元

凡所购买电子工业出版社图书有缺损问题，请向购买书店调换。若书店售缺，请与本社发行部联系，联系及邮购电话：（010）88254888，88258888。

质量投诉请发邮件至zlts@phei.com.cn，盗版侵权举报请发邮件至dbqq@phei.com.cn。

本书咨询联系方式：（010）88254573。

前 言
Preface

《跨专业综合实训——VBSE 实践教程》是基于用友新道科技有限公司推出的虚拟商业社会环境（VBSE）跨专业综合实训平台编写的教材。VBSE 跨专业综合实训平台秉承"把企业搬进校园"的理念，借助用友集团企业信息化的丰富案例和多年实践积累，将真实企业案例转化为实践教学平台和教学产品。它通过在校园中搭建虚拟商业社会环境，全面模拟企业中的真实场景和工作情境，系统设置企业运作的职能部门、岗位、流程、业务等，全面仿真数据、货币、单据、账簿、营业执照、公章、合同、工作文档等。在课程进行过程中严格遵循企业的流程和规定，支持学生自主选择工作岗位，完整体验真实的企业工作环境。

虚拟商业社会环境的创新点主要有三点：第一，虚拟商业社会环境来自于企业的真实业务，其中所涉及的岗位、业务、单据、数据、流程都是抽取自真实的企业；第二，使用纸质单据和信息化平台相结合的课堂组织形式，既能够加强课程的情境性，提升学生对内容的印记和真实体验感，又可以帮助学生理解企业信息化的价值；第三，平台的设计和资源的开发基于学习科学原理和教学设计方法，符合有效教学的要求，在课程中整合了大量的合作学习、项目学习、基于问题的学习、情境教学等模式的应用，改变了传统的授受式课堂的教学组织形式。

虚拟商业社会环境可以用于替代学生的毕业实习。一方面，因为很多学生去企业实习并不能接触到核心业务和工作内容，往往只能做些基本的日常办公业务，在虚拟商业环境中则可以接触很多核心业务和数据。另一方面，学生在企业的固定岗位实习无法系统了解企业的总体架构，不清楚自身岗位和所做的业务与企业整体运营之间的逻辑关系。在虚拟商业社会环境中，学生不仅接触到自己所在岗位的业务，还有大量与其他部门包括外围服务机构的交互。

虚拟商业社会环境可以用于作为综合性课程整合学科知识。在虚拟商业社会环境中，涉及制造业、工商、税务、社保、银行、政务等诸多岗位和职位的内容，整合了会计学、市场营销学、管理学、税务等多个学科的知识和技能训练，包含了部门交流、研发计划、统筹管理、决策等实际问题，相对于单一学科的实践和训练，其综合性和实务性更强。

虚拟商业社会环境可以用于从学校到职业人的桥梁。在虚拟商业社会环境课程中，涉及岗位招聘、应聘、团队建设、任务分工、流程再造、合同撰写、谈判、业务沟通交流、公开化呈现、商业演示、竞争博弈、公司管理等多种业务内容。虚拟商业社会环境符合人才培养的规律，契合学习科学和认知科学的要求，能够帮助学生全面了解企业，训练在现代商业社会中从事经营管理所需的综合执行能力、综合决策能力、综合创新能力，感悟现代商业社会的企业经营。同时，能够帮助学生学会工作、学会思考，从而培养自身的全局意识和综合职业素养，成为现代商业社会所需的高潜质、具备全局观的实用性岗位人才。

本书撰写的主要目的有三个：第一，为学生在跨专业综合课程上提供系统的指导和训练，帮助学生更快更好地完成实训内容；第二，为学生搭建从校园通向企业的桥梁，做好职业生涯规划；第三，为学生创新创业、企业经营管理进行系统性实训，发挥企业孵化的部分功能。

本书模块 1 由周付安编写，模块 2、模块 3 由史建军编写，模块 4 由王华夏和孙天航编写，模块 5 由杜珊和齐媛编写，模块 6 由张志强、赵晴晴和胡玉洁编写，模块 7 由倪姐编写。全书由张志强统稿、审阅。

本书在编写过程中，得到了用友新道科技有限公司高级副总裁马德富先生、周前进先生，新道天津分公司蒋晓燕经理和吴金莉女士以及诸多领导和员工的帮助，在此一并表示感谢。

由于作者水平有限，书中难免存在不足之处，恳请广大读者批评指正。

作　者

目 录
Contents

模块 1
跨专业综合实训认知

本模块对跨专业综合实训的目的、内容、意义等内容进行了详细的阐述，帮助使用者形成对跨专业综合实训的基本认知，引导使用者掌握该门课程的学习方法，帮助使用者快速掌握课程的主旨和教材的使用方法。

实训项目 1.1 跨专业综合实训概述

跨专业综合实训作为一门实践课程，其核心理念在于"把企业搬进校园"，它通过将企业真实的岗位、业务、数据和业务流程教学化和产品化，在课程上为院校学生提供了逼真的企业实习环境。

1. 跨专业综合实训及其意义

跨专业综合实训解决的问题主要集中在三个方面，一是解决毕业生与企业用人之间的差异问题，二是解决当前院校毕业生在企业岗位上的能力训练问题，三是解决院校学生的实习问题。

（1）跨专业综合实训的核心理念。VBSE 是 Virtual Business Society Environment 的略写，代表着虚拟商业社会环境。VBSE 希望通过对不同形态组织典型特征的抽取，营造一个虚拟的商业社会环境，让受者在虚拟的市场环境、商务环境、政务环境和公共服务环境中，根据现实岗位工作内容、管理流程、业务单据，结合与教学目标适配的业务规则，将经营模拟与现实工作接轨，进行仿真经营和业务运作，可进行宏观、微观管理、多人协同模拟经营，是一个可以满足多专业学习与实践的一体化实训产品。

（2）跨专业综合实训所要解决的主要问题。院校培养人才的最终目的是为社会培养优秀人才，但是目前来看，企业用人与院校所培养出的学生之间存在较大的差距。跨专业综合实训也是为了解决这些问题而开发的。

① 毕业生与企业需求差距问题。毕业生的能力可以通过其对岗位的适应程度去考量和评价，这可以从毕业生自身和企业人力资源部门两个视角进行考察。

a. 学生自我评价视角。图 1-1 所显示的是麦可思公司对毕业两年后大学生适应工作岗位情况的调查。从中可以看出"实习和实践环节不够""无法调动学生学习兴趣"和"课程内容不实用或陈旧"是毕业生所认为的专业教学中最需要改进的地方。

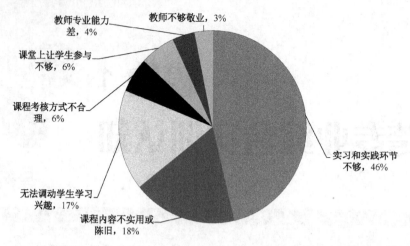

图 1-1　本科毕业生认为专业教学中最需要改进的地方[1]

　　b．企业人力部门视角。企业人力资源部门对所招聘毕业生的评价更为客观，表 1-1 显示的是企业人力资源部门对高校毕业生在工作岗位上的表现所做出的评价。从表中可以清晰地看出，"实践动手能力"和"组织协调能力"是企业对毕业生最不满意的两项，这一调查结果和从学生视角的调查数据结果基本吻合。

表 1-1　企业对高校毕业生表现的评价

（5 分代表最好，1 分代表最差）

考察项目	全体	研究生	本科生
工作态度及职业道德	3.6	3.6	3.6
专业知识适应状况	3.0	3.6	2.6
实践动手能力	3.0	3.1	2.7
创新意识和创新能力	3.3	3.7	3.1
合作精神	3.4	3.4	3.6
组织协调能力	2.8	2.9	2.6
知识面	3.2	3.6	2.8

　　② 院校毕业生在工作中所出现的主要问题。除了调查问卷所提供的数据，在对企业的访谈和调研中，可以更深入地了解当前毕业生在适应岗位和创新能力上存在的主要问题。这些问题大致可以归纳为以下几个方面：

　　a．缺乏事业心和责任心。很多毕业生无法迅速完成从院校学生到企业员工的角色转变，缺乏对工作的责任心和事业心，缺乏职业素养，不善于与其他员工合作，不善于整合资源，缺乏基本技能。

　　b．专业知识结构不够合理。从企业对员工的能力要求来看，现在的院校毕业生的知识结构不太合理。一是所学的基础知识不扎实，二是所学知识的内容陈旧。

　　c．学科的综合性、复合性不强。在企业环境中，解决一个问题往往需要多方面和多学科的知识，这就要求员工的知识面宽、复合能力强。例如，解决一个问题的过程至少要包含四个方面：一是会不会做，这属于技术层面；二是值不值得做，属于经济学和管理学层面；三是可

[1] 麦可思——中国 2010 届大学毕业生社会需求与培养质量调查

不可做，这属于社会和法律层面；四是应不应做，这是伦理和生态层面。从企业一个问题的解决过程可以看出，单一的学科结构和知识结构是很难去解决问题的。

d．解决问题的能力不足。在企业实践中，"知识就是力量"更为准确的表达方式是"正确运用知识才是力量"，而在院校教学中，突出的是对于知识的学习而非对知识的运用，这使得毕业生在面对非良性问题时显得毫无经验。

e．主动学习的能力不够。很多毕业生习惯于被动学习和被动接受信息，缺乏主动学习的意识和习惯。多年的学习习惯形成了学生依赖老师，自我学习能力和意识存在欠缺的局面。

2．虚拟商业环境与职业能力培养

虚拟商业环境能够培养学习者的责任意识、职业精神和工作规范。

（1）培养学习者的责任意识。在单纯的院校理论教学的学习过程中，学习者个体之间的关系是相对独立的，学习者只要做到"独善其身"即可。而在虚拟商业社会环境中，往往需要学习者共同合作来完成一个项目或者解决一个问题，在此过程中，学习者不仅要"独善其身"，还要在团队中发挥自己应有的作用，使其意识到自己的工作成果会影响到团队的结果达成，借此提升学习者的团队意识和协作精神，对于提升其创新能力是极有帮助的。

（2）培养学习者的职业精神。在虚拟商业社会环境的背景下，学习者对将来工作岗位的性质、内容和岗位需求会有更清醒的认识，从价值观角度来看，有利于学习者专业荣誉感和职业精神的培养，能够促使学习者更好地形成对未来职业的心理预期和心理定位，并为自己设定就业目标。

（3）培养学习者的工作规范。在虚拟商业社会环境中，企业中的许多工作规范和企业文化会潜移默化地影响到学习者。包括企业中的规章制度、行为规范、工作流程、待人接物礼仪、汇报呈现方式、会议组织和安排等，这对促进学习者进入工作岗位后的正向迁移具有积极的意义。

3．基于虚拟商业环境课程的特征

虚拟商业环境学习注重知识的交叉性、综合性和关联性，能够有效激发学生的学习动机和学习兴趣，对于弥补传统课程设计的不足和迁移学科知识与企业应用具有积极意义。

（1）注重知识的交叉性、综合性和关联性。虚拟商业社会环境中，对于"知识和技能"培养目标的导向作用反映在以下几个方面。

① 交叉性增强。在单纯的院校理论教学中，知识和技能的传授和学习往往是以彼此之间相互独立的课程和知识单元为逻辑主线展开的，而企业业务实践中则往往是以问题的解决为逻辑起点，其应用到的学科和知识很多。因此在虚拟商业社会环境背景下，对于促进学科和知识点之间的交叉性具有明显的导向作用，而学科的交叉性被认为是培养创新人才的重要条件。

② 综合性增强。在单纯的院校理论教学中，无论是课程的讲授与学习还是作业的布置，都聚焦于某一知识点或技能点，教学目标也会相应地定位在对于知识点和技能点的掌握上。而在企业实务中，一个问题的解决往往是一个较为完整的系统过程，体现出的是对学生综合能力的要求。一个普通的基于项目的学习可能涉及的环节有前期调研、需求分析、方案设计、方案实施、修改完善、数据整理、最终呈现和形成报告等一系列过程，这个过程也是培养学生综合能力的过程。

③ 关联性增强。在单纯的院校理论教学中，学生对于知识和技能的学习往往是"单元式"

的和"片段式"的，学生在学习某项具体知识和技能时并不清楚这项知识和技能的"上下游"关系，即不清楚这项知识和技能的"输入"和"输出"是什么，这在很大程度上影响了学生对知识的运用和迁移。

（2）重视对学习效率和学习动机的把控。毫无疑问，学生的学习效率和学习结果与其对所学内容和知识的兴趣存在正相关的关系，激发学习兴趣、增强学习动机是保证学习效果的重要策略。按照凯勒（J.M.Keller，美国）提出的 ARCS 激发学习动机模型，激发学习动机可以按照四个步骤进行，即注意（Attention）、相关（Relevance）、信心（Confidence）和满意（Satisfaction）。在激发学生兴趣、增强学习动机方面，虚拟商业社会环境这种方式具有明显优势。

① 注意。"注意"是指学生对于即将要学习内容的兴趣，学生对于即将学习的内容越有兴趣则其越容易在该内容上投入更多的注意。在单纯的院校理论教学中，教学内容更加注重学科的系统性、整体性和逻辑性，着重培养学生知识的体系性和完整性，其所呈现的知识点多为对实践的高度概括和提取，这些知识内容较为抽象，也会在较大程度上缺乏生动性和对实践的"落地"。许多内容对于学生来说都是"仰望蓝天"，并不能较好地"脚踏实地"。对于心智发展已经逐渐趋于成熟的大专院校学生来说，他们会在课程学习过程中不自觉地去问："这些内容将来会在工作中用到吗？学习这些知识有没有实际用处啊？"实践中确实存在着不能较好地引起学生的注意、激发学生的兴趣这样的问题。

虚拟商业社会环境是解决这一问题的有效方式之一。通过虚拟商业社会环境中所达成的资源共享、信息共享和知识转移，学生可以看到、感受到甚至亲自参与到鲜活的、生动的企业实践业务中去，感知企业的业务环境和氛围，认知企业业务开展的方法和流程。学生会对自己学习的知识和技能在企业中的应用方式有更清晰的了解，这对激发学生学习兴趣的作用是不言而喻的。

② 相关。"相关"是指学习目标对学习者个人的价值，特别是指学习内容与将来工作岗位要求的关系以及对个人发展的意义，在单纯的院校理论教学中，学生不知道将来工作的性质和内容，也就不清楚努力的角度和方向。对于授课教师来说存在同样的困惑，因为无论教给学生什么样的内容和知识，在"相关"这个层面上总是与实践若即若离，因为很多教师缺乏实践经验也不清楚实践中的实际状况。而在虚拟商业社会环境的背景下，学生对于其学习内容的实践应用性和对其将来从事岗位工作的价值是确信无疑的，教师也可以更好地调整授课内容和方式，这种"相关"对于启发学习者的学习动机具有积极的促进意义。

③ 信心。"信心"是指学习目标对于学习者的难度，学习目标不宜太高也不宜太低，最好处于学生经过指导能够达到的一种"最近发展区"的水平。在虚拟商业社会环境的背景下，学习者对于将来工作岗位中面临的工作要求有了更清晰的了解和认知，减少了迷茫，增强了适应工作岗位需求的内部动力，也消除了因对实践要求过高猜想而引起的学习畏惧心理。可以说，虚拟商业社会环境增强了学生学习的信心，增加了学生学习的动力，也指明了学习方向。

④ 满意。"满意"是指学习者的成就感，具体说来就是评价方式和奖励措施引起学生的心理满足感。虚拟商业社会环境背景下，学生在"满意"方面能够得到很大的提升，这是因为虚拟商业社会环境中，学生的自我价值能够在更大的范围中得以彰显；学生的学习和研究成果能够在实践中得以检验和发挥作用；学生也可能获得企业的经济奖励甚至工作岗位；学生的创新研究成果甚至可能产业化。这些对于激发学习者的学习潜力是不言而喻的。

实训项目 1.2 跨专业综合实训的岗位安排

熟悉和了解跨专业综合实训的岗位安排对于全面了解整个课程的设置，帮助学生更好地使用教材具有积极的作用。

1. 实训组织框架设计

实训组织框架是指在虚拟商业环境中设置了哪些组织主体，当然也包括这些组织主体之间的关系。

在虚拟商业社会环境中，主要包括制造公司、政务服务、原材料供应商、客户和社会资源等几种组织类型，具体如图 1-2 所示。

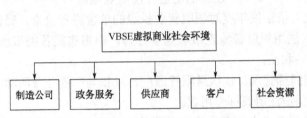

图 1-2　虚拟商业社会环境组织形态

（1）核心企业组织一览

① 企业管理部。企业管理部是企业的重要管理部门，主要负责企业管理及运营、上下联络沟通，承担督查和考核各部门的工作，如行政文案事物、内务后勤、制度规程、监督管理等工作。

企业管理部岗位职责

营销部岗位职责

② 营销部。营销部负责为企业创造利润，在企业中具有举足轻重的作用，营销工作的成功与否直接决定企业的生存和发展。在虚拟商业社会环境中，营销部包括两大基本职能，即负责市场推广的"营"的职能和负责销售获得订单的"销"的职能。

③ 生产计划部。生产计划部是企业的重要管理部门，主要负责有效组织生产部门资源，实现产品高效优质生产，成品准时入库。

生产计划部岗位职责

④ 仓储部。物料仓储管理对确保企业生产正常运转具有重要的意义。仓储作为企业生产和营销的保障，主要体现在对物料、备品备件和成品的仓储管理。物料是指企业生产所需的原材料、零部件、在制品等。

仓储部岗位职责

⑤ 采购部。采购部是企业的重要业务部门，主要负责外购商品并支付价款工作，承担公司物资采购、供应商管理、收货验收、采购结算等任务。

人力资源部岗位职责

采购部岗位职责

⑥ 人力资源部。人力资源部是企业发展的助推器，其核心职能是选、训、考、用、留五个方面。人力资源部对公司人力资源管理工作全过程中的各个环节实行管理、监督、协调、培训、考核、评比的专职管理部门，对所承担的工作负责。

⑦ 财务部。财务部是企业的重要管理部门，主要负责核算和监控企业经营情况，税务管理、资金筹措和运用、向利益关系人编送财务报告和经营管理报告等工作。

财务部岗位职责

（2）政务服务组织一览

政务服务中心包括工商局、税务局、社保局、住房公积金管理中心等几个部门，政务服务担负着许多公共事业业务。

① 工商局。工商行政管理部门的工作目标是：确认市场主体资格，规范市场主体行为，维护市场经济秩序，保护商品生产者和消费者的合法权益，促进市场经济的健康发展。其职能主要包括：

a. 受理企业核名。企业名称预先核准是企业开业登记设立前必须履行的重要工作。

b. 工商注册登记。依据国家工商行政管理的法律、法规，按照一定的程序，对设立在中国境内的工商企业的开业、变更、注销活动进行注册登记。

c. 企业工商年检。依法按年度对领取营业执照的单位进行检查，确认企业继续经营资格。

d. 工商监督。依法组织监督检查市场竞争行为，组织实施各类市场经营秩序的规范管理和监督，维护社会公共利益。

e. 广告、合同和商标管理。依法组织管理广告发布与广告经营活动，依法管理合同行为，依法管理注册商标、保护注册商标专用权。

② 税务局。税务局是企业按照国家有关税收政策办理所有公司的涉税业务，行使税收管理的职能部门。其主要业务如下：

a. 税务登记。

b. 发票管理。

c. 税款征收。

d. 纳税检查。

e. 税收统计、分析。

f. 税务违法处罚。

③ 社保局和住房公积金管理中心。社保局和住房公积金管理中心主要担负的任务有：

a. 参保登记。

b. 企业多险种社保基金征集。

c. 社会保险关系转移。

d. 社会保险费征收。

e. 档案管理。

f. 咨询服务，为社会人员提供社保相关政策咨询。

（3）供应商组织一览

① 总经理。一般总经理兼任财务部经理、税务会计。

② 行政主管。一般行政主管兼任仓储部经理、仓管员、行政助理、人力资源部经理、人力资源助理、出纳。

③ 业务主管。业务主管同时兼任采购部经理、采购员、营销部经理、销售专员、市场专员。

（4）综合服务中心组织一览

① 服务公司。服务公司主要是为制造企业顺利完成生产经营活动提供必要的服务，在VBSE中设置综合服务员，其主要职能包括：

a. 人力推荐，向制造企业推荐童车生产工人，收取人员推荐费。

b. 人才培训，为制造企业代为培训管理人员，收取培训费。

c. 广告服务，会展公司为制造企业提供广告服务，收取广告费，开具发票。

d. 市场开发，作为第三方，承接各制造企业市场开发，收取市场开发费。

e. 产品研发，作为第三方，承接制造企业的产品研发，收取产品研发费。

f. 办公用品零售业务，收取费用，开具发票。

g. 其他服务，作为第三方，代办制造企业的其他服务事项，收取相应费用，开具发票。

h. 档案管理，对采购过程的各种文档进行分类归档整理。

i. 实训指导教师交办的其他任务。

② 银行。银行是通过存款、贷款、汇兑、储蓄等业务，承担信用中介的金融机构。在 VBSE 中设置综合柜员的岗位，其岗位职责包括：

a. 银行开户，为企业办理银行结算账户开户、变更等业务。

b. 银行转账，为企业办理银行账户转账业务。

c. 出售银行票据，向企业出售各种银行票据，方便客户办理业务。

d. 银行信贷，为企业提供长期、短期贷款等融资业务。

e. 档案管理，对银行柜台业务的各种文档进行分类归档整理。

③ 会计师事务所。注册会计师的岗位职责主要包括：

a. 审计，包括会计报表年审、特殊目的审计、清算审计、离任审计等，对企业的财务数据、会计报告出具审计意见。

b. 验资，包括设立验资、变更验资（增资、减资）。

c. 评估，包括整体资产评估、实物资产评估。

d. 造价，即为基建审计，核算工程施工、房屋、基建造价情况。

e. 税务咨询。

f. 代理记账。

g. 财务顾问。

2．实训流程设计

实训流程设计如图 1-3 所示。

图 1-3　实训流程设计图

（1）实训初始

① 实习动员。仿真实习开始之前，由实习组织者就本次实习的目的、内容、时间安排、

组织形式、实习要求、实习考核等内容做统一宣讲。通过实习动员会使学生理解本次实习的意义，明确实习的要求及工作规范，了解实习考核评价指标体系。

② 岗前测评。实习之前，对所有同学做综合素质测评。综合素质测评由实习系统自动抽题、自动计分，题目类型包括基本素质、通用管理、营销、采购、生产、仓储、人力资源、行政管理、财务等各方面内容。在参与仿真实习的学生中，根据岗位胜任力测评结果，选取综合测评最高的作为 CEO 备选人选，再参考个人意愿及教师推荐，指定若干位 CEO 候选人。

③ 参选 CEO。在企业全景仿真综合实习中，采用竞聘方式确定每个管理团队的 CEO。由竞聘者陈述对 CEO 角色的理解、价值主张、处事原则等。所有参与实习的学生均可以参与投票，最终以竞聘者得票多少决定是否胜出。

④ 组建团队。为了快速组建公司，CEO 需要立即着手招聘企业人力资源主管。待人力资源主管选定后，和人力资源主管一起制作招聘海报、提出岗位职位要求，收集、筛选招聘简历，面试应聘人员。每个学生持个人填写的应聘登记表去意向单位应聘，经过双向选择，最终确定自己的企业及岗位。每个同学应充分重视这次面试，做好面试前的准备工作。

⑤ 岗前培训。现在每个人都有了明确的工作分工，也领取了开展工作必须的物品。那么在正式上岗之前，必须要接受岗前培训。岗前培训要交给员工完成工作所必需的知识和技能，让新员工掌握干好本职工作所需要的方法和流程。

⑥ 领取办公用品。在正式开始实习之前，需要领用必需的办公设备及办公用具。除此之外，还要领用实习用到的单据、账表、企业公章、模拟货币等。办公用品领用完成后，各企业各岗位可以布置自己的办公区，为自己打造一个舒适的办公环境。

（2）学习阶段

① 熟知规则。企业管理全景仿真中，把企业必须遵守的内外部环境限制抽象为业务规则，企业竞争是在同一环境下的竞争，熟悉业务规则就会掌握竞争的主动权。

② 期初建账。期初建账是指各个岗位的工作人员熟悉所接手工作的基本情况，建立与工作相关的各类数据、资料和档案。期初建账的主要目标有三：一是帮助员工快速了解岗位的职责、业务以及相关的工作情境；二是帮助员工理清业务，在接下来的工作中会有历史数据的延续；三是帮助员工理清部门内的业务关系。

③ 固定数据运营。固定数据运营是指各个岗位要按照预定的业务和数据进行运转。此环节要达成的主要目的有两个：一是帮助员工深入了解工作流程及业务处理的方法，掌握纸质单据的填写方法和平台的使用方法；二是帮助员工系统化了解企业系统运营所需的工作流程、工作要点等，为自主经营奠定基础。

④ 阶段考核。阶段考核主要对四个方面进行考核：一是对系统规则的掌握程度；二是对业务流程的考核；三是对企业核心环节把握程度的考核；四是为自主经营做好准备工作。

（3）自主经营阶段

① 战略及计划。根据市场战略和决策，制定公司的经营战略和计划。

② 业务确定。根据公司制定的战略，确定企业的核心业务和动作。

③ 流程流转。对于确定的业务在各个部门之间进行流转。

④ 工作绩效。考核、评价公司所做的决策以及最终的业绩情况，对于经营过程中的策略进行复盘、调整和优化。

（4）总结分享

① 经营数据分析。系统平台会生成一系列的经营分析数据和图表，便于各个生成制造公司了解经营结果。

② 总结分享。各个组织结构对整个实训过程进行总结和分享，包括组织对外宣讲、公开呈现、成果物呈现等。

③ 实训成绩。教师评定实训成绩，参训学员互评。

④ 教师点评。教师会对整个实训的情况进行总结和概括，提炼实训过程中的收获和成果，指出在实训过程中出现的问题。

3．实训条件

实训条件是指在虚拟商业社会环境课程中，为保证课程的正常运转，需要做一系列的准备工作，包括实训环境的准备、实训平台的准备、实训教学物品的准备等。

（1）实训环境准备

情境，既包括"情"，也就是情感、感受；也包括"景"，即环境、场景等。VBSE 课程环境的情境化是非常重要的，环境的创建要有利于学生对所学内容的意义建构。图 1-4 为虚拟商业社会环境实训场地。

① 在教室中布置装修实训环境。通过仿真的方式构建实训环境，优点是情境仿真度高、体验感好、功能区清晰，缺点是可能影响教室复用率。

② 利用现代教学媒体创设学习情境。如果学校没有完成实习场景的装修或者是在普通教室开设课程，可以使用投影仪、大海报、易拉宝等展示不同的工作场景，也可以起到一定的搭建情境的作用。

③ 通过典型案例创设学习情境。可以利过各种渠道搜集与教学内容相关的典型案例，并指导学生对典型案例进行分析、讨论，创设轻松的学习情境，使学生自觉参与到学习过程中来。既能够充实教学内容，又可以增加课堂教学的乐趣，吸引学生的注意力，激发学生学习兴趣。图 1-5 为使用挂图创设工作情境。

图 1-4　虚拟商业社会环境实训场地

图 1-5　使用挂图创设工作情境

（2）实训平台准备

① 检查服务器。服务器地址为 http://×××.×××.×××.×××:8081/portal，其中×××.×××.×××.×××代表安装 VBSE 服务器的地址。然后分别尝试使用下面两种账号进行登录，如表 1-2 所示。

表 1-2　VBSE 中不同管理员账号及其权限表

账号	默认密码	用户名称	注意点
admin	1	院校系统管理员	一般在开课之前进行设置
us90101	1	主讲教师	教学过程主要是主讲教师的操作
us90501	1	课程设计人员	需要购买产品授权

② 检查客户端。学生端登录 http://×××.×××.×××.×××:9091/portal，其中×××.×××.×××.×××代表安装 VBSE 服务器的地址。登录后检查以下几个内容，通过搜索关键词，如"增值税"即可查看信息，如表 1-3 所示。

表 1-3　VBSE 中学生端功能检查项目一览表

资源类型	检查要点	备注
PPT	查看能否打开	Office2007
DOC	查看能否打开	Office2007
FLV	查看能否播放	可以安装 QQ 影音、暴风影音播放器

③ 准备打印机。尽量在实训教室中安装打印机，因为很多材料需要临时打印，这样方便教学组织和课程实施。

④ 检查局域网网络环境。检查局域网网络环境，即查看计算机是否能够访问 VBSE 服务器，检查网络教室广播软件的应用。如果没有网络教室广播软件，需要保证投影的有效性。

（3）实训教学物品准备

① VBSE 教具箱。在 VBSE 教具箱中，是为核心企业所准备的各种教具，如图 1-6 所示。教具箱中所

图 1-6　VBSE 各种教具

包括的物品如表 1-4 所示。

表 1-4 VBSE 各种证章以及保管人

序号	证章名称	标准用量（1家企业）	保管部门	建议保管人（岗）
1	公章	1	企管部	行政助理
2	合同章专用章	1	企管部	行政助理
3	法人印鉴	1	财务部	出纳
4	财务专用章	1	财务部	财务部经理
5	付讫章	1	财务部	出纳
6	发票专用章	1	财务部	财务会计
7	营业执照正、副本	各1	企管部	行政助理
8	税务登记证正、副本	各1	财务部	财务部经理
9	生产许可证	1	企管部	行政助理
10	组织结构代码证	1	企管部	行政助理
11	开户许可证	1	财务部	财务部经理

② 检查 VBSE 配套单据，如表 1-5 所示。

表 1-5 检查 VBSE 配套单据

序号	单据名称	页数	联次	标准用量（1家企业）	保管部门	建议保管人（岗）
1	合同会签单	1	1	27	企管部	行政助理
2	支出凭单	1	1	22	财务部	出纳
3	借款单	1	1	18	财务部	出纳
4	广告合同	2	1	2	营销部	销售专员
5	购销合同	2	1	20	营销部	销售专员
6	销售订单明细表	1	1	7	营销部	销售专员
7	销售订单汇总表	1	2	5	营销部	销售专员
8	销售发货计划	1	2	2	营销部	销售专员
9	发货单	1	4	3	营销部	销售专员
10	销售发货明细表	1	1	3	营销部	销售专员
11	采购计划表	1	1	2	采购部	采购部经理
12	采购合同执行情况表	1	1	2	采购部	采购员
13	生产入库单	1	3	4	采购部	采购员
14	物料检验单	1	1	8	仓储部	仓管员
15	材料出库单	1	3	6	仓储部	仓管员
16	销售出库单	1	3	3	仓储部	仓管员
17	物料卡	1	1	16	仓储部	仓管员
18	库存台账	1	1	16	仓储部	仓管员
19	盘点表	1	1	3	仓储部	仓储部经理
20	北京市社会保险参保人员减少表	1	1	4	人力资源部	人力资源助理
21	北京市社会保险参保人员增加表	1	1	10	人力资源部	人力资源助理
22	住房公积金汇缴变更清册	1	1	10	人力资源部	人力资源助理
23	应聘简历	1	1	18	人力资源部	人力资源助理
24	录用通知单	1	1	18	人力资源部	人力资源经理

续表

序号	单据名称	页数	联次	标准用量（1家企业）	保管部门	建议保管人（岗）
25	培训计划表	1	1	1	人力资源部	人力资源经理
26	公章印鉴使用登记表	1	1	1	企管部	行政助理
27	公章、印鉴、资质证照使用申请表	1	1	11	企管部	行政助理
28	合同管理表	1	1	7	企管部	行政助理
29	会议通知	1	1	1	企管部	行政助理
30	会议纪要	1	1	1	企管部	行政助理
31	主生产计划表	1	2	3	生产计划部	生产计划员
32	主生产计划计算表	1	1	3	生产计划部	生产计划员
33	物料需求计划计算表	2	1	3	生产计划部	生产计划员
34	物料净需求计划表	1	2	3	生产计划部	生产计划员
35	完工单	1	2	6	生产计划部	车间管理员
36	派工单	1	2	4	生产计划部	车间管理员
37	生产执行情况表	1	1	2	生产计划部	车间管理员
38	领料单	1	2	4	生产计划部	车间管理员
39	完工送检单	1	3	4	生产计划部	生产计划员
40	设备需求计划表	1	2	3	生产计划部	生产计划部经理
41	资产负债表	2	1	2	财务部	财务部经理
42	利润表	1	1	2	财务部	财务部经理
43	三栏式总分类账（明细账）	1	1	60	财务部	财务会计
44	记账凭证	1	1	80	财务部	财务会计
45	日记账	1	1	6	财务部	出纳
46	多栏式明细账	2	1	6	财务部	成本会计
47	数量金额明细账	1	1	16	财务部	成本会计
48	支票登记簿	1	1	2	财务部	出纳
49	盘点通知	1	1	3	财务部	成本会计
50	盘盈（亏）报告表	1	1	3	财务部	成本会计
51	库存库存现金盘点表	1	1	3	财务部	出纳
52	现金盘点报告表	1	1	3	财务部	出纳
53	固定资产折旧计算表	1	1	2	财务部	财务会计
54	转账支票	1	1	28	财务部	出纳
55	现金支票	1	1	3	财务部	出纳
56	中国工商银行进账单	1	3	9	财务部	出纳
57	新道增值税教学单据（专用）	1	3	8	财务部	财务经理
58	增值税纳税申报表	11	1	4	财务部	财务经理
59	人员需求表	1	1	10	人力资源部	人力资源助理
60	招聘计划表	1	1	10	人力资源部	人力资源助理
61	固定资产卡片	1	1	36	财务部	财务经理
62	科目汇总表	1	1	2	财务部	财务经理
63	支出预算表	1	1	7	财务部	财务经理
64	收入预算表	1	1	2	财务部	财务经理
65	支出预算汇总表	1	1	1	财务部	财务经理

续表

序号	单据名称	页数	联次	标准用量（1家企业）	保管部门	建议保管人（岗）
66	资金计划表	1	1	1	财务部	财务经理
67	市场开发计划	1	1	1	营销部	市场专员
68	产品开发计划	1	1	1	生产计划部	生产计划部经理
69	资产需求计划	1	1	1	生产计划部	生产计划部经理
70	办公用品采购汇总表	1	1	2	企管部	行政助理
71	采购入库单	1	3	4	仓储部	仓管员

③ 新道币。在课程中，需要为一些实习部门发放虚拟的纸币，如表1-6所示。

表1-6　新道币发放表

序号	币值	标准数量（1家企业）	保管部门	建议保管人（岗）
1	10元	100	财务部	出纳
2	100元	190	财务部	出纳

④ 准备办公用品。办公用品需求如表1-7所示。

表1-7　办公用品需求表

物品名称	数量	物品名称	数量
胶棒	1	A4纸	2包
印泥	1	长尾票夹	2盒
胶带	2卷	12色水彩笔	2盒
海报纸	30张		

注：未标注数量的办公用品按企业数配备。

实训项目 1.3　虚拟商业社会环境平台简介

实训平台的使用比较简单，下文简单介绍该登陆软件界面以及资源获取的方法。

1. 熟悉跨专业综合实训平台

虚拟商业社会环境平台是一款基于 B/S 的软件，学员可以通过 IE 浏览器访问虚拟商业社会环境平台，获取所需资源。

（1）登录软件

在 IE 浏览器地址栏中输入系统登录地址，登录至"用户登录界面"，如图1-7所示。学生输入自己的用户名、密码，点击"登录"按钮，进入学生的主页面。学生的账号和密码皆为导入的 Excel 中的学号，输入账号密码即可登录。

（2）学生端通过任务中心查看任务

在学生界面选择"主页"，即可查看任务列表，如图1-8所示。在该页面可进行"签到""企业信息查看"等操作，分配完岗位后可点击企业名称后看到本企业的基本信息。

（3）资源搜索

在页面右上方可以输入关键字，进行资源搜索，这些资源包含 XPS 格式 PPT、DOC 等，进行各项学习和了解维护个人信息时，可以修改个人的密码，并可录入身份证号完成身份登记。

图 1-7　学生登录界面　　　　　　图 1-8　学生端通过任务中心查看任务

（4）虚拟商业环境中的日期

工作日期：该日期为虚拟日期，在 VBSE2.0 中，有以下虚拟日期可用于课程训练，如表 1-8 所示。

表 1-8　虚拟商业社会环境中的虚拟日期

	月份	日期 1	日期 2	日期 3
2011 虚拟日历	10 月	7	8	28
	11 月	8	8	28
2012 虚拟日历	1 月	6	13	30
	2 月	6	14	29
	3 月	6	15	30
	4 月	6	13	30
	5 月	4	15	30
	6 月	6	15	29
	7 月	6	13	30

2. 获取跨专业综合实训资源

（1）登录系统

学生登录系统后，当教师推送任务时，在中央区域"任务中心"显示"待办工作"与"发起新工作"。

① 待办工作：某一项实训任务中的环节需要当前岗位学员办理。

② 发起新工作：某项实训任务的第 1 个环节，需要当前岗位学员发起并完成；发起后点击"完成"，该任务不会消失，但会给出提示，上次发起未结束（建议完成一次后再发起第 2 次）。

③ 案例：客户签订广告合同。客户业务主管在"发起新工作"后可以看到"客户签订广告合同""起草广告合同"；点开进行业务操作，完成后在系统左上方点击"完成任务"，这个时候，系统会将下一步任务"审核广告合同"推送给客户总经理，这时，担任客户总经理的同学可以在"待办工作"中看到"客户签订广告合同""审核广告合同"，如图 1-9 所示。

（2）实训任务类型

① 科学类任务。科学类任务如图 1-10 所示（3 分屏，左上为视频、右上为 PPT、下方为

word 讲义），均可点击最大化，方便浏览。

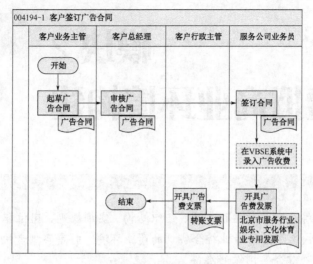

图 1-9　客户签订广告合同

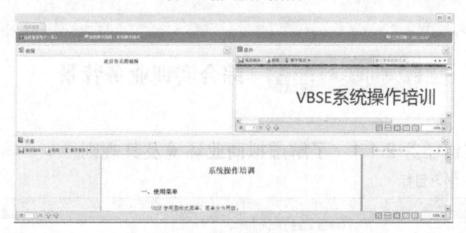

图 1-10　科学类任务显示页面

　　② 手艺类任务。手艺类的任务执行页面分为三部分，上半部分是该任务的流程图显示或软件操作部分，页面左下角是该任务的相关课件资源，页面右下角是相关操作手册。

　　（3）任务进度查询

　　在教学进度管理中，进入教学进度查询，可以在左侧看到本企业的信息，点击该企业信息，在右侧可以看到进行中和已完成任务，选择需要查看的任务，在弹出的流程图及流程描述中可以看到流程的完成进度。

　　（4）查看电子教案

　　电子教案是虚拟商业社会环境平台中重要的一项资源，主要是为学习者提供学习资源、学习指导和操作指南。

　　① 科学类任务。执行任务时，在"任务中心"菜单中点击任务名称，弹出科学类任务执行页面，页面会显示该任务相关的视频、电子教材的 word 版和 PPT 版。

　　② 手艺类任务。执行任务时，在"任务中心"菜单中点击任务名称，弹出手艺类任务执行页面，用户可在页面下半部分看到该任务的教学资源。

模块 2
虚拟商业环境构建

本模块对跨专业综合实训的组织类型、组织结构、实训规则、岗位职责等内容进行了详细的阐述，帮助实训者快速了解跨专业综合实训的商业环境，引导实训者快速组建团队，创立企业文化，为下一步进入综合实训做好准备。

实训项目 2.1　综合实训业务背景

实训任务 2.1.1　了解虚拟商业环境及其规则

1．学习目标

目标分解	目标描述
知识目标	1．了解制造企业外围的组织结构
	2．理解制造企业的运营规则
	3．熟悉制造业企业的组织结构
技能目标	1．会设置企业组织结构
	2．具备应用业务规则进行企业运营的技能

2．情境导入

10 月 1 日，好佳童车厂对外公开招聘 18 名管理人员，组成企业新的管理团队。新管理人员在接手管理企业之前，要了解公司内外基本情况，了解管理岗位职责和外部环境，熟悉公司基本业务、流程，才能快速进入工作状态，带领企业步入生产经营正轨。

3．相关知识

（1）什么是组织结构

组织结构（organizational structure）是形成企业各组织排列顺序、空间位置、聚散状态、联系方式和工作要素等联系的一种模式，形成企业职、责、权的一种动态结构体系，是企业全体成员为共同目标奋斗形成的分工协作体系。这种结构模式会随着企业经营的需要而改变。图 2-1 为某企业的组织结构图。

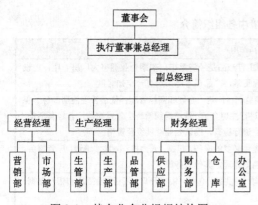

图 2-1　某企业企业组织结构图

（2）组织结构分类

组织结构一般分为职能结构、层次结构、部门结构、职权结构四个方面。

① 职能结构：是指实现组织目标所需的各项业务工作及其比例和关系。其考量维度包括职能交叉（重叠）、职能冗余、职能缺失、职能割裂（或衔接不足）、职能分散、职能分工过细、职能错位、职能弱化等方面。

② 层次结构：是指管理层次的构成及管理者所管理的人数（纵向结构）。其考量维度包括管理人员分管职能的相似性、管理幅度、授权范围、决策复杂性、指导与控制的工作量、下属专业分工的相近性。

③ 部门结构：是指各管理部门的构成（横向结构）。其考量维度主要是一些关键部门是否缺失或优化。

④ 职权结构：是指各层次、各部门在权力和责任方面的分工及相互关系。主要考量部门、岗位之间权责关系是否对等。

4．任务流程

在 VBSE 实训中，该任务要求实训学生在选择岗位之前，要先了解实训岗位所在虚拟企业的基本情况和所处商业环境，以及虚拟企业运营管理所遵循的规则等。整个流程共分为两步，具体情况如图 2-2 所示。

5．实施步骤

（1）了解商业环境

流程1		流程2
实训学生 了解商业环境	→	实训学生 了解运营规则

图 2-2　虚拟商业环境的规则流程

商业社会环境是企业生产和发展的土壤，由多种社会因素构成。本书虚拟了商业社会环境，商业环境由制造企业、国家机关、银行、服务公司和上下游企业等组织组成，它们之间的关系如图 2-3 所示。

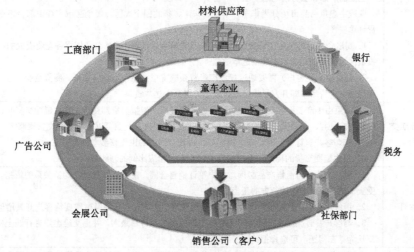

图 2-3　虚拟商业社会环境构成图

各个组织的功能和作用如表 2-1 所示。

表 2-1　虚拟商业社会环境中各组织简介

组织	功能和作用
制造企业	一家童车制造仿真企业，创建于 2010 年 1 月，初期主打产品是经济童车；初期企业拥有大厂房一座，内设机加车间和组装车间；车间内设备运营良好，财务状况正常，产品在本地市场有一定知名度
政务中心	受理企业核名；工商注册登记；企业工商年检；工商监督；广告、合同和商标管理；依法管理注册商标、保护注册商标专用权；工商企业的开业、变更、注销活动进行注册登记；依法组织管理广告发布与广告经营活动；依法管理合同行为；依法按年度对领取营业执照的单位进行检查，确认企业继续经营资格
服务公司	服务公司主要是为制造企业顺利完成生产经营活动提供必要的服务，包括：人力推荐，人才培训，广告服务，组织商品交易会，市场开发，认证管理，产品研发，档案管理，其他服务等
银行	银行是为制造企业提供对公金融柜台业务的金融机构，提供服务包括：银行开户，银行转账，出售银行票据，银行信贷，档案管理
商贸企业	指制造企业上下游企业，即供应商和客户，主要业务包括：以商品的购、销、运、存为基本业务；对经营的商品基本上不进行加工或只进行浅度加工；实现商品使用价值的运动和价值形态的变化；商业企业的"商业利润"主要来自生产企业的让渡；经营周期短，资金周转快；商业企业比生产企业更接近市场。

（2）了解运营规则

在真实的商业社会环境中。社会各组织的运营要受到自身和外部环境的制约和规范，如国家法律、行政法规、制行业约定等。虚拟商业社会环境模拟仿真了这些规则。因此，学习者在企业模拟经营之前，需要了解运营规则。

① 销售规则。在企业生产运营过程中，制订生产计划是企业生产运营的重要环节。在生产计划环节中，进行市场预测和获取客户订单是企业制订生产计划的依据。而进行市场预测和获取客户订单则需要通过营销部来完成，比如与客户签订合同等。这些都是商业社会环境存在需要遵守的规则。虚拟商业环境需要遵守的销售规则如表 2-2 所示。

表 2-2　销售规则

销售规则	内　容
市场预测与分析	市场预测是各企业能够得到的关于产品市场需求预测的参考信息，对市场预测的分析与企业的营销方案策划息息相关。在市场预测中包括各市场、各产品的总需求量、价格等。图 2-4 为市场销售量预测图，图 2-5 为市场销售价格预测图（此表中为样例数据，自主经营时的市场预测由"政府"发布）
广告投放与市场开发	企业的产品和服务活动统一以"广告费"来体现。 课程中虚拟商品市场分为华东、华中、华南、华北四个大区。每个区域市场中都会不定期地释放购货订单 1. 制造企业通过投放广告费取得参加商品交易会入场券，服务公司依据各企业投放的广告费金额及投放区域因素决定选单次序及选单数量 2. 商贸企业（客户）需要通过投放广告费获取虚拟商品市场订单资格。商贸企业（客户）在该区域市场投放广告后，即开发了该区域市场，方能获得选单资格
延期交货，分期交货及罚则	1. 如果由于产能不够或其他原因，可能导致订单不能按交货期交货。发生延期交货时，企业为此应受到相应处罚，为最大限度地减小延期交货造成的损失，企业可以采取分期交货策略 2. 在与客户签订合同时，双方协商后，可在合同中约束建议参考处理办法 3. 发生延期交货的档期，会根据合同约定支付相应比例的违约金
销售合同签订	1. 生产制造公司销售产品必须与客户签订销售合同，销售合同是确立购销关系的依据。有效合同将受到保护，以维护购销双方的正当权益 2. 销售合同中产品销售为含税价，增值税税率为 17%，销售商品时需要给客户开具增值税专用发票 3. 与客户签订完纸质合同后，还需要在软件中进行订单录入，并提交给客户进行线上确认。如果客户认为存在问题，可选择拒绝
商业折扣	公司销售产品可根据实际情况向客户提供商业折扣，按一次性销售数量给予不同商业折扣，可参考表 2-3 中的商业折扣，也可根据实际经营情况制定

2011年第4季度市场销量预测				
市场	产品名称	10月	11月	12月
本地	经济童车	60 600	62 000	61 800

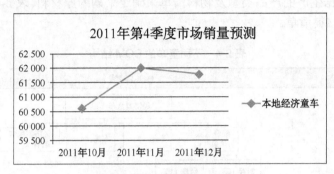

图 2-4　市场销售量预测图

2011年第4季度市场销售价格预测				
市场	产品名称	2011年10月	2011年11月	2011年12月
本地	经济童车	624.39	595.12	564.48

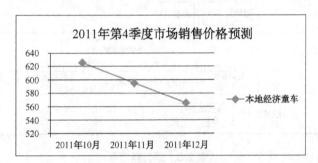

图 2-5　市场销售价格预测图

表 2-3　商业折扣

商业折扣标准	折扣	备注
销售量<5 000	无	按每种产品计量
5 000≤销售量<8 000	1%	按每种产品计量
8 000≤销售量<10 000	2%	按每种产品计量
10 000≤销售量<15 000	3%	按每种产品计量
15 000≤销售量	5%	按每种产品计量

② 采购规则。制造企业可自主选择原材料供应商，决定采购的品种和数量以及采购时间。

a. 月初，采购部门根据生产部门的材料净需求，考虑现有原材料库存及原材料市场供求形势、采购提前期、安全库存、采购批量等因素，编制采购计划表。

b. 采购部门与供应商签订意向合同，确定未来一段时间内即将购买的原材料品种、预计数量和约定价格。

c. 每月，采购部门根据企业的备料需要与供应商签订纸质采购合同，完成纸质合同后，在系统中录入订单并提交供应商确认。

d. 供应商根据订单中的约定时间向企业发货，企业验收入库；如出现供应商库存不足等其他原因，造成供应商无法按期发货的情况，按双方在合同中的约定进行处理。

　　e. 货款结算的时间及金额，依据双方签订的合同，并根据实际情况进行处理。

　　注意：采购意向合同中的预计数量仅供乙方作为计划参考时使用，甲方对此不做采购承诺。如出现违约纠纷情况，可提交工商局进行协调。

　　制造企业可根据生产的产品类型及物料清单来确定采购的原材料。表 2-4 所示为童车 BOM 结构，表 2-5 为原材料清单。

表 2-4　不同童车的 BOM 结构

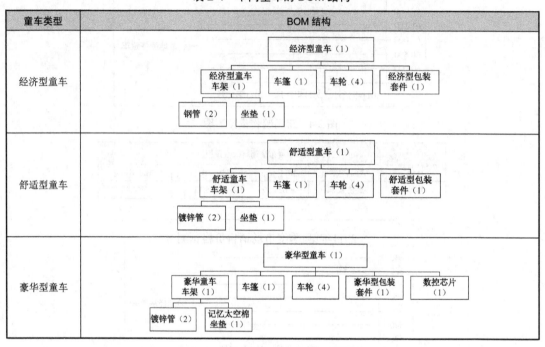

表 2-5　原材料清单

存货编码	存货名称	规格	计量单位	存货属性	市场供应平均单价（元）
B0001	钢管	ϕ 外 16/ϕ 内 11/L5000(mm)	根	外购	60
B0002	镀锌管	ϕ 外 16/ϕ 内 11/L5000(mm)	根	外购	120
B0003	坐垫	HJM500	个	外购	50
B0004	记忆太空棉坐垫	HJM0031	个	外购	110
B0005	车篷	HJ72*32*40	个	外购	60
B0006	车轮	HJϕ 外 125/ϕ 内 60 mm	个	外购	20
B0007	经济型童车包装套件	HJTB100	套	外购	20
B0008	数控芯片	MCX3154A	片	外购	200
B0009	舒适型童车包装套件	HJTB200	套	外购	100
B0010	豪华型童车包装套件	HJTB300	套	外购	150

　　（注意：表 2-5 中单价为不含税价格，增值税为 17%）

　　③ 仓储规则。制造企业现有三座仓库：原材料库、半成品库和成品库。原材料库用于存放各种生产原材料，半成品库用于存放车架，成品库用于存放产成品。表 2-6 为仓库信息表。

表 2-6　仓库信息表

仓库名称	仓库编码	可存放物质
原材料库	A 库	钢管、坐垫、车篷、包装套件、镀锌管、记忆太空棉坐垫、数控芯片、舒适型童车包装套件、豪华型童车包装套件
半成品库	B 库	经济型童车车架、舒适型童车车架、豪华型童车车架
成品库	C 库	经济型童车、舒适型童车、豪华型童车

　　制造企业仓库储位采用分区分类策略，如表 2-7 仓库储位信息表所示，给每一类物料分配固定的储存区域，物料储存时必须放在指定区域。储存区域仓位编码规则：仓库编码+储位流水号。

表 2-7　仓库储位信息表

物料名称	单位	仓位
钢管	根	A01
镀锌管	根	A02
坐垫	个	A03
记忆太空棉坐垫	个	A04
车篷	个	A05
车轮	个	A06
包装套件	套	A07
舒适型童车包装套件	套	A08
豪华型童车包装套件	套	A09
经济型童车车架	个	B01
舒适型童车车架	个	B02
豪华童车车架	个	B03
经济型童车	辆	C01
舒适型童车	辆	C02
豪华型童车	辆	C03

　　制造企业仓储部设置两个岗位：仓储部经理和仓管员。仓储部经理负责任务单据审核、登记台账、业务统计；仓管员负责物料、成品的出入库业务。

　　④ 生产规则。制造企业成立于 2010 年 1 月 1 日，距离虚拟经营起始日期 2011 年 10 月 1 日，已经虚拟运营了 1 年 9 个月。我们将 2011 年 10 月定义为企业经营的期初。期初时，制造企业已经购置一个大厂房，并且厂房内安装了普通机床 10 台、组装生产线 1 条，设备运行状况良好。

　　企业可根据产能需要以及企业自身发展需要，建造、租赁厂房。厂房相关信息见表 2-8。

表 2-8　厂房信息表

厂房类型	价值（万元）	使用年限（年）	租金（元/月）	折旧（元/月）	容量
大厂房	500	30	60 000	13 888.89	20 台机床位
小厂房	480	30	48 000	13 333.33	12 台机床位

　　注意：实际租用价格和销售价格，需要与服务公司洽谈；一条组装生产线占用 4 台机床的位置；购买当期不计提折旧，从下月开始计提；自有大厂房在经营期间不得出售；经营期间厂房数量超出实际厂房容量，可联系服务公司进行厂房租赁。

　　企业可根据生产经营状况，随时购买生产设备。企业生产设备分机床和组装流水线两类。机床能生产各种类型的车架，组装流水线能组装各种类型的童车。企业生产设备的基本信息如

表 2-9 所示。

表 2-9 生产设备信息表

生产设备	购置费（万）	使用年限	折旧费（元/月）	维修费（元/月）	生产能力（台/虚拟1天）			出售
					经济	舒适	豪华	
普通机床	1	10	83.33	33	500	500		按账面
数控机床	5	10	416.67	180	3 000	3 000	3 000	价值
组装流水线	3	10	250	100	7 000	7 000	6 000	出售

注意：设备购买后，需要经过1个月的购买提前期和1个月安装调试提前期后才可正式投入生产，生产设备按月计提折旧。《企业所得税法》规定：火车、轮船、机器、机械和其他生产设备，折旧年限为10年，按月支付维修费用，当月（首月）购入不用支付维修费。

同时，设备对技术人员能力也有相应需求，详情参见表 2-10。

表 2-10 产品上线生产人员需求表

设备	人员级别	要求人员配置数量
普通机床	初级	2
数控机床	高级	2
组装流水线	初级	5
	中级	15

企业初始默认的生产许可为经济型童车，随着企业运营提高，需要生产舒适型或豪华型童车，该企业在服务公司购置相应的生产技术成果，代表企业已完成新产品的研发，可以立即开工生产。表 2-11 为生产许可证信息。

表 2-11 生产许可证信息

许可证类型	价格(元)
舒适型	10 000
豪华型	20 000

企业购买生产许可证后，即可进行生产，本文中称为派工。派工时，一条生产线只允许生产一个品种的产品。假如给一条组装流水线上安排生产 5 000 台经济型童车，剩下的 2 000 台产能不能用于生产舒适型童车与豪华型童车？必须等该资源产能全部释放后才允许安排不同种类的产品生产。

以企业生产经济型童车为例说明，表 2-12 为经济型童车生产工艺路线。所谓生产工艺路线，是指企业各项自制件的加工顺序和在各个工序中的标准工时定额情况，也称为加工路线，是一种计划管理文件，主要用来进行工序排产和车间成本统计。

表 2-12 经济型童车工艺路线

工序	部门	工序描述	工作中心	加工工时
10	生产计划部—机加车间	车架加工	普通（或数控）机床	虚拟1天
20	生产计划部—组装车间	组装	组装生产线	虚拟1天

注意：实训中，水电费的收取规则为：对于制造企业，按其上月生产情况收取，具体为：生产一个车架的平均用电量为 3 度，组装一辆童车的平均用电量为 2 度。工业用电价格为 1.5 元/度。每生产 5 000 个车架平均用水量为 30 立方米，水价为 3 元/立方米。按每月

实际完工入库数量计算，应在每月结账前（通常为 28、29 号），前往服务公司交纳上月水电费。对于商贸企业，按其仓库情况收取：每个仓库（假设 2000 平方米）每月 5 000 度电，每个仓库每月 500 立方米水。

每月结束前，各企业需前往服务公司交纳上月水电费。服务公司需要在月末前对未缴纳该项费用的企业进行催收。

⑤ 人力资源规则。人力资源是企业生产经营活动的基本要素。公司的员工配置、工资标准及核算、员工招聘与培训，要在遵循本规则的前提下，做出科学合理的规划安排，以保证公司的生产经营活动协调、有序、高效进行。

a. 员工配置。2011 年 10 月制造企业期初员工配置情况如表 2-13 所示。

表 2-13　职工资源配置

部门	岗位名称	岗位级别	在编人数	直接上级
企业管理部	总经理（兼企管部经理）	总经理	1	董事会
	行政助理	职能管理人员	1	总经理
营销部	营销部经理	部门经理	1	总经理
	市场专员	职能管理人员	1	部门经理
	销售专员	职能管理人员	1	部门经理
生产计划部	生产计划部经理	部门经理	1	总经理
	车间管理员	职能管理人员	1	部门经理
	计划员	职能管理人员	1	部门经理
	初级生产工人	工人	25	生产管理员
	中级生产工人	工人	15	生产管理员
仓储部	仓储部经理	部门经理	1	总经理
	仓管员	职能管理人员	1	部门经理
采购部	采购部经理	部门经理	1	总经理
	采购员	职能管理人员	1	部门经理
人力资源部	人力资源部经理	部门经理	1	总经理
	人力资源助理	职能管理人员	1	部门经理
财务部	财务部经理	部门经理	1	总经理
	出纳	职能管理人员	1	部门经理
	财务会计	职能管理人员	1	部门经理
	成本会计	职能管理人员	1	部门经理

2011 年 10 月商贸公司期初职工配置情况如表 2-14 所示。

表 2-14　职工资源配置

部门	岗位名称	在编人数	直接上级
企管部	总经理	1	—
管理中心	行政主管	1	总经理
营销中心	业务主管	1	总经理

企业需要人才时，可以向人力资源服务公司提供人才需求信息，由人力资源服务公司推荐合适人员，企业择优录用后支付招聘费用。

不同类别人员的招聘提前期不同，招聘费用及招聘提前期如表 2-15 所示。无论何种类别的人员，试用期内无奖金，试用期工资为基本工资的 80%。

表 2-15　不同类别人员招聘费用明细

人员类别	招聘费用	试用期	基本工资
部门经理	5 000 元/人	3 个月	6 000
职能管理人员	1 000 元/人	3 个月	4 000
初级生产工人	500 元/人	3 个月	1 600
中级生产工人	700 元/人	3 个月	2 000
高级生产工人	900 元/人	3 个月	2 500

注意： 招聘实际费用可在标准的基础上上下浮动 20%（由服务公司收取）。

b. 工资标准与核算。职工薪酬是指企业为获得职工提供的服务而给予各种形式的报酬以及其他相关支出。主要由以下几个部分构成：职工工资、奖金；医疗保险费、养老保险费、失业保险费、工伤保险费和生育保险费等社会保险费；住房公积金；因解除与职工的劳动关系给予的补偿，即辞退福利。

企业人员的薪酬组成为：

年度总薪酬=月基本工资×12+季度绩效奖金×4+企业应缴福利

其中，月基本工资由人力资源部在每月月底统计，财务部月底计提相关费用，人力资源部在次月初发放到个人。季度绩效奖金由人力资源部在每个季度绩效考核完成后统计，财务部在下季度第一个月随当月工资一起发放到个人。例如，第三季度（7~9 月）绩效奖金与 10 月工资一同核算，并于 11 月初随同 10 月份工资一起发放。企业应缴福利是根据北京市社保局相关规定，在个人自主缴付福利之外，企业为员工缴付的五险一金福利，包括养老保险、失业保险、工伤保险、生育保险和住房公积金。职工实际领取的薪酬是在扣除个人自主缴付福利和个人所得税之后的实际金额。

职工每月实际领取的工资=月基本工资+季度绩效奖金-
缺勤扣款-个人应缴五险一金-个人所得税
缺勤扣款=缺勤天数×（月基本工资/当月全勤工作日数）

其中，月基本工资、季度绩效奖金、五险一金以及个人所得税参见表 2-16 至表 2-21。

表 2-16　制造企业基本工资标准

人员类别	月基本工资
总经理	10 000 元/月
部门经理	6 000 元/月
职能管理人员	4 000 元/月
营销部员工	2 500 元/月
初级/中级/高级生产工人	1 600 元/月

表 2-17　商贸企业基本工资标准

人员类别	月基本工资
总经理	10 000 元/月
行政/业务主管	6 000 元/月

表 2-18　制造企业季度绩效奖金

人员类别	季度绩效奖金
生产工人	按 1 元/辆计件提成
营销部人员	上季度销售总额×3‰×绩效分配比例
除营销部之外的其他职能部门人员	上季度企业净利润/15×5%×绩效考评结果

表 2-19　商贸企业季度绩效奖金

人员分类	季度绩效奖金
总经理	10 000
行政/业务主管	6 000

表 2-20　五险一金缴费比例

分类	养老	失业	工伤	生育	医疗		住房公积金
					基本医疗	大额互助	
单位	20%	1.5%	0.5%	0.8%	9%	1%	10%
个人	8%	0.5%	0	0	2%	3 元	10%

表 2-21　工资、薪金所得适用个人所得税七级超额累进税率表

工资、薪金所得适用个人所得税税率			
级数	全月应纳税所得额	税率（%）	速算扣除数（元）
一	少于 1 500 元	3	0
二	1 500~4 500 元	10	105
三	4 500~9 000 元	20	555
四	9 000~35 000 元	25	1 005
五	35 000~55 000 元	30	2 755
六	55 000~80 000 元	35	5 505
七	大于 80 000 元	45	13 505

⑥ 财务规则。财务业务规则主要包括：会计核算制度、会计管理制度、预算管理方法、筹资规则、投资规则、账簿设置与会计核算程序等方面的主要规则，各公司必须按照本规则的各项规定组织会计核算，进行会计管理。

a．筹资规则。资金是公司的血液，公司经营与发展离不开资金支持。企业资金来源于以下几种渠道：实收资本、银行抵押贷款、商业信用（应收、应付、应计费用等）等。公司根据财务部门的筹资预案进行充分论证，并考虑合理的资金结构，做出科学的筹资决策。银行抵押贷款筹资信息表如表 2-22 所示。

表 2-22　银行抵押贷款筹资信息表

筹资方式	融资手段	贷款利率	贷款限额	贷款期限	还款约定
银行抵押贷款	长期贷款	8%	按抵押物评估价值的 30%~70%	按年，最长 5 年，最短 2 年	每季付息，到期还本

b．存款规则。实训中规定的银行存款种类、期限和利率如表 2-23 所示。

表 2-23　银行存款种类、期限与利率

种类与期限	活期存款	定期存款			
		三个月	半年期	一年	三年
年利率（%）	0.5	3.1	3.3	3.5	5

c．税务规则。制造企业从事生产经营活动，涉及国家或地方多个税种，具体如表 2-24 所示。

d．会计核算规则。企业采用现金结算、转账结算和电汇几种方式。原则上，日常经济活动，低于 2 000 元的可以使用现金，超过 2 000 元的一般使用转账支票结算（差旅费或支付给个人的业务除外）。

表 2-24　主要税率表

税种	税率
企业所得税	25%
增值税	17%
城建税	7%
教育费及附加	3%
个人所得税	见表 2-21，工资、薪金所得适用个人所得税七级超额累进税率表

企业存货按照实际成本核算，原材料计价采用实际成本计价，材料采购按照实际采购价入账，材料发出按照全月一次加权平均计算材料成本。

企业固定资产购买当月不计提折旧，从次月开始计提折旧，出售当期照提折旧。固定资产折旧相关信息如表 2-25 所示。

表 2-25　固定资产折旧相关信息

固定资产名称	原值（元）	残值（元）	预计使用时间（年）	折旧（季度/元）	折旧（月/元）
办公大楼	6 000 000		40	37 500	12 500
笔记本电脑	8 000		4	500	166.67
台式电脑	5 000	200	4	300	100
打印复印机	20 000		5	1 000	333.33
仓库	1 000 000		10	25 000	8 333.33
大厂房	5 000 000		30	41 666.67	13 888.89
普通机床	10 000		10	250	83.33
组装生产线	30 000		10	750	250

企业为生产管理部门发生的费用以及生产过程中各车间共同的间接费用计入制造费用。制造费用按照费用发生车间设置明细科目（机加车间、组装车间）。机加车间发生的费用，如工人工资、机加车间设备折旧及维修等能够明确确认为机加车间发生的费用计入"制造费用—机加车间"。同样，组装车间的费用计入"制造费用—组装车间"。生产计划部管理人员的工资、使用的设备折旧、报销的办公费等计入"管理费用"。厂房折旧计入制造费用，并按照各类设备占用厂房空间比例进行分配。

企业产品成本分为原材料成本、人工成本和制造费用结转。制造费用中车间的费用直接计入该车间生产的产品成本，如果该车间有两个及两个以上产品生产，则按照该产品生产工时分配车间制造费用。在产品只计算材料费用，不计算制造费用和人工费用，即结转当期生产成本的金额为：期初生产成本（直接材料）+本期归集的直接人工+本期归集的制造费用。

企业原材料成本归集按照材料出库单的发出数量×平均单价，人工成本为当月计算的生产部门的人员工资，包括生产管理人员和生产工人。

企业车架为半成品，车架核算的范围为车架原材料、生产车架发生的人工费、制造费，以及分摊的相关生产制造费用。如果同一车间生产不同产品，则以各产品数量为权重，分配该车间的直接制造费用和结转的间接制造费用。

企业生产制造公司采用备抵法核算坏账损失。坏账准备按年提取，按照年末应收账款的3%提取。超过一年未收回的坏账，确认为坏账损失。已经确认为坏账损失的应收账款，并不表明公司放弃收款的权利。如果未来某一时期收回已作坏账的应收账款，应该及时恢复债权，并按照正常收回欠款进行会计核算。

企业实现利润，应当按照法定程序进行利润分配。根据公司章程规定，按照本年净利润的10%提取法定盈余公积金，根据董事会决议，提取任意盈余公积金，按照公司制定的股利政策（按照净利润总额的20%分配股利）向股东分配股利。每年年末做一次利润分配。

扩展知识　　　　　企业组织结构类型

（1）直线制

直线制是一种最早也是最简单的组织形式。它的特点是企业各级行政单位从上到下实行垂直领导，下属部门只接受一个上级的指令，各级主管负责人对所属单位的一切问题负责。厂部不另设职能机构（可设职能人员协助主管人工作），一切管理职能基本上都由行政主管自己执行。

直线制组织结构的优点是：结构比较简单，责任分明，命令统一。缺点是：它要求行政负责人通晓多种知识和技能，亲自处理各种业务。这在业务比较复杂、企业规模比较大的情况下，把所有管理职能都集中到最高主管一人身上，显然是难以胜任的。因此，直线制只适用于规模较小、生产技术比较简单的企业，对生产技术和经营管理比较复杂的企业并不适宜。

（2）职能制

职能制组织结构，是各级行政单位除主管负责人外，还相应地设立一些职能机构。如在厂长下面设立职能机构和人员，协助厂长从事职能管理工作。这种结构要求行政主管把相应的管理职责和权力交给相关的职能机构，各职能机构就有权在自己业务范围内向下级行政单位发号施令。因此，下级行政负责人除了接受上级行政主管人指挥外，还必须接受上级各职能机构的领导。

职能制的优点是能适应现代化工业企业生产技术比较复杂，管理工作比较精细的特点；能充分发挥职能机构的专业管理作用，减轻直线领导人员的工作负担。但缺点也很明显：它妨碍了必要的集中领导和统一指挥，形成了多头领导；不利于建立和健全各级行政负责人和职能科室的责任制，在中间管理层往往会出现有功大家抢，有过大家推的现象。另外，在上级行政领导和职能机构的指导和命令发生矛盾时，下级就无所适从，从而影响工作的正常进行，容易造成纪律松弛，生产管理秩序混乱。由于这种组织结构形式具有明显缺陷，现代企业一般都不采用职能制。

（3）直线—职能制

直线—职能制，也叫生产区域制或直线参谋制，它是在直线制和职能制的基础上，取长补短，吸取这两种形式的优点而建立起来的。现代绝大多数企业都采用这种组织结构形式。这种组织结构形式是把企业管理机构和人员分为两类，一类是直线领导机构和人员，按命令统一原则对各级组织行使指挥权；另一类是职能机构和人员，按专业化原则，从事组织的各项职能管理工作。直线领导机构和人员在自己的职责范围内有一定的决定权和对所属下级的指挥权，并对自己部门的工作负全部责任。而职能机构和人员，则是直线指挥人员的参谋，不能对直接部门发号施令，只能进行业务指导。

直线—职能制的优点是：既保证了企业管理体系的集中统一，又可以在各级行政负责人的领导下，充分发挥各专业管理机构的作用。其缺点是：职能部门之间的协作和配合性较差，职能部门的许多工作要直接向上层领导报告请示才能处理，这一方面加重了上层领导的工作负担；另一方面也造成办事效率低下。为了克服这些缺点，可以设立各种综合委员会，或建立各种会议制度，以协调各方面的工作，起到沟通作用，帮助高层领导出谋划策。

（4）事业部制

事业部制最早是由美国通用汽车公司总裁斯隆于1924年提出的，故有"斯隆模型"之称，也叫"联邦分权化"，是一种高度（层）集权下的分权管理体制。它适用于规模庞大、品种繁多、技术复杂的大型企业，是国外较大的联合公司所采用的一种组织形式，近几年中国一些大型企业集团或公司也引进了这种组织结构形式。事业部制是分级管理、分级核算、自负盈亏的一种形式，即一个公司按地区或按产品类别分成若干个事业部，从产品的设计、原料采购、成本核算、产品制造，一直到产品销售，均由事业部及所属工厂负责，实行单独核算、独立经营，公司总部只保留人事决策、预算控制和监督大权，并通过利润等指标对事业部进行控制。也有的事业部只负责指挥和组织生产，不负责采购和销售，实行生产和供销分立，但这种事业部正在被产品事业部所取代。还有的事业部则按区域来划分。

（5）矩阵制

在组织结构上，把既有按职能划分的垂直领导系统，又有按产品（项目）划分的横向领导关系的结构，称为矩阵组织结构。

矩阵制组织是为了改进直线职能制横向联系差，缺乏弹性的缺点而形成的一种组织形式。它的特点表现在围绕某项专门任务成立跨职能部门的专门机构上，例如组成一个专门的产品（项目）小组去从事新产品开发工作，在研究、设计、试验、制造各个不同阶段，由有关部门派人参加，力图做到条块结合，以协调有关部门的活动，保证任务的完成。

矩阵结构的优点是：机动、灵活，可随项目的开发与结束进行组织或解散；由于这种结构是根据项目组织的，任务清楚，目的明确，各方面有专长的人都是有备而来。因此在新的工作小组里，能沟通、融合，能把自己的工作同整体工作联系在一起，为攻克难关、解决问题献计献策，由于从各方面抽调来的人员有信任感、荣誉感，使他们增加了责任感，激发了工作热情，促进了项目的实现；它还加强了不同部门之间的配合和信息交流，克服了直线职能结构中各部门互相脱节的现象。

矩阵结构的缺点是：项目负责人的责任大于权力，因为参加项目的人员都来自不同部门，隶属关系仍在原单位，只是为"会战"而来，所以项目负责人对他们管理困难，没有足够的激励手段与惩罚手段，这种人员上的双重管理是矩阵结构的先天缺陷。由于项目组成人员来自各个职能部门，当任务完成以后，仍要回原单位，因而容易产生临时观念，对工作有一定影响。

矩阵结构适用于一些重大攻关项目。企业可用来完成涉及面广的、临时性的、复杂的重大工程项目或管理改革任务。特别适用于以开发和实验为主的单位，例如科学研究，尤其是应用性研究单位等。

拓展阅读　　　　　　　　　BOM 的使用　　　　　　　

实训任务 2.1.2　了解各个岗位主要职责

1. 学习目标

目标分解	目标描述
知识目标	1. 了解岗位职责的概念
	2. 理解岗位职责的作用
	3. 熟悉不同岗位职责的内容
技能目标	能依据实训进度完善岗位职责

2. 情境导入

10月1日，好佳童车厂新入职人员为了更好地管理企业，重新制定了企业的管理岗位职责。

3．相关知识

岗位，是组织为完成某项任务而确立的，由工种、职务、职称和等级内容组成。职责是职务与责任的统一，由授权范围和相应的责任两部分组成。因此，岗位职责指一个岗位所要求的需要去完成的工作内容以及应当承担的责任范围。

4．任务流程

在 VBSE 实训中，该任务要求实训学生在了解虚拟商业社会环境和规则后，要了解整个环境提供给学生的具体实训岗位。整个流程共分 1 步，详见图 2-6。

| 流程1 |
| 实训学生 |
| 了解岗位职责 |

图 2-6　了解实训岗位流程

5．实施步骤

（1）了解制造企业岗位职责

① 岗位结构。基于生产运营管理的需要，制造企业组织结构分为 7 个部门 18 个岗位，如图 2-7 所示。

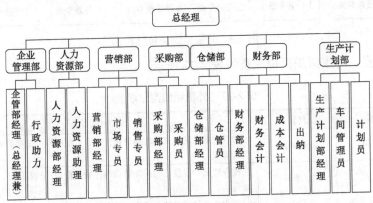

图 2-7　制造企业岗位结构图

② 岗位职责。基于企业生产运营管理的需要，制造企业分别对 7 个部门 18 个岗位制定了岗位职责，如表 2-26 所示。

（2）了解外围组织职责

① 岗位结构。基于实训客观要求，外围组织设银行、服务公司、政务中心（下辖工商局、税务局和社保中心）、会计师事务所专员岗位各一个，具体岗位结构如图 2-8 所示。

表 2-26　制造企业岗位职责

序号	部门	岗位	主要职责
1	企业管理部	总经理 行政助理	管理协调督查；行政事务管理；公文档案管理；对外公共关系管理；内务后勤管理
2	营销部	营销部经理 市场专员 销售专员	完成公司制定的营销指标；营销策略、计划的拟定与实施；营销经费的预算和控制；营销管理制度的拟定、实施和改善；部门员工管理
3	生产计划部	生产计划部经理 生产计划员 车间管理员	生产管理；物料控制；设备管理；日常工作管理；健全生产人才培养机制，积极组织培训学习，提高工作技能，提升工作绩效，提高员工职业素养
4	仓储部	仓储部经理 仓管员	验收入库管理；储存保管职能；出库配送管理；物料的盘点；库存控制
5	采购部	采购部经理 采购员	采购计划管理；供应商管理；采购活动管理；采购合同管理；采购成本管理；采购监控与评价

续表

序号	部门	岗位	主要职责
6	财务部	财务部经理 财务会计 成本会计 出纳	会计核算与报表职能；会计监督职能；参与管理职能
7	人力资源部	人力资源部经理 人力资源助理	制定人力资源规划；人力资源管理制度制定等；人员招聘与录用等；薪酬管理；培训计划管理；绩效管理；劳动关系管理；资料管理

图 2-8　外围组织岗位结构图

② 岗位职责。外围组织岗位职责如表 2-27 所示。

表 2-27　外围组织岗位职责

序号	组织	岗位	主要职责
1	工商局	主任兼专员	受理企业核名；工商注册登记；企业工商年检；工商监督；广告、合同和商标管理
	税务局	主任兼专员	税务登记；税款征收；发票管理；纳税检查；税收统计、分析；税务违法处罚
	社保局和住房公积金中心	主任兼专员	企业多险种社保基金征集；社会保险关系转移；社会保险费征收；档案管理；咨询服务
2	服务公司	经理兼专员	人力推荐；人才培训；广告服务；市场开发；产品研发；代买火车票、机票，收取费用；办公用品零售业务，收取费用，开具发票 实训指导教师交办的其他任务
3	银行	行长兼专员	银行开户；银行转账；出售银行票据；银行信贷；档案管理
4	会计师事务所	主任兼专员	审计；验资；评估；造价；税务咨询；代理记账；财务顾问

（3）了解商贸企业职责

① 岗位结构。相比制造企业，商贸企业岗位结构相对简单。总经理主管公司的全部业务，下设管理中心和营销中心，设置行政主管和业务主管两个岗位，具体如图 2-9 所示。

```
        总经理
  ┌───────┴───────┐
行政主管        业务主管
```

图 2-9　商贸企业岗位结构图

② 岗位职责。商贸类企业岗位，与制造企业岗位职责相同，详见表 2-28。

表 2-28　商贸企业岗位职责

序号	组织	主要职责
1	总经理（兼任财务部经理、税务会计）	同制造企业组织相关岗位职能（见表 2-26）
2	行政主管（兼任仓储部经理、仓管员、行政助理、人力资源部经理、人力资源助理、出纳）	同制造企业组织相关岗位职能（见表 2-26）
3	业务主管（兼任采购部经理、采购员、营销部经理、销售专员、市场专员）	同制造企业组织相关岗位职能（见表 2-26）

扩展知识　　　　　岗位分类

　　岗位分类是在岗位调查、分析、设计和岗位评价的基础上采用科学的方法，根据岗位自身的性质和特点，对企事业单位中全部岗位，从横向和纵向两个维度进行划分从而区别出不同岗位类别和岗位，作为企事业单位人力资源管理的重要基础和依据。

　　岗位分类的最终结果，是将企事业单位的所有岗位纳入由职组、职系、岗级和岗等构成的体系之中。职组和职系是按照岗位的工作性质和特点对岗位所进行的横向分类，岗级和岗等是按照岗位的责任大小、技能要求、劳动强度、劳动环境等指标对岗位进行的纵向分级。

　　岗位分类一般有以下组成部分：

　　（1）职系（Series）：是指一些工作性质相同，而责任轻重和困难程度不同，所以职级、职等不同的职位系列。简言之，一个职系就是一种专门职业（如机械工程职系）。

　　（2）职组（Group）：工作性质相近的若干职系综合而成为职组，也叫职群。例如人事管理和劳动关系职组包括 17 个职系。

　　（3）职级（Class）：职级是分类结构中最重要的概念。指将工作内容、难易程度、责任大小、所需资格相似的职位划为同一职级，实行同样的管理使用与报酬（每个职级的职位数并不相同，小到一个，多到几千）。

　　（4）职等（Grade）：工作性质或主要职务不同，但其困难程度、职责大小、工作所需资格等条件充分相同的职级的总称。同一职等的所有职位，不论它们属于哪个职系的哪个职级，其薪金报酬相同。

拓展阅读　　　　　看世界 500 强企业如何培训　　　

实训项目 2.2　组建团队

实训任务 2.2.1　完成岗位胜任力测评

1. 学习目标

目标分解	目标描述
知识目标	1. 了解岗位胜任力测评的流程
	2. 理解岗位胜任力测评的意义
	3. 熟悉岗位胜任力测评的内容
技能目标	1. 能独自完成岗位胜任力测评
	2. 掌握根据测评结果理性选择选择岗位的技能

2. 情境导入

10 月 1 日，好佳童车厂为了让 18 名新入职员工尽快进入工作状态，特聘请第三方人力资源公司对 18 名员工进行了岗位测评，以期达到人职匹配、人尽其才。

3．相关知识

岗位胜任力是指在特定工作岗位、组织环境和文化氛围中有优异成绩者所具备的任何可以客观衡量的个人特质，特指承担职务（职位）的资格与能力。

岗位胜任力有 4 个特点：

（1）与工作岗位相关，是完成工作岗位职责所必须具备的，因而带有明显岗位特性。

（2）是从表现优秀的员工身上所提炼出来的，具有牵引和导向性。

（3）是可以衡量和测评的。

（4）是与本岗位相关联的能力和素质的综合体现，既包含显性的又包含隐性的能力和素质。

4．任务流程

在 VBSE 实训中，该任务要求实训学生在了解虚拟商业社会环境和规则，了解具体实训岗位之后，实训学生上岗之前要进行一个在线的岗位胜任力测试，目的是了解自己、了解岗位、知己知彼，做到人职匹配。整个流程共分 1 步，如图 2-10 所示。

流程 1
实训学生
完成岗位胜任力在线测评

图 2-10　岗位胜任力测评流程

5．实施步骤

所有实训学生（新入职人员）的个人信息已经上传到了 VBSE 实训系统中。按照实训任务推进，所有人都需参加在线测评。在线测评内容如表 2-29 所示。

表 2-29　岗位胜任力在线测评内容

步骤	测评项目	测评内容
1	能力测评	人际能力、执行能力、领导力和学习能力
2	特质测评	自信心、警觉性、诚信心
3	知识测评	企业注册、组织结构、营销、财务等
4	意愿测评	意愿性
5	精神测评	风险精神、创新精神、冒险性
6	综合测评	基本素质、通用管理、营销、采购、生产、仓储、人力资源、行政管理、财务等

扩 展 知 识　　　　　　　胜任力测评应用范畴　　　　　　■ ■ ■ ■ ■

测评应该根据应用的目的，区分不同应用场景，设计有针对性的测评解决方案。表 2-30 为人力资源工作中常见的测评解决方案。

表 2-30　常见的测评方案

对象	招聘	选拔/储备	培养/发展	评估
基层员工	基层人员校园招聘/社会招聘方案			基层人员评估盘点方案
管理人员	管理人员外部招聘方案	管理人员人才储备方案	管理人员培养发展方案	管理人员评估选拔方案

拓展阅读 | 北森人力资源测评 | ☞

实训任务 2.2.2　组建公司团队

1. 学习目标

目标分解	目标描述
知识目标	1. 了解简历概念
	2. 了解团队概念
	3. 了解面试概念
	4. 熟悉面试的过程
技能目标	1. 会制作简历
	2. 具备人职岗的匹配能力
	3. 掌握面试技巧
	4. 掌握团队组建的方法

2. 情境导入

10 月 7 日，好佳童车厂对新入职 18 名员工进行了综合测评，在此基础上，进行人事调整，组建新的管理团队。

3. 相关知识

（1）简历

简历，顾名思义，就是对个人学历、经历、特长、爱好及其有关情况所作的简明扼要的介绍。简历是个人形象，包括资历、能力的书面表述。求职简历就是用于求职应聘的书面材料，它向未来的雇主表明应聘者拥有的工作能力和工作态度。从某种意义上说，简历就是自我推销的广告。

简历包含的具体内容主要包括：

① 个人基本信息；

② 求职意向（应聘职位/岗位）；

③ 教育背景；

④ 工作经验（实习/兼职/项目/社会活动）；

⑤ 荣誉与奖励；

⑥ 专业技能与特长；

⑦ 其他信息（个性特征/兴趣爱好）。

简历模板样例

（2）面试

面试是一种经过组织者精心设计，在特定场景下，以考官对考生面对面交谈与观察为主要手段，由表及里测评考生的知识、能力、经验等有关素质的考试活动。面试是公司挑选职工的一种重要方法。面试给公司和应聘者提供了进行双向交流的机会，能使公司和应聘者之间相互了解，从而双方都可更准确做出聘用与否、受聘与否的决定。

面试有很多形式，依据面试的内容与要求，大致可以分为以下几种：

① 问题式。由招聘者按照事先拟订的提纲对求职者进行发问，请予回答。其目的在于观察求职者在特殊环境中的表现，考核其知识与业务，判断其解决问题的能力，从而获得求职者的第一手资料。

② 压力式。由招聘者有意识地对求职者施加压力，就某一问题或某一事件作一连串的发问，详细具体且追根问底，直至无以对答。此方式主要观察求职者在特殊压力下的反应、思维敏捷程度及应变能力。

③ 随意式。即招聘者与求职者海阔天空、漫无边际地进行交谈，气氛轻松活跃，无拘无束，招聘者与求职者自由发表言论，各抒己见。此方式的目的为：于闲聊中观察应试者的谈吐、举止、知识、能力、气质和风度，对其做全方位的综合素质考察。

④ 情景式。由招聘者事先设定一个情景，提出一个问题或一项计划，请求职者进入角色模拟完成，其目的在于考核其分析问题、解决问题的能力。

（3）团队

管理学家斯蒂芬·P·罗宾斯认为：团队就是由两个或者两个以上的，相互作用、相互依赖的个体，为了特定目标而按照一定规则结合在一起的组织。

团队有几个重要的构成要素，可以总结为"5P"。

① 目标（Purpose）。团队应该有一个既定的目标，为团队成员导航，知道要向何处去，没有目标这个团队就没有存在的价值。

② 人（People）。人是构成团队最核心的力量，2 个（包含 2 个）以上的人就可以构成团队。目标是通过人员具体实现的，所以人员的选择是团队中非常重要的一个部分。

③ 定位（Place）。团队的定位包含两层意思：

团队的定位，团队在企业中处于什么位置，由谁选择和决定团队的成员，团队最终应对谁负责，团队采取什么方式激励下属？

个体的定位，作为成员在团队中扮演什么角色？是制订计划还是具体实施或评估？

④ 权限（Power）。团队当中领导人的权力大小跟团队的发展阶段相关，一般来说，团队越成熟领导者所拥有的权力越小，在团队发展的初期阶段领导权比较集中。

⑤ 计划（Plan）。计划包含两层含义：

a. 目标最终的实现，需要一系列具体的行动方案，可以把计划理解成目标的具体工作程序。

b. 按计划进行可以保证团队的进度顺利，团队才会一步一步地贴近目标，最终实现目标。

4．任务流程

该任务要求实训学生竞选各个组织的总经理（CEO）后，依据实训要求，要着手组建所在组织的管理团队。组建团队的整个流程共分 2 步，详见图 2-11。

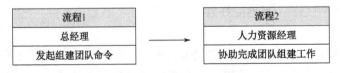

图 2-11　团队组建流程图

5．实施步骤

组建团队是企业人力资源工作的重要内容，是企业获得人力资源的主要入口，与企业的各项业务工作开展有着紧密的联系。在实训中，组建团队由总经理发起和组织，人力资源经理协助完成。团队组建内容详见表 2-31。

表 2-31　团队组建

步骤	角色	操作	内容
1	总经理	现场招聘组建团队	1. 组织机构设计、岗位设置 2. 撰写招聘启事 3. 发布招聘公告 4. 收集简历 5. 简历筛选 6. 组织面试、评价

扩 展 知 识　　　　建立创业团队的法则

1994 年，斯蒂芬·罗宾斯首次提出了"团队"的概念：为了实现某一目标而由相互协作的个体所组成的正式群体。在随后的十年里，关于"团队合作"的理念风靡全球。当团队合作出于自觉自愿时，它必将会产生一股强大而持久的力量。

1. 问员工的四个问题

"你的梦想是什么？"

"你现在离你的梦想有多远？"

"为了实现梦想你准备付出多少努力？"

"需要团队为你提供什么？"

2. 领导人的三种状态

领导人要学会"两眼睁大""两眼紧闭""睁一只眼闭一只眼"三种状态。

"两眼睁大"——发现人才和优点；

"两眼紧闭"——不要插手已经授权的事、不信闲言闲语；

"睁一只眼闭一只眼"——要看到伙伴的错误，清醒地警惕任何漏洞的出现，但又要明白某些错误并不需要追究。

3. 激情澎湃走楼梯

坐电梯很快，但万一掉下去就没有机会了。走楼梯慢，但从 12 楼不小心摔下去，也不过是摔到 12 楼和 11 楼中间的平台，休息一段时间还可以继续往上爬。做团队要像走楼梯，但楼梯的每一步都要走得激情澎湃。

4. 做人心得

总结四个字——卡、斌、引、尖。

卡——能上能下；

斌——能文能武；

引——能屈能伸；

尖——能小能大。

5. 远行的准备

团队要想走得更远，必须做到：稳住底盘、适时扩张、全面内控、不断创新。

6. 没有一鸣惊人，只有默默无闻

那些一夜之间瓦解或一夜之间崛起的团队称不上卓越，卓越的团队是不会有命悬一线和石破天惊的，有的只是平静、坚毅和持续改善。

7. 找好人不如找有缘人

有些领导人错误地以为找到最能干的人就能做出好团队，但多次失败后发现，比能力更重要的是一个人能否长久和你一起工作。团队靠的是态度、情感、事业来留住伙伴，不要求他们忠诚于团队，只要求他们忠诚于自己的内心。

8. 信任的力量

一句"我相信你能做到"比"你必须做到"多了许多信任在里面，让伙伴能感受到"被尊重"，在此基础上他才能产生高度的责任感、使命感，竭尽全力地达成他（她）自己的目标。

9. 借力

团队说到底是人，运作说到底是借力。

失败的领导人以其一己之力解决众人问题，成功的领导人集众人之力解决团队问题。建立团队的过程是一个借力的过程，只有越来越多的人愿意把力借给你，团队才会成功。

10. 心态决定状态，状态决定结果

带团队就是带野心、带欲望、带状态。

拓展阅读 联想集团新高管团队亮相 8 人组成执行委员会

实训任务 2.2.3　完成公司岗位分工

1. 学习目标

目标分解	目标描述
知识目标	了解岗位说明书
技能目标	掌握制作岗位说明书技能

2. 情境导入

10 月 7 日，好佳童车厂在对新入职的 18 名员工进行岗位胜任力测评之后，依据民主原则，投票选出了好佳童车厂的总经理。总经理依据企业的管理规章制度，前期进行了团队组建，在此基础上，进行岗位分工。

3. 相关知识

岗位说明书，是表明企业期望员工做些什么、规定员工应该做些什么、应该怎么做和在什么样的情况下履行职责的总汇。岗位说明书最好是根据公司的具体情况进行制定，在编制时要简单明了，使用浅显易懂的文字，内容越具体越好，避免形式化、书面化。另外，在实际工作当中，随着公司规模不断扩大，岗位说明书在制定后，还要给予一定程度的修正和补充，以便与公司的实际发展状况保持同步。而且，岗位工作说明书的基本格式，也要因不同的情况而异，

模板如表 2-32 所示。

表 2-32 岗位说明书模板

岗位名称			岗位级别	
任职条件	工作经历		学历	
	专业知识		专业	
	特殊技能或要求			
工作概要				
岗位工作内容				
岗位工作职责				

4. 任务流程

该任务要求总经理依据企业管理规章制度，按照实训要求，对内进行岗位分工，对外进行岗位招聘，实训学生依据岗位招聘说明选择岗位。在实训中，该任务流程共分 2 步，详见图 2-12。

流程1		流程2
总经理	⟶	实训学生
发起岗位分工任务		选择岗位

图 2-12 公司岗位分工流程图

5. 实施步骤

岗位分工是在团队组建的基础上，由总经理发起，应聘人员投放简历，应聘具体岗位，应聘成功后，应聘者自行登录实训软件进行岗位维护。该任务涉及制造企业 18 个岗位、外围组织 6 个岗位、商贸企业 3 个岗位。岗位分工具体步骤如下：

（1）由总经理发起岗位分工任务，对企业各个岗位进行岗位说明，各应聘人员依据岗位说明书，结合个人意愿和能力，进行选择。

（2）各应聘人员在选择完岗位之后，应自行登录实训平台，进入岗位维护界面，进行岗位维护，即上岗任务。

维护完岗位后，参训者就正式成为企业的员工。企业经营由此开始。

扩展知识　　　　　　　　　　**岗位工资**

岗位等级工资制有两种形式，一种是一岗一薪制，另一种是一岗多薪制。一岗一薪制是指一个工资标准，凡在同一岗位上工作的员工都执行同一工资标准，岗位工资由低到高顺序排列，组成一个统一的岗位工资标准体系，它反映的只是不同岗位之间的工资差别，不反映内部的劳动差别和工资差别。一岗一薪制，岗内不升级，新工人上岗采取"试用期"或"熟练期"办法，试用期满经考核合格，即可执行岗位工资标准。一岗一薪制，适用于专业化、自动化程度较高，流水作业、工种技术比较单一，工作物等级比较固定的工种。

一岗多薪制，是指在一个岗位内设置几个工资标准以反映岗位内部员工之间的劳动差别的岗位工资制度。由于企业的岗位比较多，从管理成本上分析，不可能为每一个岗位都设立工资标准，企业只能是采取将相近的岗位进行合并以采取同一工资标准，这就造成了同等级岗位内存在工作差别的问题。为了解决这一问题，有些企业在同一等级内划分档次，员工在一个岗位等级内可以通过小步考核而升级，直至其工资达到本岗最高标准。一岗多薪制适合于那些岗位划分较粗、岗位之间存在工作差别、岗位内部员工之间存在技术熟练程度差异的企业或部门。

拓展阅读　《中华人民共和国职业分类大典》

实训项目 2.3　公司管理建章立制

实训任务 2.3.1　建立公司管理流程和制度

1. 学习目标

目标分解	目标描述
知识目标	了解公司管理流程和制度
技能目标	会编写公司管理流程和制度

2. 情境导入

10 月 7 日，好佳童车厂 18 名新入职人员第一天上岗。为了使公司尽快进入正常运营轨道，总经理召集全体管理人员召开了入职后的第一次会议。在这次会议上，总经理对公司前期的经营管理情况简单做了回顾，对后期企业的管理工作做出了部署，要求公司管理层，要建立公司的管理流程和规章制度。

3. 相关知识

企业管理流程和制度，是公司以利润最大化为原则，在生产管理实践活动中指定的各种带有强制性义务，并能保障一定权利的各项规定或条例，包括公司的人事制度、生产管理制度、民主管理制度等一切规章制度。

公司管理流程和制度，具有两个作用：

（1）规范管理，能使企业经营有序，增强企业的竞争实力。

（2）制定规则，能使员工行为规范，提高管理效率。

4. 任务流程

在 VBSE 实训中，该任务要求总经理在招聘员工后，尽快建立企业的管理规章制度，使企业经营管理做到有规可依，有章可循。实训中，该任务流程共分 2 步，详见图 2-13。

流程1		流程2
总经理		总经理
编写公司管理流程与制度	→	执行公司管理流程与制度

图 2-13　建立公司管理流程与制度流程

5. 实施步骤

总经理（或企业管理团队）要依据公司实际情况，建立公司的管理流程和规章制度。所以建立公司的管理流程和制度一定要符合实际，有前瞻性、合理合法、符合公正原则。

（1）建立公司管理流程与制度

从企业运营流程来看，建立的公司管理流程与制度应涵盖企业的筹资、生产、供应、销售、利润分配等几个方面，详见表 2-33。

表 2-33　建立公司管理流程与制度步骤

序号	步骤	执行人	具体内容
1	建立公司管理流程与制度	总经理	1. 企业情况调研 2. 形成调查报告 3. 召开会议，进行内容分析 4. 编写相关流程制度 5. 执行相关流程制度

（2）执行管理流程和制度

在建立公司管理流程与制度的基础上，重点是要积极落实和执行管理流程与制度，发挥管理流程和制度的作用，服务于企业经营管理，做到效用最大化。

具体执行管理流程和制度的步骤见图 2-14。

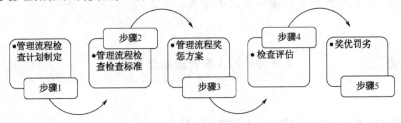

图 2-14　执行管理流程和制度具体步骤

扩 展 知 识　　　　　　　　日本的"5S"管理

"5S"管理起源于日本，是指在生产现场中对人员、机器、材料、方法等生产要素进行有效的管理，这是日本企业独特的一种管理办法。"5S"是整理（Seiri）、整顿（Seiton）、清扫（Seiso）、清洁（Seiketsu）和素养（Shitsuke）这 5 个词首字母的缩写。

（1）整理——就是区分必需品和非必需品，现场不放置非必需品。

① 将混乱的状态收拾成井然有序的状态；

② 5S 管理是为了改善企业的体质；

③ 整理也是为了改善企业的体质。

（2）整顿——就是能在 30 秒内找到要找的东西，将寻找必需品的时间减少为零。

① 能迅速取出；

② 能立即使用；

③ 处于能节约的状态。

（3）清扫——将岗位保持在无垃圾、无灰尘、干净整洁的状态，清扫的对象包括：

① 地板、天花板、墙壁、工具架、橱柜等；

② 机器、工具、测量用具等。

（4）清洁——将整理、整顿、清扫进行到底，并且制度化；管理公开化，透明化。

（5）修养——对于规定了的事，大家都要认真地遵守执行。

① 典型例子就是要求严守标准，强调的是团队精神。

② 养成良好的 5S 管理习惯。

在没有推行 5S 的公司，每个岗位都有可能会出现各种各样不规范或不整洁的现象，如垃圾、纸屑、材料等满地都是，零件、工具胡乱堆放在地板上。轻则找不到自己要找的东西，浪费大量的时间；重则导致机器破损，如不对其进行有效的管理，即使是最先进的设备，也会很快地加入不良器械的行列而等待维修或报废。

员工在这样杂乱不洁而又无人管理的环境中工作，有可能是越干越没劲，要么得过且过，过一天算一天，要么就是另寻他途。

对于这样的公司，即使不断地引进很多先进优秀的管理方法也不见得会有什么显著的效果，要想彻底改变这种状况就必须从简单实用的 5S 管理开始，从基础抓起。

5S 管理的主要作用：

（1）让客户留下深刻的印象；

（2）节约成本，实施了 5S 的场所就是节约的场所；

（3）可以使我们的工作场所的安全系数十分有效地增大；

（4）通过 5S 可以极大地提高全体员工的士气。

拓 展 阅 读　　《华为公司人事管理制度》节选　

实训任务 2.3.2　建立公司文化

1. 学习目标

目标分解	目标描述
知识目标	了解公司文化
技能目标	具备建设公司文化的能力

2. 情境导入

10 月 8 日，好佳童车厂正式运营。根据前期调查分析，好佳童车厂认为，在童车制造领域，企业要想保持领先优势，获得更快的发展，要在软硬件方面加大建设力度。当前，要优先注重企业软实力的发展。企业文化就是企业软实力的代表，企业希望借助企业文化的建设，对内凝聚企业员工的向心力，对外提升企业的知名度。

3. 相关知识

企业文化是在一定的条件下，企业生产经营和管理活动中所创造的具有该企业特色的精神财富和物质形态，它包括文化观念、价值观念、企业精神、道德规范、行为准则、历史传统、企业制度、文化环境、企业产品等。其中价值观是企业文化的核心。

企业文化是企业的灵魂，是推动企业发展的不竭动力。它包含着非常丰富的内容。特伦斯·E·迪尔，艾伦·A·肯尼迪企业文化整个理论系统概述为 5 个要素，即企业环境、价值观、英雄人物、文化仪式和文化网络。

（1）企业环境。企业环境是指企业的性质、企业的经营方向、外部环境、企业的社会形象、与外界的联系等方面。它往往决定企业的行为。

（2）价值观。价值观是指企业内成员对某个事件或某种行为好与坏、善与恶、正确与错误、是否值得仿效的一致认识。价值观是企业文化的核心，统一的价值观使企业内成员在判断自己行为时具有统一的标准，并以此来选择自己的行为。

（3）英雄人物。英雄人物是指企业文化的核心人物或企业文化的人格化，其作用在于作为一种活的样板，给企业中其他员工提供可供仿效的榜样，对企业文化的形成和强化有着极为重要的作用。

（4）文化仪式。文化仪式是指企业内的各种表彰、奖励活动、聚会以及文娱活动等，它可以把企业中发生的某些事情戏剧化和形象化，用来生动地宣传和体现本企业的价值观，使人们通过这些生动活泼的活动来领会企业文化的内涵，使企业文化"寓教于乐"。

（5）文化网络。文化网络是指非正式的信息传递渠道，主要是传播文化信息。它是由某种非正式的组织和人群所组成，它所传递出的信息往往能反映出职工的愿望和心态。

4．任务流程

在 VBSE 实训中，该任务要求在总经理的统一带领下，每位应聘成功员工都要参与企业文化的建设。实训中，该任务流程共分 1 步，详见图 2-15。

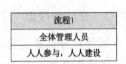

图 2-15　企业文化建设流程图

5．实施步骤

企业的发展要实施两步走战略：一是要有强大的经济实力，依靠自身经济实力，推动企业发展，这是企业发展的基础和根本；二是要有企业文化，有正向的价值观，能发挥"灯塔"作用，凝心聚力，为企业发展指明方向，这是企业发展的灵魂和精神。这两个方面，我们称它为企业的软硬实力。只有企业软硬实力都强大，才能够确保企业在正常的发展轨道上前行，否则，就有可能脱轨，走上畸形发展的道路。

因此，建设企业文化的重要性不言而喻。企业文化建设的一般步骤如图 2-16 所示。

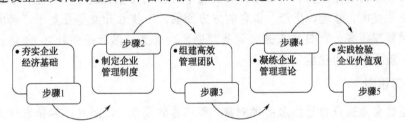

图 2-16　企业文化建设步骤

在实训中，实训学生可以依据仿真企业的实际情况，进行一些企业文化的建设。例如：

（1）建设企业文化墙；

（2）设定企业文化日；

（3）举办企业文化活动。

以上内容，都属于企业文化建设的一部分。

扩展知识　　　　　　　　　企业理念

企业理念是企业在持续经营和长期发展过程中，继承企业优良传统，适应时代要求，由企业家积极倡导，全体员工自觉实践，从而形成的代表企业信念、激发企业活力、推动企业生产经营的团体精神和行为规范。按照定位模式不同，可划分为以下七种。

1. 目标导向型

采用这种定位模式，企业将其理念规定或描述为企业在经营过程中所要达到的目标和精神境界。它可分为具体目标型和抽象目标型。

具体目标型以丰田公司为代表："以生产大众喜爱的汽车为目标"。抽象目标型的企业理念有日产公司的"创造人与汽车的明天"，以及美国杜邦公司的"为了更好地生活，制造更好的产品"。

2. 团结凝聚型

采用这种定位模式，企业将团结奋斗作为企业理念的内涵，以特定的语言表达团结凝聚的经营作风。例如，美国塔尔班航空公司的"亲如一家"，上海大众汽车有限公司的"十年创业，十年树人，十年奉献"等，即属此种类型。

3. 开拓创新型

采用此种模式定位，企业以拼搏、开拓、创新的团体精神和群体意识来规定和描述企业理念，如日本本田公司的"用眼、用心去创造"；贝泰公司的"不断去试，不断去做"；日本住友银行的"保持传统，更有创新"等。

4. 产品质量型

采用此类定位模式，企业一般用质量第一、注重质量、注重创名牌等含义去规定或描述企业理念。

5. 技术开发型

这种类型的企业以尖端技术的开发意识代表企业精神，着眼于企业开发新技术的观念。这种定位与前面开拓创新型较为相似，不同之处在于开拓创新型立足于一种整体创新精神，这种创新渗透于企业技术、管理、生产、销售的方方面面，而技术开发型立足于产品的专业技术开发，内涵相对要窄得多。如日本东芝公司的"速度，感受，然后是强壮"；佳能公司的"忘记了技术开发，就不配称为佳能"等。

6. 市场营销型

这种类型的企业强调自己所服务的对象，即顾客的需求，以满足顾客需求作为自己的经营理念。例如，麦当劳的"顾客永远是最重要的，服务是无价的，公司是大家的"；施伯乐百货公司的"价廉物美"。

7. 优质服务型

这类企业突出为顾客、为社会提供优质服务的意识，以"顾客至上"作为其经营理念的基本含义。这种理念在许多服务性行业，如零售业、餐饮业、娱乐业极为普遍。

拓展阅读　　海尔的企业文化 👉

模块 3
企业期初状况分析

在虚拟商业社会环境中，对企业期初状况要进行系统的了解和分析。主要包括三个方面的内容：一是每个岗位要阅读岗位相关的业务知识；二是要对照岗位职责学习虚拟社会环境规则；三是要记录和分类整理企业已有的合同信息、订单信息等，以便在固定经营的工作中方便延续。

实训项目 3.1 全面了解所接手的公司

团队在成立后接手公司，要进行三项基本工作：一是进行团队建设，主要是为了培养团队的凝聚力；二是要读懂期初的相关数据；三是要了解数据之间的关联性。

1. 进行团队建设

团队建设是保证团队凝聚力、战斗力、协调性的必要工作。团队建设一般包括以下几个部分。

（1）确定领导和决策人。在虚拟商业社会环境中，比较常见的方式是总经理负责制，随着团队的日益成熟，可以发展到团队共同决策，总经理拍板。

（2）目标方面，团队要制定团队的目标，个人的目标要支持团队目标的达成。

（3）协作保证，要做好团队的协调和合作。

（4）责任方面，要明确每个岗位每名员工的责任。

（5）技能方面，要把员工的特长和团队的需要加以结合。

（6）绩效评估，要通过绩效评估等方式监督员工。

表 3-1 为内部会议业务流程。

表 3-1 内部会议业务流程

序号	操作步骤	角色	操作内容
1	公司成立致辞	总经理	1. 欢迎各位成员加入 2. 阐述企业经营口号 3. 提出实习期间的员工成长目标、工作期望
2	组织自我介绍	总经理	1. 总经理要求团队中的每一个人作 1~2 分钟的自我介绍 2. 在成员做自我介绍后再次欢迎各位成员加入
3	提出工作要求	总经理	1. 再次重申公司的目标及对成员的工作期望 2. 对各部门之间、员工之间的协同工作提出要求
4	建立沟通渠道	总经理	1. 为员工提供相应的了解平台，建立内部交流群 2. 编制公司通讯录并公布

2．领取、发放办公用品

在虚拟商业社会环境中，每个实训组织单位都需要领取必要的办公用品，在这个过程中需要注意的主要有两个点：一是每个组织单位都要有专门的员工负责领取和保管这些办公用品；二是各个部门内部的人员使用办公用品也同样加强管理，特别是一些证章等物品。领取办公用品业务流程如表 3-2 所示。

表 3-2　领取办公用品业务流程

序号	操作步骤	角色	操作内容
1	领取办公用品	服务公司业余员	发放办公用品
2	领取办公用品	行政助理	领取办公用品
3	领取办公用品	税务局专管员	领取办公用品
4	领取办公用品	银行柜员	领取办公用品
5	领取办公用品	客户总经理	领取办公用品
6	领取办公用品	供应商总经理	领取办公用品

实训任务 3.1.1　总经理读懂期初数据

1．总经理解读期初数据

对于核心制造业来说，总经理（CEO）在公司业务工作开展之前需要理解、掌握核心制造企业的组织结构图（见图 3-1），以便合理、有效地调动各种资源。

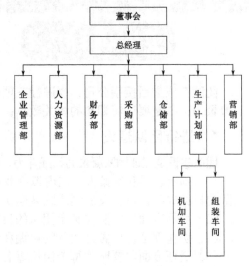

在虚拟商业社会环境中，核心制造企业的组织结构分为 4 个管理层次、7 个部门、18 个工作岗位。董事会负责制定公司的战略和行动计划，总经理对董事会负责，并可以对企业管理部、人力资源部、财务部、采购部、仓储部、生产计划部、营销部等部门下达命令。各个部门的经理负责管理各部门，并向总经理进行汇报。

2．岗位设置

图 3-1　组织结构图

岗位设置是指在虚拟商业社会环境中，核心企业的岗位设置和人员数量。截至 2011 年 9 月 30 日，管理人员在岗 18 人，车间工人 40 名，平均分布在 2 个车间。

（1）岗位兼任情况

总经理兼任企业管理部经理、行政助理兼任商务管理、计划员兼任质量员，在虚拟商业社会环境中，如果学员人数在配置上出现短缺情况，可以采用一人多岗的方式加以解决。制造企业岗位结构图如图 3-2 所示。

（2）工人数量

在虚拟商业社会环境中，系统虚拟存在 40 名车间员工。员工人数要依据销售订单情况、生产计划部设备数量及其他业务经营状况做调整。

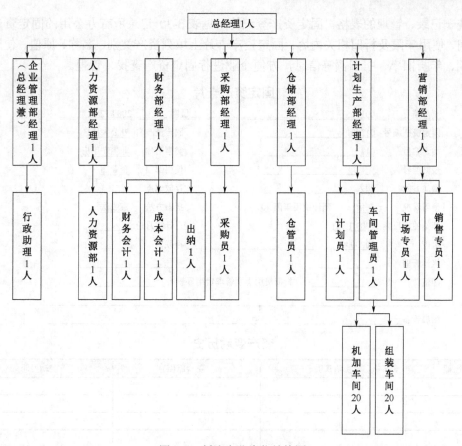

图 3-2 制造企业岗位结构图

实训任务 3.1.2 行政助理读懂期初数据

行政助理是总经理的左膀右臂，负责配合总经理完成对公司管理工作的开展，行政助理在业务开展工作之前需要理解并掌握以下信息。

1. 固定资产卡片

行政助理要完成固定资产卡片和固定资产登记簿的整理工作，这是一项基础且重要的工作。

（1）制作固定资产卡片

行政是指登记固定资产各种资料的卡片。它是每一项固定资产的全部档案记录，即固定资产从进入企业开始到退出企业的整个生命周期所发生的全部情况，都要在卡片上予以记载。

固定资产卡片上的栏目有：类别、编号、名称、规格、型号、建造单位、年月、投产日期、原始价值、预计使用年限、折旧率、存放地点、使用单位、大修理日期和金额，以及停用、出售、转移、报废清理等内容，如图 3-3 所示。

（2）现有固定资产卡片数量

截至 2011 年 9 月 30 日，企业共拥有各项固定资产共计 33 项，每项固定资产均登记在固定资产卡片上。

2. 固定资产登记簿

行政助理的另外一项工作是完成固定资产登记簿。固定资产登记簿的作用是对所有固定资产卡片统一记录、管理的表格。固定资产登记簿（见表 3-3）记录所有办公用的固定资产种类、购买时间、使用年限及折旧相关内容；固定资产卡片上填列资产类别、名称、原值、使用年限、购置日期、年折旧率、折旧额等信息，方便企业进行固定资产查找、管理。

固定资产卡片

卡片编号　　001　　　　　　　　　　　　日期　　2009/12/31

固定资产编号　012001　　　　　　　　固定资产名　办公大楼

类型编号　　012　　　　　　　　　　类型名称　非生产用房

规格型号　　　　　　　　　　　　　使用部门　企业部

增加方式　　购入　　　　　　　　　存放地点

使用状况　　在用　　预计使用年限 40　　折旧方法　直线法

开始使用日期　2009/12/31　　　　　已计提月份

原值　　　　6000000　　　　　　　净残值

累计折旧

净值　　　　　　　　折旧费用类别管理费用保管人

附属设备

资产变动历史

日期	变动事项	变动原因	变动说明

变动事项注意包括：资产大修理、资产转移、原值变动资产减少等类型

图 3-3　固定资产卡片样式

表 3-3　固定资产登记簿

卡片编号	资产编号	资产名称	使用部门	使用状态	预计使用年限	开始使用日期	已计提月份	资产原值（元）	累计折扣（元）	资产净值（元）	折扣费用类别
001	012001	办公大楼	企管部	在用	40	2009-12-31	21	6 000 000	262 500	5737 500	管理费用
...	...	...	...	...	...	...	...	...	...	...	...
033	021033	组装生产线	生产部	在用	10	2009-12-31	21	30 000	5 250	24 750	生产成本

实训任务 3.1.3　销售部经理读懂期初数据

销售部门的期初数据项目比较多，各个岗位要读懂的期初数据也有交叉和重合，表 3-4 列出了销售部需要读懂的期初数据。

1．期初数据表

期初数据表如表 3-4 所示。

表 3-4　销售部期初数据表

序号	期初数据	相关说明	对应岗位
1	销售发货明细表	已发货但是未收款订单；本期应发货订单	营销部经理、销售专员
2	销售预测表	2011 年 4 季度和 2012 年 1 季度	营销部经理、销售专员、市场专员、生产计划部经理
3	本地市场预测（手工）	2011 年全年	营销部经理、销售专员、市场专员
4	客户信息汇总表	包括：旭日贸易公司信息 华晨商贸城信息	营销部经理、销售专员
5	库存期初报表	各种成品的期初库存情况	营销部经理、销售专员、生产计划部经理
6	物料清单（BOM）	了解产品原料组成情况	生产计划部经理
7	生产车间产能报表	车间产能情况	营销部经理、生产计划部经理

注意：
1. 下一个月的市场预测和成品库存基本均衡；
2. 下一个季度的市场预测和产能有较小的不均衡性；
3. 营销部经理要根据市场预测制定广告投放策略并进行新一轮的产品销售竞争；
4. 营销部经理还要及时反馈市场预测变化，并提出增加产品供应的要求。

2．销售发货明细表

（1）已发货未收款订单如表 3-5 所示。

表 3-5　已发货未收款销售订单

单据编号	销售订单号	客户名称	产品名称	数量（辆）	货款额（元）	合同约定交货期	合同约定回款期	实际发货数量（辆）	发票开具情况 回款额（元）
0001	LJ110001	旭日贸易公司	经济童车	4 000	￥2 808 000	2011-9-08	2011-10	4 000	已开

（2）本期应发货订单如表 3-6 所示。

表 3-6　应发货销售订单

单据编号	销售订单号	客户名称	产品名称	数量（辆）	货款额	合同约定交货期	合同约定回款期	实际发货数量（辆）	发票开具情况	回款额
0001	LJ110002	旭日贸易公司	经济型童车	4 000	￥1 969 600.00	2011-10-28	2011-11	3 000		
0002	LJ110003	旭日贸易公司	经济型童车	4 000	￥655 200.00	2011-20-28	2011-11	1 000		

3．销售预测表

销售预测如表 3-7 所示。

表 3-7　销售预测表

产品 产品	2011 年						2012 年		
	7 月	8 月	9 月	10 月	11 月	12 月	1 月	2 月	3 月
经济型童车				4 000	5 000	5 000	6 000	5 000	7 000
舒适型童车									
豪华型童车									

4．本地市场预测

本地市场预测如表 3-8 和表 3-9 所示。

表 3-8　2011 年本地市场经济童车销售数量预测表　　　　单位：辆

市场	产品名称	第 1 季度	第 2 季度	第 3 季度	第 4 季度
本地	经济型童车	130 000	138 000	151 000	160 000

注：以上预测数据为 10 家企业的预测数据。

表 3-9　2011 年本地市场经济型童车价格预测

市场	产品名称	第 1 季度	第 2 季度	第 3 季度	第 4 季度
本地	经济型童车	702	690	677	655

5．客户信息表

客户信息表如表 3-10 和表 3-11 所示。

表 3-10　旭日贸易公司基本信息

本地客户	
企业法定中文名称	旭日贸易公司
企业法定代表人	康玲
企业注册地址	北京市海淀区北清路 5 号
注册登记地点	北京市海淀区工商行政管理局
企业法人营业执照注册号	110108554831327
税务登记证号	110108723947632
组织机构代码证	723947632
办公地址	北京市海淀区北清路 5 号
邮政编码	100094
办公电话	010- 68500412
开户银行	工商银行北京分行海淀支行
账号	0202 2045 0999 9101 222

表 3-11　华晨商贸城基本信息

本地企业	
企业法定中文名称	华晨商贸城
企业法定代表人	李峰
企业注册地址	北京市海淀区中关村北大街 127 号
注册登记地点	北京市海淀区工商行政管理局
企业法人营业执照注册号	110108753990101
税务登记证号	110108072397603
组织机构代码证	072397603
办公地址	北京市海淀区中关村北大街 127 号
邮政编码	100080
办公电话	010- 62570416
开户银行	工商银行北京分行海淀支行
账号	0202 2045 0999 9100 555

6．库存期初报表

期初库存就是在一个库存会计时期开始时，可供使用或出售的存货（如货品、物资或原料）

的账面价值（数量）。期初库存如表 3-12 所示。

表 3-12　期初库存表

	期初数量	在途数量	在产数量	备注
经济童车	2 000		4 000	
经济车架			5 000	
钢管	5 000	15 000		
坐垫	5 000	5 000		
车篷	5 000	5 000		
车轮	20 000	20 000		
经济型童车包装套件	10 000	0		

实训任务 3.1.4　销售专员读懂期初数据

销售专员读懂期初数据内容同实训任务 3.1.3，此处不再赘述。

实训任务 3.1.5　市场专员读懂期初数据

市场专员读懂期初数据内容同实训任务 3.1.3，此处不再赘述。

实训任务 3.1.6　生产计划部经理读懂期初数据

生产计划部经理读懂期初数据内容同实训任务 3.1.7 和 3.1.8，此处不再赘述。

实训任务 3.1.7　计划员读懂期初数据

1. 经济车架派工单

派工单（又称工票或传票）是指生产管理人员向生产人员派发生产指令的单据，是工业企业中工人分配生产任务并记录其生产活动的原始单据。一种面向工作中心说明加工工序优先级的文件，说明工作中心的工序在一周或一个时期内完成的生产任务。它说明什么时候开始加工，什么时间完成，计划加工时数是多少，计划加工时数是多少，在制的生产货位是什么，计时的费率，加工的费率，加班的费率，外协的费率等。经济车架派工单见表 3-13。

表 3-13　经济车架派工单

派工部门：生产计划部
派工单号：SC-PG-201100001　　　　　　　　　　　　　　　派工时间：2011 年 9 月 8 日

产品名称	工序	工序名称	工作中心	生产数量	计划进度	
					开始时间	结束时间
经济车架	10	机加工	普通机床	5 000	9 月 8 日	10 月 8 日

生产计划部经理：叶润中　　　　　　　　　　　　　　　　　车间管理员：周群

2. 经济型童车派工单

经济型童车派工单见表 3-14。

表 3-14　经济型童车派工单

派工部门：生产计划部
派工单号：SC-PG-201101002
派工时间：2011 年 9 月 8 日

产品名称	工序	工序名称	工作中心	生产数量	计划进度	
					开始时间	结束时间
经济型童车	20	组装	4 000	4 000	9 月 8 日	10 月 8 日

生产计划部经理：叶润中　　　　　　　　　　　　　车间管理员：周群

实训任务 3.1.8　车间管理员读懂期初数据

企业在下达了生产任务后，每一张生产任务单所需要生产的产品有没有按时生产完工，已完工的产品是分多少批完工入库的，以及何时生产完工，是按计划生产完工的还是延期完工的，车间管理员都需要适时掌握相关情况，以免造成出货延期。生产执行情况表就专为解决以上问题而设计的，详见表 3-15。

表 3-15　生产执行情况表

指标部门：生产计划部制表　　　　　　　　　　日期 2011 年 9 月 30 日

派工单号	产品名称	领用情况	开工数量	完工数量	开工日期	计划完工日期	完工日期	在产数量	完工数量	产品入库日期	备注
SC-PG-201100001	经济车架	已领	5 000		2011.9.08	2011.10.08		5 000			
SC-PG-201101002	经济型架车	已领	4 000		2011.9.08	2011.10.08		4 000			

车间管理员：周群

实训项目 3.2　对所接手的公司建账

实训任务 3.2.1　仓储部经理期初建账

1. 仓储部经理期初建账

（1）产品 BOM（Bill Of Material，简称"BOM"）结构如表 3-16 所示。

表 3-16　经济型童车的 BOM 表

结构层次	物料编码	物料名称	单位	总数量	备注
0	POOO1	经济车架	辆	1	自产成品
1	M000Q	经济型架车	个	1	自半成品
1	B0005	车篷	个	1	外购原材料
1	B0006	车轮	个	4	外购原材料
1	B0007	包装件套	套	1	外购原材料
2	B0001	钢管	根	2	外购原材料
2	B0003	坐垫	个	1	外购原材料

　　仓储部经理要熟悉产品 BOM 结构，了解产品物料需求结构和物料的需求比例和关系，物料清单是详细记录一种产品所用到的所有原材料及其相关属性的表单。产品结构表反映了生产产品与其物料需求的数量和从属关系。

　　BOM 不仅是一种技术文件，还是一种管理文件，是联系与沟通各部门的纽带，企业各个部门都要用到 BOM 表。经济型童车的 BOM 图如图 3-4 所示。

　　（2）原材料和产品清单。

　　仓储部经理应熟悉原材料和产成品表中的所有物料名称、物料编码、规格及来源。原材料和产成品如表 3-17 所示。

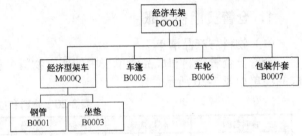

图 3-4　经济型童车 BOM 结构

表 3-17　原材料和产成品清单

物料名称	物料编码	单位	物料规格	来源
经济车架	POOO1	辆	ϕ 外 16/ϕ 内 11/L5 000mm	外购
经济型架车	M000Q	个	HJM500	外购
车篷	B0005	个	HJ72×32×40	外购
车轮	B0006	个	HJϕ 外 125/ϕ 内 60mm	外购
包装件套	B0007	套		外购
钢管	B0001	根		自制/委外
坐垫	B0003	个		自产

2．储位分配表

　　仓储部经理应熟悉储位分配表中的储存仓位编码。储存分配表如表 3-18 所示。

表 3-18　储存分配表

物料名称	单位	仓位
经济车架	辆	A01
经济型架车	个	A02
车篷	个	A03
车轮	个	A04
包装件套	套	A05
钢管	根	BO1
坐垫	个	C01

　　库存期初数表如表 3-19 所示，仓储部经理应熟悉库存期初数据表中各物料的库存期初数量和在途（产）物料数量。

　　在途数量是指企业已经下采购订单并收到对方的结算凭证，但物料仍在途中，或已经运达企业但尚未验收入库的物料数量。在产数量是已经投出，正在车间加工、组装的未完工的半成品和产品数量。

表 3-19　库存期初数表

原材料和成品	库存期初数量	在途（产）数量
经济车架	2 000	4 000
经济型架车	0	5 000
钢管	5 000	15 000
坐垫	5 000	5 000
车篷	5 000	5 000
车轮	20 000	20 000
包装件套	10 000	0

实训任务 3.2.2　仓管员期初建账

1. 仓管员期初建账

（1）物料与产品清单

仓管员查看物料和成品清单表中的所有物料名称和物料编码，熟悉其规格及来源。物料和成品清单如表 3-20 所示。

表 3-20　物料和成品清单

物料名称	物料编码	单位	物料规格	来源
钢管	B0001	根	ϕ 外 16/ϕ 内 11/L5000mm	外购
坐垫	B0003	个	HJM500	外购
车篷	B0005	个	HJ72×32×40	外购
车轮	B0006	个	HJϕ 外 125/ϕ 内 60mm	外购
包装套件	B0007	套	HJTB100	外购
经济车架	M0001	个		自制/委外
经济型童车	P0001	辆		自产

（2）储位分配表

仓管员查看储位分配表中各物料的储存仓位编码，储位分配表如表 3-21 所示。

表 3-21　储位分配表

物料名称	单位	仓位
钢管	根	A01
坐垫	个	A02
车篷	个	A03
车轮	个	A04
包装套件	套	A05
经济车架	个	B01
经济型童车	辆	C01

2. 库存期初数据表

仓管员查看库存期初数据表（见表 3-22）中各物料的库存期初数量。

表 3-22　库存期初数据表

原材料和成品	库存期初数量	在途（产）数量
经济型童车	2 000	4 000
经济车架	0	5 000
钢管	5 000	15 000
坐垫	5 000	5 000
车篷	5 000	5 000

续表

原材料和成品	库存期初数量	在途（产）数量
车轮	20 000	20 000
包装套件	10 000	0

在途数量设计指企业已经下采购订单并收到对方的结算凭证，但仍在运输途中或已经运达企业但是尚未验收入库的材料数量。在产数量是指已经投产，正在车间加工、组装的未完工的半成品和产品数量。

3．建立期初库存台账

库存台账是用来核算监督库存物料和成品的。期初，仓管员需将各种物品分别设账以便能把该物品的进、销、存清楚地反映出来。

对于新上任的仓管员而言，如果涉及初次建账，则首先将所有物品的实物库存数量进行盘点，再分别建账，将盘点出来的实物库存数作为台账的期初库存，以后每次入库和出库的物品数量都及时准确地在台账上进行登记，算出结存数量。

一般情况下，为了保证仓管工作顺利进行，进账时要设置安全库存。设置安全库存是为了对供应和需求或提前期间中偶尔出现不可预测的波动。如果需求大于预测，就会发生预测，设置安全库存就是为了预防这种可能性的发生，从而避免生产中断或为客户交货中断。

仓储部经理根据期初资料建库存台账，一物一账，将物料的库存期初数量填入库存台账，钢管库库存台账如表 3-23 所示。

表 3-23　库存台账

物料名称：钢管　　　　规格：ϕ 外 16/ϕ 内 11/L5 000mm　　　　最高存量：
物料编号：B0001　　　　仓存：A01　　　　最低存量：

2011 年		凭证号数	摘要	借方		贷方		结存	
月	日			数量	单价	数量	单价	数量	单价
10	1		上月结存					5 000	

实训任务 3.2.3　采购部经理期初建账

本案例中，采购部根据企业的需要做出如下决定：按季度与供应商签订采购合同，每月向供应商下达一次订单，从发出采购订单到收到采购物料的时间为 1 个月，即采购提前期为 1 个月，收到物料后的次月支付货款；发出订单和收到物料后，填写"采购合同执行情况表"和"供应考核记录表"。采购部为保证完成 10 月份工作任务，在期初掌握 VESB 实习基础知识外，还需要表 3-24 中的期初资料，请核对期初资料是否齐全。

表 3-24　采购部期初资料汇总

序号	单据类型	单据名称	页数
1	采购部	8 月采购订单	4
2	采购部	9 月采购订单	3
3	采购部	期初库存的 9 月份入库单	4
4	采购部	BOM	1
5	采购部	车间产能表	1
6	采购部	供应商信息汇总表	1
7	采购部	期初采购合同执行情况表	1

续表

序号	单据类型	单据名称	页数
8	采购部	期初库存	1
9	采购部	材料供应商资料信息	1
10	采购部	供应商考评记录	1

（1）8 月份下达的采购订单。采购部根据生产部物料需求计划，8 月份执行采购合同下达 4 份采购订单，如表 3-25 至表 3-28 所示。订单一式四联，第一联采购部留存，第二联仓储部留存，第三联财务部留存，第四联寄送给供应商。

表 3-25　采购订单

供应商名称：邦尼工贸有限公司　　　　　　　　　采购类别：正常采购
合同编号：CG-TH-201107001　　　　　　　　　　付款方式：月结
制单日期：2011.08.08　　　　　　　　　　　　　订单编号：CG-DD-201108001

序号	品名	规格	单位	到货时间	数量	单价	折扣率	金额小计
1	钢管	φ外 16/φ内 11/L5000mm	根	2011.09.08	5 000	70.2	0	352 000.00
2	—	—						
3								
金额合计		（大写）：叁拾伍万壹仟元整					（小写）：351 000.00	
备注								

采购部经理：李斌　　　　　　　　　　　　　　　　采购员：付海生

表 3-26　采购订单

供应商名称：恒通橡胶厂　　　　　　　　　　　　采购类别：正常采购
合同编号：CG-TH-201107002　　　　　　　　　　付款方式：月结
制单日期：2011.08.08　　　　　　　　　　　　　订单编号：CG-DD-201108002

序号	品名	规格	单位	到货时间	数量	单价	折扣率	金额小计
1	坐垫	HJM500	个	2011.09.08	5 000	58.5	0	292 500.00
2	车篷	HJ72×32×40	个	2011.09.08	5 000	70.2	0	351 000.00
3	—							
金额合计		（大写）：陆拾肆万叁仟伍佰元整					（小写）：643 500.00	
备注								

采购部经理：李斌　　　　　　　　　　　　　　　　采购员：付海生

表 3-27　采购订单

供应商名称：恒通橡胶厂　　　　　　　　　　　　采购类别：正常采购
合同编号：CG-TH-2011070023　　　　　　　　　付款方式：月结
制单日期：2011.08.08　　　　　　　　　　　　　订单编号：CG-DD-201108003

序号	品名	规格	单位	到货时间	数量	单价	折扣率	金额小计
1	车轮	HJφ外 125/φ内 60mm	个	2011.09.08	20 000	23.4	0	468 000.00
2	—							
金额合计		（大写）：肆拾陆万捌仟元整					（小写）：468 000.00	
备注								

采购部经理：李斌　　　　　　　　　　　　　　　　采购员：付海生

表 3-28　采购订单

供应商名称：恒通橡胶厂　　　　　　　　　　　　采购类别：正常采购
合同编号：CG-TH-201107004　　　　　　　　　　付款方式：月结
制单日期：2011.08.08　　　　　　　　　　　　　订单编号：CG-DD-201108004

序号	品名	规格	单位	到货时间	数量	单价	折扣率	金额小计
1	包装套件	HJTB100	个	2011.09.08	10 000	23.4	0	234 000.00
2	—							
金额合计		（大写）：贰拾叁万肆仟元整					（小写）：234 000.00	
备注								

采购部经理：李斌　　　　　　　　　　　　　　　　采购员：付海生

（2）9 月份分下达的采购单。采购部根据生产部物料需求计划，9 月份执行采购合同下达 3 份采购订单，如表 3-29 至表 3-31 所示。订单一式四联，第一联采购部留存，第二联仓储部留存，第三联财务部留存，第四联寄送给供应商。

表 3-29　采购订单

供应商名称：邦尼工贸有限公司　　　　　　采购类别：正常采购
合同编号：CG-TH-201107001　　　　　　付款方式：月结
制单日期：2011.09.08　　　　　　　　　订单编号：CG-DD-201109001

序号	品名	规格	单位	到货时间	数量	单价	折扣率	金额小计
1	钢管	ϕ外 16/ϕ内 11/L5 000mm	根	2011.09.08	15 000	70.2	0	1 053 000.00
2	—							
金额合计		（大写）：壹佰零伍万叁仟元整				（小写）：1 053 000.00		
备注								

采购部经理：李斌　　　　　　采购员：付海生

表 3-30　采购订单

供应商名称：恒通橡胶厂　　　　　　采购类别：正常采购
合同编号：CG-TH-201107002　　　　　　付款方式：月结
制单日期：2011.09.08　　　　　　　　　订单编号：CG-DD-2011090012

序号	品名	规格	单位	到货时间	数量	单价	折扣率	金额小计
1	坐垫	HJM500	个	2011.09.08	5 000	58.5	0	292 500.00
2	车篷	HJ72×32×40	个	2011.09.08	5 000	70.2	0	351 000.00
3								
金额合计		（大写）：陆拾肆万叁仟伍佰元整				（小写）：643 500.00		
备注								

采购部经理：李斌　　　　　　采购员：付海生

表 3-31　采购订单

供应商名称：邦尼工贸有限公司　　　　　　采购类别：正常采购
合同编号：CG-TH-201107003　　　　　　付款方式：月结
制单日期：2011.09.08　　　　　　　　　订单编号：CG-DD-201109003

序号	品名	规格	单位	到货时间	数量	单价	折扣率	金额小计
1	车轮	HJϕ外 125×ϕ内 60mm	个	2011.10.08	20 000	23.4	0	468 000.00
2	—							
金额合计		（大写）：肆拾陆万捌仟元整				（小写）：468 000.00		
备注								

采购部经理：李斌　　　　　　采购员：付海生

（3）9 月份"材料入库单"。仓储部根据采购部 8 月份采购订单验货入库，填制"材料入库单"将第二联交给采购部，如表 3-32 至表 3-35 所示。采购部根据"材料采购单"填写"采购合同执行情况表"和"供应商考核记录表"。

表 3-31　材料入库单

制单日期：2011.09.08　　　　　　仓库：材料仓
供应商名称：邦尼工贸有限公司　　　类型：原材料采购
单据编号：CK-CLRK-201109001　　　订单编号：CG-DD-201108001

序号	品名	规格型号	单位	入库时间	数量	备注
1	钢管	ϕ外 16/ϕ内 11/L5 000mm	根	2011.09.01	5 000	
2	—					
3						
合计						

仓储部经理：何明海　　　　　　仓管员：王宝珠

（4）采购合同执行情况表。采购员下达采购订单后及时填写"采购合同执行情况表"并根据采购物料入库情况、货款支付情况等及时完善。

表 3-33 材料入库单

制单日期：2011.09.08　　　　　　　　　　　　仓库：材料仓
供应商名称：恒通橡胶厂　　　　　　　　　　　类型：原材料采购
单据编号：CK-CLRK-201109002　　　　　　　　订单编号：CG-DD-201108002

序号	品名	规格型号	单位	入库时间	数量	备注
1	坐垫	HJM500	个	2011.09.01	5 000	
2	车篷	HJ72×32×40	个	2011.09.01	5 000	
3						
合计						

仓储部经理：何明海　　　　　　　　　　　　　仓管员：王宝珠

表 3-34 材料入库单

制单日期：2011.09.08　　　　　　　　　　　　仓库：材料仓
供应商名称：恒通橡胶厂　　　　　　　　　　　类型：原材料采购
单据编号：CK-CLRK-201109003　　　　　　　　订单编号：CG-DD-201108003

序号	品名	规格型号	单位	入库时间	数量	备注
1	车轮	HJϕ125×ϕ内60mm	个	2011.09.01	20 000	
2	—	—				
3						
合计						

仓储部经理：何明海　　　　　　　　　　　　　仓管员：王宝珠

表 3-35 材料入库单

制单日期：2011.09.08　　　　　　　　　　　　仓库：材料仓
供应商名称：邦尼工贸有限公司　　　　　　　　类型：原材料采购
单据编号：CK-CLRK-201109004　　　　　　　　订单编号：CG-DD-201108004

序号	品名	规格型号	单位	入库时间	数量	备注
1	包装套料	HJTB100	套	2011.09.01	10 000	
2	—					
3						
合计						

仓储部经理：何明海　　　　　　　　　　　　　仓管员：王宝珠

（5）供应商考核记录表。采购员根据 7 月、8 月、9 月份采购物料入库情况及时填写"供应商考核记录表"，在季度末对每位供应商按照考评指示进行正确评价，如表 3-36 所示。

表 3-36 第三季度供应商考核记录表

考评指标与权重 供应商名称		价格水平 与行业平均价格相比 30%	质量合格率 合格数量/抽检数量 30%	准时交货率 晚一天,扣2分;晚10天得0分 20%	合作态度 送货前,是否主动沟通 10%	供应柔性 紧急采购时,能否按时交货 10%	评价结果
邦尼工贸有限公司	第1次	相同	100%	准时	没有沟通	紧急采购时,能按时交货	优秀供应商
	第2次	相同	100%	准时	没有沟通		
	第3次	相同	100%	送货车坏了,晚到一天,扣2分	没有沟通		
	平均值	相同	100%	98%	良好	好	
恒通橡胶厂	第1次	低	100%	准时	送货前主动沟通	紧急采购时,能按时交货	优秀供应商
	第2次	低	97%	准时	送货前没有沟通		
	第3次	低	97%	晚5天,扣10分	送货前主动沟通		
	平均值	低	98%	98%	良好	好	

续表

评价指标的说明	价格水平：低于行业平均价格计 30 分；与行业平均价格一致 20 分；高于行业平均价格计 0 分 质量合格率：100%计 30 分，95%～100%计 20 分；90%～95%计 10 分；90%以下计 0 分 准时交货率：100%计 20 分，95%～100%计 15 分；90%～95%计 10 分；90%以下计 0 分 合作态度：优秀计 10 分 良好计 7 分 一般计 3 分 差计 0 分 供应柔术：好计 10 分 一般计 5 分 差计 0 分
供应商评价标准	供应商评价采用百分制；80 分以上为优秀供应商；70～80 为良好供应商；60～70 为合格供应商；60 分一下为不合格供应商
对各类供应商的管理策略	优秀供应商：续签合同；根据需要增加采购量；进行战略合作等 良好供应商：在提出改进方案的基础上可以续签合同，在合作过程中严格监控，维持原有采购数量 合格供应商：原则上更换供应商；如供应商同意重新进行采购认证，可以签订采购认证合同

（6）第四季度期初库存。各类物品第三季度期末（第四季度期初）的库存如表 3-37 所示。

表 3-37　第四季度期初各类物品库存

项目	实际库存量	在途数量	期初库存数量	安全库存	可用库存
经济型童车	2 000	0	2 000	2000	0
在产车架	5 000	0	5 000		
在产童车	4 000	0	4 000		
钢管	5 000	15 000	20 000	10 000	10 000
坐垫	5 000	5 000	10 000	5 000	5 000
车篷	5 000	5 000	10 000	5 000	5 000
车轮	20 000	20 000	40 000	20 000	20 000
包装套件	10 000	0	10 000	5 000	5 000

注：期初库存=期初实际库存+在途（在产）库存、可用库存=期初库存-安全库存

（7）经济型童车结构图和物料清单（BOM），如图 3-5、表 3-37 所示。

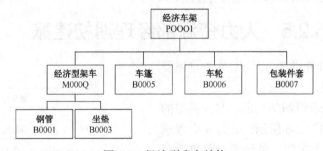

图 3-5　经济型童车结构

表 3-38　经济型童车的物料清单（BOM）

结构层次	物料编码	物料名称	单位	规格	总数量	备注
0	P0001	经济型童车	辆		1	自产
1	M0001	经济车架	个		1	自产
1	B0005	车篷	个	HJ72×32×40	1	外购
1	B0006	车轮	个	HJϕ 外 125/ϕ 内 60mm	1	外购
1	B0007	包装套件	套	HJTB100	1	外购
2	B0001	钢管	根	ϕ 外 16/内 11/L5 000mm	1	外购
2	B0003	坐垫	个	HJM500	1	外购

（8）企业产能报表。企业产能是企业在一个周期内（本案例为 1 个月）的最大产出能力，是采购部制订采购计划时是否增加采购价格折扣需要考虑的因素之一，本案例的产能报表如表 3-39 所示。

表 3-39 企业车间产能报表

制表部门：生产计划部 　　　　　　　　　　　　　填制日期：2011 年 09 月 30 日

车间名称		普通机床	数控机床	组装生产线	实际可用产能
10 月	初始产能	5 000	0	7 000	5 000
	占用情况	0	0	0	0
	剩余产能	5 000	0	7 000	5 000
11 月	初始产能	5 000	0	7 000	5 000
	占用情况	0	0	0	0
	剩余产能	5 000	0	7 000	5 000
12 月	初始产能	5 000	3 000	7 000	5 000
	占用情况	0	0	0	0
	剩余产能	5 000	3 000	7 000	5 000
1 月	初始产能	5 000	3 000	7 000	5 000
	占用情况	0	0	0	0
	剩余产能	5 000	3 000	7 000	5 000
2 月	初始产能	5 000	3 000	7 000	5 000
	占用情况	0	0	0	0
	剩余产能	5 000	3 000	7 000	5 000
3 月	初始产能	5 000	3 000	7 000	5 000
	占用情况	0	0	0	0
	剩余产能	5 000	3 000	7 000	5 000

实训任务 3.2.4　采购员期初建账

同实训任务 3.2.3，采购部经理期初建账。

实训任务 3.2.5　人力资源部经理期初建账

人力资源部经理在业务工作开展之前需要理解、掌握以下信息。

（1）核心制造企业组织结构图。实行模型的核心制造企业结构如图 3-6 所示，分为 4 个管理层次、7 个部门、2 个车间。总经理对董事会负责，并可以对企业管理部门、人力资源部、财务部、采购部、仓储部、生产计划部、营销部下达命令。各职能部门经理对本部门下属有指挥权，对其他部门有业务指导权但没有指挥权。

（2）岗位设置。各部门岗位设置及人员定编情况参见图 3-7，设有 18 个管理岗位，总经理兼任企业管理部经理、行政助理兼任商务管理、计划员兼任质量员，车间员工人数依据销售订单情况、生产计划部设备数量及其他企业经营状况做调整。截至 2011 年 9 月 30 日，管理人员在岗 18 人，车间工人 40 名，平均分布

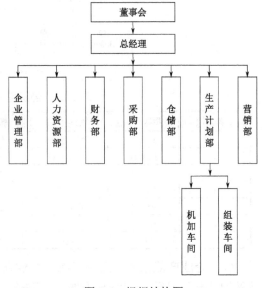

图 3-6　组织结构图

在 2 个车间。

（3）各岗位工作职责。此处可以参见模块 2 中实训任务 2.1.2 中各个岗位主要职责部分。

（4）考勤统计表。考勤统计中记录当月实际应出勤天数、实际出勤天数、员工迟到天数、早退天数、病假天数、事假天数、旷工天数等信息。人力资源助理负责日常考勤管理工作并于每个考勤周期截止后统计当月考勤情况，计算考勤扣款制作"考勤统计表"交给人力资源部经理，人力资源部经理依照该表格核算岗位工资。

为简化烦琐的计算，在 VESB 手工实习中将 2011 年 10 月考勤数据列出。

（5）职工薪酬统计表。人力资源部经理每月月底需核算公司全员当月工资，每季度结束后次月核算上季度绩效奖金。人力资源部经理需将核算完成的"职工薪酬统计表"交给财务部审核，经审核无误后交给总经理审批。

（6）企业代缴福利表。现行社会保险、住房公积金管理制度中规定企业有义务为在职员工缴纳"五险一金"，企业缴费基数依照上一年度员工月平均工资数额，并规定最低、最高缴费基数。在实习企业中、职工本人缴纳比例参见人力资源部规则。

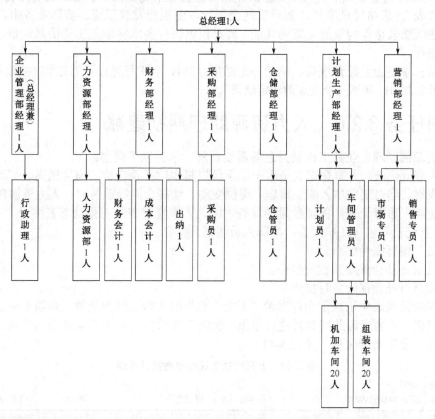

图 3-7　岗位设置

（7）职工薪酬统计表。实际企业中大多施行"秘薪"，只有进行核算或高层管理人员掌握全部职员的薪酬信息。本实习也采取这种方式，人力资源部员工、财务部经理、总经理知晓所有员工薪酬，其余成员仅了解自身薪酬情况。

人力资源部经理将"职工薪酬统计表""企业代缴福利表"制作完成后，依据表中的相关信息制作"职工薪酬统计——部门汇总表"，表格经过财务部经理核算，总经理审批后交给财务会计、成本会计用于计提费用和成本（见表 3-40）。

表 3-40　职工薪酬统计——部门汇总表

部门名称	部门人数	实发工资	代缴个人所得税	个人自缴福利		企业代缴福利		合 计
				社会保险	住房公积金	社会保险	住房公积金	
企业管理部	2	10 784.3	339.7	1 476	1 400	4 592	1 400	19 992
人力资源部	2	7 905.99	38.01	1 056	1 000	3 280	1 000	14 280
采购部	2	7 905.99	38.01	1 056	1 000	3 280	1 000	14 280
仓储部	2	7 905.99	38.01	1 056	1 000	3 280	1 000	14 280
财务部	4	14 259.99	38.01	1 902	1 800	5 904	1 800	25 704
市场营销部	3	8 697.99	38.01	1 164	1 100	3 608	1 100	15 708
生产计划部	3	11 082.99	38.01	1 479	1 400	4 592	1 400	19 992
机加车间	20	25 380	0	3 420	3 200	10 496	3 200	45 696
组装车间	20	25 380	0	3 420	3 200	10 496	3 200	45 696
总计	58	119 303.24	567.76	16 029	15 100	49 528	15 100	215 628

制表人：张万军 2011.9.18　　　　审核人：钱坤 2011.9.18　　　　总经理：梁天 2011.9.18

（8）银行代发工资协议、职工薪酬发放表。在实际中，大部分企业会与银行签订"工资代发协议"。职工工资经审核后，人力资源部经理依据已签字完成的"职工薪酬统计表"制作"工资薪酬发放表"。表格经过审核、盖章后送交银行，由银行发放工资。实际业务中，企业并不向银行传递纸质表格作为发放工资的凭证，而是依据银行要求将职工工资信息录盘，并将有关信息传递银行。

（9）第三季度企业经营成果、绩效评定结果。2011 年 9 月进行了第三季度绩效考核结果评价工作，形成"2011 年第三季度绩效评定结果"。

实训任务 3.2.6　人力资源助理期初建账

人力资源部助理在业务工作展开之前需要理解、掌握以下信息：

（1）人事登记表。人事登记表是用于记录员工基本信息及岗位、岗位调离、劳动合同期限等信息的表格。当员工发生入职、离职、岗位变动、续签合同等业务时，人力资源部工作人员需要及时更新人事登记表，保证数量的准确，因此人事登记表是一张动态表格。

"人事登记表"包含在职人员、离职人员两部分信息。

（2）员工银行账号信息。

（3）北京市社会保险基数采集表。

（4）北京市社会保险费月报表。

社会保险月报表中记录了企业缴纳"五险一金"的人数、缴费基数、金额等信息，由社保中心每月提供，人力资源助理每月进行申报、缴纳工作后向社保中心索要当月月报，用于核定企业"五险一金"缴费信息（见表 3-41）。

表 3-41　北京市社会保险费缴费月报表

结算日期：2011 年 9 月

结算机构代码：745862890　　　　　　单位名称（章）：好佳童车厂　　　　　　单位：人、元（保留两位小数）

项目		栏号	养老	失业	工伤	生育	医疗	住房公积金	合计
缴费单位个数		1	1	1	1	1	1	1	—
缴费人数	本月合计	2	58	58	58	58	58	58	—
	上月人数	3	58	58	58	58	58	58	—
	本月增加	4	0	0	0	0	0	0	—
	本月减少	5	0	0	0	0	0	0	—

续表

项目		栏号	养老	失业	工伤	生育	医疗	住房公积金	合计
缴费基数合计		6	151 000	151 000	151 000	151 000	151 000	151 000	—
应缴金额	应缴合计	7	42 280	3 020	755	1 208	18 294	30 200	95 757
	单位缴费	8	30 200	2 265	755	1 208	15 100	15 100	64 628
	个人缴费	9	12 080	755	0	0	3 194	15 100	31 129
	其他缴费	10	—	—	—	—	—	—	—

单位负责人：梁天　　　　　　　填报人：肖红　　　　　　　　　联系电话：

填报日期：2011 年 9 月 20 日

说明：

① 此表由社保经（代）办机构要求按每月生成。

② 此表也可以根据社保经（代）办机构要求按月申报。

③ 如按月申报此表一式二份，单位与社保经（代）办机构核对一致后各留存一份。

④ 2 栏=3 栏+4 栏-5 栏；7 栏=8 栏+9 栏+10 栏。

⑤ 委托银行代收社会保险协议见图 3-8。

北京市社会保险基金管理局

委托银行代收社会保险费合同书

No. 12213

甲方：（参保人）：好佳童车厂

乙方：北京市社会保险基金管理局

为便于甲、乙双方社会保险基金的收付结算，经双方认可，特制定如下合同：

一、甲、乙双方共同遵守中国人民银行北京市分行关于北京市特种委托收款结算办法一级社会保险的有关制度和规定，甲方同意每月由中国工商银行北京市昌平区支行通过电脑将应缴的社会保险费自动划入乙方账户。

二、甲方应提供在工行、建行、农行、中行四家银行中的任一家开立的缴纳保险金专用存折账号。

三、乙方在每月 5～15 日期间划款，甲方每月 5 日前应在自己的账户上留有足够资金，如甲方账户在乙方划款期间的资金不足以支付当月保险费，乙方将在下月划款时一并划转，并自 15 日起每月按应划款项的 2%加收滞纳金。如果连续 3 个月未能划款成功，乙方将停止甲方的所有保险业务，由此造成的损失由甲方负责。

四、甲方在开立账户后，不得随意更改为其他账号，如存折不慎遗失，应及时通知乙方和开户银行，更换新账号，由于甲方未通知或延迟通知乙方和开户银行，使乙方不能按时划款而造成的加收滞纳金或其他后果，均由甲方负责。

五、甲方如划款有疑问，可到乙方查询，乙方应及时给予核对。属于电脑错误等原因而造成错收的，双方协定在下月划款时多退少补，当月一般不做更改。

六、每月由乙方提供划款收据，并定期邮寄到甲方所填的通信地址。

七、为保证甲、乙双方能够正常联系，甲方在更换通信地址、联系电话后，应立即通知乙方。

八、本协议一式三份，甲、乙双方及甲方开户行各执一份。

甲方（参保人）填写	乙方（市、区社保局）
姓名：好佳童车厂	个人电脑号：1102050028291
通信地址：北京市昌平区健翔路 115 号	参保起始时间：2007.4
邮政编码：	联系电话：010-62322477
联系电话：010-69706878	

甲方账号（银行填写）：0100229999888899988

开户银行：中国工商银行北京分行

签订时间：2011 年 1 月 1 日

图 3-8　委托银行代收社保协议书

⑥ 社会保险、住房公积金同城委托扣款。依据《委托银行代扣社会保险协议》有关规定，社保中心将企业应缴、代缴社会保险缴费金额及明细发给银行，银行直接从企业账户中扣除相应款项后通知企业社会保险扣款情况，详见表 3-42。

社会保险缴纳完成后，人力资源部助理应跟进相关扣款信息，告知出纳去银行领取社保、公积金扣款凭证。人力资源部留存社会保险、住房公积金同城委托扣款凭证的复印件，财务部留存原件。人力资源助理用此凭证核对当月改正，多退少补。

表 3-42　同城委托收款凭证（付款通知）

<table>
<tr><td rowspan="3" colspan="2">特约</td><td colspan="8"></td><td colspan="3">委托日期　年　月　日</td><td rowspan="13">此联付款人开户银行给付款人的付账通知</td></tr>
</table>

			第　号

					收款人	全称	北京市昌平区人力资源和社会保障局										

委托日期　　年　月　日

付款人	全称	好佳童车厂						收款人	全称	北京市昌平区人力资源和社会保障局
	账号	0100229999888899988							账号	0100204440000101011
	开户行	中国工商银行北京分行							开户行	中国工商银行北京分行昌平支行

委收金额	人民币　陆万伍仟伍佰伍拾柒元整　　（大写）	千	百	十	万	千	百	十	元	角	分
				¥	6	5	5	5	7	0	0

计费周期		协议（合同）号码	

款项内容	组织机构代码：745862890 养老保险：42 280.00 失业保险：3 020.00 工伤保险：755.00 生育保险：1 208.00 医疗保险：1 8294.00	根据付款人的委托付款授权，上列款项已在付款人账户内支付。 　　　　　　　付款人开户行盖章 　　　　　　　2011 年 10 月　5 日

此联付款人开户银行给付款人的付账通知

　单位主管　　　　　　　会计　　　　　　　　复核　　　　　　　记账

实训任务 3.2.7　财务部经理期初建账

1. 财务部经理期初建账

　　进入财务部经理岗位，首先需要检查实习用品，包括总账、期初数据资料、报表及相关办公用品等；然后，根据已经具备的实习装备，开设总账账簿。

　　总账是指总分类账簿，也称总分类账，是根据总分类科目开设账户，用来登记全部经济业务，进行总分类核算，提供总括核算资料的分类账簿。总分类账所提供的核算资料，是编制会计报表的主要依据，任何单位都必须设置总分类账。总分类账一般采用订本式账簿。总分类账的账页格式一般采用"借方""贷方""余额"三栏式。总账的样式如图 3-9 所示。

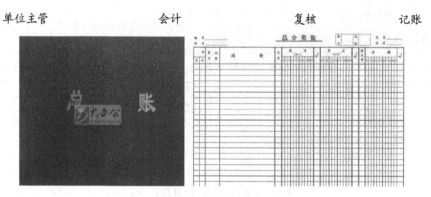

图 3-9　总账的样式

2. 总账的启用

　　会计账簿是储存数据资料的重要会计档案。在账簿启用时，应在"账簿启用和经管人员一览表"中详细记载单位名称、账簿页数、启用日期，并加盖单位公章，经管人员（包括企业负责人、主管会计、复核和记账人员等）均应签名盖章，如图 3-10 所示。

经管人员一览表

单位名称		好佳童车厂			
账簿名称		总账			
账簿页数		100 页			
使用日期		2011.10.01			
单位领导签章		梁天	会计主管签章	钱坤	
经管人员职别	姓名	经管或接管日期	签章	移交日期	签章
财务经理	钱坤	2011 年 10 月 01 日	钱坤	年 月 日	
		年 月 日		年 月 日	
		年 月 日		年 月 日	
		年 月 日		年 月 日	
		年 月 日		年 月 日	
		年 月 日		年 月 日	
		年 月 日		年 月 日	

图 3-10　总账的启用

3．开设账户

因为总账是订本式，不能添加账页，所以在建账前应根据总账账页页数和一级科目数量及每个科目估计的业务量，为每个科目的业务预留出足够的记录空间。例如，1～3 页登记现金总账，4～7 页登记银行存款总账等。然后在每页写上账户名称，并在每个账户起始页右边缘粘贴表明账户名称的口取纸，完成账户开设工作。

"库存现金日记账"的开设如图 3-11 所示。

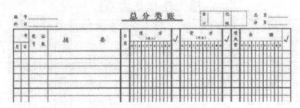

图 3-11　库存现金日记账

4．期初余额的过账

（1）写上年、月、日。

（2）摘要写上"上月结转"。

（3）根据科目余额表将一级科目余额登记在总账中对应账户的"余额"栏并写清余额方向"借"或"贷"。

（4）无余额账户不登记。

例如，"累计折旧"的期初余额登记如图 3-12 所示。

图 3-12　期初余额登记

用同样的方法完成其他总账账户的开设。

注意： 在完成期初建账后，要及时督促会计人员进行期初余额的试算平衡。

实训任务 3.2.8 出纳期初建账

进入出纳岗位，首先需要检查实习装备，包括银行存款日记账、期初文档及相关办公用品等；然后，根据已经具备的实习装备，开设日记账簿。

1. 认识日记账

日记账也称序时账，是按经济业务发生的时间先后顺序，逐日逐笔登记账簿。日记账应该根据办理完毕的收付款凭证，随时按顺序逐笔登记，最少每天登记一次。日记账分为现金日记账（图 3-13）和银行存款日记账（图 3-14）。

图 3-13 现金日记账的样式

图 3-14 银行存款日记账的样式

现金日记账是用来登记库存现金每天的收入、支出和结存情况的账簿。企业应按币种关系设置现金日记账进行明细分类核算。现金日记账的格式一般有三栏式、多栏式和收付分页式三种。在实际工作中大多采用三栏式账页格式。

2. 总账的启用

会计账簿是储存资料的重要会计档案，账簿启用时应在"账簿启用和经管人员一览表"中详细记载单位名称、账簿页数，并加盖单位公章；经管人员（包括企业负责人、主管会计、复核和记录人员等）均应签字盖章。记账人员和会计主管人员在本年度调整工作时，应注明交接日期、接办人员和检交人员名称，并由交接双方签名或盖章，以明确经济责任，如图 3-15 所示。

3. 开始账户并录入期初余额

（1）写上年、月、日。
（2）摘要写上"上月结转"。

（3）根据科目余额表将一级科目余额登记在总账中对应账户的"余额"栏并写清楚余额方向"借"或"贷"。

（4）无余额账户不登记。

例如："库存现金"账户的开设及期初余额录入，用同样的方法完成"银行存款" 账户的开设及期初余额录入，见图 3-16。

经管人员一览表

单位名称		好佳童车厂			
账簿名称		现金日记账			
账簿页数					
使用日期		2011.10.01			
单位领导签章		梁天		会计主管签章 钱坤	
经管人员职别	姓名	经管或接管日期	签章	移交日期	签章
出纳	赵丹	2011 年 10 月 01 日		年 月 日	
		年 月 日		年 月 日	
		年 月 日		年 月 日	
		年 月 日		年 月 日	
		年 月 日		年 月 日	
		年 月 日		年 月 日	
		年 月 日		年 月 日	

图 3-15 现金日记账的启用

现 金 日 记 账

2014年		凭证		对方科目	摘 要	借 方	√	贷 方	√	余 额	√
月	日	字	号			十亿千百十万千百十元角分		十亿千百十万千百十元角分		十亿千百十万千百十元角分	
10	1				上月结转					2 0 0 0 0 0 0	

图 3-16 期初余额的录入

实训任务 3.2.9 财务会计期初建账

1. 财务会计期初建账

进入财务部经理岗位，首先需要检查实习用品，包括科目余额表、期初文档及相关办公用品等；然后，根据已经具备的实习装备，开设负责的各个明细账簿。

明细账也称明细分类账，是根据总账科目所属的明细科目设置的，用于分类登记某一类经济业务事项，提供有关明细核算的资料。

明细账可采用订本式、活页式、三栏式、多栏式、数量金额式。

明细账是按照二级或明细科目设置的账户，一般采用活页式账簿。各单位应结合自己的经济业务特点和经营管理要求，在总分类账的基础上设置若干明细分类账，作为总分类账的补充。明细分类账按账页格式不同分为三栏式、多栏式和数量金额式。

（1）三栏式。三栏式明细账的账页只设借方、贷方和金额三个金额栏，不设数量栏，如图 3-17 所示。这种格式适用于那些只需要进行现金核算而不需要进行数量核算的明细核算，如"应收账款""应付账款"等债权债务科目的明细分类核算。

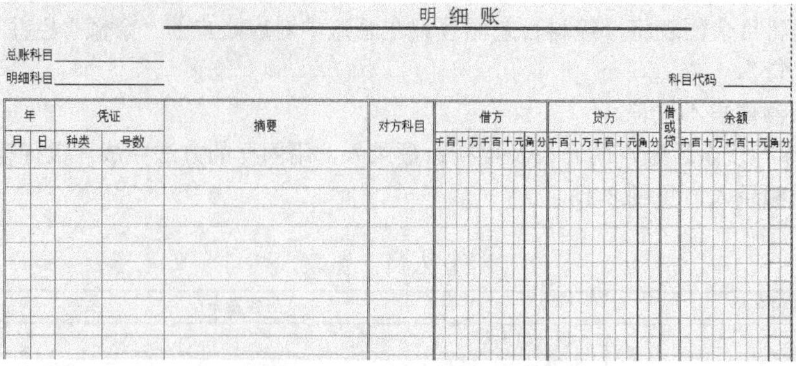

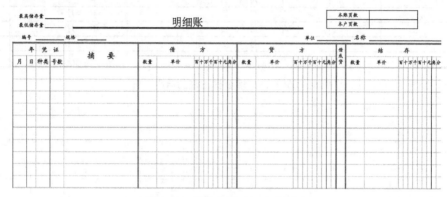

图 3-17　三栏式明细账的样式

（2）数量金额式。数量金额式明细账的账页按收入、发出和结余再分别设数量和金额栏，如图 3-18 所示。这种格式适合用于既需要进行金额核算，又需要进行实物数量核算的各种财产物资的明细账核算，如"原材料""产成品"等财产物资科目的明细分类核算。

图 3-18　数量金额明细账的样式

（3）多栏式。多栏式明细账的账页按照明细科目或明细项目分设若干专栏，以在同一账页上集中反映各有关明细科目或某明细科目项目的金额，如图 3-19 所示。这种格式适合用于费用、成本、收入的明细核算，如"制造费用""管理费用""营业务收入"和"营业外支出"等科目的明细分类核算。

图 3-19　多栏式明细账的样式

2．明细账的启用

会计账簿是储存资料的重要会计档案，在账簿启用时，应在"账簿启用和经管人员一览表"中详细记载单位名称、账簿页数，并加盖单位公章，经管人员（包括企业负责人、主管会计、复核和记录人员等）均应签字盖章，如图 3-20 所示。记账人员和会计主管人员在本年度调整工作时，应注明交接日期、接办人员和检交人员名称，并由交接双方签名或盖章，以明确经济责任。

经管人员一览表

单位名称		好佳童车厂			
账簿名称		三栏式明细账			
账簿页数					
使用日期		2011.10			
单位领导签章		梁天		会计主管签章	钱坤
经管人员职别	姓名	经管或接管日期	签章	移交日期	签章
财务会计	朱中华	2011 年 10 月 01 日		年 月 日	
		年 月 日		年 月 日	
		年 月 日		年 月 日	
		年 月 日		年 月 日	
		年 月 日		年 月 日	
		年 月 日		年 月 日	

图 3-20 多栏式明细账的启用

3．开设账户

按照会计科目表的顺序、名称，在明细账账页上建立二、三级明细账账户，每个明细科目至少建立一个账页。因为明细账是活页式，能添加账页，所以建账后若出现账页页数不够，可以随时添加账页，并在每个账户起始页右边缘粘贴表明账户名称的口取纸，完成账户开设工作。

例如："应付账款——北京彩虹耗材厂"明细账期初账户的开设如图 3-21 所示，用同样的方法可以完成其他明细账账户的开设。

图 3-21 账户的开设

4．期初余额的录入

期初余额的登记如图 3-22 所示。录入期初余额应注意以下问题：

（1）写上年、月、日。

（2）摘要写上"上月结转"。

（3）根据科目余额表将二级或三级科目余额登记在总账中对应账户的"余额"栏中，并写清楚余额方向"借"或"贷"。

（4）无余额账户只登记年，不登记月、日、摘要和余额，不用在余额处录入 0。

应 付 账 款 明 细 账

总账科目
明细科目 北京彩虹耗材厂   科目代码

2014年		凭证		摘要	对方科目	借方	贷方	借或贷	余额
月	日	种类	号数			千百十万千百十元角分	千百十万千百十元角分		千百十万千百十元角分
10	1			上月结转					2 3 4 0 0 0 0 0

图 3-22　期初余额的登记

实训任务 3.2.10　成本会计期初建账

1. 成本会计期初建账

进入出纳岗位，首先需要检查实习装备，包括银行存款日记账、期初文档及相关办公用品等；然后，根据已经具备的实习装备，开设数量金额明细账。

认识三栏式明细账、数量金额明细账、多栏式明细账。

三栏式。三栏式明细账的账页只设借方、贷方和金额三个金额栏，不设数量栏。这种格式适用于那些只需要进行现金核算而不需要进行数量核算的明细核算，如"应收账款""应付账款"等债权债务科目的明细分类核算。明细账账皮如图 3-23 所示，明细账账页如图 3-24 所示。

图 3-23　明细账账皮

明 细 账

总账科目
明细科目   科目代码

年		凭证		摘要	对方科目	借方	贷方	借或贷	余额
月	日	种类	号数			千百十万千百十元角分	千百十万千百十元角分		千百十万千百十元角分

图 3-24　三栏式明细账账页

数量金额式。数量金额式明细账的账页在借、贷、余三栏目明细账的基础上，增加数量和单价栏。这种格式适合用于既需要进行金额核算，又需要进行实物数量核算的各种财产物资的明细账核算，如"原材料""产成品"等财产物资科目的明细分类核算。

在这种明细分类账格式的上端，一般根据实际需要，设置一些必需的项目，如材料、产品的类别、名称、规格、计量单位、存放地点，有的还要标明最高和最低储备数量等。通过数量金额式明细账的记录能了解各种材料、产成品的增加、减少和结存的详细情况，以利于对材料、产成品的管理和日常监督。数量金额式明细账账页如图 3-25 所示。

多栏式明细账。多栏式明细账账页按照明细科目或明细项目分设若干专栏，以在同一账页上集中反映各有关明细科目或某明细科目项目的金额。这种格式适合用于费用、成本、收入的明细核算，如"制造费用""管理费用""营业务收入"和"营业外支出"等科目的明细分类核算。

图 3-25　数量金额式明细账账页

多栏式明细账一般采用活页式账簿，其账页格式如图 3-26 所示。

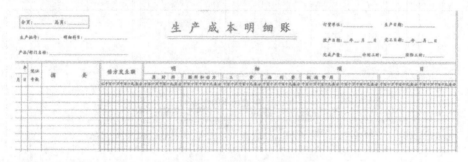

图 3-26　多栏式明细账账页

2. 明细账的启用

会计账簿是储存资料的重要会计档案，在账簿启用时，应在"账簿启用和经管人员一览表"中详细记载单位名称、账簿页数，并加盖单位公章，经管人员（包括企业负责人、主管会计、复核和记录人员等）均应签字盖章，如图 3-27 所示。

经管人员一览表					
单位名称		好佳童车厂			
账簿名称		数量金额明细账			
账簿页数					
使用日期		2011.10.01			
单位领导签章		梁天	会计主管签章	钱坤	
经管人员职别	姓名	经管或接管日期	签章	移交日期	签章
成本会计	刘自强	2011 年 10 月 01 日	刘自强	年　　月　　日	
		年　　月　　日		年　　月　　日	
		年　　月　　日		年　　月　　日	
		年　　月　　日		年　　月　　日	
		年　　月　　日		年　　月　　日	
		年　　月　　日		年　　月　　日	

图 3-27　明细账的启用

注意：由于采用活页式账簿，账簿页数在启用时并不知道多少，所以此栏目内容先不填，等更换账簿时再补填。

3．开设账户

（1）数量金额明细账的开设。在每页写上账户明细，填写账页上端内容，并在每个账户起始页右边缘粘贴表明账户名称的口取纸，完成账户开设工作。

以"原材料—坐垫"为例来说明数量金额式明细账的开设方法，如图 3-28 所示。

（2）多栏式明细账的开设。除按照数量金额明细账开设方法填写上述内容外，还要在账页中按照明细科目或明细项目分设若干专栏，以"生产成本—经济型童车"为例来说明多栏式明细账的开设方法（见图 3-29）。

图 3-28　数量金额明细账的开设

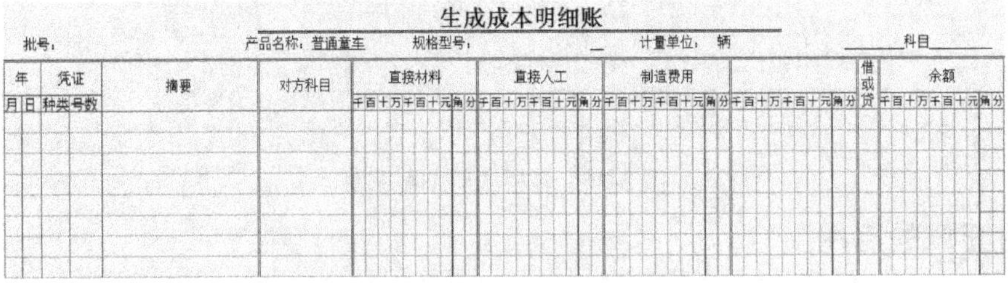

图 3-29　多栏式明细账户的开设

（3）三栏式明细账的开设。同数量金额式明细账的开设相同，如"应付账款—河北钢铁厂"账户开设如图 3-30 所示。

图 3-30　三栏式明细账的开设

4．期初余额登记

（1）数量金额明细账期初余额登记

以坐垫为例说明明细账期初余额的登记，如图 3-31 所示。应注意以下问题：

① 写上年、月、日。

② 摘要写上"上月结转"。

③ 根据科目余额表依次将数量、单价、金额登记在数量金额账"结存栏"的对应位置，

并写清楚余额方向“借”或“贷”。

④ 无余额账户无须登记。

（2）多栏式明细账期初余额登记

以经济型童车为例，生产成本明细账的登记如图 3-32 所示。

明细账

最高储存量______　最低储存量______

本账页数	
本户页数	1

编号 B0003　规格 HJM500　单位 个　名称 坐垫

年		凭证		摘要	借方			贷方			借或贷	结存		
月	日	种类	号数		数量	单价	百十万千百十元角分	数量	单价	百十万千百十元角分		数量	单价	百十万千百十元角分
10	1			上月结转							借	5000	50.00	25000000

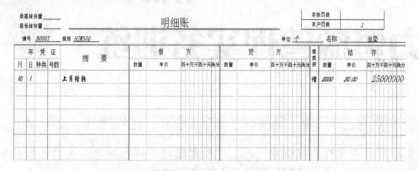

图 3-31　数量金额明细账期初余额的登记

生成成本明细账

批号：　产品名称：普通童车　规格型号：　计量单位：辆　科目

2014年		凭证		摘要	对方科目	直接材料	直接人工	制造费用		借或贷	余额
月	日	种类	号数			千百十万千百十元角分	千百十万千百十元角分	千百十万千百十元角分	千百十万千百十元角分		千百十万千百十元角分
10	1			上月结转（4000）		1320000000				借	1320000000

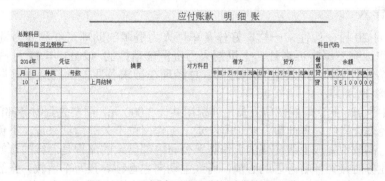

图 3-32　多栏式明细账期初余额登记表

登记时应注意：

① 写上年、月、日。

② 摘要写上“上月结转”。

③ 根据科目余额表依次将余额登记在借方及相应成本项目栏内。

（3）三栏式余额明细账期初余额登记

以河北钢铁厂为例，三栏式余额明细账期初余额的登记如图 3-33 所示。

应付账款　明 细 账

总账科目______

明细科目 河北钢铁厂　科目代码______

2014年		凭证		摘要	对方科目	借方	贷方	借或贷	余额
月	日	种类	号数			千百十万千百十元角分	千百十万千百十元角分		千百十万千百十元角分
10	1			上月结转				贷	35100000

图 3-33　三栏式明细账期初余额的登记表

注意：期初余额登记完毕后，要和其他会计一起与总账进行账账核对，以确保期初余额的试算平衡。

模块 4
人力资源管理实务训练

本模块主要对跨专业综合实训中"人"的因素进行了详细阐述，主要包括人员培训、薪酬制定、员工管理（招聘、聘期管理、解聘等）以及相应的五险一金等，旨在进一步提升实训者人力资源管理水平，组建合格的实训团队，为实训组织正常运营奠定基础。

实训项目 4.1　员工培训工作

实训任务 4.1.1　组织人员培训

1. 学习目标

目标分解	目标描述
知识目标	1. 明确公司借款的概念与作用
	2. 介绍公司借款管理制度
	3. 说明人力资源部门员工培训规则
	4. 简述人力资源部门员工培训借款的流程
技能目标	1. 重点掌握《借款单》的规范填写方法及要求
	2. 基本掌握记账凭证、现金日记账、科目明细账的填写方法
	3. 按照公司借款流程，完成人力资源部门员工培训借款全过程（包括手工和信息化两种类型）

2. 情境导入

2011 年 9 月 20 日，像往常一样，好佳童车厂人力资源部助理肖红到人力资源经理张万军办公室汇报工作。张万军告诉肖红，上星期人力资源部草拟的《2011 年 11 月份公司职能部门管理人员外出培训计划》已送至企业管理部，总经理在征求各职能部门经理意见后，决定按照上报方案实施培训。

根据计划中预算，此次职能部门人员培训费用共计 3 000 元，需要先到财务部门预支费用，再凭票报销，张经理让肖红处理此事。对于刚刚走上工作岗位不久的肖红来说，不免有些犯难，到底该如何迅速、高效地完成上级交代的工作呢？公司内部借款的流程是怎样的？如何能顺利地跟财务部门进行业务对接？怀着忐忑的心情，肖红主动向主管领导张万军请教。张经理欣然接受，对肖红进行了业务指导，我们的内容也正是从张经理培训借款的环节开始讲解。

3. 相关知识

（1）借款单的概念及使用范围

借款单是企业的内部自制单据，一般由部门提供基本样式，各部门人员经办业务时需要借款的依照固定的格式进行填列。借款单的应用范围广泛，多数支付业务都可以通过填写借款单取得相应的支付款。例如，日常零星支出需要借现金，包括员工差旅费、业务备用金等；发放薪酬、支付材料款时需要使用支票或电汇。

（2）借款单的格式

由于借款单属于公司自制单据，因此，并没有统一的格式要求，主要包括借款部门、借款人、借款事由、借款金额、日期、签章等内容。但不论是哪个公司制作的借款单，都应当满足清晰、准确和便捷的特征。具体情况请参见图 4-1 和图 4-2。

借款单

填写日期：　　年　　月　　日

<table>
<tr><td>借款部门</td><td></td><td>借款人</td><td></td><td>借款日期</td><td></td><td>备注</td></tr>
<tr><td>借款事由</td><td colspan="5"></td><td rowspan="3">一般情况上次借款未结清，不能第二次借款，逾期借款未清的，在发放工资时，先予以抵扣借款。</td></tr>
<tr><td rowspan="2">本次借款金额</td><td colspan="5">(大写)　佰　拾　万　仟　佰　拾　元　角　分</td></tr>
<tr><td colspan="2">(小写)__________</td><td colspan="2">借款人签名及日期</td><td></td></tr>
<tr><td>预计还款日期</td><td></td><td>上期借款余额</td><td></td><td>累计借款余额</td><td colspan="2"></td></tr>
</table>

总经理：　　财务负责人：　　部门负责人：　　出纳：　　会计：

图 4-1　借款单示例 1

借款申请单

部　　门：　　　　　　　　年　　月　　日

<table>
<tr><td>金额（大写）</td><td colspan="2">¥：</td></tr>
<tr><td>借款人</td><td></td><td>借款说明</td></tr>
<tr><td>部门负责人</td><td></td><td rowspan="5"></td></tr>
<tr><td>财务总监</td><td></td></tr>
<tr><td>主管副总</td><td></td></tr>
<tr><td>总经理</td><td></td></tr>
</table>

会计审核：　　出纳：　　领款人：

图 4-2　借款单示例 2

（3）借款单的联数

借款单的联数国家并没有统一的规定，在公司的实际操作过程中，一般可以分为以下几种情况：

第一，单联式借款单。单联式“借款单”是各单位经常使用于内部职工和其他单位借款的一种原始凭证。借款时由借款人填写并签收，出纳按规定的手续付出现金后，加盖“现金付讫”章，会计据以填制记账凭证，增加应收款；款项收回时，出纳再根据收回的现金开出收款收据，交会计冲销原应收款。

第二，双联式借款单。双联式借款单中一联是用做出纳、会计记账，一联是给借款人留存的。出纳支付现金后，借款人是不用拿回借款单的，只需取走所借款项即可；报销时，报销人持费用报销单就可以。一般情况下，两联格式基本相同，但借款人留存的一联可以多一个归还日期和盖财务章处。

第三，三联式借款单。三联式借款单中一联给出纳、会计记账，一联是给借款人留存，一联作为存根备查。三联式借款单是两联式借款单的扩充形式，主要考虑到事后可能存在借款人留存联污损或遗失而导致的问题。具体情况参见图 4-3。

借款单

年 月 日

借款人		部门		职务	
借款事由				借款原因	□ 因公司 □ 因个人
借款金额	人民币 佰 拾 万 仟 佰 拾 元 角 分			¥	
领导审批： 会计主管： 审核： 出纳： 借款人：					
还款后出纳签章		还款人签章			

白联存根 红联借款人 黄联财务记账

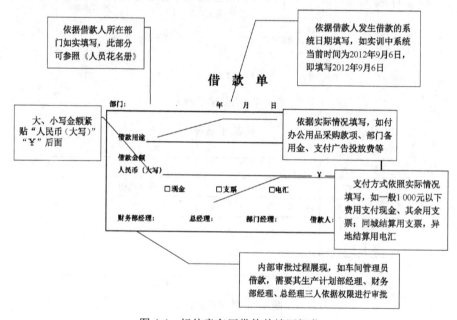

图 4-3 借款单示例 3（三联式借款单）

（4）好佳童车厂借款单填写规范

借款单填写规范如图 4-4 和图 4-5 所示。

图 4-4 好佳童车厂借款单填写规范

借 款 单

部门：企业管理部 2011 年 10 月 8 日

借款用途：部门备用金

借款金额

人民币（大写）伍佰元整 ¥ 500.00

√现金 支票 电汇

部门经理： 财务部经理： 总经理： 借款人：叶瑛

图 4-5 好佳童车厂借款单填写示例

（5）好佳童车厂出纳现金日记账登记规范

出纳现金日记账登记规范如图 4-6 所示。

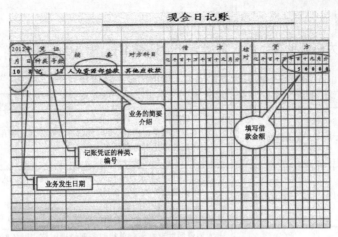

图 4-6　好佳童车厂现金日记账登记示例

（6）好佳童车厂费用会计记账凭证填制规范
费用会计记账凭证填制规范如图 4-7 所示。

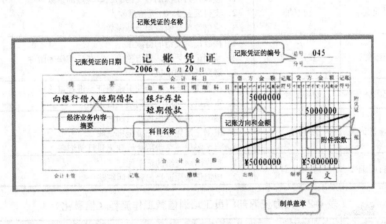

图 4-7　好佳童车厂费用会计记账凭证填制规范（以短期银行借款为例）

4．任务流程

在 VBSE 实训中，人力资源部门员工培训借款流程共分 8 步，起始于借款单的填写，最后由费用会计登记明细账，详见图 4-8。

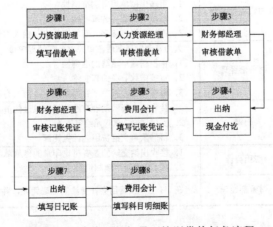

图 4-8　人力资源部门员工培训借款任务流程

5．实施步骤

该任务始于人力资源助理，终于费用会计详见表 4-1、表 4-2。

表 4-1　人力资源部门员工培训借款工作流程（手工）

序号	操作步骤	角色	提示内容
1	填写借款单	人力资源助理	1．去出纳处领取借款单 2．填写借款单，借款 2 000 元部分作为员工培训费用 3．拿借款单找财务部经理审核 4．拿借款单到出纳处领取现金
2	审核借款单 1	人力资源部经理	人力资源助理拿借款单找人力资源部经理审核，人力资源经理需要： 1．审核借款单填写的准确性 2．审核借款业务的真实性 3．审核无误，签字（有问题指出，由人力资源助理进行修正）
3	审核借款单 2	财务部经理	人力资源助理拿借款单找财务部经理审核，财务部经理需要： 1．审核借款单填写的准确性 2．审核借款业务的真实性 3．审核无误，签字（有问题指出，由人力资源助理进行修正）
4	支付现金	出纳	1．接收人力资源助理交给的已审核过的借款单 2．支付现金 3 000 元给借款人 3．将借款单交给费用会计做凭证
5	填制记账凭证	费用会计	1．接收出纳交给的借款单 2．填制记账凭证，将借款单粘贴在后面作为附件 3．送财务经理审核
6	审核记账凭证	财务部经理	1．接收费用会计交给的记账凭证，进行审核 2．审核后，交出纳登记现金日记账
7	登记现金日记账	出纳	1．接收财务部经理审核后的记账凭证 2．根据记账凭证登记现金日记账 3．将记账凭证交费用会计登记科目明细账
8	登记科目明细账	费用会计	1．接收出纳交给的记账凭证 2．根据记账凭证登记科目明细账

表 4-2　人力资源部门员工培训借款工作流程（信息化）

序号	操作步骤	角色	提示内容
1	填写借款单	人力资源助理	1．去出纳处领取借款单 2．填写借款单，借款 2 000 元作为员工培训费用 3．拿借款单找财务部经理审核 4．拿借款单到出纳处领取现金
2	审核借款单 1	人力资源部经理	人力资源助理拿借款单找人力资源部经理审核，人力资源经理需要： 1．审核借款单填写的准确性 2．审核借款业务的真实性 3．审核无误，签字（有问题指出，由人力资源助理进行修正）
3	审核借款单 2	财务部经理	人力资源助理拿借款单找财务部经理审核，财务部经理需要： 1．审核借款单填写的准确性 2．审核借款业务的真实性 3．审核无误，签字（有问题指出，由人力资源助理进行修正）
4	支付现金	出纳	1．接收人力资源助理交给的已审核过的借款单 2．支付现金 3 000 元给借款人 3．将借款单交给费用会计做凭证
5	填制记账凭证（U8）	费用会计	1．接收出纳交给的盖有付讫印章的借款单 2．在 U8 系统中填制记账凭证
6	审核并打印记账凭证（U8）	财务部经理	在 U8 上审核费用会计交给的记账凭证，并打印

扩展知识　　现金支出原始凭证及员工培训类别

（1）现金支出原始凭证

现金支出业务的原始凭证可分为外来原始凭证和自制原始凭证。

① 外来原始凭证是指在经济业务发生或完成时从其他单位或个人处直接取得的原始凭证。例如，企业采购时取得的发货票，出差人员报账时提供的车船票、住宿票、货物运单、银行的收账通知单等。

② 自制原始凭证是指由本单位内部经办业务的部门或个人（包括财务部门本身）在执行或完成某项经济业务时所填制的原始凭证，例如，借款单、报销单、工资单等。

（2）员工培训的类别划分（以好佳童车厂为例）

根据人员类别不同，企业员工培训分为新员工培训和在职员工培训两大类。

① 新员工培训。好佳童车厂规定所有新入职人员都必须在试用期间的第一个月参加新员工入职培训和相应的技术培训或管理培训，培训时长为 1 个月。培训完成后方能上岗，培训期间发放试用期工资。

新员工培训，又称岗前培训（或入职培训），是一个企业所录用的员工转变成为企业人员的过程，是员工从融入一个新团体的过程，是员工逐渐熟悉、适应组织环境并开始规划职业生涯、定位自身角色的过程。

新员工培训的意义：明晰职业方向，树立积极的职业态度，提升必备职业能力，强化情商管理意识，加强团队精神打造，持续不断自我超越，并最终成为符合企业发展要求的职业化员工。

② 在职员工培训。好佳童车厂在职人员，包括企业中高层管理人员、职能部门管理人员和一线生产工人。针对不同的人员，人力资源部门提供不同层次的培训内容，并通过不同的方式实施培训。

第一，总经理、部门经理参加管理能力提升培训；

第二，职能部门管理人员参加提升职业素养和工作能力培训；

第三，一线生产工人参加技术培训。

拓展阅读　　企业人力资源部门与业务部门关系的协调　　

实训任务 4.1.2　组织员工培训

1. 学习目标

目标分解	目标描述
知识目标	1. 明确员工培训的内涵与意义
	2. 介绍公司员工培训规则及制度
	3. 讲解公司员工培训所需单据及表格
	4. 简述公司员工培训整体流程（外部培训为主）
技能目标	1. 掌握公司员工培训需求调查问卷和培训满意度调查问卷的制作与填写规范
	2. 基本掌握培训计划表和培训签到表的填写和使用方法
	3. 按照公司员工培训基本流程，完成职能部门管理部门员工培训全过程

2. 情境导入

2011 年 9 月 22 日,好佳童车厂人力资源部助理肖红在从财务部借到 10 月份员工培训费用后,到人力资源经理张万军办公室请示下一步工作。张经理告诉肖红,此次员工培训针对的是职能部门管理人员,按照公司员工培训管理规定,此类员工培训方式为外部培训,前期培训需求调查和培训计划制订都已经完成。因此,需要肖红与人力资源服务公司进行剩余业务的对接,包括培训组织实施、培训满意度调查、培训工作总结及培训结果反馈和应用。

回到自己的办公室,肖红回想起与北京腾飞人力资源服务有限公司(简称"腾飞人力")负责培训业务的李明前期沟通的情景,双方的合作与磨合过程充满了波折,在职权划分和主导权方面都有着不小的分歧;想到还要与其商量大量的后续培训细节,肖红不禁皱起了眉头,无可奈何地拿起了电话,拨通了李明的号码。

3. 相关知识

(1)员工培训需求调查简介及问卷填写规范

是否应当进行培训,应当进行何种培训,应当选择哪些员工进行培训,这些都是企业管理者在进行决策之前首先应当确定的问题;而这一问题的确定与否在很大程度上取决于培训需求分析。因为培训需求分析是整个培训管理活动的首要环节,它决定了培训能否瞄准正确的目标。因此,研究企业的员工培训需求分析,对企业建立有效的培训体系有十分重要的意义。而员工培训需求调查问卷是实现这一目标的有效手段,主要用于收集培训需求。员工培训需求调查问卷属于企业自制表单,没有固定的格式,设计时要注意问卷的科学性和实用性。

对于人力资源部门来说,员工培训需求调查问卷发放对象的选择应当根据培训的目标来具体确定,问卷回收后要进行细致审核与筛选,剔除不合格问卷,以保证调查的有效性和准确性。

对于企业员工来说,应根据自己所在岗位对工作技能的要求、自我提升意愿等方面认真填列个人培训需求。例如,对某项工作任务流程不能充分理解、某项工作任务理论知识欠缺、期望改进某项工作任务的方法和策略等,主要应从工作中遇到的阻力和困难入手提出培训愿望。填写内容尽量明确、具体,且能够通过指导老师讲解或团队内部交流得到有效解决,切忌随意填写。员工培训需求调查表如表 4-3 所示。

(2)员工培训计划表及填写规范

员工培训计划表是依照员工培训需求分析制成的关于如何组织具体培训工作的执行手册,内容一般包含培训项目、目标对象、参训人数、培训内容、培训时间、培训地点、培训讲师、培训方式、培训预算等。员工培训计划表属于公司自制表格,没有固定格式要求。

(3)员工培训需求分析

① 员工培训概念。员工培训需求分析是指在规划、设计培训计划之前,由公司人力资源部门或第三方,采用一定的方法和技术对组织内员工在知识结构、技能状况、能力素质等方面的差距进行系统分析,以确定这些员工是否培训及如何培训的一种活动或过程。

② 培训需求分析的实施程序。

第一,培训前期的准备工作,包括建立员工背景档案,密切同各部门人员联系。

第二,制订培训需求调查计划,包括确定培训需求调查工作的目标,选择适当的培训需求调查方法,确定培训需求调查的具体内容。

第三,实施培训需求调查工作,包括收集、汇总培训需求建议或愿望,分析培训需求,确认培训需求。

第四,输出培训需求结果,以分析报告形式为主。

表 4-3　员工培训需求调查表示例

员工培训需求调查表

部门：＿＿＿＿＿＿＿＿　　　　　　　　填表日期：＿＿＿＿年＿＿月＿＿日

培训类别	培训内容	是否同意	参加人员			培训方式				
			自愿参加	指定人员参加	部门全体员工	课堂授课	在实践中演示	标杆	座谈提问	其他
公共教育	1. 公司发展史、组织结构、主要业务									
	2. 公司规章制度及福利待遇									
	3. 其他	请说明：								
	各部门员工根据各自的岗位特点提出需求	是否同意	参加人员			培训方式				
			自愿参加	指定人员参加	部门全体员工	课堂授课	在实践中演示	标杆	座谈提问	其他
业务知识	1. 计算机/IT 行业动									
	2. 互联网方面									
	3. 交际、谈判									
	4. 广告创意									
	5. 写作									
	6. 网页制作									
	7. 通信									
	8. 市场调查									
	9. 其他									
其他知识	请说明：									

（4）员工培训满意度调查简介及问卷填写规范

员工满意度调查作为一种科学的人力资源管理工具，通常以问卷调查等形式（见表 4-4），收集员工对企业运营和管理各方面满意程度的信息，随后通过系统、科学的数据统计和分析，真实、全面地反映企业经营管理现状，为管理者决策提供客观的参考依据。

表 4-4　培训满意度调查问卷示例

培训满意度调查表

课程名称		培训讲师	
培训日期		培训地点	

说明：1. 本表请受训学员如实填写；
　　　2. 请在你认可的选项上打"√"；
　　　3. 请你给予真实地反映评价，以帮助我们对将来的培训计划进行改进。

序号	评估项目	差　　　　　　　　中　　　　　好
1	课程设计是否合理？	□1　□3　□ 4　□ 5　□ 7　□ 8　□10
2	培训目标是否已达到？	□1　□3　□ 4　□ 5　□ 7　□ 8　□10
3	教材讲义编写质量如何？	□1　□3　□ 4　□ 5　□ 7　□ 8　□10
4	讲课内容是否丰富，吸引人？	□1　□3　□ 4　□ 5　□ 7　□ 8　□10
5	讲师对所讲内容掌握得深、内容是否切题？	□1　□3　□ 4　□ 5　□ 7　□ 8　□10
6	讲师讲解技巧如何？	□1　□3　□ 4　□ 5　□ 7　□ 8　□10
7	培训时间安排是否妥当？	□1　□3　□ 4　□ 5　□ 7　□ 8　□10
8	是否与学员有较好互动？	□1　□3　□ 4　□ 5　□ 7　□ 8　□10
9	培训内容是否紧密结合实际？	□1　□3　□ 4　□ 5　□ 7　□ 8　□10
10	培训内容能否应用到岗位工作上？	□1　□3　□ 4　□ 5　□ 7　□ 8　□10
总评分：		
你的其他意见：		
非常感谢你的参与，谢谢合作！		

4．任务流程

在 VBSE 实训中，人力资源部门员工培训流程共分 8 步，起始于联系服务公司，最后由费用会计登记明细账，详见图 4-9。

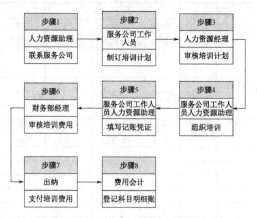

图 4-9　员工培训（外部）项目流程

5．实施步骤

该任务始于服务公司工作人员，终于费用会计，步骤详见表 4-5。

表 4-5　员工培训工作流程

序号	操作步骤	角色	提示内容
1	培训需求调查	服务公司工作人员	1．将培训调查问卷发给合作企业 2．持续跟进问卷填写情况，回收已完成调查问卷
2	培训需求分析	服务公司工作人员	1．统计整理培训需求信息 2．对培训需求焦点问题进行分析 3．提交培训需求调研报告
3	培训计划制订	服务公司工作人员	根据培训需求调查情况总结学生的培训需求，结合各项客观条件，编制培训计划表，并交给合作公司人力资源助理
4	培训计划审核	人力资源部经理	人力资源部经理审核人力资源助理上报的培训计划
5	培训实施准备	服务公司工作人员	1．依据培训计划表安排，确认讲师、培训内容、培训时间、培训地点等内容 2．做好培训场地布置工作
6	发布培训通知	服务公司工作人员、人力资源助理	将培训通知到受训人，告知其培训时间、地点、培训内容等
7	组织培训	服务公司工作人员、人力资源助理	1．清点受训人员，组织受训人员在《培训签到表》上签字 2．联系未到人员，对没有参加培训人员及未到原因做好登记 3．维护培训现场秩序，做好讲师与受训者之间的互动沟通
8	培训满意度调查	服务公司工作人员、人力资源助理	1．培训完成后，组织受训者填写《培训满意度调查问卷》 2．回收《培训满意度调查问卷》，清点份数，督促未提交人员立即填写后交回
9	培训结果总结	服务公司工作人员、人力资源助理	1．以培训签到表、培训过程记录及培训满意度调查问卷为依据进行培训效果分析 2．撰写培训总结报告 3．培训总结报告存档，为下次培训计划制订提供参考
10	培训费用确定	服务公司工作人员	根据培训具体内容与参训人数确定培训费用，并开具发票
11	培训费用审核	财务部经理	审核培训费用
12	培训费用支付	出纳	现金支付培训费用或开具转账支票，并登记记账凭证
13	培训费用	费用会计	登记科目明细账

（1）员工培训的概念及内容

员工培训是指一定组织因业务开展和人才储备的需要，有组织、有目的、有计划地采用各种方式对员工进行的培养和训练的管理活动，其目标是使员工不断地更新知识、完善技能，改进自身动机、态度和行为，适应内外环境变化新的要求，从而促进组织整体效率的提高和战略目标的实现。具体包括：

① 员工技能培训：是企业针对岗位的需求，对员工进行的岗位能力培训。

② 员工素质培训：是企业对员工素质方面的要求，主要有心理素质、个人工作态度、工作习惯等的素质培训。

（2）员工培训的意义

第一，培训能显著增强员工对企业的归属感，满足其自我实现的需要。

第二，培训能增强企业向心力和凝聚力，有助于树立企业良好形象，塑造优秀的企业文化。

第三，培训能提高员工综合素质，提高生产效率和服务水平，增强企业盈利能力。

第四，培训能够使企业迅速适应市场变化，增强竞争优势，培养后备力量，保持企业的经营活力。

拓展阅读 企业人力资源业务外包的利与弊

实训任务 4.1.3 培训费报销

1. 学习目标

目标分解	目标描述
知识目标	1. 明确培训费用报销的概念
	2. 介绍公司员工培训费用报销规则及制度
	3. 讲解公司员工培训费用报销所需单据
	4. 简述公司员工培训费用报销整体流程
技能目标	1. 掌握支出凭单的制作与填写规范
	2. 基本掌握报销凭证的整理与粘贴办法
	3. 按照公司费用报销基本流程，完成员工培训费用报销全过程

2. 情境导入

2011 年 10 月 30 日，好佳童车厂人力资源部助理肖红拿着职能部门人员培训总结到人力资源经理张万军办公室汇报工作。张经理告诉肖红，此次员工培训进行得相当成功，从人力资源服务公司与员工反馈的情况来看，基本上达到了预期的目的，有效地提升了员工的个人绩效水平。张经理要求肖红马上着手此次培训的费用报销问题（此次培训是先由部门备用金进行垫付的）。

回到自己的办公室，肖红立即拿出北京腾飞人力资源服务有限公司李明为此次培训开具的报销凭证，然后对照公司财务报销制度，认真地填写起支出凭单来。

3. 相关知识

支出凭单是公司内部的自制单据，没有固定的格式，主要用于日常费用报销。日常费用主要包括差旅费、电话费、交通费、办公费、低值易耗品及备品备件、业务招待费、会务费、培训费、资料费等。人力资源部报销项目主要有办公费、招聘费、培训费报销。

由于各个公司采用的支出凭单格式各异，因此填写规范并不统一，一般情况下，都应该满足以下要求：填写支出凭单字迹工整、清晰，金额不得涂改，凡需填写大小写金额的单据，大小写金额必须相符，相关内容填写完整。

针对好佳童车厂支出凭单，具体要求为：

（1）部门：填写员工所属的职能部门，如人力资源部。

（2）日期：填写费用报销当天的日期，如 2012 年 9 月 10 日。

（3）预算项目：填写该项费用属于哪个预算项目。预算项目在各部门业务计划中已明确，如日常费用。

（4）即付：填写本次费用支出的明细用途而非科目，如招聘费。

（5）计人民币（大写）：后面填写本次实际应付的大写金额合计数。注意大写的写法，如壹仟元整。

（6）￥：小写金额，如￥1 000.00。

（7）领款人：填写实际领取报销费用的人。

（8）出纳付讫：出纳办理过后做标记用。

（9）会计人员：会计人员办理过做标记用。

（10）部门经理：费用列支单位的部门经理签字。

（11）财务部经理：财务经理审核签字。

（12）总经理：按照财务制度超过一定额度的费用需要总经理审核签字。

支出凭单填写示例如图 4-10 所示。

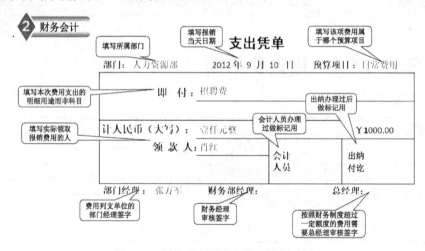

图 4-10　好佳童车厂支出凭单填写示例

4．任务流程

在 VBSE 实训中，员工培训费用报销流程起始于填写支出凭单，最后由费用会计登记明细账，详见图 4-11、图 4-12。

5．实施步骤

该任务始于人力资源助理，终于费用会计，具体步骤可参见表 4-6、表 4-7。

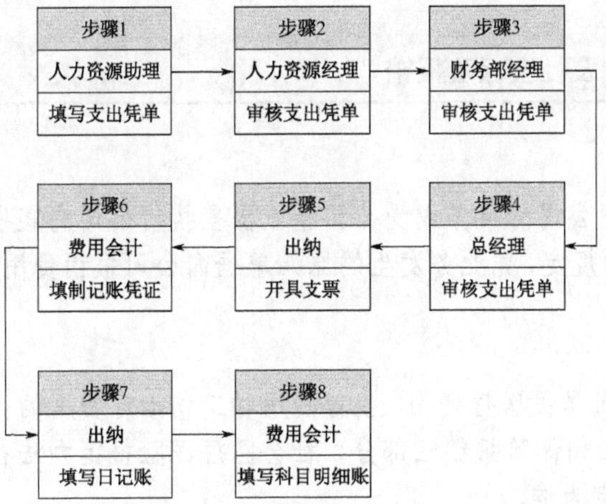

图 4-11　员工培训费用报销项目流程（超过定额） 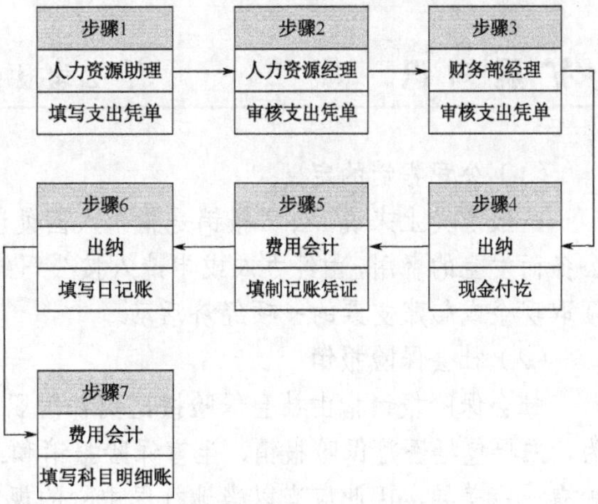　图 4-12　员工培训费用报销项目流程（未超过定额）

表 4-6　员工培训费用报销工作流程（超过定额）

序号	操作步骤	角色	提示内容
1	填写支出凭单	人力资源助理	1. 从人力资源服务公司获取外部培训费用发票 2. 按照相关财务规定，填写支出凭单
2	审核支出凭单	人力资源部经理	审核人力资源助理递交的支出凭单和报销凭证，并签字
3	复核支出凭单	财务部经理	根据预算执行表，审核支出凭单和报销凭证，签字确认
4	审批业务	总经理	审核相关报销单据，批准后签字
5	办理支付手续（转账支票）	出纳	1. 人力资源助理持经审批的支出凭单和报销凭证到出纳处进行报销，出纳开具转账支票 2. 在支出凭单上加盖"已付讫"印章
6	填制记账凭证	费用会计	根据出纳报来的单据，填制记账凭证
7	登记现金日记账	出纳	1. 接收财务部经理审核后的记账凭证 2. 根据记账凭证登记现金日记账 3. 将记账凭证交费用会计登记科目明细账
8	登记科目明细账	费用会计	1. 接收出纳交给的记账凭证 2. 根据记账凭证登记科目明细账

表 4-7　员工培训费用报销工作流程（未超过定额）

序号	操作步骤	角色	提示内容
1	填写支出凭单	人力资源助理	1. 从人力资源服务公司获取外部培训费用发票 2. 按照相关财务规定，填写支出凭单
2	审核支出凭单	人力资源部经理	审核人力资源助理递交的支出凭单和报销凭证，并签字
3	复核支出凭单	财务部经理	根据预算执行表，审核支出凭单和报销凭证，签字确认
4	办理支付手续（转账支票）	出纳	1. 人力资源助理持经审批的支出凭单和报销凭证到出纳处进行报销，出纳开具转账支票 2. 在支出凭单上加盖"已付讫"印章
5	填制记账凭证	费用会计	根据出纳报来的单据，填制记账凭证
6	登记现金日记账	出纳	1. 接收财务部经理审核后的记账凭证 2. 根据记账凭证登记现金日记账 3. 将记账凭证交费用会计登记科目明细账
7	登记科目明细账	费用会计	1. 接收出纳交给的记账凭证 2. 根据记账凭证登记科目明细账

扩展知识　　　　公司报销及社会保险报销　　　　■■■■■

（1）公司报销的定义

一般意义上来说，公司报销是指个人因处理公司的事务或受公司指派出差执行公司的某项公务而发生的费用，由经办人或申请人按公司的规定，凭业务发生的原始单据向公司报销费用、领取现金或转账支票的一项经济活动。

（2）社会保险报销

社会保险报销指由社会保险按比例补偿职工居民医疗费用、生育费用和工伤治疗费用的行为，主要包括医疗保险报销、生育保险报销和工伤保险报销三部分。社会医疗保险报销办法各地有一定差异，因此应当以当地社保中心的规定为准。

拓展阅读　　　　电子发票，是未来的方向还是昙花一现？　　　　

实训任务 4.1.4　企业文化建设

1．学习目标

目标分解	目标描述
知识目标	1．明确企业内部电子报刊的概念
	2．介绍企业内部电子报刊的规则与意义
	3．讲解企业内部电子报刊制作所需单据
	4．简述制作企业内部电子报刊的整体流程
技能目标	1．掌握会议通知、会议纪要的制作与填写规范
	2．基本掌握企业内部电子报刊的部门分工及制作流程
	3．按照企业内部分工，完成企业内部电子报刊制作的全过程

2．情境导入

2011 年 11 月 11 日，好佳童车厂企业管理部行政助理叶瑛接到总经理梁天的电话，告知她公司马上要推出下一期的电子内刊，本周五下午将召开专题会议讨论这个内容，让她做好会议前期准备工作。叶瑛接到通知后，马上开始着手进行准备，对于会议组织工作经验丰富的她来说，非常清楚一个成功的会议离不开精心的前期筹备。

3．相关知识

（1）会议通知

会议通知是上级对下级、组织对成员或平行单位之间部署工作、传达事情或召开会议等所使用的应用文，是党政机关、企事业单位、群众团体经常使用的公文文体。

（2）会议纪要及写作示例

纪要指记述要点的文字。会议纪要是用于记载、传达会议情况和议定事项的公文，适用于党政机关和企事业单位等各种机构，是一种法定的公务文书，其撰写与制作属于应用写作和公文处理的范畴，必须遵循应用写作的一般规律，严格按照公文制发处理程序办事。图 4-13 是好佳童车厂的会议纪要规范。

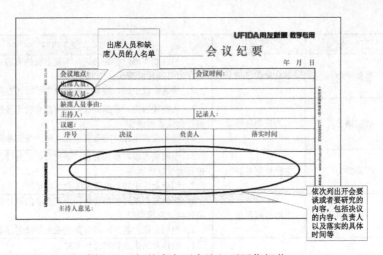

图 4-13　好佳童车厂会议纪要写作规范

4. 任务流程

在 VBSE 实训中，企业文化建设（电子报刊）流程起始于构思方案，最后由进行意见完善，详见图 4-14。

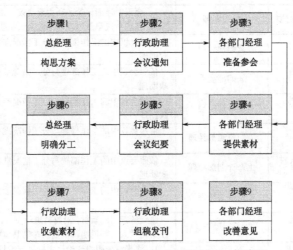

图 4-14　企业文化建设（电子报刊）工作流程

5. 实施步骤

该任务始于总经理，终于各部门经理，具体步骤参见表 4-8。

表 4-8　企业文化建设（电子报刊）工作流程

序号	操作步骤	角色	提示内容
1	企业电子报刊方案构思	总经理	构思本企业文化读物名称、版面、内容
2	确定会议时间、通知开会	行政助理	与总经理商议讨论会召开时间、地点，填写会议通知
3	准备参会	营销部经理	1. 明确能否准时参加会议，不能参会的应转告行政助理，方便其进行会议议程调整 2. 明确会议主题，准备有关企业电子报刊方案的材料
4	准备参会	采购部经理	1. 明确能否准时参加会议，不能参会的应转告行政助理，方便其进行会议议程调整 2. 明确会议主题，准备有关企业电子报刊方案的材料

序号	操作步骤	角色	提示内容
5	准备参会	仓储部经理	1. 明确能否准时参加会议，不能参会的应转告行政助理，方便其进行会议议程调整 2. 明确会议主题，准备有关企业电子报刊方案的材料
6	准备参会	人力资源部经理	1. 明确能否准时参加会议，不能参会的应转告行政助理，方便其进行会议议程调整 2. 明确会议主题，准备有关企业电子报刊方案的材料
7	准备参会	生产计划部经理	1. 明确能否准时参加会议，不能参会的应转告行政助理，方便其进行会议议程调整 2. 明确会议主题，准备有关企业电子报刊方案的材料
8	准备参会	财务部经理	1. 明确能否准时参加会议，不能参会的应转告行政助理，方便其进行会议议程调整 2. 明确会议主题，准备有关企业电子报刊方案的材料
9	企业文化设计	总经理	1. 整体介绍企业刊物设计方案 2. 组织各部门经理讨论企业文化刊物方案的可行性，并进行方案调整 3. 编制企业刊物制作计划，明确工作量、负责人及提交工作成果时间节点
10	明确各部门职责分工	总经理	确定各部门在电子报刊制作过程中的分工及协作关系
11	编写、发布会议纪要	行政助理	1. 会议中详细记录各项主要决议、工作计划及工作部署安排 2. 整理会议记录内容，形成会议纪要，并发给与会人员
12	企业电子报刊素材提供	营销部经理	依照会议中的工作部署与分工情况准备电子报刊所需素材，并交行政助理
13	企业电子报刊素材提供	采购部经理	依照会议中的工作部署与分工情况准备电子报刊所需素材，并交行政助理
14	企业电子报刊素材提供	仓储部经理	依照会议中的工作部署与分工情况准备电子报刊所需素材，并交行政助理
15	企业电子报刊素材提供	人力资源部经理	依照会议中的工作部署与分工情况准备电子报刊所需素材，并交行政助理
16	企业电子报刊素材提供	生产计划部经理	依照会议中的工作部署与分工情况准备电子报刊所需素材，并交行政助理
17	企业电子报刊素材提供	财务部经理	依照会议中的工作部署与分工情况准备电子报刊所需素材，并交行政助理
18	企业电子报刊素材收集	行政助理	收集各部门的素材，对材料进行整合，将不符合制作要求的素材退还给提供人，并说明再次提供时的具体要求
19	企业电子报刊组稿、版面设计	行政助理	1. 将素材依照报刊设计主题进行编排、组稿 2. 电子报刊最后以 PDF、JPG 等格式定版
20	企业电子报刊发刊	行政助理	1. 将制作完成的电子报刊在企业内部共享 2. 收集员工对报刊的改进意见，并在第二次发刊时进行调整
21	企业电子报刊改善意见反馈	营销部经理	将报刊的内容、样式等各方面的改善意见反馈给行政助理
22	企业电子报刊改善意见反馈	采购部经理	将报刊的内容、样式等各方面的改善意见反馈给行政助理
23	企业电子报刊改善意见反馈	仓储部经理	将报刊的内容、样式等各方面的改善意见反馈给行政助理
24	企业电子报刊改善意见反馈	人力资源部经理	将报刊的内容、样式等各方面的改善意见反馈给行政助理
25	企业电子报刊改善意见反馈	生产计划部经理	将报刊的内容、样式等各方面的改善意见反馈给行政助理
26	企业电子报刊改善意见反馈	财务部经理	将报刊的内容、样式等各方面的改善意见反馈给行政助理

扩展知识　　　　会议通知写作规范

（1）会议通知的一般写作规范

会议通知一般由标题、受文者、正文三部分组成。

① 标题，一般包括制发机关、事由、文种。

② 受文者，即接收通知者，可以是单位、部门，也可以是个人。

③ 正文，作为通知的主要部分，要求写明的内容有：会议名称、议题、会议目的、会议时间、会议地点、出席人员以及要求、报到时间、报到地点、日程安排、组织者联系方式及其他事项。

撰写会议通知要注意：内容要具体、确切，所有细节都要交代清楚，不能模棱两可，事项要完整齐全。

（2）会议纪要的一般写作规范

会议纪要一般由标题、正文、落款三部分构成。

① 标题。标题分两种类型：一是会议名称加纪要，如"部门经理例行会议纪要"；二是召开会议的机关名称加内容再加纪要，如"市工信委关于企业扭亏会议纪要"。

② 正文。会议纪要正文一般由两部分组成。

第一部分，会议概况，主要包括会议时间、地点、名称、主持人、与会人员、基本议程。

第二部分，会议的精神和议定事项。常务会、办公会、日常工作例会的纪要，一般包括会议内容、议定事项，有的还可概述议定事项的意义。专业会议和座谈会的纪要，往往还要写出经验、做法，以及对今后工作的意见、措施和要求。

③ 落款。通常落款包括署名和时间两项内容。署名只用于办公室会议纪要，署上召开会议的领导机关的全称，下面写上成文的年、月、日期，加盖公章，一般会议纪要不署名，只写成文时间，加盖公章。

拓展阅读　　　　企业内刊　　　　

实训项目 4.2　薪酬相关工作

实训任务 4.2.1　考勤汇总查询

1. 学习目标

目标分解	目标描述
知识目标	举例说出非正常出勤的情况
技能目标	1. 掌握考勤信息汇总表的制作
	2. 掌握员工信息查询方法，制作员工信息汇总表
素养目标	明确出勤与缺勤的含义，并能够对员工进行解释说明

2．情境导入

2011 年 10 月 28 日，好佳童车厂人力资源部的人力资源部助理肖红来到公司，接到来自人力资源经理的任务，被告知因为临近月末，为使本月员工考核及相关薪酬福利及时兑现，需要她去进行员工本月考勤信息汇总。于是，肖红便从公司办公系统中开始进行本月员工考勤信息汇总，查询本月员工考勤信息，并完成考勤统计，制作考勤统计表。

3．相关知识

（1）考勤的概念

考勤即考查员工出勤情况，通过一定的手段获得员工在某固定时间内（通常为一个月）单位的出勤情况。

通常来讲，企业的考勤具有独特性，所以在进行员工考勤汇总的过程中，需要严格按照企业人力资源管理规程的要求来进行汇总。

（2）非正常出勤

非正常出勤通常包括事假、病假和加班。

事假：劳动者因私事或其他个人原因而不能正常出勤所请的假。

病假：劳动者在本人因患病或非因工负伤的情况下需要停止工作进行医疗或休息时而不能正常出勤所请的假。

加班：在规定的工作时间以外继续出勤工作。

（3）工作时间

工作时间又称劳动时间，指法律规定的劳动者在一定时间内从事生产或者工作的小时数，包括每日工作的小时数和每周工作的天数和小时数。

（4）考勤统计表

考勤统计需要人力资源助理输出考勤统计表供后续工作使用，此表格式并无严格限制，下面给出表 4-9 供参考使用。

表 4-9　考勤统计表

制表：　　　　　　　　　　　　　　　　　　　　　　　　　　　　　　　　年　　月

工号	姓名	所在部门	担任职务	本月应到	事假	病假	旷工	迟到早退	本月实到	备注

4．任务流程

考勤汇总查询任务流程如图 4-15 所示。

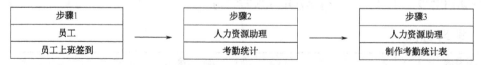

图 4-15　考勤汇总查询任务流程

5．实施步骤

（1）客户企业考勤汇总查询步骤如表 4-9 所示。

表 4-10　客户企业考勤汇总查询步骤

序号	操作步骤	角色	提示内容
1	考勤 信息查询	客户 行政主管	1. 点击考勤统计查询，获取公司员工考勤明细信息 2. 依照明细信息制作考勤统计表（考勤统计表自制，样式可参照样例），以便计算工资

客户企业考勤信息查询系统操作如图 4-16 所示。

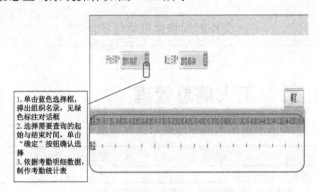

图 4-16　客户企业考勤信息查询系统操作图示

（2）供应商企业考勤汇总查询步骤如表 4-11 所示。

表 4-11　供应商企业考勤汇总查询步骤

序号	操作步骤	角色	提示内容
1	考勤信息查询	供应商行政主管	1. 点击考勤统计查询，获取公司员工考勤明细信息 2. 依照明细信息制作考勤统计表（考勤统计表自制，样式可参照样例），以便计算工资

供应商企业考勤信息查询系统操作参见图 4-17。

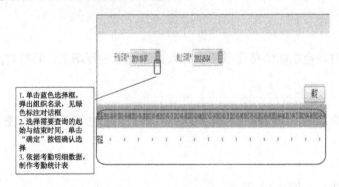

图 4-17　供应商企业考勤信息查询系统操作图示

扩 展 知 识　　　　　　工作时间和工资计算方法

（1）工作时间的计算

年工作日：365 天-104 天（休息日）-11 天（法定节假日）=250 天

季工作日：250 天÷4 季=62.5 天/季

月工作日：250 天÷12 月=20.83 天/月

工作小时数的计算：以月、季、年的工作日乘以每日的 8 小时。

（2）日工资、小时工资的折算

日工资：月工资收入÷月计薪天数

小时工资：月工资收入÷（月计薪天数×8 小时）

月计薪天数：（365 天-104 天）÷12 月=21.75 天

拓展阅读　　　　工作时间和休息休假的规定　　　　👉

实训任务 4.2.2　工人信息管理

1．学习目标

目标分解	目标描述
知识目标	辨认劳动合同种类
技能目标	1．掌握员工信息查询方法，制作员工信息汇总表
	2．掌握员工信息增减方法
素养目标	严格遵守员工信息保密性原则

2．情境导入

好佳童车厂人力资源部助理肖红接到人力资源经理任务，被告知需对公司现有人员信息进行员工信息更新，将新招聘的员工信息进行录入，对近期离职员工的相关信息在系统中做相应处理，然后更新员工档案信息。完成上述任务后，由于需要进行五险一金申报、薪资核算等工作，肖红需要查询公司现有人员的信息，并将查询结果制作成表格进行汇总。

3．相关知识

（1）人员增加

有新员工入职时，企业在信息化系统中对人员的信息进行增加，同时对人员薪资的发放业务进行增加。

（2）人员减少

有人员辞退或离职时，企业在信息化系统中对人员的信息进行变更调整，以减少人员薪资的发放业务。

4．任务流程

（1）人员增加流程如图 4-18 所示。

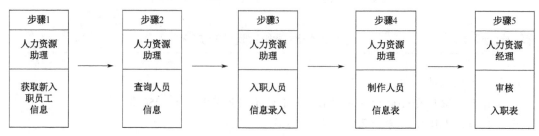

图 4-18　企业人员增加流程

（2）人员减少流程如图 4-19 所示。

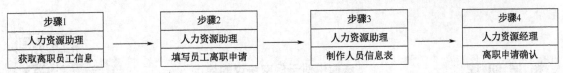

步骤1		步骤2		步骤3		步骤4
人力资源助理	→	人力资源助理	→	人力资源助理	→	人力资源经理
获取离职员工信息		填写员工离职申请		制作人员信息表		离职申请确认

图 4-19 企业人员减少流程

5. 实施步骤

（1）企业人员增加工作步骤如表 4-12 所示。

表 4-12 企业人员增加步骤

序号	操作步骤	角色	提示内容
1	查询人员信息	人力资源助理	在 VBSE 系统中查询人员信息，按照时间确认新入职人员
2	入职人员信息录入	人力资源助理	在系统中填制入职单据，将新入职人员的基础信息、薪资金额录入系统
3	审核入职表	人力资源部经理	在系统中对人力资源助理填制的入职处理单据进行审核以使其生效

（2）企业人员减少工作步骤如表 4-13 所示。

表 4-13 企业人员减少步骤

序号	操作步骤	角色	提示内容
1	填写离职申请	人力资源助理	根据人员的离职情况，在系统中填制离职申请
2	离职申请确认	人力资源部经理	在系统中对人力资源助理填制的离职申请进行执行，并生成人员变动单

（3）企业查询工人信息工作步骤如表 4-14 所示。

表 4-14 企业查询工人信息步骤

序号	操作步骤	角色	提示内容
1	查询在职人员信息	人力资源助理	点击查询工人信息任务，查看本企业所有在职人员信息

在查询员工信息的时候，如需要导出全部员工表格，系统只默认生产工人信息可以直接导出，管理人员信息需手工录入。系统提示详见图 4-20。

图 4-20 员工信息查询管理人员信息提示

扩展知识 　　　　人力资源管理从业人员的保密协议

　　人力资源管理从业人员掌握着企业全部人力资源信息，其必备的素质之一即为对所掌握的人力资源信息严格保密。在企业中，为使人力资源管理者对所掌握的信息保密，往往要与其签订保密协议。

　　保密协议是指协议当事人之间就一方告知另一方的书面或口头信息，约定不得向任何第三方披露该信息的协议。负有保密义务的当事人违反协议约定，将保密信息披露给第三方，将要承担民事责任甚至刑事责任。保密协议一般包括保密内容、责任主体、保密期限、保密义务及违约责任等条款。

拓 展 阅 读 　　法律中对于保密协议的约定

实训任务 4.2.3　解聘工人

1．学习目标

目标分解	目标描述
知识目标	1．辨认劳动合同种类
	2．掌握工资支付的相关法律规定
技能目标	掌握解聘工人的具体操作流程
素养目标	严格遵守员工信息保密性原则

2．情境导入

好佳童车厂近期利润率下降，经由总经理分析业务报表，发现人工成本占比过大。与此同时，人力资源经理张万军向公司经理汇报工作时提到企业近期部分员工工作业务水平与工作意愿下降，需在人力配置方面做出调整。总经理下达任务，要求人力资源经理解聘部分能力较差或工作意愿较低的员工。

3．相关知识

（1）解聘

解聘是指具有雇佣聘任关系的双方解除聘约的行为。具体就是解除聘任的职务，不再聘用。

（2）就业服务中心

就业服务中心是帮助和促进下岗失业及社会各层次求职人员职业介绍、技能培训、职业指导的中介服务机构。通常来讲，就业服务中心储存了各类人才资料和用工信息，实行计算机管理。

4．任务流程

企业解聘工人决策流程如图 4-21 所示。

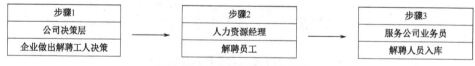

图 4-21　企业解聘工人决策流程

5．实施步骤

企业解聘工人工作步骤如表 4-15 所示。

表 4-15　企业解聘工人工作步骤

序号	操作步骤	角色	提示内容
1	填写离职申请	人力资源经理	根据人员的离职情况，在系统中填制离职申请
2	解聘人员入库	服务公司业务员	因企业招聘录用而被锁定的原有人才信息，当人员解聘时，将其重新激活进入人才库

人力资源经理系统操作详见图 4-22。

与此同时，服务公司业务员也需要在系统中进行相应的操作，详见图 4-23。

■ 解聘生产工人

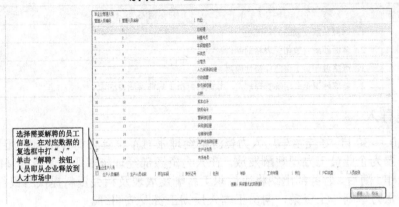

选择需要解聘的员工信息，在对应数据的复选框中打"√"，单击"解聘"按钮，人员即从企业释放到人才市场中

图 4-22　解聘生产工人系统操作图

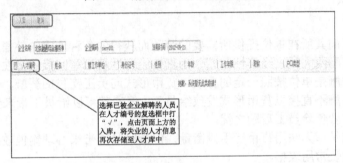

选择已被企业解聘的人员，在人才编号的复选框中打"√"，点击页面上方的入库，将失业的人才信息再次存储至人才库中

图 4-23　服务公司业务员解聘生产工人系统操作图

扩 展 知 识　　　　　劳动合同的类型

按照合同期限不同，劳动合同可分为：有固定期限、无固定期限和以完成一定的工作为期限的劳动合同三种。

有固定期限的劳动合同，又称定期劳动合同，是劳动合同双方当事人明确约定合同有效的起始日期和终止日期的劳动合同。期限届满，合同即告终止。有固定期限的劳动合同适用范围比较广泛，灵活性较强。

无固定期限的劳动合同，又称不定期劳动合同，是劳动合同双方当事人只约定合同的起始日期，不约定其终止日期的劳动合同。

拓 展 阅 读　　　　《劳动合同法》中关于解聘的现实案例　　

扫一扫

实训任务 4.2.4　薪酬发放

1. 学习目标

目标分解	目标描述
知识目标	1. 掌握工资支付的相关法律规定
	2. 掌握职工薪酬统计表总体设计思路

续表

目标分解	目标描述
技能目标	1. 掌握薪酬发放的具体流程
	2. 掌握薪酬发放相关表格的制作
素养目标	1. 严格遵守员工信息保密性原则
	2. 能够熟识企业薪酬管理规定，并能够对员工解释薪酬表细项

2. 情境导入

2011 年 10 月 30 日，好佳童车厂人力资源部经理张万军来到公司开始上班。因为临近月末，人力资源部需要为企业员工办理薪酬发放。在人力资源部经理核算职工工资的基础上，开始薪酬发放前序工作。随后，财务部出纳将应付职工薪酬发放表及相关资料提供给银行，代发工资。人力资源经理张万军制作工资条，向员工本人反馈工资发放明细。

3. 相关知识

（1）薪酬

薪酬是指员工向其所在单位提供所需要的劳动而获得的各种形式的补偿，薪酬包括经济性薪酬和非经济性薪酬两大类，经济性薪酬分为直接经济性薪酬和间接经济性薪酬。

直接经济性薪酬是单位按照一定的标准以货币形式向员工支付的薪酬。

间接经济性薪酬不直接以货币形式发放给员工，但通常可以给员工带来生活上的便利、减少员工额外开支或者免除员工后顾之忧。

非经济性薪酬是指无法用货币等手段衡量，但会给员工带来心理愉悦效果的一些因素。

（2）薪酬发放表常用表格

① 薪酬发放表依据企业人员当月应得工资编制，通常按月制作，每月一张。薪酬发放表中，一般要包含员工姓名、实发工资及银行账号。

薪酬发放表格每家企业的要求不同，业界也无硬性的规定，表 4-16 为 VBSE 系统中给出的样表。

表 4-16　VBSE 系统中职工薪酬发放表

职工薪酬发放表（　　　年　　月）

单位：　　　　　　　　　　　　　　　　　　　　　　　　　　　　　　　　　　日期：

序号	姓名	实发工资	银行账号
1			
2			
3			
4			
5			
6			
7			
8			
9			
10			
11			
12			
...			

制表人：张万军　　　　　　　　　　审核人：钱坤　　　　　　　　　　总经理：梁天
2011.9.28　　　　　　　　　　　　2011.9.28　　　　　　　　　　　2011.9.28

② 职工薪酬统计表。职工薪酬统计表是将该职工薪酬的细项仔细罗列，详细表示出员工所得工资的具体组成（其总体结构为：应发工资、代扣工资、实发工资；总体设计思路为：应发工资-代扣工资=实发工资），一般为分员工和分部门两种。

薪酬统计表格每家企业的要求不同，业界也无硬性规定，表 4-17 和表 4-18 为 VBSE 系统中给出的样表。

表 4-17　VBSE 系统中职工薪酬统计表

职工薪酬统计表-　　年　　月

| 部门： | | | | | | | | | | | | 月　　日 |

工号	姓名	部门	职务	基本工资	上季度销售总额/上季度企业净利润/上季度产量	奖金系数	季度奖金	补贴（通讯、伙食、交通……）	辞退福利	缺勤天数	缺勤扣款	代扣款项目								应税工资	适用个人税率	代扣个人所得税	实发金额
												养老保险	医疗保险	失业保险	工伤保险	生育保险	社会保险小计	住房公积金	五险一金小计				

制表人：　　　　　审核人：　　　　　复核人：　　　　　审批人：

表 4-18　VBSE 系统中职工薪酬统计表——部门汇总

职工薪酬统计表-部门汇总（　　月）

| 部门： | | | | | | 月　　日 |

部门名称	部门人数	实发工资	代缴个人所得税	个人自缴福利		企业代缴福利		合计
				社会保险	住房公积金	社会保险	住房公积金	
企业管理部								
人力资源部								
采购部								
仓储部								
财务部								
市场营销部								
生产计划部								
机加车间								
组装车间								
总计								

制表人：　　　　　审核人：戴坤　　　　　总经理：

4．任务流程

薪酬发放项目流程如图 4-24 所示。

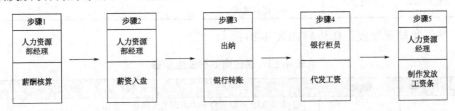

步骤1	步骤2	步骤3	步骤4	步骤5
人力资源部经理	人力资源部经理	出纳	银行柜员	人力资源经理
薪酬核算	薪资入盘	银行转账	代发工资	制作发放工资条

图 4-24　薪酬发放项目流程图

5．实施步骤

（1）制造类企业薪酬发放工作步骤如表 4-19 所示。

表 4-19　制造企业薪酬发放步骤

序号	操作步骤	角色	提示内容
1	薪资录盘	人力资源部经理	1．在 VBSE 系统里打开"查询工人信息"界面 2．点击导出按钮，导出"薪酬发放表"，然后依据"职工薪酬发放表"数据将实训参与角色的薪资详细信息补充填写进导出的"薪酬发放表"中，具体银行卡号根据从银行领回的卡面所示信息填写，生产工人的薪资具体金额有些已经预制在导出表中，如果导出的表中没有金额，也要根据"薪酬发放表"将其填写完整 3．将导出填写完毕的"薪酬发放表"导入 U 盘，交给出纳
2	填写支出凭单	出纳	1．依据"薪酬发放表"数据填写支出凭单 2．将填好的"支出凭单"、薪酬发放表交财务部经理审核签字
3	审核支出凭单	财务部经理	1．审核支出人是否是该部门的职工 2．审核支出日期是否正确 3．审核支出用途及金额是否符合规定 4．金额大小写是否正确 5．审核支出方式是否正确 6．审核完成后在支出凭单上签字
4	签发支票	出纳	1．依据支出凭单信息签发转账支票，加盖法人章 2．将开具完成的支票交给财务部经理审核、盖章
5	审核支票、盖章	财务部经理	1．核对支票及相关业务单据，判断是否为真实业务所需而签发的支票 2．核查支票是否填写规范、有无涂改 3．在转账支票上加盖财务专用章
6	登记支票登记簿	出纳	登记"支票使用登记簿"
7	办理薪资发放	出纳	带齐薪资发放资料：职工薪酬发放表、转账支票、薪资录盘去银行办理工资发放
8	代发工资	银行柜员	1．向客户问好，询问客户需要办理什么业务 2．收到企业交来的职工薪酬发放表、转账支票、薪资 U 盘，核对无误后，将信息导入银行系统，并将 U 盘交还给企业经办人 3．导入成功，自动完成划款（实训中此处无须再在系统里做支票转账处理）
9	传递原始凭证	出纳	薪资发放完成后将支票存根及支出凭单交给薪资会计进行后续账务处理
10	制作、发放工资条	人力资源部经理	1．打印职工薪酬统计表，将每个员工的薪资数据裁剪成独立的小条（即为工资条，工资条一般是单位发给员工用以使员工了解自己详细的工资收入，并不是每个公司都发放工资条） 2．将对应的工资条交给员工
11	填制记账凭证	薪资会计	1．填制记账凭证，将原始单据作为附件粘贴 2．送财务部经理审核
12	审核记账凭证	财务部经理	1．接收薪资会计交来的记账凭证 2．审核凭证附件的准确性、记账凭证填制的准确性 3．在纸质凭证上签字审核
13	登记银行存款日记账	出纳	1．依照审核签字的记账凭证登记银行存款日记账 2．在记账凭证上签字或盖章 3．将记账凭证交薪资会计登账
14	登记明细账	薪资会计	1．依照审核签字的记账凭证登记明细账 2．保存记账凭证

（2）供应商薪酬发放工作步骤如表 4-20 所示。

表 4-20　供应商薪酬发放步骤

序号	操作步骤	角色	提示内容
1	薪资录盘	供应商行政主管	1．在 VBSE 系统里打开"查询工人信息"界面 2．点击导出按钮，导出"薪酬发放表"，依据表中数据将实训参与角色的薪资详细信息补充填写进导出的薪酬发放表中，具体银行卡号根据从银行领回的卡面所示信息填写 3．将导出填写完毕的薪酬发放表导入 U 盘

序号	操作步骤	角色	提示内容
2	填写支出凭单	供应商行政主管	1. 依据薪酬发放表数据填写支出凭单 2. 将填好的支出凭单、职工薪酬发放表交供应商总经理审核签字
3	审核支出凭单	供应商总经理	1. 审核支出人是否是该部门的职工 2. 审核支出日期是否正确 3. 审核支出用途及金额是否符合规定 4. 金额大小写是否正确 5. 审核支出方式是否正确 6. 审核完成后在支出凭单上签字
4	签发转账支票	供应商行政主管	1. 依据支出凭单信息签发转账支票 2. 将开具完成的支票交给供应商总经理审核、盖章
5	审核支票、盖章	供应商总经理	1. 核对支票及相关业务单据，判断是否为真实业务所需而签发的支票 2. 核查支票是否填写规范、有无涂改 3. 在转账支票上加盖财务章、法人章
6	登记支票簿后去银行	供应商行政主管	1. 根据签发的支票登记"支票使用登记簿" 2. 带齐薪资发放资料：职工薪酬发放表、转账支票、U 盘去银行办理工资发放
7	代发工资	银行柜员	1. 收到供应商行政主管交来的薪资发放资料，将薪资录盘信息导入银行系统，并将 U 盘交还给企业经办人 2. 将薪资录盘信息与职工薪酬发放表的信息进行核对，核对无误后进行划款（实训中此处无须再在系统里做支票转账处理）
8	填制记账凭证	供应商总经理	1. 接收供应商行政主管交来的支票存根及支出凭单 2. 编制记账凭证，将原始单据作为附件粘贴
9	登记银行存款日记账	供应商行政主管	依照记账凭证登记银行存款日记账并将记账凭证交还给供应商总经理

（3）客户薪酬发放业务流程如表 4-21 所示。

表 4-21　客户薪酬发放流程

序号	操作步骤	角色	提示内容
1	薪资录盘	客户行政主管	1. 在 VBSE 系统里打开"查询工人信息"界面 2. 点击导出按钮，导出"薪酬发放表"，然后依据表中数据将实训参与角色的薪资详细信息补充填写进导出的薪酬发放表中，具体银行卡号根据从银行领回的卡面所示信息填写 3. 将导出填写完毕的薪酬发放表导入 U 盘
2	填写支出凭单	客户行政主管	1. 依据职工薪酬发放表中的数据填写支出凭单 2. 将填好的支出凭单、职工薪酬发放表交客户总经理审核签字
3	审核支出凭单	客户总经理	1. 审核支出人是否是该部门的职工 2. 审核支出日期是否正确 3. 审核支出用途及金额是否符合规定 4. 金额大小写是否正确 5. 审核支出方式是否正确 6. 审核完成后在支出凭单上签字
4	签发转账支票	客户行政主管	1. 依据支出凭单信息签发转账支票 2. 将开具完成的支票交给客户总经理审核、盖章
5	审核支票、盖章	客户总经理	1. 核对支票及相关业务单据，判断是否为真实业务所需而签发的支票 2. 核查支票是否填写规范、有无涂改 3. 在转账支票上加盖财务章、法人章
6	登记支票簿后去银行	客户行政主管	1. 根据签发的支票登记"支票使用登记簿" 2. 带齐薪资发放资料：职工薪酬发放表、转账支票、U 盘去银行办理工资发放
7	代发工资	银行柜员	1. 收到客户行政主管交来的薪资发放资料，将薪资录盘信息导入银行系统，并将 U 盘交还给企业经办人 2. 将薪资录盘信息与"职工薪酬发放表"的信息进行核对，核对无误后进行划款（实训中此处无需再在系统里做支票转账处理）

续表

序号	操作步骤	角色	提示内容
8	填制记账凭证	客户总经理	1. 接收客户行政主管交来的支票存根及支出凭单 2. 编制记账凭证，将原始单据作为附件粘贴
9	登记银行存款日记账	客户行政主管	依照记账凭证登记银行存款日记账并将记账凭证交还给客户总经理

扩 展 知 识　　　　　　工资支付的原则

工资支付制度主要包括以下三个方面内容：

（1）用人单位支付劳动者的工资不得低于当地最低工资标准。

（2）工资应当以货币形式按月支付给劳动者本人，不得克扣、无故拖欠劳动者工资。具体包括以下几个原则：

① 工资现金支付原则。工资应当以法定货币支付，不得以实物、有价证券代替货币支付。

② 工资按时（至少按月）支付原则。

③ 工资直接支付原则。工资支付对象是劳动者本人。

④ 工资全额支付原则。即用人单位不得克扣、无故拖欠劳动者工资。

⑤ 工资优先和紧急支付原则。企业破产和依法清算时，员工的工资必须作为优先受偿的债权。职工因紧急情况不能维持生活时，企业必须向本人预支可能得到工资的相当部分。

拓 展 阅 读　　　　　　工资支付的时间和要求

实训项目 4.3　社会资源相关工作

实训任务 4.3.1　住房公积金汇缴

1. 学习目标

目标分解	目标描述
知识目标	识记住房公积金含义
技能目标	1. 掌握住房公积金汇缴变更清册填写
	2. 掌握公章、印鉴申借业务流程
	3. 掌握住房公积金汇缴办理流程
素养目标	1. 明确住房公积金的含义，并能够对员工进行解释说明
	2. 明确住房公积金的法定性及缴存规则

2. 情境导入

好佳童车厂最近人事变动较为频繁，出现既有新人入职，又有旧人离职，同时有部分员工被调往外地常驻的情况。为下月公司人员的住房公积金能够及时缴纳，人力资源部助理肖红需要将更新的人员信息整理好后去住房公积金中心办理住房公积金汇缴工作。

3. 相关知识

（1）住房公积金的概念

根据 1999 年颁布、2002 年修订的《住房公积金管理条例》，住房公积金是指国家机关、国有企业、城镇集体企业、外商投资企业、城镇私营企业及其他城镇企业、事业单位及其在职职工缴存的长期住房储金。

职工个人以本人上年度工资收入总额的月平均数作为本年度月缴费基数。其中,新进本单位的人员以职工本人起薪当月的足月工资收入作为缴费基数;参保单位以本单位全部参保职工月缴费基数之和作为单位的月缴费基数。

(2)住房公积金汇缴

住房公积金汇缴是指住房公积金缴存单位通过银行转账方式逐月将住房公积金汇入住房公积金中心指定账户,承办银行根据单位核定信息将单位汇入的住房公积金存入个人账户的行为。

单位一次性缴存以前年度月份或本年度月份的住房公积金称为公积金的汇缴。汇缴要求如下:
① 由单位按月汇缴;
② 在发放工资之日起五日内(遇节假日顺延),到经办网点办理汇缴手续。

(3)需要进行住房公积金汇缴变更的情况

下列情形需要进行住房公积金汇缴变更,填写汇缴变更清册:

情形一:企业新进人员;
情形二:企业有员工离职;
情形三:企业有人员调往外地,且调入为以后常驻地。

实训中住房公积金汇缴采用委托银行收款方式。

(4)单位进行住房公积金汇缴的方式

单位进行住房公积金汇缴有以下几种方式:
① 直接交存转账支票、现金(须填制《现金送款簿》)方式。
② 通过银行汇款方式。
③ 委托银行收款方式。
④ 支取住房基金方式。

(5)住房公积金汇缴变更清册

住房公积金汇缴变更清册是企业在进行住房公积金汇缴申报的时候向住房公积金管理中心提交的书面材料,里面详细记录了本单位本月住房公积金汇缴变更的情况。此表各地均有各自的具体样式,在实际工作中可在当地公积金管理中心网站上下载。VBSE 课程中,此表已提供给制造类企业的人力资源助理和供应商客户的行政助理,此外,还可以向政务中心或服务公司进行购买。表 4-22 为 VBSE 课程中的示例样表。

表 4-22　VBSE 系统中住房公积金汇缴变更清册

4. 任务流程

住房公积金汇缴任务流程如图 4-25 所示。

图 4-25 住房公积金汇缴任务流程图

5. 实施步骤

（1）制造类企业住房公积金汇缴工作步骤如表 4-23 所示。

表 4-23 制造类企业住房公积金汇缴工作步骤

序号	操作步骤	角色	提示内容
1	填写申报表	人力资源助理	1. 查询企业在职人员信息，汇总当月新参加住房公积金、转入本单位人员信息；查询离职人员信息表，汇总当月离职、退休的人员信息 2. 收集需要办理住房公积金员工的身份证复印件（本步骤实训中省略） 3. 在北京市住房公积金系统企业管理子系统中录入新增人员信息，并将信息导出存盘（本步骤在 VBSE 实训中省略） 4. 单位有人员变动时，即有新增、转入、离职、退休、封存时填写"住房公积金变更汇缴清册"，报表一式两份
2	填写公章、印鉴使用申请表	人力资源助理	1. 去行政助理处领取"公章、印鉴使用申请表"并依照要求填写 2. 将填写完成的"公章、印鉴使用申请表"交给部门经理审批
3	公章、印鉴使用审批	人力资源部经理	1. 审核盖章申请事项是否必要，待盖章资料准备是否齐全 2. 审核完成后在"公章、印鉴使用申请表"上签字，并将签字完成后的申请表交还给人力资源助理
4	盖章	行政助理	1. 核对"公章、印鉴使用申请表"是否填写完整，是否经过审批签字 2. 核对需要盖章的资料与申请表上所列示的内容是否一致 3. 按照使用申请表上列示的章、证的类型及盖章位置等要求为其盖章 4. 将《公章、印鉴使用申请表》留存备查，盖章完成的资料交还给人力资源助理
5	去住房公积金管理中心办理缴存	人力资源助理	带齐资料去住房公积金管理中心办理社会保险增员业务
6	住房公积金缴存资料审核	住房公积金专管员	1. 依照"住房公积金变更汇缴清册"列示的人员变动信息核对经办业务所需的资料是否齐备，填写是否规范 2. 退还准备不齐、不规范的资料，并告知企业经办人员原因，方便其做后续的准备
7	住房公积金缴存业务处理	住房公积金专管员	1. 读取企业交来的社会保险增员录盘信息，核对录盘信息与交来的文件内容是否一致（本步骤在 VBSE 实习中省略） 2. 在住房公积金中心系统内做企业人员信息变更 3. 在"住房公积金变更汇缴清册"上加盖业务章，并将其中的一份交还企业经办人，另一份自己保管
8	资料归档	人力资源助理	将增员业务退还已盖章的"住房公积金变更汇缴清册"归档，方便核算相关费用

（2）客户办理住房公积金汇缴工作步骤如表 4-24 所示。

表 4-24 客户企业办理住房公积金汇缴工作步骤

序号	操作步骤	角色	提示内容
1	填写申报表	客户行政主管	1. 汇总当月新参加住房公积金、转入本单位人员信息 2. 收集需要办理住房公积金员工的身份证复印件（本步骤实训中省略） 3. 在北京市住房公积金系统企业管理子系统录入新增人员信息，并将信息导出存盘（本步骤在 VBSE 实训中省略） 4. 单位有人员变动时，即有新增、转入、离职、退休、封存时填写"住房公积金变更汇缴清册"，报表一式两份 5. 在表单指定位置加盖公章

续表

序号	操作步骤	角色	提示内容
2	住房公积金缴存资料审核	住房公积金专管员	1. 依照"住房公积金变更汇缴清册"列示的人员变动信息核对经办业务所需的资料是否齐备，填写是否规范 2. 退还准备不齐、不规范的资料，并告知企业经办人员原因，方便其做后续的准备
3	住房公积金缴存业务处理	住房公积金专管员	1. 读取企业交来的社会保险增员录盘信息，核对录盘信息与交来的文件内容是否一致（本步骤在 VBSE 实习中省略） 2. 在住房公积金中心系统内做企业人员信息变更 3. 在"住房公积金变更汇缴清册"上加盖业务章，并将其中的一份交还企业经办人，另一份自己保管
4	资料归档	客户行政主管	将增员业务退还已盖章的"住房公积金变更汇缴清册"归档，方便核算相关费用

扩展知识　　　**单位如何进行住房公积金的首次汇缴？**

　　单位按核对无误后的"公积金基数核对清册"所列金额作为缴存额填写"公积金汇(补)缴书"，并签发转账支票，到经办网点办理首次汇缴。

拓展阅读　　　**北京市办理住房公积金汇缴的相关规定**　　☞

实训任务 4.3.2　住房公积金缴纳

1. 学习目标

目标分解	目标描述
知识目标	理解同城特约委托收款的含义
技能目标	1. 掌握同城特约委托收款的办理流程
	2. 掌握公积金划款系统操作
素养目标	1. 明确住房公积金的含义，并能够对员工进行解释说明
	2. 明确住房公积金的法定性及缴存规则

2. 情境导入

　　好佳童车厂采取同城特约委托收款的方式进行企业住房公积金的缴纳。本月的住房公积金又到了缴纳的日子，企业主管住房公积金的人员需要对企业本月员工住房公积金的情况进行汇总，并向银行告知。后续，由银行完成相关工作，使得好佳童车厂本月的住房公积金成功缴纳。

3. 相关知识

　　（1）同城特约委托收款办理流程

　　① 收款人填制委托收款凭证（见图 4-26），连同有关付款人的债务证明提交开户行，委托开户行向付款人收款；

　　② 委托行向付款行发起托收；

　　③ 付款行根据付款人授权，直接从付款账户支付款项；

　　④ 款项收妥后，将入账回单交付收款人。

（2）银行划转

汇出行接受汇款（申请）人委托后，以电传方式将付款委托通知收款人当地的汇入行，委托其将一定金额的款项解付给指定的收款人。电汇因其交款迅速，在三种汇付方式中使用最广。

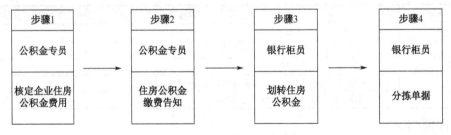

图 4-26　同城委托收款凭证（付款通知）

4．任务流程

缴纳住房公积金流程如图 4-27 所示。

```
┌──────────┐   ┌──────────┐   ┌──────────┐   ┌──────────┐
│  步骤1    │   │  步骤2    │   │  步骤3    │   │  步骤4    │
│          │   │          │   │          │   │          │
│ 公积金专员 │ → │ 公积金专员 │ → │ 银行柜员  │ → │ 银行柜员  │
│          │   │          │   │          │   │          │
│ 核定企业住房│   │ 住房公积金 │   │ 划转住房  │   │ 分拣单据  │
│ 公积金费用 │   │ 缴费告知  │   │ 公积金    │   │          │
└──────────┘   └──────────┘   └──────────┘   └──────────┘
```

图 4-27　缴纳住房公积金流程

5．实施步骤

各组织（涵盖制造类企业及供应商客户企业）缴纳住房公积金工作步骤如表 4-25 所示。

表 4-25　住房公积金缴纳工作步骤

序号	操作步骤	角色	提示内容
1	核定企业住房公积金费用	公积金专管员	1．告知企业将当月应缴纳的社会保险费计算汇总，并送至社会保险中心 2．结合该企业过往住房公积金信息及当月变动数据核定该企业当月应缴费金额
2	住房公积金缴费金额告知	公积金专管员	1．制作辖区内各企事业单位月度住房公积金缴费表 2．告知银行应缴费的企业名称、缴费金额、付款账号及住房公积金管理中心收款账号
3	划转住房公积金	银行柜员	将住房公积金专管员提供的数据录入系统

续表

序号	操作步骤	角色	提示内容
4	单据分拣	银行柜员	1. 打印同城特约委托收款凭证，并在第1、2联加盖银行业务章 2. 将第1联放在企业回单箱，第2联放在社会保险中心回单箱内，银行留存第3联

公积金划款系统操作如图 4-28 所示。

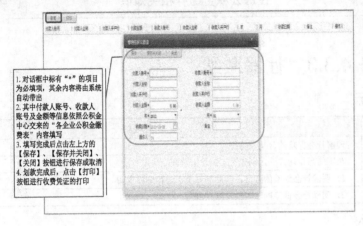

图 4-28　公积金划款系统操作

银行柜员打印凭证系统操作如图 4-29 所示。

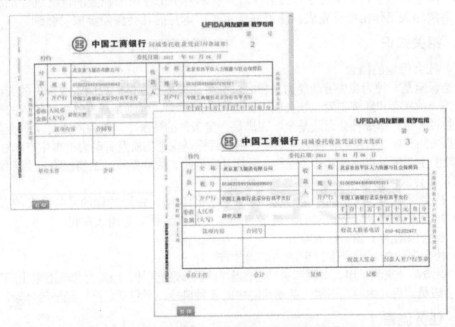

图 4-29　公积金划款银行柜员打印凭证系统操作

扩展知识　　　同城特约委托收款的特点及适用范围

（1）同城特约委托收款的特点

① 收款人可同时向多个付款人收款，代收取的业务品种近百种。

② 方便收付款人之间进行资金结算。

（2）同城特约委托收款适用范围

单位客户在境内同城收取公用事业费或社会保障基金等款项时，可使用同城特约委托收款。

拓展阅读　　　　住房公积金缴存相关知识　　　

实训任务 4.3.3　社保缴纳

1．学习目标

目标分解	目标描述
知识目标	理解社会保险的含义及特征
技能目标	员工信息查询方法，制作员工信息汇总表
素养目标	1．明确社会保险的含义，并能够对员工进行解释说明
	2．明确社会保险的法定性及缴存规则

2．情境导入

好佳童车厂采取同城特约委托收款的方式进行本企业社会保险金的缴纳。本月的社会保险金又到了缴纳的日子，社保局专管员需要对企业本月员工住房公积金的情况进行汇总，并告知银行。后续相关工作由银行完成，使得好佳童车厂本月的社会保险金成功缴纳。

3．相关知识

（1）社会保险的概念

社会保险是一种为丧失劳动能力、暂时失去劳动岗位或因健康原因造成损失的人口提供收入或补偿的一种社会和经济制度。社会保险计划由政府举办，强制某一群体将其收入的一部分作为社会保险税（费）形成社会保险基金，在满足一定条件的情况下，被保险人可从基金获得固定的收入或损失的补偿，它是一种再分配制度，它的目标是保证物质及劳动力的再生产和社会的稳定。社会保险的主要项目包括养老社会保险、医疗社会保险、失业保险、工伤保险、生育保险等。

（2）社会保险特征

① 社会保险的客观基础，是劳动领域中存在的风险，保险的标的是劳动者的人身。

② 社会保险的主体是特定的，包括劳动者（含其亲属）与用人单位。

③ 社会保险属于强制性保险。

④ 社会保险的目的是维持劳动力的再生产。

⑤ 保险基金来源于用人单位和劳动者的缴费及财政的支持。保险对象范围限于职工，不包括其他社会成员。保险内容范围限于劳动风险中的各种风险，不包括财产、经济等风险。

4．任务流程

缴纳社会保险金流程如图 4-30 所示。

5．实施步骤

各组织缴纳社会保险工作步骤如表 4-26 所示。

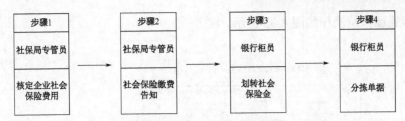

图 4-30　缴纳社会保险金流程

表 4-26　缴纳社会保险步骤

序号	操作步骤	角色	提示内容
1	核定企业社会保险费用	社保局专管员	1. 告知企业将当月应缴纳的社会保险费计算汇总，并送至社会保险中心 2. 结合该企业过往社会保险信息及当月变动数据核定该企业当月应缴费金额
2	社会保险缴费金额告知	社保局专管员	1. 制作辖区内各企事业单位月度社会保险缴费表 2. 告知银行应缴费的企业名称、缴费金额、付款账号及社保中心收款账号
3	划转社会保险	银行柜员	将社保局专管员提供的数据录入系统
4	单据分拣	银行柜员	1. 打印同城特约委托收款凭证，并在第 1 联加盖银行业务章 2. 将第 1 联放在企业回单箱，银行留存第 2 联

社保缴纳需要进行以下系统操作：

（1）社会保险金划款（新增）系统操作如图 4-31 所示。

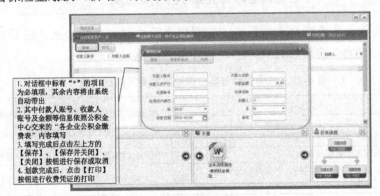

图 4-31　社会保险金划款（新增）系统操作

（2）社会保险金划款—填写划款人账号系统操作如图 4-32 所示。

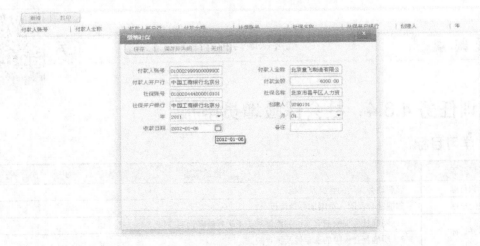

图 4-32　社会保险金划款—填写划款人账号系统操作

（3）打印凭证系统操作如图 4-33 所示。

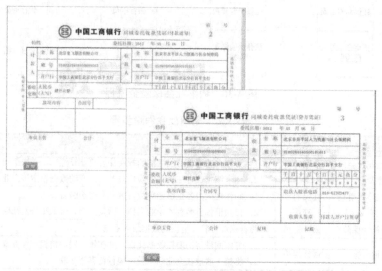

图 4-33　打印凭证系统操作

扩 展 知 识　　　　　社会保险与商业保险的主要区别　　　　　■■■■■

社会保险与商业保险存在巨大的区别，在现实生活中这两个概念也往往容易被人们所混淆，下面通过表 4-27 对二者进行比较。

表 4-27　社会保险与盛业保险的主要区别比较表

比较项目	社会保险	商业保险
实施目的	为社会成员提供必要的基本保障，不以营利为目的	保险公司的商业化运作，以利润为目的
实施方式	根据国家立法强制实施	遵循"契约自由"原则，由企业和个人自愿投保
实施主体和对象	国家成立的专门性机构，对象是法定范围内的社会成员	保险公司，被保险人可以是符合承保条件的任何人
保障水平	最基本保障，水平高于社会贫困线，低于社会平均工资的 50%，保障程度较低	保障水平完全取决于保险双方当事人的约定和投保人所缴费的多少，被保险人可以获得高水平的保障。

拓 展 阅 读　　　　　社会保险险种介绍　　　　　

实训任务 4.3.4　社会保险增员申报

1．学习目标

目标分解	目标描述
知识目标	理解社会保险的含义及特征
技能目标	掌握社会保险人员增加办理流程
素养目标	1．明确社会保险的含义，并能够对员工进行解释说明
	2．明确社会保险的法定性及缴存规则

2. 情境导入

好佳童车厂本月有人员异动，这对于本月社会保险金的缴纳产生很大的影响，由此，人力资源部助理肖红需要在系统中查询企业本月人员的具体情况。在获取本单位本月具体的人员情况后，需要将相关信息报送社保局，社保局以此进行本月社会保险金的业务处理。

3. 相关知识

《北京市社会保险参保人员增加表》

社会保险参保人员增加表各地有所不同，为规范实训过程，这里选择北京市社会保险参保人员增加表来规范实训过程，如表 4-28 所示。

表 4-28　北京市社会保险参加人员增加表

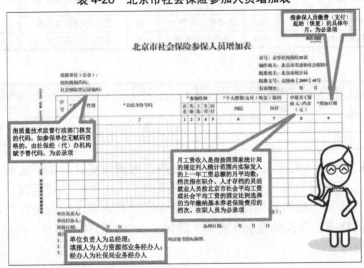

指标解释：

① 组织机构代码：指质量技术监督行政部门核发的代码，如参保单位无赋码资格，由社保经（代）办机构赋予替代码，为必录项。

② 社会保险登记证编码：指社会保险经办机构依照有关规定核发的社会保险登记证的编码，单位应如实填写，为必录项。

③ 序号：自然数的排序号，由参保单位依序填写。

④ 姓名：同居民身份证或居民户口簿内容一致，为必录项。

⑤ 公民身份号码：参保人员填写经公安机关核发的 18 位公民身份证号码（以户口簿内容为准），为必录项。

⑥ 性别：与居民身份证或居民户口簿内容一致。

⑦ 参加险种：根据职工应参加的险种选择划"√"，为必录项。

单位类型为企业、自收自支事业、民办非企业、城镇集体的单位必须参加养老、失业、工伤、生育和医疗保险，选择参加生育保险的外埠人员必须持有《北京市工作居住证》。

单位类型为全额事业的单位（参照公务员管理的单位除外）必须参加失业、工伤保险，合同制工人必须参加养老保险。

单位类型为差额事业的单位必须参加失业、工伤保险和医疗保险，合同制工人必须参加养老保险。

单位类型为社会团体、基金会的单位必须参加失业、工伤和医疗保险。

其他单位按照相关批准的文件参加保险。

灵活就业人员按政策规定应参加养老、失业和医疗保险。

⑧ 个人缴费/支付（恢复）原因（代码项）：按照四险和医疗的增加原因分开填写，为必录项，包括以下各项，如表 4-29 所示。

表4-29　个人缴费/支付项

代码	指标名称	代码	指标名称	代码	指标名称	代码	指标名称
110	新参加工作	130	险种登记	155	转业恢复缴费	191	失业后转入
111	其他新参统	141	外区转入	156	假释、缓刑、监外执行	192	转统筹外增加
112	外省（行业统筹、军队）调入	151	本区转入	162	失业转就业		
114	机关事业转入	152	刑满释放、劳教期满	167	个人缴费恢复缴费		
115	复员军人	153	非带薪上学恢复	168	其他原因恢复缴费		
116	转业军人	154	复员恢复缴费	169	其他原因恢复支付		

医疗：

代码	指标名称	代码	指标名称
12	新参保	4	失业转就业
19	其他	7	本区调入
		8	外区调入

⑨ 申报月工资收入（档次）：月工资收入是指按照国家统计局的规定列入统计范围内实际发放的上一年工资总额的月平均数；档次指在职介、人才存档的灵活就业人员按北京市社会平均工资或社会平均工资的固定比例选择的当年缴纳基本养老保险费用的档次。在职人员为必录项。增加日期指参保人员缴费（支付）起始（恢复）的具体年月，为必录项。空白样表如表 4-30 所示。

表4-30　北京市社会保险参保人员增加表（空表）

4. 任务流程

（1）填写社会保险人员增加表如图 4-34 所示。

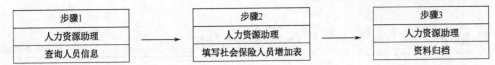

图 4-34　社会保险人员增加流程

（2）公章申用流程如图 4-35 所示。

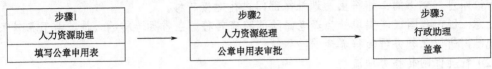

图 4-35　公章申用流程

（3）缴纳社会保险金流程如图 4-36 所示。

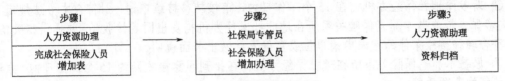

图 4-36　社会保险缴纳流程

5．实施步骤

社会保险增员申报工作步骤如表 4-31 所示。

表 4-31　社会保险增员申报工作步骤

序号	操作步骤	角色	提示内容
1	查询新进职员信息	人力资源助理	登录系统界面，查询当月新入职人员信息
2	填写北京市社会保险参保人员增加表	人力资源助理	根据新增人员实际情况填写社会保险参保人员增加表，《北京市社会保险参保人员增加表》一式两份
3	填写公章、印鉴使用申请表	人力资源助理	1．去行政助理处领取《公章、印鉴使用申请表》并依照要求填写 2．将填写完成的《公章、印鉴使用申请表》交给部门经理审批
4	公章、印鉴使用审批	人力资源部经理	1．审核盖章申请事项是否必要，待盖章资料准备是否齐全 2．审核完成后在《公章、印鉴使用申请表》上签字，并将签字完成后的申请表交还给人力资源助理
5	盖章	行政助理	1．核对《公章、印鉴使用申请表》是否填写完整，是否经过审批签字 2．核对需要盖章的资料与申请表上所列示的内容是否一致 3．按照使用申请表上列示的章、证的类型及盖章位置等要求为其盖章 4．将《公章、印鉴使用申请表》留存备查，盖章完成的资料交还给人力资源助理
6	去社会保险中心办理增员	人力资源助理	带齐资料去社会保险中心办理社会保险增员业务
7	社保增员资料审核	社保局专管员	1．依照《北京市社会保险参保人员增加表》列示的增员原因核对经办业务所需的资料是否齐备，填写是否规范 2．退还准备不齐、不规范的资料，并告知企业经办人员原因，方便其做后续的准备
8	社保增员业务处理	社保局专管员	1．读取企业交来的社会保险增员录盘信息，核对录盘信息与交来的文件内容是否一致（本步骤在 VBSE 实习中省略） 2．在社保中心系统内做企业人员增加 3．在《北京市社会保险参保人员增加表》上加盖业务章，并将其中的一份交还企业经办人，另一份自己保管
9	资料归档	人力资源助理	将增员业务退还已盖章的《北京市社会保险参保人员增加表》归档，方便核算相关费用

扩 展 知 识　　　　社会保险跨省转移

（1）社保转移

社保转移是指对于参保人员跨省流动就业的，转移养老保险关系需要走三个流程，参保人只要申请即可，剩下的工作将由两地社保部门进行对接转移。

注意：目前我国仅能实现社会养老保险的跨省转移。在省际流转的人员，由于养老保险为省级统筹，所以无须办理转移养老保险手续。

（2）社会保险转移办理流程

① 参保人员在新就业地按规定建立基本养老保险关系并缴费后，由用人单位或参保人员向新参保地社保经办机构提出基本养老保险关系转移接续的书面申请。

② 新参保地社保经办机构在15个工作日内，审核转移接续申请，对符合本办法规定条件的，向参保人员原基本养老保险关系所在地的社保经办机构发出同意接收函，并提供相关信息；对不符合转移接续条件的，向申请单位或参保人员做出书面说明。

③ 原基本养老保险关系所在地社保经办机构在接到同意接收函的15个工作日内，办理好转移接续的各项手续。

④ 新参保地经办机构在收到参保人员原基本养老保险关系所在地社保经办机构转移的基本养老保险关系和资金后，应在15个工作日内办结有关手续，并将确认情况及时通知用人单位或参保人员。

⑤ 养老保险缴费年限是累计计算的，中间允许有空档，可补可不补。

拓 展 阅 读　　　　社会保险缴费基数的确定　　　

实训任务 4.3.5　社会保险减员申报

1．学习目标

目标分解	目标描述
知识目标	理解社会保险的含义及特征
技能目标	掌握社会保险人员减少办理流程
素养目标	1．明确社会保险的含义，并能够对员工进行解释说明
	2．明确社会保险的法定性及缴存规则

2．情境导入

好佳童车厂本月有人员变动，这对于本月社会保险金的缴纳产生很大的影响。人力资源部助理肖红需要在系统中查询企业本月人员的具体情况。在获取单位本月具体的人员情况后，需要将相关信息报送社保局，社保局以此进行本月社会保险金的业务处理。

3．相关知识

《北京市社会保险参保人员减少表》

社会保险参保人员增加表各地有所不同，为规范实训过程，这里选择北京市社会保险参保人员减少表来规范实训过程，见表4-32。

表 4-32　北京市社会保险参加人员减少表

北京市社会保险参保人员减少表

填报单位（公章）：
组织机构代码：□□□□□□□□
组织机构代码：□□□□□□□□□□　　　　　　　　　　　　　　　　　　　　　　　　表号：京劳社统保险21表

序号	*姓名	性别	*公民身份号码	*停止缴费（支付）险种					*个人停止缴费（支付）原因		是否清算	*缴费（支付）截止日期
				养老	失业	工伤	生育	医疗	四险	医疗		
甲	乙	丙	丁	1	2	3	4	5	6	7	8	9

单位负责人：　　　　　　　　　　　　社保经（代）办机构经办人员（签章）：

单位经办人：　　　　　　　　　　　　社保经（代）办机构（盖章）：

填报日期：　　年　月　日　　　　　　办理日期：　　　年　月　日

备注：
1. 表格中带*号的项目为必录项，其他有前提条件的必录请参考指标解释
2. 四险按收缴业务、支付业务分别填报

填写说明如图 4-37 所示。

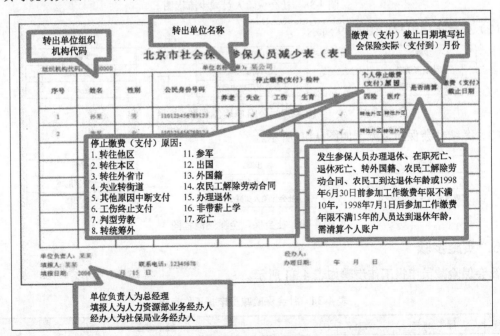

图 4-37　北京市社会保险参加人员减少表填写说明

样表如表 4-33 所示。

表 4-33 北京市社会保险参加人员减少表样表

北京市社会保险参保人员减少表

填报单位（公章）：

组织机构代码：□□□□□□□□

组织机构代码：□□□□□□□□□□   表号：京劳社统保险21表

序号	*姓名	性别	*公民身份号码	*停止缴费（支付）险种					*个人停止缴费（支付）原因		是否清算	*缴费（支付）截止日期
				养老	失业	工伤	生育	医疗	四险	医疗		
甲	乙	丙	丁	1	2	3	4	5	6	7	8	9

单位负责人：   社保经（代）办机构经办人员（签章）：

单位经办人：   社保经（代）办机构（盖章）：

填报日期： 年 月 日   办理日期： 年 月 日

备注：

1. 表格中带*号的项目为必录项，其他有前提条件的必录请参考指标解释
2. 四险按收缴业务、支付业务分别填报

4．任务流程

（1）填写社会保险人员减少表流程如图 4-38 所示。

图 4-38 社会保险人员减少流程图

（2）公章申用流程如图 4-39 所示。

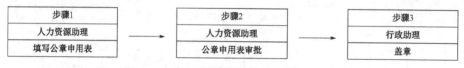

图 4-39 公章申用流程图

（3）缴纳社会保险金流程如图 4-40 所示。

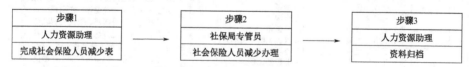

图 4-40 社会保险金缴纳流程图

5．实施步骤

社会保险减员申报工作步骤如表 4-34 所示。

表 4-34 社会保险减员申报工作步骤

序号	操作步骤	角色	提示内容
1	填写北京市社会保险参保人员减少表	人力资源助理	1. 查询人员信息表，汇总当月离职、退休、调岗至外地等可能导致减员的人员信息 2. 汇总整理当月需要社会保险减少的所有员工信息 3. 填写（或打印）北京市社会保险参保人员减少表，一式两份

续表

序号	操作步骤	角色	提示内容
2	填写公章、印鉴使用申请表	人力资源助理	1. 去行政助理处领取《公章、印鉴使用申请表》并依照要求填写 2. 将填写完成的《公章、印鉴使用申请表》交给部门经理审批
3	公章、印鉴使用审批	人力资源部经理	1. 审核盖章申请事项是否必要，待盖章资料准备是否齐全 2. 审核完成后在《公章、印鉴使用申请表》上签字，并将签字完成后的申请表交还给人力资源助理
4	盖章	行政助理	1. 核对《公章、印鉴使用申请表》是否填写完整，是否经过审批签字 2. 核对需要盖章的资料与申请表上所列示的内容是否一致 3. 按照使用申请表上列示的章、证的类型及盖章位置等要求为其盖章 4. 将《公章、印鉴使用申请表》留存备查，盖章完成的资料交还给人力资源助理
5	去社会保险中心办理减员	人力资源助理	带齐资料去社会保险中心办理社会保险减员业务
6	社保减员资料审核	社保局专管员	1. 依照《北京市社会保险参保人员减少表》列示的减员原因核对经办业务所需的资料是否齐备，填写是否规范 2. 退还准备不齐、不规范的资料，并告知企业经办人员原因，方便其做后续的准备
7	社保减员业务处理	社保局专管员	1. 在社保中心系统内做企业人员减少 2. 在《北京市社会保险参保人员减少表》上加盖业务章，并将其中的一份交还企业经办人，另一份自己保管
8	资料归档	人力资源助理	将减员业务退还已盖章的《北京市社会保险参保人员减少表》归档，方便核算相关费用

扩展知识　　　　　　常见辞退不当的情况

　　（1）许多企业存在辞退员工时无透明度，被辞退人员走得莫名其妙；管理者因为私人恩怨开除员工，公报私仇等情况。

　　（2）克扣被辞退人员工资的情况时有发生。

　　（3）许多管理者对公司做出了巨大贡献，可能因为小小的失误被辞退；被辞退人员离开公司后，管理者对被辞退人员随意指责。

　　（4）严重违章违纪辞退，触犯公司规章制度、触犯国家法律等情况。

拓展阅读　　《劳动合同法》中关于解聘员工的赔偿金及社会保险相关规定　

实训任务 4.3.6　投诉其他企业

1. 学习目标

目标分解	目标描述
知识目标	1. 理解不正当竞争的含义
	2. 辨认不正当竞争的具体表现
技能目标	1. 掌握投诉其他组织的具体操作流程
	2. 掌握查询并处理投诉的具体操作流程
素养目标	牢记反不正当竞争的表现并促进企业在市场中正当竞争

2．情境导入

好佳童车厂近期发现市场上有企业通过不正当竞争的方式影响了本企业的正常经营，作为利益受损方，公司决定投诉这样的企业。

行政助理叶瑛整理相关资料，到工商局办理投诉业务。工商局专管员在接到投诉申请后，调查实际情况，最后做出投诉处理，进而规范市场，保障了广大商户合理公平地在市场上进行商业运作和良性竞争。

3．相关知识

（1）不正当竞争

不正当竞争（unfair competition）是指经营者违反反不正当竞争法的规定，损害其他经营者的合法权益，扰乱社会经济秩序的行为。

（2）不正当竞争的具体做法

不正当竞争的具体做法有很多，最主要的有以下几类：

① 采取贿赂或变相贿赂等手段推销商品或采购商品，如采用各种形式的账外回扣和奖金等方式推销商品或采购商品。

② 弄虚作假，进行商业欺诈。如假冒名牌商品、以次充好、虚假宣传、掺杂使假、从事虚假的有奖销售等非法营销。

③ 搭售商品，将紧俏商品与滞销商品搭配销售。

④ 强买强卖，欺行霸市。如强迫交换对方接受不合理的交易条件，限制购买者的购买选择，用行政等手段限制商品流通等。

⑤ 编造和散布有损于竞争者的商业信誉和产品信誉的不实信息，损害竞争者的形象和利益。

⑥ 侵犯其他经营者的商业秘密。

⑦ 为排挤竞争对手而以低于成本的价格倾销商品。

⑧ 串通投标，有组织地抬高标价或压低标价，或者投标者和招标者相互勾结，以及排挤竞争对手的公平竞争等。

4．任务流程

（1）制造企业投诉其他组织的流程图如图 4-41 所示。

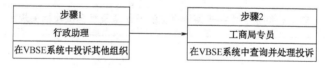

图 4-41　制造企业投诉其他组织流程图

（2）客户投诉其他组织流程图如图 4-42 所示。

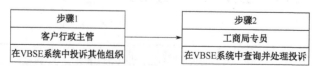

图 4-42　客户投诉其他组织流程图

5．实施步骤

（1）制造企业投诉其他组织工作步骤如表 4-35 所示。

表 4-35　制造企业投诉其他组织步骤

序号	操作步骤	角色	提示内容
1	在 VBSE 系统中投诉其他组织	行政助理	在 VBSE 系统中选择需要投诉的组织名称，填写投诉的原因
2	在 VBSE 系统中查询并处理投诉	工商局专管员	1. 查询投诉、被投诉组织，查明投诉原由 2. 在 VBSE 系统中进行投诉处理结果批复

（2）客户投诉其他组织工作步骤如表 4-36 所示。

表 4-36　客户投诉其他组织步骤

序号	操作步骤	角色	提示内容
1	在 VBSE 系统中投诉其他组织	客户行政主管	在 VBSE 系统中选择需要投诉的组织名称，填写投诉的原因
2	在 VBSE 系统中查询并处理投诉	工商局专管员	1. 查询投诉、被投诉组织，查明投诉原因 2. 在 VBSE 系统中进行投诉处理结果批复

扩展知识　　　不正当竞争的法律责任

根据我国《反不正当竞争法》的规定，经营者只要实施了不正当竞争行为以及与不正当竞争有关的违法行为，就要承担相应的法律责任，包括民事责任、行政责任和刑事责任。

① 民事责任：如果经营者的不正当竞争行为给其他经营者的合法权益带来损害，经营者应承担赔偿责任，被侵害的经营者的损失难以计算的，赔偿额为侵权人在侵权期间因侵权所获得的利润；并应当承担被侵害的经营者因调查该经营者侵害其合法权益的不正当竞争行为所支付的合理费用。

② 行政责任：要通过不正当竞争行为的监督检查部门对不正当竞争行为的查处来实现。行政责任的形式主要包括责令停止违法行为、责令改正、消除影响以及吊销营业执照等形式。

③ 刑事责任：适用于那些对其他经营者、消费者和社会经济秩序损失严重、情节恶劣的不正当竞争行为。《反不正当竞争法》只对经营者承担刑事责任作了原则规定，确定具体的刑事责任要适用我国《刑法》中的相应规定。

拓展阅读　　　不正当竞争行为具体内容

模块 5
财务会计工作实务训练

本模块主要从财务管理、会计核算角度，对跨专业综合实训各组织、各部门、各人员所面临的财务会计核算工作，进行了详细的阐述，帮助实训者快速理解、掌握跨专业综合实训中的财务工作。

实训项目 5.1　财务日常工作

实训任务 5.1.1　水电费支付

1. 学习目标

目标分解	目标描述
知识目标	1. 了解企业水电费支付的流程
	2. 理解支出凭单的作用
	3. 理解银行存款日记账的作用
技能目标	1. 掌握支出凭证的规范填写方法
	2. 完成支付水电费的整个过程
	3. 掌握支票登记簿、转账支票的填写方法

2. 情境导入

2011 年 10 月 8 日，出纳赵丹收到费用会计交来已经过审核的支出凭单，向物业服务公司支付水电费。出纳赵丹签发了转账支票交给物业服务公司，并取得水电费增值税专用发票，交给会计做账，并由费用会计进行费用分摊登记明细账。

同样，需要缴纳水电费的还有供应商和客户。

3. 相关知识

（1）支出凭单

支出凭单是从财务借支或支取款项的凭证。一般采购员、职工个人向单位借款，外来人员支取应付（预付）的款项时，使用支出凭单。如图 5-1 所示的支出凭单是支出款项时填制的。

```
                          支出凭单
     部门：           年 月 日        预算项目：
     即 付： _____
     _____ 款。
     计人民币（大写）：              ￥
                          □现金   □支票   □电汇

     领 款 人：
                        ┌─────────────────┐
                        │ 会计        出纳  │
                        │ 主管        付讫  │
                        └─────────────────┘
     部门经理        财务部经理          总经理
```

图 5-1　支出凭单示例

① 如何填写支出凭单——表头。

部门：填写员工所属的职能部门，如财务部、营销部。

日期：填写费用报销当天的日期，如 2012 年 9 月 10 日、2011 年 10 月 08 日。

预算项目：填写该项费用属于哪个预算项目。预算项目在各部门业务计划中已明确，如水电费、日常费用。

② 如何填写支出凭单——表体。

即付：填写本次费用支出的明细用途而非科目，如"即付水电费"、"即付参加 10 月份商品交易会会务费"。

计人民币（大写）：后面填写本次实际应付的大写金额合计数。填写时注意大写的写法，如贰仟元整。

￥：小写金额，如￥2 000.00。

领款人：填写实际领取报销费用的人。

③ 如何填写支出凭单——表尾。

出纳付讫：出纳办理过后做标记用。

会计人员：会计人员办理过后做标记用。

部门经理：费用列支单位的部门经理签字。

财务部经理：财务经理审核签字。

总经理：按照财务制度超过一定额度的费用需要总经理审核签字。

④ 支出凭单——使用范围。

企业对外的结算业务，无论是先借款后报销，还是先个人垫付再报销，报销时都需要填写支出凭单。

⑤支出凭单——要求。

支出凭单本身属于企业内部的一种原始凭证，支出凭单的后面要粘贴外来原始凭证，如会务费发票。支出凭单一式一份，财务部留存，作为编制记账凭证的依据。

（2）支票

支票是出票人签发，委托办理支票存款业务的银行或者其他金融机构在见票时无条件支付确定的金额给收款人或持票人的票据。

支票分为现金支票、转账支票、普通支票三种。

① 现金支票。只能用于支取现金，它可以由存款人签发用于到银行为本单位提取现金，也可以签发给其他单位和个人用来办理结算或者委托银行代为支付现金给收款人。

② 转账支票。只能用于转账，它适用于存款人给同一城市范围内的收款单位划转款项，以办理商品交易、劳务供应、清偿债务和其他往来款项结算。

③ 普通支票。可以用于支取现金，也可以用于转账。但在普通支票左上角划两条平行线的，为划线支票，只能用于转账，不能支取现金。划线支票与一般支票不同，划线支票非由银行不得领取票款，故只能委托银行代收票款入账。使用划线支票的目的是为了在支票遗失或被人冒领时，还有可能通过银行代收的线索追回票款。

（3）转账支票的填写

① 转账支票签发日期，支票日期必须大写。转账支票的正面和背面，如图5-2和5-3所示。

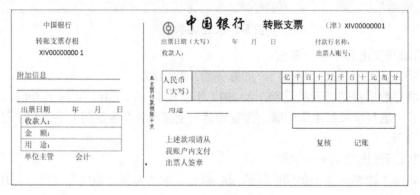

图 5-2　转账支票正面示例

图 5-3　转账支票背面示例

a．1月、2月前零字必写，3月至9月前零字可写可不写。10月至12月必须写成壹拾月、壹拾壹月、壹拾贰月（前面多写了"零"字也可以，如零壹拾月）。如此做法是为了防止支票出票后修改日期，例如：若壹月前不加零字，在前面添加"壹拾"就会变成11月。对于3到9月，虽然不用担心前面添加"壹拾"，但习惯上我们一般也会在前面写零字。

b．1日至9日前零字必写，10日至19日必须写成壹拾日至壹拾玖日（壹拾日前面多写了"零"字也可以），20日至29日必须写成贰拾日至贰拾玖日，30日至31日必须写成叁拾日及叁拾壹日。这也是为了防止支票出票后被修改日期。

② 收款人：填写收款单位全称。

③ 金额：注意数字的大写写法零、壹、贰、叁、肆、伍、陆、柒、捌、玖、拾、佰、仟、万、亿；大写金额前不得留有空格；大小写金额必须一致；小写前加人民币符号￥。

④ 用途：据实填写使用用途。

⑤ 密码：填写该张支票密码。

⑥ 支票存根联：根据支票正联信息填写。

⑦ 在支票正联加盖银行预留印鉴：财务专用章、法人章。

注意：转账支票提示付款期限为 10 天，超过付款期的支票，银行不予受理；转账支票的权力时效为自出票日起 6 个月，在票据开出 6 个月内，收款人可持有关证明文件，向付款人请求付款。

（4）支票登记簿

做好支票登记簿的登记是出纳人员重要的工作之一。支票登记簿（见表 5-1）记录支票领用日期、用途、金额、支票号、部门、领用人等，在一定程度上保证了银行存款的管理。支票登记簿在使用时需注意：

① 作废的支票，需盖"作废"戳记，粘贴于同一号码的存根上，以示慎重。

② 每日营业终了，出纳人员应及时查对当日签发的支票存根，结计金额与银行存款科目签发总数是否相符，同时查点尚未使用的空白支票张数是否相符。

③ 用讫的支票簿（存根），须交还经管人员查核使用张数及作废张数是否相符，并妥善保存。

表 5-1　支票登记簿

日期	用途	金额	支票号	部门	领用人

（5）支付水电费的账务处理

制造业企业向服务公司支付水电费，并取得增值税专用发票，费用会计应根据统计的各部门的用水量及耗电量，对水电费进行分摊，做如下会计分录：

借：制造费用——水电费（生产车间使用）

　　管理费用——水电费（管理部门使用）

　　销售费用——水电费（销售部门使用）

　　应交税费——应交增值税（进项税额）

　　贷：银行存款

在 VBSE 系统中，企业为制造业企业但无法判断哪些是生产用水或生产用电，也无法统计各部门用水量及耗电量，因此，依据服务公司开具的发票，企业支付的水电费做如下的账务处理（不考虑增值税）：

借：管理费用

　　贷：银行存款

4．任务流程

（1）制造业企业支付水电费

在 VBSE 系统中，制造业企业支付水电费首先由费用会计填写支出凭单，财务部经理审核，出纳办理支付手续并登记支票，业务员取回水电费发票后，交由财务部门完成相关账务处理（即，费用会计填制记账凭证，经财务部经理审核后，出纳根据审核无误的会计凭证登记银行日记账，费用会计登记科目明细账）。具体流程如图 5-4 所示。

（2）客户（供应商）支付水电费

在 VBSE 系统中，客户和供应商支付水电费流程相同，较制造业企业简化，具体流程如图 5-5所示。

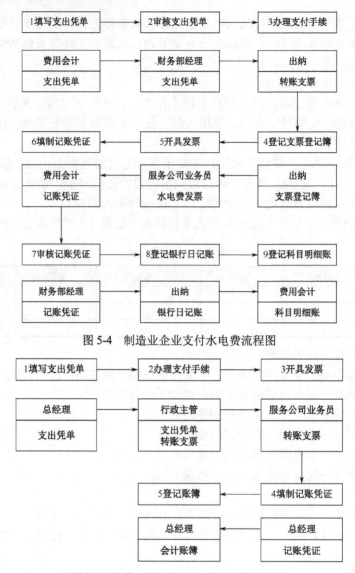

图 5-4　制造业企业支付水电费流程图

图 5-5　客户（供应商）支付水电费流程图

5. 实施步骤

（1）制造业企业

制造业企业支付水电费实施步骤始于费用会计填写支出凭单，终于费用会计登记科目明细账，具体步骤如表 5-2 所示。

在 VBSE 系统中，企业根据实际情况缴纳水电费，以缴纳 1500 元为例。财务处理具体步骤提示如下：

在"第六步：填制记账凭证"中，记账凭证的填制要求为：

① 按国家规定的会计科目填写会计分录，要求对应关系清晰，借贷方向明确，二级、三级科目填写齐全。

② 摘要简明扼要，正确反映交易事项内容。

③ 应附有原始凭证，并注明张数。

④ 会计主管、审核、记账、填制、出纳（收、付款凭证）人员应签章。

⑤ 连续编号。

⑥ 借贷双方金额应保持平衡。

⑦ 凭证填制时，如发生错误，应重新填写，入账后应按错账更正方法更正。

表 5-2 制造业企业支付水电费实施步骤

序号	操作步骤	角色	操作内容
1	填写支出凭单	费用会计	1. 填写支出凭单 2. 将支出凭单送交财务部经理审核
2	审核支出凭单	财务部经理	1. 审核支出凭单填写的准确性 2. 审核水电费支出业务的真实性 3. 审批签字
3	办理支付手续	出纳	1. 接到财务经理签批后的费用支出凭单 2. 签发转账支票并盖章
4	登记支票登记簿	出纳	根据支票内容登记支票登记簿
5	开具发票	服务公司业务员	1. 接收出纳送来的转账支票 2. 开具水电费发票 3. 将发票交给出纳
6	填制记账凭证	费用会计	1. 接收出纳传递来的支票存根、支出凭单及水电费发票 2. 填制记账凭证 3. 送财务部经理审核
7	审核记账凭证	财务部经理	1. 接收费用会计交给的记账凭证，进行审核 2. 审核后，交出纳登记银行存款日记账
8	登记银行日记账	出纳	1. 接收财务部经理交给的审核后的记账凭证 2. 根据记账凭证登记银行存款日记账 3. 将记账凭证交费用会计登记科目明细账
9	登记科目明细账	费用会计	1. 接收出纳交给的记账凭证 2. 根据记账凭证登记费用科目明细账

具体范例如图 5-6 所示。

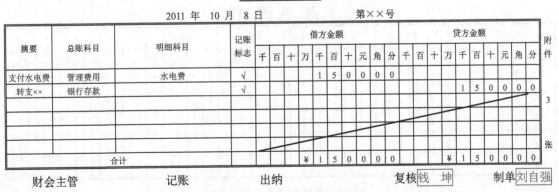

图 5-6 记账凭证填写范例

在"第七步：财务部经理审核并盖章"中，为了正确登记账簿和监督经济业务，除了编制记账凭证的人员应当加强自审外，同时还应建立专人审核制度。具体来说，记账凭证的审核需要注意以下几个方面。

① 是否附有与内容相符、金额相等的原始凭证。

② 是否正确使用会计科目的应借、应贷方向。

③ 凭证中各个项目是否填写齐全，如有错误是否按规定更正，有关人员是否签章。

④ 凭证所记事项应真实、合法，有无违纪违法事项，如有，应追查清楚。

在"第八步：登记银行日记账"中，由出纳在记账凭证上盖章，并登记银行存款日记账，如图 5-7 所示（图中金额为举例说明）。

银 行 存 款 日 记 账

2011年		凭证编号	摘要	对方科目	借 方											贷 方										方向	余 额										√
月	日				百	十	万	千	百	十	元	角	分	百	十	万	千	百	十	元	角	分		百	十	万	千	百	十	元	角	分	
10	1		上月结转																				借		2	4	8	0	0	0	0	0	0	
10	8	记××	支付水电费	管理费用													1	5	0	0	0	0	借		2	4	7	8	5	0	0	0	0	

图 5-7　银行存款日记账填写范例

注意事项：

① 银行存款日记账需根据记账凭证填列。

② 对方科目栏填写银行存款的对应科目

③ 银行存款日记账借方登记银行存款的增加额，贷方登记银行存款的减少额，期末余额都在借方，即"借方期末余额=借方期初余额+借方发生额−贷方发生额"。

④ 出纳登记银行存款日记账后，要在记账凭证记账标志栏标√，表示已经登账。

在"第九步：登记费用明细账"中，应注意：

① 管理费用明细账为多栏式，按费用项目设专栏。

② 发生管理费用在账户借方登记。

③ 费用会计登记管理费用明细账后，要在记账凭证记账标志栏标√，表示已经登账，并在记账凭证记账处签章。

管理费用明细账规范填写如图 5-8 所示。

管 理 费 用 明细账

2011年		凭证		摘要	借方									贷方									借或贷	余额									水电费																												
月	日	字	号		百	十	万	千	百	十	元	角	分	百	十	万	千	百	十	元	角	分		百	十	万	千	百	十	元	角	分	百	十	万	千	百	十	元	角	分																		
10	8	记	××	支付水电费				1	5	0	0	0	0										借				1	5	0	0	0	0				1	5	0	0	0	0																		

图 5-8　管理费用明细账填写范例

（2）客户（供应商）

客户总经理根据水电费耗用情况，每月一次提请客户行政主管开具转账支票，支付水电费并做账务处理，具体实施步骤如表 5-3 所示。

表 5-3　客户（供应商）支付水电费实施步骤

序号	操作步骤	角色	操作内容
1	填写支出凭单	客户总经理	填写水电费支出凭单
2	办理支付手续	客户行政主管	1．接到客户总经理交来的支出凭单 2．签发转账支票并盖章
3	开具发票	服务公司业务员	1．接收客户总经理送来的转账支票 2．开具水电费发票 3．将发票交给客户总经理
4	填制记账凭证	客户总经理	1．接收服务公司业务员交来的发票 2．填制记账凭证

实训任务 5.1.2　购买增值税发票

1．学习目标

目标分解	目标描述	编码
知识目标	1．了解普通发票与增值税专用发票的区别	
	2．理解增值税专用发票的适用范围	
	3．理解企业购买增值税发票的流程	
技能目标	1．掌握增值税发票填开的规范	DJ-0095 增值税普通发票 DJ-0089 增值税专用发票
	2．按照企业/客户/供应商购买增值税发票的流程，完成发票购买的整个过程	
	3．完成购买发票企业财务处理	
素养目标	1．明确发票填写规范要求所体现的含义	
	2．明确增值税发票各联的作用	

2．情境导入

2011 年 10 月 8 日，像往常一样，公司财务处的会计朱中华来到公司开始上班，她被告知需要去税务局购买一些增值税发票，因为财务部的发票快用完了，于是朱中华拿着 IC 卡、发票领购簿、上次购买发票的最后一份记账联、购票人身份证去了国税大厅。

与朱中华情况相类似的还有客户和供应商，他们也需要每隔一段时间去税务局购置一些增值税发票。

3．相关知识

（1）发票的含义

发票是指一切单位和个人在购销商品、提供劳务或接受劳务、服务以及从事其他经营活动时，提供给对方的收付款的书面证明，是财务收支的法定凭证，是会计核算的原始依据，也是审计机关、税务机关执法检查的重要依据。

（2）发票的分类

发票分为增值税专用发票和普通发票。一般纳税人使用增值税专用发票（见图 5-9），小规模纳税人使用普通发票。增值税一般纳税人和小规模纳税人的划分标准为：工业企业年应税销售额在 50 万元以上，商业企业年应税销售额在 80 万元以上的为一般纳税人，低于该标准的为增值税小规模纳税人。

天 津 增 值 税 专 用 发 票 　　　No 000567301

购货单位	名　称：					开票日期：　　年　月　日			第一联记账联销货方记账凭证
	纳税人识别号：					密码区			
	地址、电话：								
	开户行及账号：								
货物或应税劳务名称	规格型号	单　位	数　量	单　价	金　额		税率	税　额	
合　计									
价 税 合 计（大写）					（小写）				
销货单位	名　称：					备注			
	纳税人识别号：								
	地址、电话：								
	开户行及账号：								

收款：　　　　　　复核：　　　　　　开票人：　　　　　　销货单位：（章）

图 5-9　增值税专用发票

（3）增值税专用发票的使用范围

增值税专用发票是国家税务机关统一定制的，对使用范围有明确的规定与限制。增值税专用发票（以下简称"专用发票"）只限于增值税的一般纳税人领购使用，增值税的小规模纳税人和非增值税纳税人不得领购使用。关于增值税专用发票的其他信息可查询《增值税专用发票的使用规定》。

增值税专用发票一式三联：第一联为记账联，是销货单位的记账依据。第二联为抵扣联，为购货单位的扣税依据。第三联为发票联，是购货单位的记账依据。

普通发票没有抵扣联，一般也一式三联，即记账联、发票联和存根联。

（4）增值税发票的填写

开票日期：真实记录发票的开具日期，实训中以系统日期为准。

购货单位：购货单位基本信息，实训中根据仿真企业实习中客户或供应商基本信息表填写此部分内容。

密码区：密码区是一种密文，包含七个方面的数据：发票代码、发票号码、开票日期、销货方纳税人识别号和购货方纳税人识别号、金额、税率、税额等信息，实训中此部分可以不填。

货物或应税劳务：此部分依照实际经济业务内容填写货物或劳务的名称、规格型号、单位、数量、单价（不含税）、金额（不含税货款或服务金额）、税率、税额，一张增值税发票上可以开具不同种类货物或劳务内容。

合计：货款或服务数量、价款合计信息记录，填写时注意规范大小写。

销货单位：销货单位基本信息，实训中根据仿真企业实习中客户或供应商基本信息表填写此部分内容。

备注：此部分填写发票项目中是否存在未记录但存在的重要信息，如果不存在可以不填；在此处加盖单位发票章。

开票人：此部分为开票单位经办人信息。

（5）购买发票的财务处理

购买增值税发票的费用如果是从银行账户中代扣，会计分录应为：

借：管理费用—办公费

　　贷：银行存款

4．任务流程

（1）制造业企业购买发票

在 VBSE 实训中，制造业企业购买发票分为 7 步，起始于税务会计，最后由费用会计登记明细账，详见图 5-10。

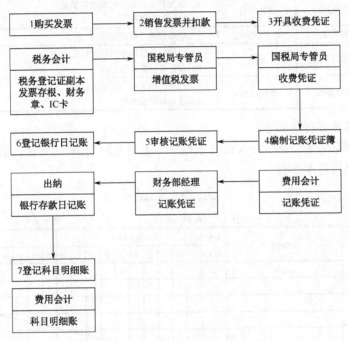

图 5-10　制造业企业购买发票流程图

（2）客户（供应商）购买发票

在 VBSE 系统中客户和供应商购买流程相同，较制造业企业简化，具体流程见图 5-11。

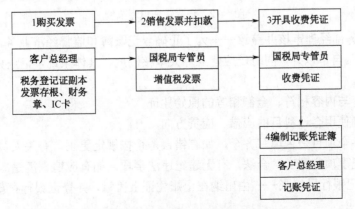

图 5-11　客户（供应商）购买发票流程图

5. 实施步骤

（1）制造业企业

制造业企业购买发票的步骤如表 5-4 所示。

表 5-4　制造业企业购买发票实施步骤

序号	操作步骤	角色	操作内容
1	去税务局购买发票	税务会计	携带税务登记证副本、发票存根和财务章到税务局购买发票
2	销售发票并扣款	国税局专管员	1. 在系统里销售增值税发票 2. 系统通过网银扣划购买企业银行存款相当于发票工本费的金额 3. 将发票交购票企业
3	开具收费凭证	国税局专管员	根据系统扣款金额开具收费凭证
4	编制记账凭证	费用会计	1. 接受税务会计交来的收费凭证 2. 编制记账凭证
5	审核记账凭证	财务部经理	1. 财务经理审核记账凭证
6	登记银行存款日记账	出纳	1. 接受财务经理审核过的记账凭证 2. 登记银行存款日记账
7	登记科目明细账	费用会计	1. 接受出纳交来的记账凭证 2. 登记科目明细账

账务处理具体步骤提示如下：

第四步：编制记账凭证——在 VBSE 系统中，发票金额为 30 元一张。假定购买 20 张，支付 600 元。具体范例见图 5-12。

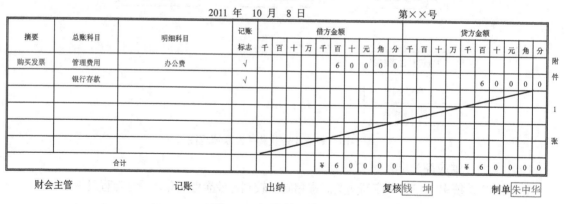

图 5-12　记账凭证填写范例

第五步：财务部经理审核并盖章——为了正确登记账簿和监督经济业务，除了编制记账凭证的人员应当加强自审以外，同时还应建立专人审核制度。具体来说，记账凭证的审核需要注意以下几个方面。

① 是否附有与内容相符、金额相等的原始凭证。

② 是否正确使用会计科目的应借、应贷方向。

③ 凭证中各个项目是否填写齐全，如有错误是否按规定更正，有关人员是否签章。

④ 凭证所记事项应真实、合法，有无违纪违法事项，如有应追查清楚。

第六步：登记银行日记账——由出纳在记账凭证上盖章，并登记银行存款日记账（图 5-13 中金额为举例说明）。

银 行 存 款 日 记 账

2011年		凭证编号	摘　要	对方科目	借　方	贷　方	方向	余　额	√
月	日				百十万千百十元角分	百十万千百十元角分		百十万千百十元角分	
10	1		上月结转				借	2 4 8 0 0 0 0 0 0	
10	8	记××	购买发票	管理费用		6 0 0 0 0	借	2 4 7 9 4 0 0 0 0	

图 5-13　银行存款日记账填写范例

注意事项：

① 银行存款日记账需根据记账凭证填列。

② 对方科目栏填写银行存款的对应科目。

③ 银行存款日记账借方登记银行存款的增加额，贷方登记银行存款的减少额，期末余额都在借方，即"借方期末余额=借方期初余额+借方发生额-贷方发生额"。

④ 出纳登记银行存款日记账后，要在记账凭证记账标志栏中标"√"，表示已经登账。

第七步：登记费用明细账——此步应注意：

① 管理费用明细账为多栏式，按费用项目设专栏。

② 发生管理费用在账户借方登记。

③ 费用会计登记管理费用明细账后，要在记账凭证记账标志栏中标"√"，表示已经登账，并在记账凭证记账处签章。图 5-14 为填写范例。

管 理 费 用 明细账

2011年		凭证		摘要	借方	贷方	借或贷	余额	水电费	办公费	XX费
月	日	字	号		百十万千百十元角分	百十万千百十元角分		百十万千百十元角分	百十万千百十元角分	百十万千百十元角分	百十万千百十元角分
10	8	记	xx	购买发票	6 0 0 0 0		借	6 0 0 0 0		6 0 0 0 0	

图 5-14　管理费用明细账填写范例

（2）客户（供应商）

客户（供应商）购买发票的步骤见表 5-5。

表 5-5　客户（供应商）购买发票实施步骤

序号	操作步骤	角　色	操作内容
1	去税务局购买发票	客户总经理	到税务局购买发票(对商贸公司的实训是简略化的,税务登记证副本、发票存根和财务章可以不用携带)
2	销售发票并扣款	国税局专管员	1. 在系统里销售增值税发票 2. 系统通过网银扣划购买企业银行存款相当于发票工本费的金额 3. 将发票交购票企业
3	开具收费凭证	国税局专管员	根据购票金额开具收费凭证
4	填制记账凭证	客户总经理	根据收费凭证填制记账凭证

实训任务 5.1.3　处理借款工作

1．学习目标

目标分解	目标描述
知识目标	1．了解借款单的样式和使用范围
	2．熟悉企业借款工作的流程
技能目标	1．掌握借款单填写的规范
	2．按照企业内部借款工作的流程，并完成所在部门的借款工作
	3．完成借款工作的财务处理

2．情境导入

2011年10月8日，采购部业务员付海生为了采购部零星开支、业务采购等需要，到财务部借取部门备用金500元，同样来借款的还有人力资源部、仓储部等部门的职员。

为方便公司各部门工作人员结算因公需要而发生的零星开支、业务采购、差旅费报销等款项。新团队接手部门经营后各部门需借一定金额的备用金，在VBSE实训中各部门备用金金额均为500元。

公司的日常费用包括办公费、差旅费、通信费等。办理部分业务可以先借款，再报销；部分业务费用发生后直接持票报销。借款时员工需填写借款单，经部门主管、财务部经理审批后，到出纳处领取现金，财务做记账处理。

3．相关知识

（1）借款单（见图5-15）

借款单

部门：　　　　　　　　年　　月　　日

借款用途＿＿＿＿＿＿＿＿＿＿＿＿＿＿＿＿＿＿＿＿＿＿＿＿＿

借款金额

人民币（大写）＿＿＿＿＿＿＿＿＿＿＿＿＿＿＿＿＿＿￥＿＿＿＿＿

□现金　　　□支票　　　□电汇

财务部经理：　　　总经理：　　　部门经理：　　　借款人：

图5-15　借款单

① 借款单的格式。借款单是企业的内部自制单据，一般由财务部门提供基本样式，各部门人员经办业务时需要借款的依照固定的格式进行填列。

② 借款单的适用范围。各部门工作人员因公需要而发生的零星开支、业务采购、差旅费报销等，需要预借现金的，需要填写借款单。

一般来说，对于不涉及借款利息的短期往来借款，会对外用到借款单。部分单位给对方开借款收据，不用借款单。

③ 借款单的填写。

a．部门：依照借款人所在部门如实填写，在VBSE系统中，此处可参照《人员花名册》。

b．年月日：依照借款人发生借款的系统日期填写，如实训系统当前时间为2011年10月

8 日，则填写 2011 年 10 月 8 日。

c．借款用途：依照实际情况填写，如付办公用品采购款项、部门备用金、支付广告投放费等。

d．借款金额：注意大小写金额须相等。

支付方式依照实际情况填写，如 1 000 元以下费用支付现金，其余用支票，异地结算多用电汇。

相应人员签章：内部审批过程呈现，如车间管理员借款，需要其生产计划部经理、财务部经理、总经理依据权限进行审批。支付现金后，出纳在借款单上盖章。

（2）借款工作财务处理

各部门借款业务，借记"其他应收款——××部门"，贷记"库存现金"。

费用会计依据已审核无误的支出凭证填制记账凭证，交由财务部经理审核后，出纳依据已审核无误的记账凭证登记现金日记账。具体填写说明如图 5-16 所示。

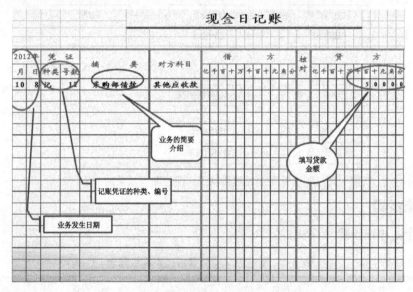

图 5-16　出纳登记现金日记账

费用会计依据审核无误的记账凭证登记科目明细账，具体如图 5-17 所示。

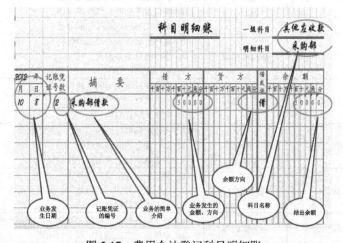

图 5-17　费用会计登记科目明细账

4．任务流程

以制造业企业为例，在 VBSE 系统中，制造业企业各部门借款工作流程相同，以采购部为例，采购员填写借款单，经部门经理审核后，交由财务部经理审核，并由出纳支付现金，财务部门完成相关账务处理，具体流程如图 5-18 所示。

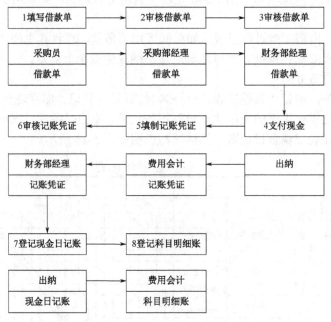

图 5-18　制造业企业处理借款工作流程图（以采购部为例）

5．实施步骤

制造业企业详细步骤（见表 5-6）。

表 5-6　制造业企业处理借款实施步骤表

序号	操作步骤	角色	提示内容
1	填写借款单	采购员	1．去出纳处领取借款单 2．填写借款单，借款 500 元作为部门备用金 3．拿借款单找采购部经理审核 4．拿借款单找财务部经理审核 5．拿借款单到出纳处领取现金
2	审核借款单	采购部经理	1．审核借款单填写的准确性 2．审核借款业务的真实性 3．审核无误，签字
3	审核借款单	财务部经理	1．审核借款单填写的准确性 2．审核借款业务的真实性 3．审核无误，签字
4	支付现金	出纳	1．接收采购员交给的已审核过的借款单 2．支付现金 500 元给借款人 3．将借款单交给费用会计做凭证
5	填制记账凭证	费用会计	1．接收到出纳交给的借款单 2．填制记账凭证，将借款单粘贴在后面作为附件 3．送财务部经理审核
6	审核记账凭证	财务部经理	1．接收财务会计交给的记账凭证，进行审核 2．审核后，交出纳登记现金日记账

续表

序号	操作步骤	角色	提示内容
7	登记现金日记账	出纳	1. 接收财务部经理审核后的记账凭证 2. 根据记账凭证登记现金日记账 3. 将记账凭证交费用会计登记科目明细账
8	登记科目明细账	费用会计	1. 接收出纳交给的记账凭证 2. 根据记账凭证登记科目明细账

账务处理具体步骤提示如下：

第五步：编制记账凭证——以采购部为例，具体范例如图 5-19 所示。

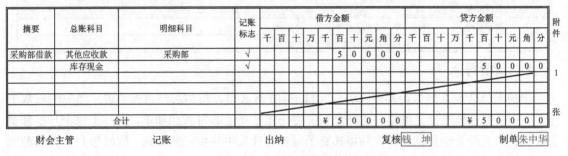

图 5-19 记账凭证填写范例

第六步：财务部经理审核并盖章。

第七步：登记现金日记账——由出纳在记账凭证上盖章，并登记现金日记账，具体说明见图 5-15，出纳登记银行存款日记账后，要在记账凭证记账标志栏打"√"，表示已经登账。

第八步：登记费用明细账——由费用会计登记其他应收款科目明细账，具体说明见图 5-16，费用会计登记管理费用明细账后，要在记账凭证记账标志栏打"√"，表示已经登账，并在记账凭证记账处签章。

6. 拓展知识

（1）个人预借现金

根据公司财务规定不同，借款单有单联式、一式两联和一式三联。一式两联的借款单一联交予财务记账，另一联由借款人留存。一式三联的借款单，第一联付款凭证联做记账凭证的附件，第二联结算凭证联交出纳，第三联回执联交借款人。

① 借款。首先，个人需要先到财务部领取一份借款单，根据格式要求填好借款单，并找相关领导签字，如借款单为一式两联或一式三联，需使用复写纸。将此份借款单交到财务部，财务人员根据借款单上的金额把钱交给借款人，并做以下账务处理：

借：其他应收款——××员工

　贷：库存现金

②报销还款。报销时，报销人员拿报销单及回执联到财务处，分两种情况：

若报销金额超过借支，如借支 1 500 元，报销 2 000 元，则做以下账务处理：

借：销售费用等　　　　　　　　　　　　　　　　　　　　　　　2 000

　贷：库存现金　　　　　　　　　　　　　　　　　　　　　　　　500

　　其他应收款——××员工　　　　　　　　　　　　　　　　1 500

若借支的款没花完，有剩余，如借支 1 500 元，报销 1 200 元，则做以下账务处理：

借：销售费用等   1 200

    库存现金   300

  贷：其他应收款——××员工   1 500

如果借款单为多联式，财务人员在结算联和回执联的借款单付款记录处，标明款已还清（也需使用复写纸），然后把其中的第三联回执联交与借款人留存，第二联结算联附在清账的凭证后。

实训任务 5.1.4　五险一金财务记账

1. 学习目标

目标分解	目标描述
知识目标	掌握缴纳五险一金的会计分录
技能目标	能够完成五险一金的财务处理流程

2. 情境导入

出纳人员会经常到银行办理业务，2011 年 10 月 8 日，出纳员赵丹先完成了当天的日常工作，下午去银行领取社会保险、住房公积金委托扣款凭证即付款通知单，实际上每个月她都要去银行领取五险一金扣款回单，并将其交予财务会计朱中华做记账处理，同时告知人力资源助理肖红五险一金扣款金额，以备其核对相关报表。

企业通过与银行签订协议，办理五险一金缴存托收业务每个月向社保中心缴纳五险一金，企业出纳人员每个月去银行领取五险一金扣款回单并做账务处理。

3. 相关知识

在 VBSE 系统中，对于缴纳五险一金的账务处理如下

借：应付职工薪酬——社会保险金

           ——住房公积金

  贷：银行存款

在实际工作中，缴纳的五险一金分为个人负担部分和企业负担部分，一般情况下，账务处理如下：

（1）个人负担部分

① 提取时：

借：管理费用——社会保险费

          ——住房公积金

  贷：应付职工薪酬——社会保险费（养老、医疗、失业、工伤、生育保险企业承部分）

              ——住房公积金（住房公积金企业承担部分）

② 发放工资时（按个人交纳比例，从中扣除）：

借：应付职工薪酬

  贷：其他应付款——代扣住房公积金（代扣职工应交纳的住房公积金部分）

             ——代扣社会养老保险（职工个人承担的养老，失业，工伤部分）

             ——代扣医疗保险（职工个人承担的医疗，生育保险部分）

    银行存款（实际发放的金额）

（2）企业负担部分

① 提取时：

借：管理费用——社会保险费

     ——住房公积金

  贷：应付职工薪酬——社会保险费（养老、医疗、失业、工伤、生育保险企业承担部分）

        ——住房公积金（住房公积金企业承担部分）

② 交纳时（单位部分与个人部分）：

借：应付职工薪酬——社会保险费（养老、医疗、失业、工伤、生育保险企业承担部分）

       ——住房公积金（住房公积金企业承担部分）

  其他应付款——代扣住房公积金（代扣职工应交纳的住房公积金部分）

      ——代扣社会养老保险（职工个人承担的养老，失业，工伤保险部分）

      ——代扣医疗保险（职工个人承担的医疗，生育保险部分）

  贷：银行存款（总交纳的金额）

4．任务流程

（1）制造业企业五险一金账务处理

在 VBSE 系统中，制造业企业五险一金账务处理具体流程如图 5-20 所示。

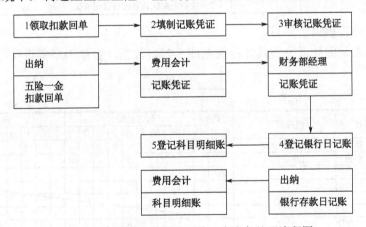

图 5-20　制造业企业缴纳五险一金账务处理流程图

（2）客户（供应商）五险一金账务处理

在 VBSE 系统中客户和供应商对于五险一金账务处理流程相同，较制造业企业简化，具体流程如图 5-21 所示。

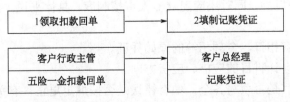

图 5-21　客户（供应商）缴纳五险一金账务处理流程图

5. 实施步骤

（1）制造业企业（见表 5-7）

表 5-7　制造业企业缴纳五险一金账务处理实施步骤

序号	操作步骤	角色	提示内容
1	去银行领取五险一金扣款回单	出纳	1. 去银行领取五险一金扣款回单 2. 告知人力资源助理五险一金扣款金额，以备其核对相关报表 3. 将从银行领取的社会保险、住房公积金委托款凭证-付款通知单交给财务会计填制记账凭证
2	编制缴纳五险一金记账凭证	财务会计	1. 接收出纳送来的社会保险、住房公积金委托款凭证-付款通知单 2. 编制记账凭证，并将附件粘贴在记账凭证后 3. 将记账凭证交给财务部经理审核
3	审核记账凭证	财务部经理	1. 接收财务会计送来的记账凭证 2. 审核记账凭证 3. 审核无误，将记账凭证交给出纳登记明细账
4	登记银行日记账	出纳	1. 接收财务部经理交给的审核后的记账凭证 2. 根据记账凭证登记银行存款日记账 3. 将记账凭证交财务会计登记科目明细账
5	登记科目账	财务会计	1. 接收出纳交给的记账凭证 2. 根据记账凭证登记科目明细账

账务处理具体步骤提示如下：

第二步：编制记账凭证——具体范例见图 5-22，注意，金额为举例说明，根据实际填写。

记 账 凭 证

2011 年 10 月 8 日　　　　　　　　　　　第 XX 号

摘要	总账科目	明细科目	记账标志	借方金额 千 百 十 万 千 百 十 元 角 分	贷方金额 千 百 十 万 千 百 十 元 角 分	
缴纳五险一金	应付职工薪酬	社会保险金	√	2 0 0 0 0 0 0		附件 2 张
	应付职工薪酬	住房公积金	√	1 0 0 0 0 0 0		
	银行存款		√		3 0 0 0 0 0 0	
	合计			¥ 6 0 0 0 0	¥ 6 0 0 0 0	

财会主管　　　　记账　　　　出纳　　　　复核 钱　坤　　　　制单 朱中华

图 5-22　记账凭证填写范例

第三步：财务部经理审核并盖章——为了正确登记账簿和监督经济业务，除了编制记账凭证的人员应当加强自审以外，同时还应建立专人审核制度。具体来说，记账凭证的审核需要注意以下几个方面。

① 是否附有与内容相符、金额相等的原始凭证。

② 是否正确使用会计科目的应借、应贷方向。

③ 凭证中各个项目是否填写齐全，如有错误是否按规定更正，有关人员是否签章。

④ 凭证所记事项应真实、合法，有无违纪违法事项，如有应追查清楚。

第四步：登记银行日记账——由出纳在记账凭证上盖章，并登记银行存款日记账（图 5-23 中金额为举例说明）。

银 行 存 款 日 记 账

2011 年		凭证编号	摘 要	对方科目	借 方	贷 方	方向	余 额	√
月	日				百十万千百十元角分	百十万千百十元角分		百十万千百十元角分	
10	1		上月结转				借	2 4 8 0 0 0 0 0 0	
10	8	记××	缴纳五险一金	应付职工薪酬		3 0 0 0 0 0 0	借	2 4 5 0 0 0 0 0 0	

图 5-23　银行存款日记账填写范例

注意：

① 银行存款日记账需根据记账凭证填列。

② 对方科目栏填写银行存款的对应科目

③ 银行存款日记账借方登记银行存款的增加额，贷方登记银行存款的减少额，期末余额都在借方，即"借方期末余额=借方期初余额+借方发生额-贷方发生额"。

④ 出纳登记银行存款日记账后，要在记账凭证记账标志栏打"√"，表示已经登账。

第五步：登记科目明细账——分别登记应付职工薪酬——社会保险金明细账，应付职工薪酬——住房公积金明细账。以社会保险金明细账为例，登记方法如图 5-24 所示，金额为举例说明。

应付职工薪酬 明 细 账

明细科目：社会保险金

2011 年		凭证编号	摘 要	对方科目	借 方	贷 方	方向	余 额	√
月	日				百十万千百十元角分	百十万千百十元角分		百十万千百十元角分	
10	1		上月结转				贷	1 0 0 0 0 0 0 0 0	
10	8	记××	缴纳五险一金	银行存款	2 0 0 0 0 0		贷	8 0 0 0 0 0 0 0	

图 5-24　应付职工薪酬——社会保险金明细账填写范例

注意：

① 应付职工薪酬明细账需根据记账凭证填列。

② 对方科目栏填写应付职工薪酬的对应科目

③ 应付职工薪酬明细账借方登记应付职工薪酬减少额，贷方登记应付职工薪酬增加额，期末余额在贷方，即"贷方期末余额=贷方期初余额+贷方发生额-借方发生额"。

④ 费用会计登记应付职工明细账后，要在记账凭证记账标志栏打"√"，表示已经登账。

（2）客户（供应商）

客户供应商缴纳五险一金账务处理实施步骤见表 5-8。

表 5-8　客户（供应商）缴纳五险一金账务处理实施步骤表

序号	操作步骤	角色	提示内容
1	去银行领取五险一金扣款回单	客户行政主管	1. 去银行领取社会保险、住房公积金委托扣款凭证-付款通知单 2. 告知人力资源助理本月社会保险、住房公积金扣款金额 3. 将去银行领取的社会保险、住房公积金委托扣款凭证-付款通知单交给客户总经理
2	填制缴纳五险一金记账凭证	客户总经理	1. 接收客户行政主管送来的社会保险、住房公积金委托扣款凭证-付款通知单 2. 填制记账凭证，并将附件粘贴在记账凭证后

实训任务 5.1.5　支付行政罚款

1．学习目标

目标分解	目标描述
知识目标	简述企业支付行政罚款的流程
技能目标	1．完成支付行政罚款的整个流程
	2．完成支付行政罚款的财务处理

2．情境导入

2011 年 11 月 8 日，好佳童车厂的总经理梁天一上班，就被行政助理告知收到了工商局下发的行政罚款决定书。虽然对于这一罚款决定心有不甘，但他还是把罚款决定书交给出纳赵丹，并指派她尽快去银行通过电汇转账方式，将行政罚款决定书上注明的金额转入决定书上指定的银行账户。之后，财务部门完成相应的记账凭证编制和账簿登记工作。

任务描述：出纳依据罚款决定书，去银行办理电汇转账业务，按照决定书上的金额（及可能包括的滞纳金）支付行政罚款到指定的银行账户。

3．相关知识

罚款支出一般计入营业外支出，尤其是行政性的罚款，不允许在企业所得税前扣除。企业支付罚款，应做如下会计分录：

借：营业外支出
　贷：银行存款

4．任务流程

（1）制造业企业支付行政罚款

在 VBSE 系统中，制造业企业支付行政罚款，由总经理将处罚决定书交给出纳，出纳缴纳罚款，拿到回单后，完成相应账务处理，具体流程如图 5-25 所示。

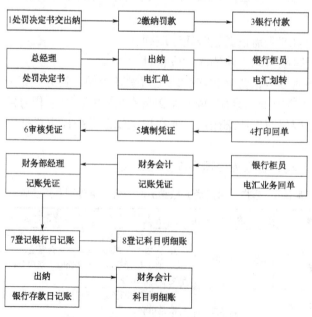

图 5-25　核心制造业支付罚款流程图

（2）客户（供应商）支付行政罚款

在 VBSE 系统中，客户和供应商支付行政罚款流程相同，较制造业企业简化，具体流程如图 5-26 所示。

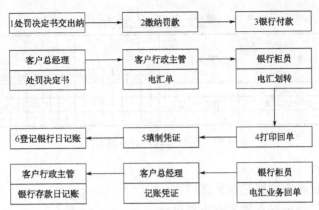

图 5-26　客户（供应商）支付罚款流程图

5．实施步骤

（1）制造业企业

制造业企业支付罚款步骤如表 5-9 所示。

表 5-9　制造业企业支付罚款工作步骤

序号	操作步骤	角色	提示内容
1	将处罚决定书交给出纳	总经理	总经理将工商局送达的处罚决定书交给出纳办理付款业务
2	去银行缴纳罚款	出纳	出纳去银行，准备办理电汇业务，收款方账户信息参见处罚决定书
3	银行付款（电汇）	银行柜员	银行柜员在 VBSE 系统中进行电汇划转
4	打印回单	银行柜员	1. 银行柜员在 VBSE 中查询待打印的回单 2. 打印此笔电汇业务的回单，并交付给出纳 3. 出纳将银行回单和处罚决定书交给财务会计
5	填制记账凭证	财务会计	财务会计根据处罚决定书和银行回单，编制记账凭证
6	审核记账凭证	财务部经理	审核财务会计编制的记账凭证
7	登记银行存款日记账	出纳	根据记账凭证和银行回单，登记银行存款日记账
8	登记科目明细账	财务会计	财务会计登记三栏式明细账，行政罚款应计入营业外支出账户

账务处理具体步骤提示如下：

第五步：编制记账凭证——具体范例见图 5-27。注意：图中金额为举例说明，应根据实际填写。

记 账 凭 证

2011 年 10 月 8 日　　　　　　第××号

摘要	总账科目	明细科目	记账标志	借方金额										贷方金额										附件
				千	百	十	万	千	百	十	元	角	分	千	百	十	万	千	百	十	元	角	分	
支付行政罚款	营业外支出		√					5	0	0	0	0	0											
	银行存款		√															5	0	0	0	0	0	1 张
合计							¥	5	0	0	0	0					¥	5	0	0	0	0		

财会主管　　　　　记账　　　　　出纳　　　　　复核 钱　坤　　　　制单 朱中华

图 5-27　记账凭证填写范例

第六步：财务部经理审核并盖章。

第七步：登记银行日记账——由出纳在记账凭证上盖章，并登记银行存款日记账（见图 5-28，图中金额为举例说明）。

银 行 存 款 日 记 账

2011 年		凭证编号	摘　要	对方科目	借　方									贷　方									方向	余　额									√
月	日				百	十	万	千	百	十	元	角	分	百	十	万	千	百	十	元	角	分		百	十	万	千	百	十	元	角	分	
10	1		上月结转																				借		2	4	8	0	0	0	0	0	
10	8	记××	支付行政罚款	营业外支出													5	0	0	0	0	0	借		2	4	7	5	0	0	0	0	

图 5-28　银行存款日记账填写范例

注意事项：

① 银行存款日记账需根据记账凭证填列。

② 对方科目栏填写银行存款的对应科目。

③ 银行存款日记账借方登记银行存款的增加额，贷方登记银行存款的减少，期末余额都在借方，即"借方期末余额=借方期初余额+借方发生额-贷方发生额"。

④ 出纳登记银行存款日记账后，要在记账凭证记账标志栏中打"√"，表示已经登账。

第八步：登记科目明细账——登记营业外支出，登记方法如图 5-29 所示，金额为举例说明。

营 业 外 支 出 明 细 账

2011 年		凭证编号	摘　要	对方科目	借　方									贷　方									方向	余　额									√
月	日				百	十	万	千	百	十	元	角	分	百	十	万	千	百	十	元	角	分		百	十	万	千	百	十	元	角	分	
10	8	记××	支付行政罚款	银行存款				5	0	0	0	0	0										借				5	0	0	0	0	0	

图 5-29　营业外支出明细账填写范例

① 营业外支出明细账需根据记账凭证填列。

② 对方科目栏填写记账凭证中营业外支出的对应科目。

③ 营业外支出明细账借方登记营业外支出增加额，贷方登记减少额额，期末结转至"本年利润"，期末无余额。

④ 财务会计登记科目明细账后，要在记账凭证记账标志栏中打"√"，表示已经登账。

（2）客户（供应商）

客户（供应商）支付罚款步骤见表 5-10。

表 5-10　客户（供应商）支付罚款实施步骤表

序号	操作步骤	角色	提示内容
1	将处罚决定书交给出纳	客户总经理	客户总经理将工商局送达的处罚决定书交给客户行政主管，并指派其办理付款业务
2	去银行缴纳罚款	客户行政主管	客户行政主管去银行，准备办理电汇业务，收款方账户信息参见处罚决定书
3	银行付款（电汇）	银行柜员	银行柜员在 VBSE 中进行电汇划转

续表

序号	操作步骤	角色	提示内容
4	打印回单	银行柜员	1. 银行柜员在 VBSE 中查询待打印的回单 2. 打印此笔电汇业务的回单，并交付给客户行政主管 3. 客户行政主管将银行回单和处罚决定书交给客户总经理
5	填制记账凭证	客户总经理	客户总经理根据处罚决定书和银行回单，编制记账凭证
6	登记银行存款日记账	客户行政主管	根据记账凭证和银行回单，登记银行存款日记账

实训任务 5.1.6 现金盘点

1. 学习目标

目标分解	目标描述
知识目标	1. 掌握库存现金盘点的方法
	2. 熟悉库存现金盘点的流程
技能目标	能够完成库存现金的整个过程

2. 情境导入

2011 年 10 月 28 日，好佳童车厂财务部经理钱坤按照惯例，组织成本会计刘自强、财务会计朱中华对现金进行定期盘点。现金盘点是出纳赵丹的日常工作，在此基础上，财务部门还会组织专门的财产清查人员对库存现金进行复核与检查性的盘点，既有定期的盘点也有不定期的抽查。

同样要进行现金盘点的还有客户、供应商和银行。

3. 相关知识

（1）库存现金的清查方法

在日常工作中对于库存现金的清查采用实地盘点的方法，即将库存现金实有数与账面结存数进行核对。

（2）库存现金清查的程序

① 出纳人员清点现款并将现金日记账（总账）与现款核对。对于库存现金，出纳人员应做到"日清日结"。每月由财务主管监盘进行现金盘点。

② 编制"库存现金盘点表"（见表 5-11）。库存现金盘点表由出纳按照实际情况填写。"长款"填写实物现金超过账面现金的金额；"短款"填写实物现金小于账面金额的部分。盘点人为出纳确认签字，监盘人由财务部经理监盘后确认签字。

表 5-11 库存现金盘点表

清查基准日：　　　年　　月　　日　　　　　清查日期：　　　年　　月　　日　　单位：元

货币面额	张数	金额	项目	金额
100 元			基准日现金账面余额	
50 元			加：清查基准日至清查日的现金收入	
20 元			减：清查基准日至清查日的现金支出	
10 元			减：借款单	
2 元				
1 元			调整后现金余额	
5 角			实点现金	

续表

货币面额	张数	金额	项目	金额
2角			长款	
1角			短款	
5分				
2分				
1分				
实点合计				

监盘人：　　　　　　　　　　盘点人：

③ 编制"现金盘点报告表"（见表 5-12）。长款分析/短款分析填写长款或短款原因，如确实无法查明，填写无法查明。处理意见由财务经理填写，此处理意见决定现金盘盈或盘亏经批准转销时的账务处理。

（3）库存现金盘盈、盘亏的账务处理

① 发现现金短款。

借：待处理财产损益——现金盘亏

　　贷：库存现金

经批准后转销

借：其他应收款（由责任人造成的现金短款）

　　管理费用（无法查明的原因）

　　贷：待处理财产损益——现金盘亏

② 发现现金长款。

借：库存现金

　　贷：待处理财产损益——现金盘盈

经批准后转销

借：待处理财产损益——现金盘盈

　　贷：应付账款/其他应付款（未支付他人款项）

　　　　营业外收入——现金盘盈（无法查明的原因）

表 5-12　现金盘点报告表

现金盘点报告表

盘点日期：　年　月　日

现金类别	张数	合计	长款分析	短款分析
面值　元				
面值　元				
面值　元				
面值　元				
面值　元				
合计				

处理意见：

主管：

盘点人：　　　　　　　　　　监盘人

4. 任务流程

（1）制造业企业现金盘点

在 VBSE 系统中，制造业企业现金盘点，在财务部经理监督下，出纳依次盘点账存现金和实存现金，填写现金盘点报告并交由财务部经理审核，具体流程如图 5-30 所示。

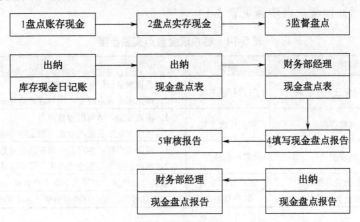

图 5-30　制造业企业现金盘点流程图

（2）客户（供应商）现金盘点

在 VBSE 系统中，客户和供应商现金盘点流程相同，具体流程如图 5-31 所示。

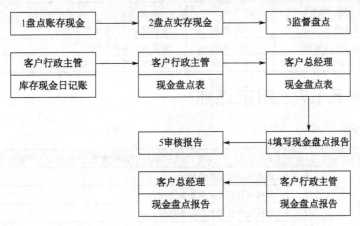

图 5-31　客户现金盘点流程图

5．实施步骤

（1）制造业企业

制造企业现金盘点步骤见表 5-13。

表 5-13　制造业企业现金盘点实施步骤

序号	操作步骤	角色	提示内容
1	查询现金日记账余额	出纳	1．查询现金日记账账面余额 2．确定现金盘点时点，通知财务部经理监督盘点
2	盘点库存现金	出纳	1．清点现金，填写现金盘点表 2．出纳在现金盘点表上签字确认
3	监督盘点	财务部经理	1．现金盘点时，财务部经理在场监督盘点 2．财务部经理在现金盘点表上签字确认
4	填写现金盘点报告单	出纳	根据盘点结果，填写现金盘点报告单
5	审核现金盘点报告单	财务部经理	审核出纳编制的现金盘点报告单

（2）客户（供应商）

客户（供应商）现金盘点步骤见表5-14。

表5-14　客户现金盘点实施步骤

序号	操作步骤	角色	提示内容
1	查询现金日记账余额	客户行政主管	1. 查询现金日记账账面余额 2. 确定现金盘点时点，通知客户总经理监督盘点
2	盘点库存现金	客户行政主管	1. 清点现金，填写现金盘点表 2. 客户行政主管在现金盘点表上签字确认
3	监督盘点	客户总经理	1. 现金盘点时，客户总经理在场监督盘点 2. 客户总经理在现金盘点表上签字确认
4	填写现金盘点报告单	客户行政主管	根据盘点结果，填写现金盘点报告单
5	审核现金盘点报告单	客户总经理	客户总经理在现金盘点报告单上签字确认

（3）银行

银行现金盘点步骤见表5-15。

表5-15　银行现金盘点实施步骤

序号	操作步骤	角色	提示内容
1	查询账存现金	银行柜员	查询现金日记账账面余额
2	盘点现金实物	银行柜员	盘点现金实物数量
3	登记盘点表	银行柜员	登记盘点表，填写盘点报告

实训任务 5.1.7　期末结账

1. 学习目标

目标分解	目标描述
知识目标	1. 熟悉期末结账的流程
	2. 掌握科目汇总表的编制方法
	3. 掌握资产负债表的编制方法
	4. 掌握利润表的编制方法
技能目标	1. 能够完成科目汇总的填制
	2. 能够计算并结转所得税费用
	3. 能够完成资产负债表的编制
	4. 能够完成利润表的编制

2. 情境导入

到了月末，好佳童车厂财务处的职工开始进行期末结账工作。出纳员赵丹、财务会计朱中华、成本会计刘自强将自己负责的科目明细账进行汇总；财务会计朱中华将本期发生的"收入"和"费用"类科目结转，计算并结转所得税；成本会计刘自强结转产成品及主营业务成本；对账无误后进行结账，并将其余额结转下期或者转入新账。财务部经理钱坤依据账簿信息，编制企业资产负债表和利润表。

财务部门各职员完成科目汇总、期末结账和编制财务报表的工作。

3. 相关知识

为了总结某一会计期间（如月度和年度）的经营活动情况，必须定期进行结账。结账之前，按企业财务管理和成本核算的要求，必须进行制造费用、产品生产成本的结转，期末调汇及损益结转等工作。

（1）期末结转

① 结转销售成本。在该任务中，成本会计要做的主要是计算已售商品的销售成本、编制销售成本结转的记账凭证和登记库存商品明细账。该项任务应在期末结账前由成本会计完成。

a．计算商品销售成本因为存货发出计价采用全月一次加权平均法，故销售商品在平时只在库存商品明细账上登记发出数量，发出金额月末再计算，如图 5-32 所示，上月结存经济型童车 2 000 辆，本月完工入库 4 000 辆，并分两次销售 1 000 辆和 3 000 辆。

根据库存商品明细账，先计算加权单价：

$$（701\ 000+1\ 373\ 612.66）÷（2\ 000+4\ 000）=345.77（元）$$

库存商品　明细账

2011年		凭号证数	摘　要	借　方		金　额									贷　方		金　额									结　存		金　额								
月	日			数量	单价	百	十	万	千	百	十	元	角	分	数量	单价	百	十	万	千	百	十	元	角	分	数量	单价	百	十	万	千	百	十	元	角	分
10	1		上月结转																							2000	350.5		7	0	1	0	0	0	0	0
	28	XX	完工入库	4000	343.4	1	3	7	3	6	1	2	6	6																						
	28	XX	销售经济童车												1000																					
	28	XX	销售经济童车												3000																					

图 5-32　库存商品明细账

本月结存商品成本：2 000×345.77=691 540（元）

本月商品销售成本：701 000+1 373 612.66-691 540=1 383 072.66（元）（含尾差）

b．编制记账凭证。结转销售成本的账务处理（图 5-33）为：

借：主营业务成本

　贷：库存商品——经济童车

记 账 凭 证

2011 年 10 月 31 日　　　　　　　　制单编号＿XX＿

摘　要	总账科目	明细科目	借方金额										贷方金额										账页
			千	百	十	万	千	百	十	元	角	分	千	百	十	万	千	百	十	元	角	分	
结转商品销售成本	主营业务成本			1	3	8	3	0	7	2	6	6											附凭证1张
	库存商品	经济童车												1	3	8	3	0	7	2	6	6	
合　　计				￥	6	6	3	0	0	0				￥	6	6	3	0	0	0			

会计主管　　　　　记账　　　　　稽核　　　　　制单 刘自强

图 5-33　结转销售成本账务处理示例

c．登记库存商品明细账。根据财务经理审核后的记账凭证登记库存商品明细账如图 5-34 至图 5-37 所示。

库存商品明细账

明细科目 __经济童车__ 单位（辆）

2011年 月 日	凭证数	摘要	账页	借方 数量	单价	金额 百十万千百十元角分	贷方 数量	单价	金额 百十万千百十元角分	结存 数量	单价	金额 百十万千百十元角分	稽核
10 1		上月结转								2000	350.50	7 0 1 0 0 0 0 0	
28		完工入库		4000	343.40	1 3 7 3 6 1 2 6 6							
28		销售产品					1000						
28		销售产品					3000						
28		结转销售成本						345.77	1 3 8 3 0 7 2 6 6				

图 5-34　数量金额式明细账月结示例（一）

库存商品明细账

明细科目 __经济童车__ 单位（辆）

2011年 月 日	凭证数	摘要	账页	借方 数量	单价	金额 百十万千百十元角分	贷方 数量	单价	金额 百十万千百十元角分	结存 数量	单价	金额 百十万千百十元角分	稽核
10 1		上月结转								2000	350.50	7 0 1 0 0 0 0 0	
28		完工入库		4000	343.40	1 3 7 3 6 1 2 6 6							
28		销售产品					1000						
28		销售产品					3000						
28		结转销售成本						345.77	1 3 8 3 0 7 2 6 6				
31		本月合计及余额		4000	343.40	1 3 7 3 6 1 2 6 6	4000	345.77	1 3 8 3 0 7 2 6 6	2000	345.77	6 9 1 5 4 0 0 0	

图 5-35　数量金额式明细账月结示例（二）

制造费用明细账

2011年 月 日	凭证号	摘要	借方 百十万千百十元角分	贷方 百十万千百十元角分	借或贷	余额 百十万千百十元角分	折旧费 借方 百十万千百十元角分	借方 百十万千百十元角分
10 28	转14	计提生产设备折旧	1 9 1 6 6 6		借	1 9 1 6 6 6	1 9 1 6 6 6	
28	转××	分配制造费用		1 9 1 6 6 6	平	0	1 9 1 6 6 6	
31		本月合计及余额	1 9 1 6 6 6	1 9 1 6 6 6	平	0	1 9 1 6 6 6	

此行为红字

图 5-36　多栏式明细账月结示例

生产成本明细账

产品品种 __经济童车__　　　　　计量单位 __辆__

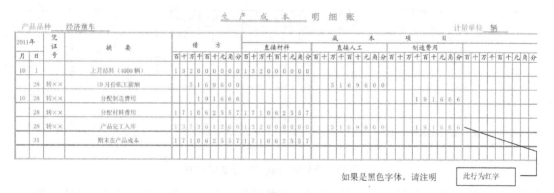

2011年 月 日	凭证号	摘要	借方 百十万千百十元角分	成本项目 直接材料 百十万千百十元角分	直接人工 百十万千百十元角分	制造费用 百十万千百十元角分
10 1		上月结转（4000辆）	1 3 2 0 0 0 0 0	1 3 2 0 0 0 0 0		
28	转××	10月份职工薪酬	5 1 6 9 6 0 0		5 1 6 9 6 0 0	
10 28	转××	分配制造费用	1 9 1 6 6 6			1 9 1 6 6 6
28	转××	分配材料费用	1 7 1 0 6 2 5 5 7	1 7 1 0 6 2 5 5 7		
28	转××	产品完工入库	1 3 7 3 6 1 2 6 6	1 3 2 0 0 0 0 0 0	5 1 6 9 6 0 0	1 9 1 6 6 6
31		期末在产品成本	1 7 1 0 6 2 5 5 7	1 7 1 0 6 2 5 5 7		

如果是黑色字体，请注明　　　　此行为红字

图 5-37　生产成本明细账月结示例

　　② 计提营业税金及附加。首先对所有流转税进行汇总，然后将"应交税费—应交增值税"、"应交税费—应交营业税"和"应交税费—应交消费税"明细账进行结账，最后结出应交流转税余额，以其为依据计提城市维护建设税和教育费附加。此操作由公司财务会计完成。

计算公式如下：

城市维护建设税=（应交增值税+应交营业税+应交消费税）×7%

教育费附加=（应交增值税+应交营业税+应交消费税）×3%

因为 VBSE 中童车厂不交营业税和消费税，所以只对应交增值税进行汇总，该公司本期应交增值税=销项税额-允许抵扣的进项税额-上期留抵税额=380 800-314 500-0=66 300 元。

城市维护建设税=66 300×7%=4 641

教育费附加=66 300×3%=1 989

编制计提营业税及附加的记账凭证如图 5-38 所示。

记 账 凭 证

2011 年 10 月 31 日　　　　　　　　　制单编号＿＿XX＿＿

摘 要	总账科目	明细科目	借 方 金 额										贷 方 金 额										账页
			千	百	十	万	千	百	十	元	角	分	千	百	十	万	千	百	十	元	角	分	
计提营业税金及附加	营业税金及附加					6	6	3	0	0	0	0											附凭证1张
	应交税费	城市维护建设税															4	6	4	1	0	0	
		教育费附加															1	9	8	9	0	0	
合　　计					￥	6	6	3	0	0	0	0			￥	6	6	3	0	0	0	0	

会计主管　　　　　　记账　　　　　　稽核　　　　制单 刘自强

图 5-38　计提营业税金及附加记账凭证示例

③ 损益结转。首先对所有损益类科目进行汇总，然后将汇总后的损益类科目转入"本年利润"科目，结转后的损益类科目余额为零（见表 5-16）。

表 5-16　损益类科目汇总表

科目名称	金额	数据来源
主营业务收入		财务会计的"主营业务收入"所有明细账本期累计发生额
主营业务成本		成本会计的"主营业务成本"所有明细账本期累计发生额
营业税金及附加		财务会计的"营业税金及附加"所有明细账本期累计发生额
销售费用		财务会计的"销售费用"所有明细账本期累计发生额
管理费用		财务会计的"管理费用"所有明细账本期累计发生额

期末结转填制记账凭证，如图 5-39 至图 5-41 所示。

记 账 凭 证

2011 年 10 月 31 日　　　　　　　　　制单编号 XX 1/2

摘 要	总账科目	明细科目	借 方 金 额										贷 方 金 额										账页
			千	百	十	万	千	百	十	元	角	分	千	百	十	万	千	百	十	元	角	分	
结转成本费用	本年利润			1	7	4	6	0	0	5	5	2											附凭证1张
	主营业务成本												1	3	8	3	0	7	2	6	6	
	营业税金及附加															6	6	3	0	0	0	
	管理费用	办公费															6	0	0	0	0	
		人工费												1	7	2	9	6	1	5	1	
		折旧法												2	3	4	3	3	3	5	
合　　计																							

会计主管　　　　　　记账　　　　　　稽核　　　　制单 刘自强

图 5-39　期末结转成本记账凭证（第一张）

记 账 凭 证

2011 年 10 月 31 日　　　　　　制单编号　XX 2/2

摘　要	总账科目	明细科目	借方金额										贷方金额										账页
			千	百	十	万	千	百	十	元	角	分	千	百	十	万	千	百	十	元	角	分	
结转成本费用	销售费用	人工费															3	7	3	0	8	0	0	
		会务费																2	0	0	0	0	0	
		广告费														1	2	0	0	0	0	0	0	
合　　　计			￥	1	7	4	6	0	0	5	5	2	￥	1	7	4	6	0	0	5	5	2	

会计主管　　　　记账　　　　　　稽核　　　　制单刘自强　　附凭证张

图 5-40　结转成本记账凭证（第二张）

记 账 凭 证

2011 年 10 月 31 日　　　　　　制单编号　XX

摘　要	总账科目	明细科目	借方金额										贷方金额										账页
			千	百	十	万	千	百	十	元	角	分	千	百	十	万	千	百	十	元	角	分	
结转收入	主营业务收入			2	2	4	0	0	0	0	0	0											
	本年利润													2	2	4	0	0	0	0	0	0	
合　　　计			￥	2	2	4	0	0	0	0	0	0	￥	2	2	4	0	0	0	0	0	0	

会计主管　　　　记账　　　　　　稽核　　　　制单刘自强　　附凭证1张

图 5-41　期末结转收入的记账凭证

④ 登记明细账并进行月末结账。财务会计根据经财务经理审核无误的记账凭证，登记所有损益类科目和"本年利润"明细账；月末对账无误后，进行上述各科目结账。

依据审核无误的记账凭证，登记账簿。例如，将"销售费用"转入"本年利润"，如图 5-42 和图 5-43 所示。其他损益类科目同理。

图 5-42　期末结转前的销售费用明细账

图 5-43　期末结转后的销售费用明细账

（2）登记总账

总账的登记依据和方法，主要取决于所采用的会计核算形式。它可以直接根据各种记账凭证逐笔登记，也可以先把记账凭证按照一定方式进行汇总，编制成科目汇总表或汇总记账凭证，然后据以登记。VBSE 实训企业采用科目汇总表方式。科目汇总表的编制是科目汇总表核算程序的一项重要工作，它是根据一定时期内的全部记账凭证，按科目作为归类标志进行编制的。

① 填写会计科目。将汇总期内各项经济业务所涉及的会计科目填制在科目汇总表（表 5-17）的"会计科目"栏。为了便于登记总分类账，会计科目的排列顺序应与总分类账上的会计科目的顺序一致。

表 5-17　科目汇总表

科目汇总表
2011 年 10 月 1 日至 2011 年 10 月 31 日

记账凭证自第 1 号至第 XX 号共 XX 张　　　　　　　　　　　　　　　　汇字第 X 号

会计科目	借　方											贷　方											账页
	亿	千	百	十	万	千	百	十	元	角	分	亿	千	百	十	万	千	百	十	元	角	分	
库存现金																							
银行存款																							
应收账款																							
其他应收款																							
原材料																							
半成品																							
库存商品																							
固定资产																							
累计折旧																							
短期借款																							
应付账款																							
应付职工薪酬																							
应交税费																							
长期借款																							
实收资本																							
盈余公积																							
本年利润																							
利润分配																							
生产成本																							
制造费用																							
主营业务收入																							
主营业务成本																							
营业税金及附加																							
管理费用																							
销售费用																							
财务费用																							
合计																							

收字　　　号至　　　号　　　付字　　　号至　　　号　　　转字　　　号至　　　号

主管会计：　　　　　记账：　　　　　稽核：　　　　　制单：

② 汇总发生额。根据汇总期内的全部记账凭证，按会计科目分别加总借方发生额和贷方发生额，并将其填列在相应会计科目行的"借方金额"和"贷方金额"栏。

③ 试算平衡。试算平衡是指在借贷记账法下，利用借贷发生额和期末余额（期初余额）的平衡原理，检查账户记录是否正确的一种方法。将汇总完毕的所有会计科目的借方发生额和贷方发生额汇总，进行发生额的试算平衡。

通过试算平衡表来检查账簿记录是否正确，一般情况下是可行的，但这并不意味着绝对正确。如果借贷不平衡，可以肯定账户的记录或者计算有误，但是如果借贷平衡，并不能肯定账户记录没有错误，比如试算平衡时，漏记、重记、记账方向颠倒和用错会计科目的情况，均不能通过试算平衡被发现。

④ 登记总账。根据科目汇总表登记总账并结出总账余额，以“银行存款”科目的总账为例，如图 5-44 所示。

总　账

科目名称　银行存款　　　　　　第　　页

2011 年		记账凭证		摘　要	页数	借　方	√	贷　方	√	借或贷	余　额	√
月	日	字	号			亿千百十万千百十元角分		亿千百十万千百十元角分			亿千百十万千百十元角分	
10	1			上月结转						借	248000000	
	31	汇	1	1-31 日汇总		280800000		263849000		借	264951000	

图 5-44　登记银行存款总账示例

（3）对账

对账是指核对账目。即对账簿和账户所记录的有关数据加以检查和核对，从而保证会计记录真实可靠、正确无误。会计人员要按照各种账簿记录情况的不同，分别进行日常和定期对账。

① 账证核对，是根据各种账簿记录与记账凭证及其所附的原始凭证进行核对。核对会计账簿记录与原始凭证、记账凭证的时间、凭证字号、内容、金额是否一致，记账方向是否相符。

② 账账核对，是指对各种账簿之间的有关数字进行核对。核对不同会计账簿记录是否相符，包括总账有关账户的余额核对，总账与明细账核对，总账与日记账核对，会计部门的财产物资明细账与财产物资保管和使用部门的有关明细账核对等。

③ 账实核对，是指各种财产物资的账面余额与实存数额相互核对。核对会计账簿记录与财产等实有数额是否相符，包括现金日记账账面余额与现金实际库存数核对，银行存款日记账账面余额与银行对账单核对，各种财物明细账账面余额与财物实存数额核对，各种应收、应付款明细账账面余额与有关债务、债权单位或者个人核对等。

④ 账表核对，是指对会计账簿记录与会计报表的有关内容进行核对，保证账表相符。

（4）结账

① 开始结账前应在本会计期间最后一笔业务下划一单线，从摘要栏划至余额栏分位为止。应在结账线下摘要栏内填写“本月合计”、“本季合计”、“本年累计”，从日期栏划一条通栏线，以示结账结束和将上下两个不同的会计期间分隔开。月结线划通栏单线；年结线划通栏双线，以示封账。结账线一般划红线。年末如有余额，在年结线下摘要栏内填写“结转下年”，发生额、余额均不填写；如无余额，空置不填。

② 全月只发生一笔业务的账户，不结计本月合计数，只在这一笔业务下划一条通栏单线，以示与下月业务分开。但如果为年结，仍然要划通栏双线；如需要结计本年累计发生额，仍应按结计本年累计的方法，上下划线。

③ 全月最后一笔账都应结计余额并注明借或贷，无余额的应在余额栏内用“0”表示，并在“借或贷”栏填“平”。

④ 实际工作中，现金日记账、银行存款日记账都应结计本月合计、本年累计。结账时，

如果余额出现负数，可以在余额栏用红字登记，但如果余额栏前有余额方向，"借"或"贷"则应用蓝黑墨水书写，不能使用红色墨水。

（5）编制利润表

利润表，也称损益表，是反映企业在一定会计期间经营成果的报表，其格式如表 5-18 所示。例如，反映 1 月 1 日至 1 月 31 日的经营成果，由于它反映的是某一期间的情况，所以又称为动态报表。利润表一般有表首、正表两部分。其中表首说明报表名称编制单位、编制日期、报表编号、货币名称、计量单位等；正表是利润表的主体，反映形成经营成果的各个项目和计算过程。

表 5-18　利润表格式示例

利润表

会企 02 表

编制单位：　　　　　　　　　　　　　　　　年　　月　　　　　　　　　　　　　　　单位：元

项　目	本期金额	上期金额
一、营业收入		
减：营业成本		
营业税金及附加		
销售费用		
管理费用		
财务费用		
资产减值损失		
加：公允价值变动收益（损失以"－"号填列）		
投资收益（损失以"－"号填列）		
其中：对联营企业和合营企业的投资收益		
二、营业利润（亏损以"－"号填列）		
加：营业外收入		
减：营业外支出		
其中：非流动资产处置损失		
三、利润总额（亏损总额以"－"号填列）		
减：所得税费用		
四、净利润（净亏损以"－"号填列）		

利润表以会计等式"收入-费用=利润"为编制依据，相关计算公式如下：

① 营业利润=营业收入-营业成本-营业税金及附加-销售费用-管理费用-财务费用-资产减值损失+公允价值变动收益（或-公允价值变动损失）+投资收益（或-投资损失）

其中，营业收入=主营业务收入+其他业务收入，营业成本=主营业务成本+其他业务成本。

② 利润总额=营业利润+营业外收入-营业外支出

③ 净利润=利润总额-所得税费用

（6）编制资产负债表

资产负债表（见表 5-19）是表示企业在一定日期（通常为各会计期末）的财务状况（即资产、负债和所有者权益的状况）的主要会计报表。资产负债表一般有表首、正表两部分。其中，表首概括地说明报表名称、编制单位、编制日期、报表编号、货币名称、计量单位等。正表是资产负债表的主体，列示了用以说明企业财务状况的各个项目。

表 5-19 资产负债表示例

资产负债表

会企 01 表

编制单位：　　　　　　　　　　　年　月　日　　　　　　　　　　　单位：元

资　产	期末余额	负债和所有者权益	期末余额
流动资产：		流动负债：	
货币资金		短期借款	
交易性金融资产		交易性金融负债	
应收票据		应付票据	
应收账款		应付账款	
预付款项		预收款项	
应收利息		应付职工薪酬	
应收股利		应交税费	
其他应收款		应付利息	
存货		应付股利	
一年内到期的非流动资产		其他应付款	
其他流动资产		一年内到期的非流动负债	
流动资产合计		其他流动负债	
非流动资产：		流动负债合计	
可供出售金融资产		非流动负债：	
持有至到期投资		长期借款	
长期应收款		应付债券	
长期股权投资		长期应付款	
投资性房地产		专项应付款	
固定资产		预计负债	
在建工程		递延所得税负债	
工程物资		其他非流动负债	
固定资产清理		非流动负债合计	
生产性生物资产		负债合计	
油气资产		所有者权益（或股东权益）：	
无形资产		实收资本（或股本）	
开发支出		资本公积	
商誉		减：库存股	
长期待摊费用		盈余公积	
递延所得税资产		未分配利润	
其他非流动资产		所有者权益合计	
非流动资产合计			
资产总计		负债和所有者权益总计	

　　资产负债表采用账户式。左边列示资产，右边列示负债和所有者权益。资产各项目的合计等于负债和所有者权益各项目的合计，即"资产=负债+所有者权益"。

　　资产负债表每个项目又分为"期末余额"和"年初余额"两栏分别填列。

　　资产负债表的"年初数"栏内各项数字，根据上年末资产负债表"期末数"栏内各项数字填列，"期末数"栏内各项数字根据会计期末各总账账户及所属明细账户的余额填列。如果当年度资产负债表规定的各个项目的名称和内容同上年度不相一致，则按编报当年的口径对上年年末资产负债表各项目的名称和数字进行调整，填入本表"年初数"栏内。

　　资产负债表"期末数"各项目的内容和填列方法如下：

① "货币资金"项目，根据"现金"、"银行存款"、"其他货币资金"科目的期末余额合计填列。

② "应收账款"项目，根据"应收账款"、"预收账款"科目所属各明细科目的期末借方余额合计，减去"坏账准备"科目中有关应收账款计提的坏账准备期末余额后的金额填列。

③ "其他应收款"项目，根据"其他应收款"科目的期末余额，减去"坏账准备"科目中有关其他应收款计提的坏账准备期末余额后的金额填列。

④ "存货"项目，根据"原材料"、"自制半成品"、"库存商品"、"生产成本"等科目的期末余额合计填列。材料采用计划成本核算，以及库存商品采用计划成本或售价核算的企业，还应按加或减材料成本差异、商品进销差价后的金额填列。

⑤ "固定资产"项目，根据"固定资产"科目和"累计折旧"科目的期末余额填列。

⑥ "短期借款"项目，根据"短期借款"科目的期末余额填列。

⑦ "应付账款"项目，根据"应付账款"、"预付账款"科目所属各有关明细科目的期末贷方余额合计填列。

⑧ "应付职工薪酬"项目，根据"应付职工薪酬"科目期末贷方余额填列。

⑨ "应交税费"项目，根据"应交税费"科目的期末余额填列。

⑩ "其他应付款"项目，根据"其他应付款"科目的期末余额填列。

⑪ "长期借款"项目，根据"长期借款"科目的期末余额填列。

⑫ "实收资本"项目，根据"实收资本"科目的期末余额填列。

⑬ "资本公积"项目，根据"资本公积"科目的期末余额填列。

⑭ "盈余公积"项目，根据"盈余公积"科目的期末余额填列。

⑮ "未分配利润"项目，根据"本年利润"科目和"利润分配"科目的余额计算填列。未弥补的亏损，在本项目内以"-"号填列。

4. 实施步骤

（1）制造业企业

制造业企业期末结账实施步骤如表 5-20 所示。

表 5-20　制造业企业期末结账实施步骤

序号	操作步骤	角色	提示内容
1	编制科目汇总表	财务部经理	1. 根据各职能会计及出纳所记科目明细账进行科目汇总 2. 编制科目汇总表，并试算平衡
2	期末结转	财务会计	1. 汇总损益类发生额，并与财务经理所编制的科目汇总表核对相符 2. 编制期末结转损益的记账凭证，结转收入、主营业务税金及附加、管理费用、销售费用、财务费用、所得税、主营业务成本等损益类科目 3. 登记各相关明细账簿
3	登记总账	财务部经理	1. 根据科目汇总表登记总账 2. 将结转损益的凭证也过入总账，并结清当期损益类科目
4	出具报表	财务部经理	1. 根据总账及科目汇总表分析填列资产负债表 2. 根据总账及科目汇总表分析填列利润表

（2）客户（供应商）

客户（供应商）期末结账实施步骤如表 5-21 所示。

表 5-21　客户期末结账实施步骤

序号	操作步骤	角色	提示内容
1	编制科目汇总表	客户总经理	根据日记账及记账凭证编制科目汇总表
2	结转损益	客户总经理	将科目汇总表里的损益类科目本期发生额结转致本年利润科目

实训项目 5.2　银行相关业务

实训任务 5.2.1　购买支票

1．学习目标

目标分解	目标描述
知识目标	1．熟悉企业购买支票的流程
	2．了解银行出售支票的流程
技能目标	1．按照企业/客户/供应商购买支票的流程，能够完成支票购买的整个过程
	2．按照银行的业务规范，能够将支票出售给企业

2．情境导入

2011 年 10 月 18 日，像往常一样，财务处出纳赵丹来到公司开始上班，他刚刚坐到了座位上，就被告知需要去银行购买一些支票，因为财务部的支票快用完了，于是赵丹便拿着银行印鉴文件来到了银行。

与赵丹情况相类似的还有客户和供应商，他们也需要每隔一段时间去基本存款账户的开户行购置一些支票。

3．相关知识

不同银行对于购买支票的规定有所差别，对于购买支票需要携带的资料与证件最好在办理前向相关银行咨询清楚，以免对工作造成不便。在 VBSE 系统中，携带银行印鉴即可。

购买支票的会计分录为：

借：财务费用

　贷：库存现金

4．任务流程

（1）制造业企业购买支票

在 VBSE 系统中，制造业企业由出纳携带银行印鉴去银行购买发票，取得收费凭证交由财务部门完成相应账务处理，具体流程如图 5-45 所示。

（2）客户（供应商）购买支票

在 VBSE 系统中，客户和供应商购买支票流程相同，较制造业企业简化，具体流程如图 5-46。

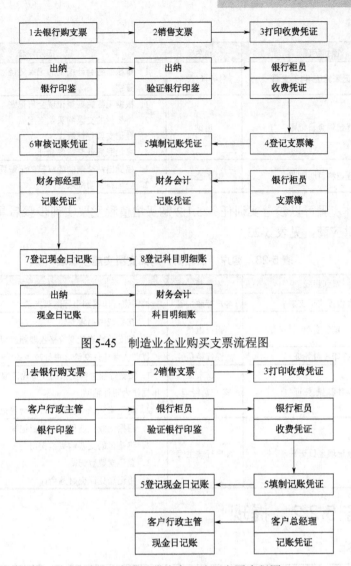

图 5-45　制造业企业购买支票流程图

图 5-46　客户（供应商）购买支票流程图

5. 实施步骤

（1）制造业企业（见表 5-22）

表 5-22　制造企业购买支票实施步骤表

序号	操作步骤	角色	提示内容
1	去银行购买支票	出纳	携带银行印鉴到银行购买支票
2	验证银行印鉴	银行柜员	验证银行印鉴
3	销售支票	银行柜员	在系统中销售支票
4	打印收费凭证	银行柜员	1. 按支票销售量及价格收取相应现金 2. 打印收费凭证
5	登记支票簿	银行柜员	登记支票簿上记录支票号码
6	将支票及收费凭证交给出纳	银行柜员	将支票及收费凭证交给出纳
7	填制记账凭证-购买支票	财务会计	1. 接受出纳交来的收费凭证 2. 编制记账凭证，将原始单据作为附件粘贴

序号	操作步骤	角色	提示内容
8	审核记账凭证-购买支票	财务部经理	1. 审核财务会计编制的记账凭证 2. 签字
9	登记现金日记账	出纳	1. 根据记账凭证登记现金日记账 2. 将垫付的支票购买款支出 3. 登记支票登记簿 4. 将记账凭证交财务会计
10	登记科目明细账	财务会计	1. 接受出纳交来的经审核的记账凭证 2. 登记科目明细账

账务处理具体步骤可以参考实训任务 5.1.2 购买增值税发票实训步骤后具体说明。

（2）客户（供应商，见表 5-23）

表 5-23　客户（供应商）购买支票实施步骤表

序号	操作步骤	角色	提示内容
1	去银行购买支票	客户行政主管	携带银行印鉴到银行购买支票
2	销售支票	银行柜员	1. 在系统中销售支票 2. 按支票销售量及价格收取相应现金
3	打印收费凭证	银行柜员	打印收费凭证交给客户行政主管
4	填制记账凭证	客户总经理	1. 接受行政主管交来的收费凭证编制记账凭证，将原始单据作为附件粘贴 2. 将记账凭证交客户行政主管登记是记账
5	登记现金日记账	客户行政主管	1. 根据记账凭证登记现金日记账 2. 将垫付的支票购买款支出 3. 登记支票登记簿 4. 将记账凭证交财务会计

实训任务 5.2.2　提现

1. 学习目标

目标分解	目标描述
知识目标	1. 熟悉企业提取现金的流程
	2. 了解现金支票簿的作用
技能目标	1. 掌握支出凭单的填写
	2. 掌握现金支票的规范填写方法
	3. 掌握支票登记簿的填写方法
	4. 能够完成提取现金的整个过程
	5. 掌握签发现金支票后续业务处理

2. 情境导入

2012 年 9 月 6 日，好佳童车厂财务处出纳员赵丹发现库存现金不足，需要去银行提取现金 10 000 元，于是她开出一张支出凭单，交由财务部经理审核后开出一张现金支票，去银行提取现金。

任务描述：出纳员拿现金支票去银行提取现金，并完成相应的财务处理流程。

3. 相关知识

（1）支票的概念

支票是出票人签发，委托办理支票存款业务的银行或者其他金融机构在见票时无条件支付确定的金额给收款人或持票人的票据。

（2）支票的种类

支票分为现金支票、转账支票、普通支票三种。

① 现金支票。只能用于支取现金，它可以由存款人签发用于到银行为本单位提取现金，也可以签发给其他单位和个人用来办理结算或者委托银行代为支付现金给收款人。

② 转账支票。只能用于转账，它适用于存款人给同一城市范围内的收款单位划转款项，以办理商品交易、劳务供应、清偿债务和其他往来款项结算。

③ 普通支票。可以用于支取现金，也可以用于转账。但在普通支票左上角划两条平行线的，为划线支票，只能用于转账，不能支取现金。划线支票与一般支票不同，划线支票非由银行不得领取票款，故只能委托银行代收票款入账。使用划线支票的目的是为了在支票遗失或被人冒领时，还有可能通过银行代收的线索追回票款。

（3）现金支票的填写方法

现金支票签发日期：支票日期必须大写。

a. 壹月、贰月前必须写"零"字，叁月至玖月前零字可写可不写。拾月至拾贰月必须写成壹拾月、壹拾壹月、壹拾贰月（前面多写了"零"字也可以，如零壹拾月）。这样做是为了防止支票出票后修改日期，例如：壹月前面若不加"零"字，在前面加添"壹拾"就会变成 11 月。对于 3 到 9 月，虽然不用担心前面加添"壹拾"，但习惯上我们一般会在前面写零字。

b. 壹日至玖日前必须写"零"字，拾日至拾玖日必须写成壹拾日及壹拾玖日（壹拾日前面多写了"零"字也可以），贰拾日至贰拾玖日必须写成贰拾日至贰拾玖日，叁拾日至叁拾壹日必须写成叁拾日及叁拾壹日。这样做也是为了防止支票出票后修改日期。

收款人：现金支票的收款人一般为本单位，应填写本单位全称。

金额：注意数字的大写写法，零、壹、贰、叁、肆、伍、陆、柒、捌、玖、拾、佰、仟、万、亿；大写金额前不得留有空格；大小金额必须一致；小写前加人民币符号"￥"。

用途：要据实填写使用用途。

密码：填写该张支票密码。

支票存根联：根据支票正联信息填写。

在支票正联加盖银行预留印鉴：财务专用章、法人章。

在支票背面加盖银行预留印鉴：财务专用章、法人章。

注意：现金支票付款有效期为 10 天。

图 5-47 和 5-48 为现金支票正面和背面填写示例。

（4）支票登记簿

做好支票登记簿的登记是出纳人员的重要工作之一。支票登记簿记录支票领用日期、用途、金额、支票号、部门、领用人等，在一定程度上保证了银行存款的管理，图 5-49 为支票登记簿示例。支票登记簿的使用时需注意：

① 作废的支票，需盖"作废"戳记，粘贴于该同一号码的存根上，以示慎重。

② 每日营业终了，出纳人员应及时查对当日签发支票存根，结计金额与银行存款科目签发总数是否相符，同时查点尚未使用的空白张数是否相符。

③ 用讫的支票簿（存根），需交还经管人员查核使用张数及作废张数是否相符，妥善保存。

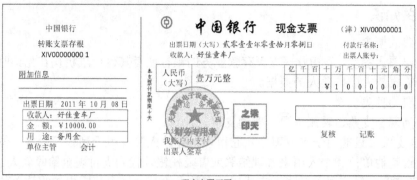

现金支票正面

现金支票背面

图 5-47　现金支票正面填写示例

图 5-48　现金支票背面填写示例

支票登记簿

日期	用途	金额	支票号	部门	领用人
2012.9.06	提现	1 000.00	0089176	财务部	赵丹

图 5-49　支票登记簿（现金支票页）示例

4. 任务流程

（1）制造业企业提取现金

在 VBSE 系统中，制造业企业由出纳填写支出凭证经财务部经理审核无误后，填写支票并加盖印鉴、登记支票簿提取现金，并完成相应账务处理，具体流程如图 5-50 所示。

图 5-50 制造业企业提取现金流程图

（2）客户（供应商）提取现金

在 VBSE 系统中，客户和供应商提取现金流程相同，具体流程如图 5-51 所示。

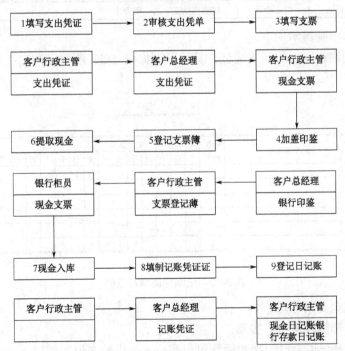

图 5-51 客户（供应商）提取现金流程图

5. 实施步骤

（1）制造业企业

制造业企业提取现金步骤见表 5-24。

表 5-24　制造企业提取现金实施步骤

序号	操作步骤	角色	提示内容
1	填写支出凭单	出纳	1. 根据现金需要量填写支出凭单 2. 将支出凭单提交财务部经理审核
2	审核支出凭单	财务部经理	审核支出凭单的准确、合理性并签字
3	填写支票并盖章	出纳	1. 接受经审核的支出凭单 2. 签发现金支票
4	加盖印鉴	财务部经理	1. 在现金支票上加盖印章
5	登记支票簿	出纳	1. 按签发的支票登记支票登记簿 2. 去银行提取现金
6	提取现金	银行柜员	1. 接受现金支票 2. 办理提取现金业务 3. 将现金交给取款人
7	现金入库	出纳	1. 取现回来及时将现金入库 2. 将支票存根交财务会计记账
8	填制记账凭证	财务会计	填制银行取现的记账凭证
9	审核记账凭证	财务部经理	审核财务会计编制的记账凭证
10	登记日记账	出纳	1. 根据经审核的记账凭证登记现金日记账和银行存款日记账 2. 将记账凭证交财会
11	接收记账凭证	财务会计	接收出纳交来的记账凭证

财务处理具体步骤提示如下：

第八步，填制银行取现的记账凭证，具体范例如图 5-52 所示（注意：金额为举例说明，根据实际填写）。

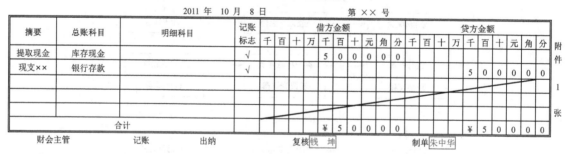

图 5-52　记账凭证填写范例

摘要中填写现金支票号码。

第九步，财务部经理审核并盖章。

第十步：出纳登记现金日记账和银行日记账——由出纳在记账凭证上盖章，并分别登记库存现金日记账、银行存款日记账（图 5-53 和 5-54 中金额为举例说明）。

库 存 现 金 日 记 账

2011年		凭证编号	摘　要	对方科目	借　方								贷　方								方向	余　额								√
月	日				百	十	万	千	百	十	元	角	分	百	十	万	千	百	十	元	角	分		百	十	万	千	百	十	元	角	分	
10	1		上月结转																				借				5	0	0	0	0	0	
10	8	记××	提取现金	银行存款				5	0	0	0	0	0										借			1	0	0	0	0	0	0	

图 5-53　库存现金日记账填写范例

银 行 存 款 日 记 账

2011年		凭证编号	摘　要	对方科目	借　方								贷　方								方向	余　额								√
月	日				百	十	万	千	百	十	元	角	分	百	十	万	千	百	十	元	角	分		百	十	万	千	百	十	元	角	分	
10	1		上月结转																				借	2	4	8	0	0	0	0	0	0	
10	8	记××	提取现金	库存现金													5	0	0	0	0	0	借	2	4	3	0	0	0	0	0	0	

图 5-54　银行存款日记账填写范例

（2）客户（供应商）

客户（供应商）提取现金实施步骤如表 5-25 所示。

表 5-25　客户（供应商）提取现金实施步骤

序号	操作步骤	角色	提示内容
1	填写支出凭单	客户行政主管	1. 根据现金需要量填写支出凭单 2. 将支出凭单提交客户总经理审核
2	审核支出凭单	客户总经理	审核支出凭单的准确、合理性并签字
3	填写支票并盖章	客户行政主管	1. 接受经审核的支出凭单 2. 签发现金支票
4	加盖印鉴	客户总经理	1. 在现金支票上加盖印章
5	登记支票簿	客户行政主管	1. 按签发的支票登记支票登记簿 2. 去银行提取现金
6	提取现金	银行柜员	1. 接受现金支票 2. 办理提取现金业务 3. 将现金交给取款人
7	现金入库	客户行政主管	取现回来及时将现金入库
8	填制记账凭证	客户总经理	填制银行取现的记账凭证
9	登记日记账	客户行政主管	1. 根据经审核的记账凭证登记现金日记账和银行存款日记账 2. 将记账凭证交财会计

实训任务 5.2.3　存款

1. 学习目标

目标分解	目标描述
知识目标	1. 熟悉企业存款的流程
	2. 掌握库存现金限额的管理规定
	3. 了解现金缴款单、银行进账单的作用
技能目标	1. 能够完成企业缴存现金的整个过程
	2. 能够完成企业缴存支票、汇票等票据的整个过程
	3. 能够正确填写现金缴款单、银行进账单
	4. 能够完成企业存款的财务处理

2．情境导入

2012 年 10 月 20 日，财务处出纳赵丹登记库存现金日记账时发现库存现金余额已经超过了公司库存现金限额，赵丹完成日常的工作后，去了趟银行，将多出的现金送存银行。

3．相关知识

（1）库存现金限额

库存现金限额是指为保证各单位日常零星支付按规定允许留存的现金的最高数额。

库存现金的库存现金限额，由开户行根据开户单位的实际需要和距离银行远近等情况核定。其限额一般按照单位 3～5 天日常零星开支所需现金确定。边远地区和交通不便地区的开户单位的库存现金限额可按多于 5 天，但不得超过 15 天的日常零星开支的需要确定。其余现金需送存银行。

（2）现金缴款单（交款单）

现金缴款单（图 5-55）是单位去银行账户上（本单位或其他单位的银行账户）存现金时填写的凭证，一般第一联银行加盖相关印章后退给单位作为回单，第二联加盖相关印章作为银行的记账凭证，装订入传票。

相关印章是指现金收讫章或业务清讫章。

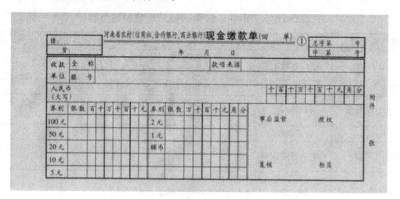

图 5-55　现金缴款单（交款单）

（3）银行进账单

银行进账单（图 5-56）是持票人或收款人将票据款项存入收款人在银行账户的凭证，也是银行将票据款项记入收款人账户的凭证。

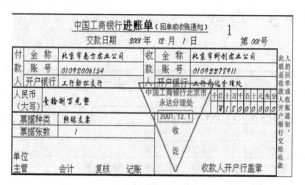

图 5-56　银行进账单

银行进账单分为三联式银行进账单和二联式银行进账单。不同的持票人应按照规定使用不同的银行进账单。

持票人填写银行进账单时，必须清楚地填写票据种类、票据张数、收款人名称、收款人开户银行及账号、付款人名称、付款人开户银行及账号、票据金额等栏目，并连同相关票据一并交给银行经办人员，对于二联式银行进账单，银行受理后，银行应在第一联上加盖转讫章并退给持票人，持票人凭以记账。把支票存入银行后，支票就留在银行了，但银行会给企业出具一个进账单，企业凭进账单来记账，说明支票上的款项划到企业的银行存款账号。

（4）账务处理

企业向银行账户存入现金，以现金缴款单回单为依据作记账凭证，会计分录为：

借：银行存款

　　贷：库存现金

4. 任务流程

（1）制造业企业企业存款

在 VBSE 系统中，制造业企业由出纳填写现金缴款单交由银行柜员存入现金，由财务部门完成相应账务处理，具体流程如图 5-57 所示。

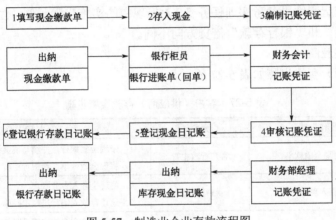

图 5-57　制造业企业存款流程图

（2）客户（供应商）存款

在 VBSE 系统中客户和供应商存款工作流程相同，具体流程如图 5-58 所示。

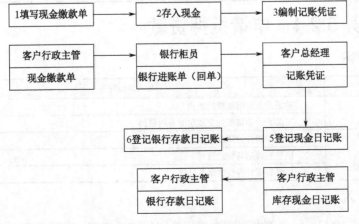

图 5-58　客户（供应商）存款流程图

5. 实施步骤

（1）制造业企业

制造企业存款实施步骤如表5-26所示。

表5-26　制造业企业存款实施步骤表

序号	操作步骤	角色	提示内容
1	填写现金缴款单	出纳	1. 带现金到银行，并填写现金缴款单 2. 将现金缴款单交给银行柜员
2	存入现金	银行柜员	1. 将现金存入企业账户 2. 返还存款人银行进账单回单
3	编制记账凭证	财务会计	1. 接受出纳交来的银行进账单回单 2. 编制记账凭证
4	审核记账凭证	财务部经理	审核记账凭证
5	登记现金日记账	出纳	按记账凭证登记现金日记账
6	登记银行存款日记账	出纳	按记账凭证登记现金日记账

具体财务操作步骤提示如下：

记账凭证与登记账簿可参考实训任务5.2.2提现中的实施步骤示例。注意：存款业务与提现业务"库存现金"和"银行存款"借贷方向不同。

（2）客户（供应商）

客户（供应商）存款步骤如表5-27所示。

表5-27　客户（供应商）存款实施步骤

序号	操作步骤	角色	提示内容
1	填写现金缴款单	客户行政主管	1. 带现金到银行，并填写现金缴款单 2. 将现金缴款单交给银行柜员
2	存入现金	银行柜员	1. 将现金存入企业账户 2. 返还存款人银行进账单回单
3	编制记账凭证	客户总经理	1. 接受出纳交来的银行进账单回单 2. 编制记账凭证
4	登记现金日记账	客户行政主管	按记账凭证登记现金日记账
5	登记银行存款日记账	客户行政主管	按记账凭证登记现金日记账

实训任务5.2.4　申请抵押贷款

1. 学习目标

目标分解	目标描述
知识目标	1. 熟悉企业申请抵押的流程 2. 了解企业申请抵押贷款需准备的资料
技能目标	1. 掌握申请抵押贷款的基本条件 2. 能够正确准备贷款资料 3. 能够完成抵押贷款账务处理

2. 情境导入

2012年11月10日，财务部经理乾坤根据公司的实际情况，发现需要申请贷款，并确定需要贷款的额度，填写贷款申请书以便向总经理梁天提出申请；总经理梁天根据财务经理钱坤提出的贷款额度与企业的资金需求计划，审核贷款额度的合理性并签批。

企业向银行申请抵押贷款。

3．相关知识

（1）抵押贷款的概念

抵押贷款指借款者以一定的抵押品作为物品保证向银行取得的贷款。它是商业银行的一种放款形式。抵押品通常包括有价证券、国债券、各种股票、房地产以及货物的提单或其他各种证明物品所有权的单据。贷款到期，借款者必须如数归还，否则银行有权处理抵押品。在 VBSE 系统里，银行放贷具体方式如表 5-28 所示。

表 5-28　VBSE 银行放贷相关规定

放贷方式	放贷种类	贷款利率	贷款限额	贷款期限	还款约定
银行抵押贷款	长期贷款	8%	按抵押物评估价值的 30%～70%	按年，最长 5 年，最短 2 年	每季付息，到期还本

（2）借款人应具备的基本条件

① 经工商行政管理机关（或主管机关）核准登记，实行独立核算的企业法人、事业法人和其他经济组织。

② 在银行开立基本存款账户或一般存款账户，持有人民银行颁发的贷款卡。

③ 信用等级符合我行贷款规定 A 以上。

④ 符合国家产业政策和银行行业政策，主业突出，管理制度完善，对外权益性投资比例符合国家有关规定（50%）。经营稳定，财务状况良好，流动性及盈利能力较强，在行业或区域内具有明显的竞争优势和良好的发展能力。

⑤ 借款人信誉良好，在银行融资无不良信用记录。

⑥ 项目贷款须有国家规定比例的资本金、批准文件等。

⑦ 贷款行要求的其他条件。

（3）资料准备——客户评级、授信须提供的资料

① 年审有效的营业执照、组织机构代码证、国地税登记证、银行开户许可证、贷款卡、法人代表身份证明等复印件。

② 最近一次的验资报告。

③ 企业近三年的财务报表及最近一期的月度财务报表。

④ 年度财务报表要经过专业审计机构审计，且审计结论为无保留意见，审计报告至少要包括财务报表（资产负债表、损益表和现金流量表）、财务报表编制说明及报表附注和专业审计机构的审计结论三个部分。

⑤ 企业章程、环保合格证书及资质证明等其他材料。

⑥ 根据省行业务需要及授信审批部要求提供的其他资料。

（4）资料准备——办理贷款须提供的资料

① 借款人基本情况介绍，主要内容包括以下内容：

a．成立时间、行政隶属关系、地理位置及历史沿革、组织形式、产权构成情况及关联人情况。

b．主要业务范围，所从事的业务是否具有一定的垄断性、自成立以来业务发展情况，机

构规模的变化情况。

c. 近三年经营情况，应收、应付款及预收账款等科目情况。事业单位应包括近三年收支平衡情况、事业性收入和支出金额在全部收支总额中的占比情况，其中事业经费拨款收入在全部事业性收入中的占比、经营性收入支出额在全部收支总额中的占比情况。

d. 在各家银行业务开展情况及信誉状况。

e. 发展前景预测，并说明预测依据。

f. 其他应特别说明的重要事项。

② 借款人营业执照，法定代表人资格认定书，法人代码证书（事业法人要有政府对借款人的有关授权、承诺文件等），税务登记证（国、地税），贷款卡，公司章程，借款人资质证明文件。

③ 借款人最近三年经过会计师事务所审计的资产负债表、收入支出表、基金变动情况表、有关附表、附注及财务报告编制说明书，最近一期的财务报表。

④ 借款人现有负债清单及信用状况资料。

⑤ 市场供求、行业状况分析资料。

⑥ 法定代表人身份证明及签字样本、印鉴。

⑦ 其他所须提供的资料。

（5）资料准备

项目贷款除以上资料外，还应提供：

① 有关部门对项目立项的批复、《项目建议书》及批复、《项目可行性研究报告》及批复、环保部门及其他有权部门对项目的《环评报告》批复文件、权威部门论证结论。

② 企业自筹资金来源、资质证明等文件。

③ 资金使用计划、贷款偿还方式及计划，借款人贷款偿还期内现金流量预测资料。

（6）抵押贷款账务处理

借：银行存款

贷：长期借款

4. 任务流程

（1）制造业企业申请贷款

在 VBSE 系统中，制造业企业由财务部经理确定贷款额度并报由总经理审批，在银行取得贷款和回执，并完成相应账务处理，具体流程如图 5-59 所示。

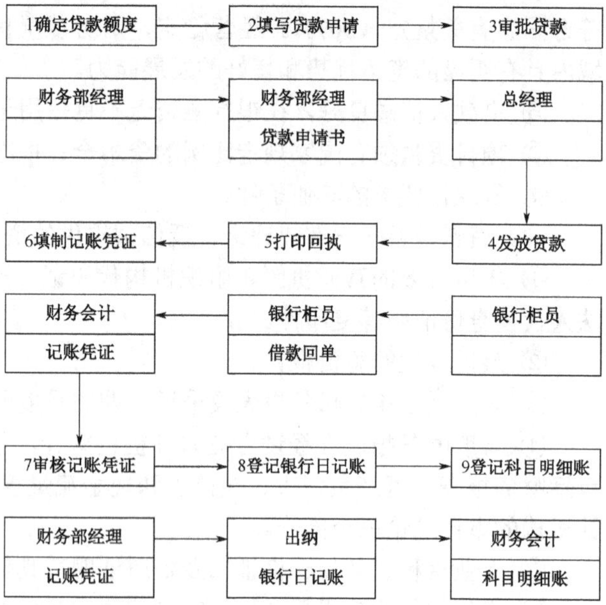

5. 实施步骤

企业申请贷款实施步骤如表 5-29 所示。

图 5-59　制造业企业申请贷款流程图

表 5-29　企业申请贷款实施步骤

序号	操作步骤	角色	提示内容
1	确定贷款额度	财务部经理	根据企业资金需要量确定贷款额度

续表

序号	操作步骤	角色	提示内容
2	填写贷款申请书	财务部经理	1. 实训中不使用格式化贷款申请书，由财务经理填写贷款申请书，主要条款是发放贷款银行名称、贷款期限、贷款金额、抵押物名称及价值、贷款企业名称等 2. 向总经理提交贷款申请书
3	审批贷款	总经理	根据财务经理提出的贷款额度与企业的资金需求计划审核贷款额度的合理性并签批
4	发放贷款	银行柜员	1. 接受企业财务经理的贷款申请 2. 在系统中为企业发放贷款
5	打印回执	银行柜员	1. 打印借款回单 2. 将回单交财务经理
6	编制记账凭证	财务会计	1. 接收财务经理交来的银行借款回单 2. 根据借款回单编制记账凭证
7	审核记账凭证	财务部经理	审核财务会计编制的记账凭证
8	登记银行存款明细账	出纳	1. 接受财务经理审核过的记账凭证 2. 登记银行存款日记账
9	登记科目明细账	财务会计	登记长期借款科目明细账

账务处理具体步骤提示如下：

第六步：编制记账凭证——具体范例见图 5-60（注意，图中金额为举例说明，实操中应根据实际填写）。

记　账　凭　证

2011 年 10 月 8 日　　　　　　　　　　第××号

摘要	总账科目	明细科目	记账标志	借方金额 千百十万千百十元角分	贷方金额 千百十万千百十元角分	附件
收到贷款	银行存款		√	1 0 0 0 0 0 0 0 0 0		
	长期借款		√		1 0 0 0 0 0 0 0 0 0	1
						张
合计				¥ 1 0 0 0 0 0 0 0 0 0	¥ 1 0 0 0 0 0 0 0 0 0	

财会主管　　　　　记账　　　　　出纳　　　　　复核 钱　坤　　　制单 朱中华

图 5-60　记账凭证填写范例

第七步，财务部经理审核并盖章。

第八步：登记银行日记账——由出纳在记账凭证上盖章，并登记银行存款日记账（图 5-61 中金额为举例说明）。

银　行　存　款　日　记　账

2011 年 月	日	凭证编号	摘　要	对方科目	借　方 百十万千百十元角分	贷　方 百十万千百十元角分	方向	余　额 百十万千百十元角分	√
10	1		上月结转				借	2 4 8 0 0 0 0 0	
10	8	记××	收到银行贷款	长期借款	1 0 0 0 0 0 0 0 0		借	3 4 8 0 0 0 0 0	

图 5-61　银行存款日记账填写范例

注意事项：

① 银行存款日记账需根据记账凭证填列。

② 对方科目栏填写银行存款的对应科目。

③ 银行存款日记账借方登记银行存款的增加额，贷方登记银行存款的减少额，期末余额都在借方，即"借方期末余额=借方期初余额+借方发生额-贷方发生额"。

④ 出纳登记银行存款日记账后，要在记账凭证记账标志栏中打"√"，表示已经登账。

第五步：登记科目明细账——登记方法如图 5-62 所示，图中金额为举例说明。

长期借款 明 细 账

2011年		凭证编号	摘 要	对方科目	借 方										贷 方										方向	余 额										√
月	日				百	十	万	千	百	十	元	角	分	百	十	万	千	百	十	元	角	分		百	十	万	千	百	十	元	角	分	
10	1		上月结转																				贷		1	0	0	0	0	0	0	0	
10	8	记××	收到银行贷款	银行存款											1	0	0	0	0	0	0	0	贷	1	1	0	0	0	0	0	0	0	

图 5-62　长期借款明细账填写范例

注意：

① 长期借款明细账需根据记账凭证填列。

② 对方科目栏填写长期借款的对应科目。

③ 长期借款为负债类科目，明细账借方登记长期借款减少额，贷方登记长期借款增加额，期末余额在贷方，即"贷方期末余额=贷方期初余额+贷方发生额-借方发生额"。

④ 财务会计登记长期借款明细账后，要在记账凭证记账标志栏中打"√"，表示已经登账。

扩 展 知 识	抵押与质押	

实训任务 5.2.5　支付贷款利息

1. 学习目标

目标分解	目标描述
知识目标	掌握贷款利息的计算方法
技能目标	1. 能够完成贷款利息的计算
	2. 能够完成计提贷款利息的账务处理
	3. 按照银行的业务规范，能够支付贷款利息

2. 情境导入

企业向银行支付贷款利息。

3. 相关知识

（1）贷款利息的计算

贷款利息是指贷款人因为发出货币资金而从借款人手中获得的报酬，也是借款人使用资金必须支付的代价。银行贷款利率是指贷款期限内利息数额与本金额的比例。以银行等金融机构为出借人的借款合同的利率确定，当事人只能在中国银行规定的利率上下限的范围内进行协商。决定贷款利息的三大因素有贷款金额、贷款期限、贷款利率。

计算公式为：
$$贷款利息=贷款金额×贷款利率×贷款期限$$

利息计算的基本常识：
$$日利率 = 年利率(\%)÷360=月利率(‰)÷30$$
$$月利率(‰) = 年利率(\%)÷12$$

逐笔计息法按预先确定的计息公式计算：
$$利息=本金×利率×贷款期限逐笔计算利息$$

计息期为整年(月)的，计息公式为：
$$利息 = 本金×年(月)数×年(月)利率$$

（2）贷款利息的财务处理

如果企业是按月支付利息，财务处理如下：

借：财务费用

　贷：银行存款

如果企业在到期时一次还本付息或者在以后月份才支付利息，根据企业会计制度的权责发生制的规定，企业需要在当期期末计提应属于本期支付但本期尚未支付的利息。

计提利息业务处理如下：

借：财务费用

　贷：应付利息

　　实际支付时

借：应付利息

　贷：银行存款

在 VBSE 系统中，贷款规则中还款约定每季付息，到期还本。因此，企业每个月末应计提利息，每个季度末支付贷款利息。

账务处理如下：

借：财务费用

　贷：银行存款

4．任务流程

（1）制造业企业支付贷款利息

在 VBSE 系统中，由出纳签发转账支票支付贷款利息，具体流程如图 5-63 所示。

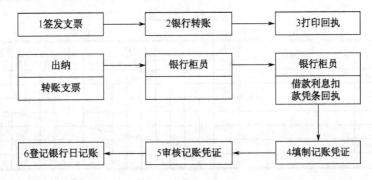

图 5-63　制造业企业支付贷款利息流程图

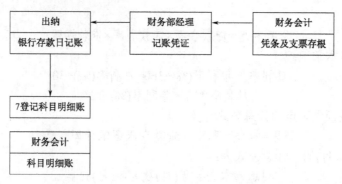

图 5-63 制造业企业支付贷款利息流程图（续）

5. 实施步骤

企业支付贷款利息实施步骤如表 5-30 所示。

表 5-30 企业支付贷款利息实施步骤

序号	操作步骤	角色	提示内容
1	签发支票偿还利息	出纳	1. 根据企业贷款额度以及贷款利率计算企业应该归还的利息金额签发转账支票 2. 将转账支票送到银行
2	银行转账	银行柜员	1. 从企业贷款户头扣划应该归还的借款利息
3	打印回执	银行柜员	1. 打印借款利息扣划凭条 2. 在回执联盖"转讫"印章
4	给财务会计送单据	出纳	将利息凭条及支票存根送交财务会计做账务处理
5	填制记账凭证	财务会计	1. 根据利息凭条及支票存根编制记账凭证 2. 将记账凭证交财务经理审核
6	审核记账凭证	财务部经理	审核财务会计的记账凭证
7	登记银行存款日记账	出纳	1. 接受财务经理审核过的记账凭证 2. 登记银行存款日记账
8	登记科目明细账	财务会计	登记多栏式财务费用科目明细账

账务处理具体步骤提示如下：

第五步：编制记账凭证——具体范例如图 5-64 所示。图中金额为举例说明，具体应按实际填写。例如：企业贷款为 30 万元，在 VBSE 系统中，贷款利息为 8%，按季度付息，每季度贷款利息为 300 000×8%÷4=6 000（元），因此，企业当季度末支付利息 6 000 元。

记 账 凭 证

2011 年 12 月 31 日　　　　　第 XX 号

摘要	总账科目	明细科目	记账标志	借方金额 千百十万千百十元角分	贷方金额 千百十万千百十元角分
支付借款利息	财务费用	贷款利息	√	6 0 0 0 0 0	
转支××	银行存款		√		6 0 0 0 0 0
合计				¥6 0 0 0 0 0	¥6 0 0 0 0 0

附件 1 张

财会主管　　　　记账　　　　出纳　　　　复核 钱 坤　　　制单 朱中华

图 5-64 记账凭证填写范例

第六步：财务部经理审核并盖章——为了正确登记账簿和监督经济业务，除了编制记账凭证的人员应当加强自审以外，同时还应建立专人审核制度。具体来说，记账凭证的审核需要注意以下几个方面：

① 是否与附有内容相符、金额相等的原始凭证。

② 是否正确使用会计科目的应借、应贷方向。

③ 凭证中各个项目是否填写齐全，如有错误是否按规定更正，有关人员是否签章。

④ 凭证所记事项应真实、合法，有无违纪违法事项，如有应追查清楚。

第七步：登记银行日记账——由出纳在记账凭证上盖章，并登记银行存款日记账（图 5-65 中金额为举例说明）。

银 行 存 款 日 记 账

2011年		凭证编号	摘 要	对方科目	借 方	贷 方	方向	余 额	√
月	日				百十万千百十元角分	百十万千百十元角分		百十万千百十元角分	
10	1		上月结转				借	2 4 8 0 0 0 0 0	
12	31	记××	支付贷款利息	财务费用		6 0 0 0 0 0	借	2 4 7 4 0 0 0 0	

图 5-65　银行存款日记账填写范例

注意事项：

① 银行存款日记账需根据记账凭证填列。

② 对方科目栏填写银行存款的对应科目。

③ 银行存款日记账借方登记银行存款的增加额，贷方登记银行存款的减少额，期末余额都在借方，即"借方期末余额=借方期初余额+借方发生额－贷方发生额"。

④ 出纳登记银行存款日记账后，要在记账凭证记账标志栏中打"√"，表示已经登账。

第八步：登记费用明细账——此步应注意：

① 财务费用明细账为多栏式，按费用项目设专栏。

② 发生财务费用在账户借方登记。

③ 费用会计登记财务费用明细账后（见图 5-66），要在记账凭证记账标志栏中打"√"，表示已经登账，并在记账凭证记账处签章。

财 务 费 用　　　明细账

2011年		凭证		摘要	借方	贷方	借或贷	余额	利息费	XX费	XX费
月	日	字	号		百十万千百十元角分	百十万千百十元角分		百十万千百十元角分	百十万千百十元角分	百十万千百十元角分	百十万千百十元角分
12	31	记	××	支付贷款利息	6 0 0 0 0 0				6 0 0 0 0 0		

图 5-66　管理费用明细账填写范例

实训项目 5.3 成本核算相关业务

实训任务 5.3.1 计提折旧

1. 学习目标

目标分解	目标描述	编码
知识目标	1. 了解哪些是企业的固定资产	
	2. 理解为什么要为固定资产计提折旧	
	3. 明确计提固定资产折旧的方法	
技能目标	1. 描述为固定资产计提折旧的流程	
	2. 会编制固定资产折旧计算表	<DJ0076>固定资产折旧计算表
	3. 能填制计提折旧的记账凭证	
	4. 登记成本、费用明细账及累计折旧明细账	
素养目标	1. 明确固定资产计提折旧的流程	
	2. 完成固定资产折旧的会计处理	

2. 情境导入

为了在市场竞争中占得先机，好佳童车厂决定购入两台新型全自动弯管机，虽然公司会计制度上规定需要按照直线法计提固定资产折旧，但对于是否应该从本月开始为这两台设备计提折旧呢？到了 2011 年 10 月 28 日，是企业计提折旧的日期，成本会计刘自强有些忐忑。

3. 相关知识

（1）固定资产的概念

固定资产，是指同时具有下列特征的有形资产：

① 为生产商品、提供劳务、出租或经营管理而持有的；

② 使用寿命超过一个会计年度。

固定资产是企业为生产商品、提供劳务对外出租或经营管理而持有的，使用寿命超过一个会计年度的有形资产。

（2）固定资产的范围

固定资产包括房屋、建筑物、机器、机械、运输工具以及其他与生产经营活动有关的设备、器具、工具等。

（3）固定资产折旧的概念

固定资产折旧，是指在固定资产使用寿命内，按照确定的方法对应计折旧额进行系统分摊。

（4）为什么要对固定资产计提折旧

之所以要为固定资产计提折旧是因为固定资产在使用过程中存在损耗，这些损耗既有有形损耗，即由于使用和自然力作用而引起的，如设备在运转中损耗或是生锈、老化等；还包括无形损耗，即由于社会劳动生产率的提高，使同类性能的机器设备，能以更少的社会必要劳动时间生产出来，从而引起原有固定资产的贬值和由于科学技术提升，出现了新的性能更好、效率更高的机器设备，继续使用原有机器设备已不经济，不得不提前退废，从而引起的价值损失。

固定资产的价值损耗要由其所生产产品的销售收入补偿，所以，固定资产的损耗价值就要计入成本和费用。

（5）计提折旧的方法

可选用的折旧方法包括年限平均法、工作量法、双倍余额递减法和年数总和法等。固定资产的折旧方法一经确定不得随意变更。本实训中采用年限平均法为固定资产折旧计提折旧。

（6）年限平均法

年限平均法又称直线法，是按照预计折旧年限平均计提固定资产折旧的一种折旧方法。其计算公式为：

$$固定资产年折旧额 = \frac{原值 - 预计净残值}{预计使用寿命}$$

$$固定资产月折旧额 = 固定资产年折旧额 \div 12$$

固定资产应当按月计提折旧，并根据用途计入相关资产的成本或者当期损益并登记账簿。当月增加的固定资产不计提折旧，从次月开始计提折旧，当月减少的固定资产照提折旧，下月不再计提。

4．任务流程

（1）制造业计提折旧

在 VBSE 实训中，核心企业计提固定资产折旧的流程共分 6 步，起始于财务会计，最后还由财务会计登记明细账，详见图 5-67。

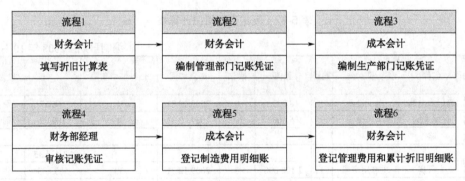

图 5-67 核心企业计提折旧流程

（2）供应商（客户）企业计提折旧

在 VBSE 实训中，供应商（客户）企业计提由总经理负责，计提固定资产折旧的流程如图 5-68 所示。

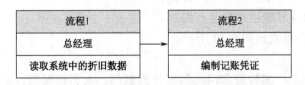

图 5-68 供应商企业计提折旧流程

5．实施步骤

（1）制造业企业计提折旧

制造业企业每月均需为固定资产计提折旧。该任务起始于财务会计，亦终结于财务会计。

具体步骤见表 5-31。

表 5-31 核心企业计提折旧

序号	操作步骤	角色	操作内容
1	计算折旧	财务会计	1. 根据固定资产政策及固定资产明细账计提折旧 2. 填写管理部门固定资产折旧计算表、生产部门固定资产折旧计算表
2	编制管理部门计提折旧的记账凭证	财务会计	1. 根据管理部门固定资产折旧计算表填写管理部门折旧记账凭证 2. 将生产部门固定资产折旧计算表交成本会计填制凭证 3. 交财务部经理审核记账凭证
3	编制生产部门计提折旧的记账凭证	成本会计	1. 接收财务会计提供的生产部门固定资产折旧计算表，并据以填写生产部门折旧记账凭证 2. 交财务部经理审核记账凭证
4	审核记账凭证	财务部经理	1. 接收财务会计、成本会计交给的记账凭证，进行审核 2. 审核后，将记账凭证分别返还财务会计和成本会计登记科目明细账
5	登记制造费用明细账	成本会计	1. 接收财务部经理已审核的记账凭证 2. 登记制造费用明细账 3. 登记完明细账后，将记账凭证交财务会计登记累计折旧明细账
6	登记管理费用及累计折旧明细账	财务会计	1. 接收财务部经理已审核的记账凭证 2. 登记管理费用明细账 3. 根据管理部门折旧记账凭证和生产部门折旧记账凭证登记累计折旧明细账 4. 登记完明细账后，与其他记账凭证放一起

第一步，固定资产折旧计算表（DJ0055）格式如表 5-32 所示。

表 5-32 固定资产折旧计算表

编制日期：2008 年 10 月 28 日

编号	名称	类别	数量	原值	残值	购入时间	预计使用年限	月折旧额	使用部门
B004	笔记本电脑	电子设备	1	8 000	0	2009.12.31	4	166.67	财务部
B008	台式电脑	电子设备	1	5 000	200	2009.12.31	4	100.00	财务部
	略								
	小计							23 433.35	
S007	大厂房	生产用房屋	1	2 100 000	0	2009.12.31	30	5833.33	生产部
S008	普通机床	机械设备	1	10 000	0	2009.12.31	10	83.33	生产部
	略								
	小计							6 916.63	
	总计							30 349.98	

① 企业应在每个月月末为固定资产计提折旧。

② 固定资产折旧计算表由财务会计编制。

第二步，记账凭证格式如图 5-69 所示。

注意事项：

① 公司折旧规定：厂部管理部门（包括行政部门、人力资源部、采购部、财务部、营销部仓储部）的折旧直接计入管理费用；不能明确确认为两个车间的生产部门的费用，例如生产管理人员的工资、生产管理人员使用的设备折旧、生产管理人员报销的办公费、厂房折旧等计入制造费用—间接制造费用。

② 记账凭证后需附固定资产折旧计算表。

③ 填制完成的记账凭证要由财务会计在制单人处签章，其后交复核人复核、签章。

④ 记账凭证的审核由财务部经理负责，审核无误后，需在复核处签章。

记账凭证

2011 年　10 月　28 日　　　　　　　　　　　　　　　　　第××号

摘要	总账科目	明细科目	√	借方金额									贷方金额								
				百	十	万	千	百	十	元	角	分	百	十	万	千	百	十	元	角	分
计提折旧	管理费用	折旧费	√				2	3	4	3	3	5									
	累计折旧		√													2	3	4	3	3	5
合　计				¥	2	3	4	3	3	5			¥	2	3	4	3	3	5		

财会主管　　　　　记账　　　　　出纳　　　　　复核 钱　坤　　　　制单 朱中华

附件 1 张

图 5-69

第三步，成本会计编制的生产部门计提折旧的记账凭证如图 5-70 所示。

记账凭证

2011 年　10 月　28 日　　　　　　　　　　　　　　　　　第 ×× 号

摘要	总账科目	明细科目	√	借方金额									贷方金额								
				百	十	万	千	百	十	元	角	分	百	十	万	千	百	十	元	角	分
计提折旧	制造费用	机加工车间	√				4	9	9	9	9	7									
		组装车间	√				1	9	1	6	6	6									
	累计折旧		√													6	9	1	6	6	3
合　计				¥	6	9	1	6	6	3			¥	6	9	1	6	6	3		

财会主管　　　　　记账　　　　　出纳　　　　　复核 钱　坤　　　　制单 刘自强

附件 1 张

图 5-70

① 设备折旧及维修等能够明确认为机加工车间发生的计入机加工车间的制造费用；组装车间的费用计入组装车间的制造费用。

② 填制完成的记账凭证要由成本会计在制单人处签章，其后交复核人复核、签章。

第四步：

① 计提折旧的记账凭证需审核：折旧计算是否正确（采用直线法）；有无漏提和超提的折旧；费用分配是否正确；各单据填写是否齐全。

② 记账凭证要建立专人审核制度。计提折旧的记账凭证由财务部经理钱坤复核并签章。

第五步，成本会计需根据经财务经理审核无误的记账凭证登记制造费用明细账和累计折旧明细账，制造费用明细账格式如图 5-71 和图 5-72 所示。

制 造 费 用　　明细账

账户名称　　机加工车间

2011年		凭证		摘要	借方	贷方	借或贷	余额	办公费	人工费	折旧费
月	日	字	号		百十万千百十元角分	百十万千百十元角分		百十万千百十元角分	百十万千百十元角分	百十万千百十元角分	百十万千百十元角分
10	28		××	计提折旧	4 9 9 9 9 7			4 9 9 9 9 7			4 9 9 9 9 7

图 5-71

制 造 费 用　　明细账

账户名称　　组装车间

2011年		凭证		摘要	借方	贷方	借或贷	余额	办公费	人工费	折旧费
月	日	字	号		百十万千百十元角分	百十万千百十元角分		百十万千百十元角分	百十万千百十元角分	百十万千百十元角分	百十万千百十元角分
10	28		××	计提折旧	1 9 1 6 6 6			1 9 1 6 6 6			4 9 9 9 7

图 5-72

① 制造费用明细账需要按照成本的具体内容开设明细账。计提折旧应在固定资产明细账借方登记。

② 制造费用明细账一般采用多栏式，就是在账页中设置借方、贷方和余额三个金额栏，并对借方栏再单独开设借方金额分析栏，并在栏内按照明细项目分设若干专栏。

③ 登记方法：依据记账凭证费用二级科目顺序逐笔逐日登记在多栏借方或贷方中，并同时按费用项目内容登记在借方专栏内。贷方发生额因其未设置贷方专栏，用"红字"登记在明细项目专栏内，以表示对该项目金额的冲销或转出。

④ 成本会计登记制造费用明细账后，要在记账凭证记账标志栏中打"√"，表示已经登账。

第六步，管理费用明细账格式如图 5-73 所示。

管 理 费 用　　明细账

账户名称　　组装车间

2011年		凭证		摘要	借方	贷方	借或贷	余额	办公费	人工费	折旧费
月	日	字	号		百十万千百十元角分	百十万千百十元角分		百十万千百十元角分	百十万千百十元角分	百十万千百十元角分	百十万千百十元角分
10	8		××	报销办公用品	6 0 0 0 0				6 0 0 0 0		
	28		××	计提职工薪酬	1 7 2 9 6 1 5 1					1 7 2 9 6 1 5 1	
	28		××	计提管理设备折旧	2 3 4 3 3 3 5						2 3 4 3 3 3 5

图 5-73

① 管理费用明细账为多栏式，按费用项目设专栏。

② 发生的管理费用在账户借方登记。

③ 财务会计登记原材料明细账后，要在记账凭证记账标志栏中打"√"，表示已经登账，并在记账凭证记账处签章。

累计折旧明细账格式如图 5-74 所示。

累 计 折 旧　　明细账

2011年		凭证号	摘要	对方科目	借方	贷方	借或贷	余额
月	日				百十万千百十元角分	百十万千百十元角分		百十万千百十元角分
10	1		上月结转				贷	6 3 7 3 5 0 0 0
	28	××	计提管理设备折旧	管理费用		2 3 4 3 3 3 5		
			计提生产设备折旧	制造费用		6 9 1 6 6 3		

图 5-74

① "累计折旧明细账"为三栏式，计提折旧在该账户贷方登记。

② 财务会计登记累计折旧明细账后，要在记账凭证记账标志栏中打"√"，表示已经登账。

（2）供应商（客户）企业计提折旧

供应商（客户）企业每月均需为固定资产计提折旧，该任务由总经理负责，具体步骤详见表 5-33。

表 5-33　供应商企业计提折旧

序号	操作步骤	角色	操作内容
1	计提折旧	供应商 总经理	直接读取业务数据里的固定资产折旧计算表
2	填写记账凭证	供应商 总经理	编制固定资产折旧记账凭证

扩 展 知 识

（1）应计折旧额

应计折旧额是指应当计提折旧的固定资产的原价扣除其预计净残值后的金额。

固定资产原值（又称原始价值）是指取得固定资产时发生的所有支出。外购固定资产的成本包括购买价款，相关税费，使固定资产达到预定可使用状态前所发生的可归属于该项资产的运输费、装卸费、安装费和专业人员服务费等。自行建造固定资产的成本，由建造该项资产达到预定可使用状态前所发生的必要支出构成。

预计净残值是指假定固定资产预计使用寿命已满，并处于使用寿命终了时的预期状态，企业目前从该项资产处置中获得的扣除预计处置费用后的金额。

（2）计提折旧的额范围

除以下情况外，企业应对所有固定资产计提折旧：

① 已提足折旧仍继续使用的固定资产；

② 按照规定单独估价作为固定资产入账的土地。

（3）核算固定资产涉及的主要会计科目及使用说明

1601 固定资产：

① 本科目核算企业持有的固定资产原价。

② 本科目可按固定资产类别和项目进行明细核算。融资租入的固定资产，可在本科目设置"融资租入固定资产"明细科目。

③ 固定资产的主要账务处理。

a. 企业购入不需要安装的固定资产，按应计入固定资产成本的金额，借记本科目，贷记"银行存款"等科目。购入需要安装的固定资产，先记入"在建工程"科目，达到预定可使用状态时再转入本科目。

b. 处置固定资产时，按该项固定资产账面价值，借记"固定资产清理"科目，按已提的累计折旧，借记"累计折旧"科目，按其账面原价，贷记本科目。已计提减值准备的，还应同时结转已计提的减值准备。

④ 本科目期末借方余额，反映企业固定资产的原价。

1602 累计折旧：

① 本科目核算企业固定资产的累计折旧。

② 本科目可按固定资产的类别或项目进行明细核算。

③ 按期（月）计提固定资产的折旧，借记"制造费用""销售费用""管理费用""研发支出""其他业务成本"等科目，贷记本科目。处置固定资产还应同时结转累计折旧。本科目期末贷方余额反映企业固定资产的累计折旧额。

④ 本科目期末贷方余额，反映企业固定资产累计折旧。

（4）会计分录举例

① 外购固定资产

借：固定资产

　　贷：银行存款（或在建工程）（需安装时）

② 自行建造的固定资产

借：固定资产

　　贷：在建工程

③ 资者投入的固定资产

借：固定资产

　　贷：实收资本（或股本）

④ 计提固定资产折旧

借：制造费用

　　　管理费用

　　　营业费用

　　　其他业务支出

　　贷：累计折旧

拓展阅读　首季巨亏债券承压 马钢股份延长折旧保利润

实训任务 5.3.2　车架成本核算

1. 学习目标

目标分解	目标描述	编码
知识目标	1. 了解生产成本的各项内容	
	2. 明确何为直接材料并举例说明之	
	3. 简述半成品完工入库的流程	
技能目标	1. 掌握生产车架领料流程	\<DJ0055\>：派工单 \<DJ0057\>：领料单 \<DJ0028\>：库存台账 \<DJ0025\>：材料出库单 \<DJ0027\>：物料卡 \<DJ0028\>：库存台账 \<DJ0070\>：数量金额明细账
	2. 掌握车架完工入库流程	\<DJ0055\>：派工单 \<DJ0054\>：完工单 \<DJ0023\>：生产入库单\<DJ0056\>：生产执行情况表\<DJ0027\>：物料卡 \<DJ0028\>：库存台账\<DJ0070\>：数量金额明细账
	3. 掌握车架成本计算流程	

续表

目标分解	目标描述	编码
素养目标	1. 明确生产领料的流程	
	2. 明确半成品完工入库的流程	
	3. 联系企业具体活动，领会半成品成本计算的流程	

2. 情境导入

转眼到了 2011 年 10 月 28 日，机加工车间已经生产出车架 5000 个，车间管理员已经根据派工的情况填制了"车架完工单"，接下来"派工单"和"车架完工单"需要怎样传递，经过哪些步骤，才能最后由成本会计刘自强登记"车架明细账"呢？

3. 相关知识

（1）生产成本和成本核算的概念

生产成本是指企业一定时期内在生产产品（商品）和提供劳务过程中发生的各种耗费。

成本核算就是通过一定的方法将生产产品中发生的各项生产耗费记录下来并计算产品生产总成本和单位成本。

（2）生产成本的构成项目

成本的构成项目，又称成本项目，一般包括直接材料、直接人工、制造费用。

直接材料：指企业生产产品和提供劳务的过程中所消耗的、直接用于产品生产、构成产品实体的各种材料及主要材料、外购半成品以及有助于产品形成的辅助材料等。

直接人工：指企业在生产产品和提供劳务过程中，直接从事产品生产的工人工资、津贴、补贴和福利费等各项薪酬。

制造费用：指企业生产车间（部门）为生产产品或提供劳务而发生的各项生产费用，包括工资和福利费、折旧费、修理费、办公费、水电费、机物料消耗、劳动保护费、季节性和修理期间的停工损失等。

（3）存货是指企业在日常活动中持有以备出售的产成品或商品、处在生产过程中的在产品、处在生产过程或提供劳务过程中耗用的材料或物料等，包括各类材料、商品、在产品、半成品、产成品以及包装物、低值易耗品、委托代销商品等。

（4）领用存货单位成本的计算方法

领用存货单位成本的计算方法有：个别计价法、逐次加权平均法和全月一次加权平均法以及先进先出法。VBSE 实训中，采用全月一次加权平均法。

全月一次加权平均法计算方法如下：

$$库存存货平均单位成本=\frac{期初结存存货数量×期初库存存货单位成本＋本期实际采购入库存货金额}{期初结存存货数量＋本期实际入库存货数量}$$

$$发出存货成本=本月发出存货数量×存货平均单位成本$$

例如，2011 年 10 月初结存存货 1 000 件，单位成本 10 元，本期采购存货两批，分别为 1 500 件、500 件，单位成本分别为 9 元、13 元，当月发出存货 2 400 件，则：

$$库存存货单位成本=\frac{1\,000×10+(1\,500×9+500×13)}{1\,000+(1\,500+500)}=10（元）$$

$$发出存货成本=2\,400×10=24\,000（元）$$

（5）完工产品成本计算公式

完工产品总成本=月初在产品成本+本期生产费用−月末在产品成本

完工产品单位成本=完工产品总成本÷完工数量

本实训中，月末在产品成本计算方法为：只计算材料费用，不计算直接人工和制造费用。即月末在产品成本按本月发生的直接材料成本计算。而当期完工产品生产成本的金额为：月初的直接材料+本期发生的直接人工+本期发生的制造费用。

例如，2010 年 10 月 28 日，机加工车间生产的车架月初在产品成本 850 000 元，全部为直接材料成本，本月发生的生产费用为 150 000 元，其中，直接材料费 850 000 元，直接人工费 55 625.60 元，制造费用 4 999.97 元。本月生产产品 5 000 件，则：

完工产品总成本=月初在产品成本+本期生产费用−月末在产品成本

=850 000.00+（850 000.00+55 625.60+4 999.97）−850 000.00

=910 625.57（元）

完工产品单位成本=完工产品总成本÷完工数量

=91 0625.57÷5000

=182.13（元）

4. 任务流程

在 VBSE 实训中，车架成本核算需依次进行车架生产领料核算、车架完工入库核算和车架成本核算三个步骤，每个步骤的流程各不相同。

（1）车架生产领料核算

在 VBSE 实训中，车架生产领料任务流程共分 9 步，起始于车间管理员，最后由成本会计填制记账凭证并登记明细账，详见图 5-75。

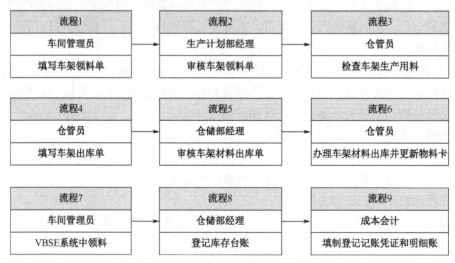

图 5-75　生产车架领料流程

（2）车架完工入库核算

在 VBSE 实训中，车架完工入库任务流程共分 10 步，起始于车间管理员，最后由成本会计登记车架明细账，详见图 5-76。

图 5-76　车架完工入库核算流程

（3）车架成本核算

在 VBSE 实训中，车架完工入库任务流程共分 3 步，起始于成本会计，最后由成本会计登记明细账，详见图 5-77。

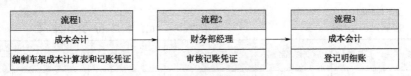

图 5-77　车架成本核算流程

5. 实施步骤

（1）生产车架领料实施步骤

生产车架领料成本核算工作任务由车间管理员发起，成本会计登记明细账结束。共 9 步，具体步骤参见表 5-34。

表 5-34　生产车架领料

序号	操作步骤	角色	操作内容
1	填写（车架）领料单	车间管理员	1. 根据派工单和 BOM 填写一式三联（车架）领料单 2. 送生产计划部经理审核
2	审核（车架）领料单	生产计划部经理	1. 接收领料单 2. 根据派工单和 BOM 审核领料单填写的准确性 3. 审核无误签字 4. 将审核完毕的领料单交车间管理员去仓库领料
3	检查车架生产用料	仓管员	1. 仓库员接到领料单 2. 根据库存和 BOM 核对物料库存情况 3. 确认无误后在领料单上签字
4	填写（车架）材料出库单	仓管员	1. 根据领料单填写（车架）材料出库单 2. 将领料单附在出库单后送仓储部经理审核

续表

序号	操作步骤	角色	操作内容
5	审核（车架）材料出库单	仓储部经理	1. 接收仓管员送来的附有领料单的出库单 2. 审核出库单填写的准确性 3. 审核无误，签字
6	办理车架材料出库并更新（钢管）物料卡	仓管员	1. 办理材料出库，车间管理员在材料出库单上签字、确认 2. 材料出库单的生产计划部联交车间管理员随材料一起拿走 3. 更新（钢管）物料卡 4. 材料出库单财务联交财务 5. 材料出库单仓储部联交仓储部经理登记库存台账
7	在 VBSE 系统中进行生产领料	车间管理员	根据领料单在 VBSE 系统中记录生产领料情况
8	登记原材料库存台账	仓储部经理	1. 接收仓管员送来的材料出库单 2. 根据材料出库单的仓储联登记库存台账 3. 登记完交仓管员留存备案
9	填制记账凭证并登记原材料明细账	成本会计	1. 接收仓管员送来的车架材料出库单 2. 根据出库单和原材料明细账编制车架生产领料汇总表 3. 根据车架生产领料汇总表填制记账凭证 4. 根据出库单登记原材料明细账（注意：只填写数量，月末进行成本核算，出库单做月末成本计算依据）

第一步，派工单（DJ0055），格式如图 5-78 所示。

派工单

派工部门：生产计划部

派工单号：SC-PG-201110001　　　　　　　日期：　2011 年　10 月　28 日

产品名称	工序	工序名称	工作中心	生产数量	计划进度	
					开始日期	完工日期
经济型童车			机加工车间	5 000	20111028	20111028

生产部经理：叶润中　　　　　　　　　　　　　　　　车间管理员：周群

图 5-78

① 派工单一式二联，分别为生产计划部留存、采购部留存，需要复写。

② 通知开工生产要由生产计划部门经理填写派工单，下达给车间管理员，由车间管理员安排生产。

（车架）领料单（DJ0057）格式如图 5-79 所示。

领料单

领料部门：机加工车间

领料单号：201110001　　　　派工单号：SC-PG-201110001　　　　编制日期：2011.10.28

序号	材料编码	材料名称	单位	材料规格	加工产品	领用数量	领用时间	备注
1	钢管	B0001	根	Φ外 16/Φ内 11/L50000(mm)	经济型童车	10 000	2011.10.28	
2	坐垫	B0003	个	HJM500	经济型童车	5 000	2011.10.28	
合计								

仓储部：王宝珠　　　　　部门经理：何明海　　　　　车间管理员：周群

图 5-79

① 领料单一式三联，分别为生产计划部留存、仓储部留存，需要复写。

② 领料单应标明领用部门、领料单号、派工单号，需按照领用材料的品种分别填列。

③ 领料单由车间管理员填写。

第二步，审核时，需将领料单和派工单的领料部门、派工单号、派工单的加工数量与领料品种的一致性，数量的匹配性进行核对。

第三步，将领料单和库存台账核对时，需核对领料的领料部门、派工单号、品种、规格和数量。

第四步，材料出库单（DJ0025）格式如图 5-80 所示。

材料出库单

单据编号：CC-CLCK-201110001　　　　　出库类型：车架生产领料
出库日期：2011.10.28　　　　　　　　　派工单号：SC-PG-201110001

序号	物料名称	物料编码	出库数量	计量单位	单价	金额	备注
1	钢管	B0001	10 000	根			
2	坐垫	B0003	5 000	个			
合计			15 000				

仓管员：王宝珠　　　　　仓储部经理：何明海　　　　　车间管理员：周群

图 5-80

① 材料出库单一式三联，分别为仓储部留存联、生产计划部留存联和财务部留存联，需要复写。

② 材料出库单需按照车库类型分别填列，登记领用材料品种、编码，只填出库数量。

③ 材料出库单由仓管员领用材料时填写。

第五步，审核车架出库单时，需将出库单与所附领料单的派工单号、出库类型与领料部门、出库品种、物料编码与出库数量进行核对。

第六步，（钢管）物料卡（DJ0027）格式如图 5-81 所示。

物料卡

存货类别：　原材料　　　　　　　　仓位：A01
物料名称：　钢管　　　　　　　　　规格：Φ外 16/Φ内 11/L50000(mm)

日期	入库	出库	结余	经手人	备注
2011.9.30			5 000	王宝珠	9 月盘存
2011.10.11	15000		20 000	王宝珠	10 月来料入库
2011.10.28		10000	10 000	王宝珠	机加工车间领用

仓管员：王宝珠

图 5-81

① 物料卡是登记物料数量增减变动的辅助账簿。按物料的类别、名称分别设置、填列，只填数量。

② 物料卡由仓管员根据材料出库单填写。

③ 仓管员在放置物料卡时，悬挂位置要明显、牢固，并便于随时填写，在使用物料卡时，仓管员要根据作业的内容，及时更新物料卡上的内容。

第八步，库存台账（DJ0028）的格式如图 5-82 所示。

库存台账

物料名称：钢管　　　　　　规格：Φ外 16/Φ内 11/L50000(mm)　　　最高存量：

物料编号：B0001　　　　　　仓位：A01　　　　　　　　　　　　　最低存量：

2011年		凭证编号	摘要	入库		出库		结存	
月	日			数量	单价	数量	单价	数量	单价
10	1		上月结转					5 000	
10	28		10月采购入库	15 000				20 000	
10	28		生产领料			10 000		10 000	

图 5-82

① 库存台账用来核算、监督物料数量增减变动的。按物料的类别、名称分别设置、填列，以便能把该物料的进、销、存清晰的反映出来。

② 每进入和发出的数量都及时准确的在台账上进行登记，算出结存数，结算公式为：

期末结存物料的数量=期初结存物料的数量+入库物料的数量−出库物料的数量

③ 库存台账由仓储部经理登记。

④ 期初在产品（也就是科目余额表中的生产成本）尚在车间，未入库，不用建库存台账。

第九步，原材料明细账（DJ0070）格式如图 5-83 和图 5-84 所示。

原 材 料 明 细 账

最高存量＿＿＿＿＿＿＿＿

最低存量＿＿＿＿＿＿＿＿　　　　　　　　　　　　　　单位（根）　名称　钢管

编号　B0001　规格　Φ外 16/Φ内 11/L50000(mm)　　　　　　　　第　页

2011年		凭号证数	摘要	借方												贷方												结存												稽核
月	日			数量	单价	百	十万	千	百	十	元	角	分	数量	单价	百	十万	千	百	十	元	角	分	数量	单价	百	十万	千	百	十	元	角	分	
10	1		上月结转																					5 000	60		3	0	0	0	0	0	0	0	
	4	××	采购入库	15 000	60		9	0	0	0	0	0	0																					
	28	××	生产领料											10 000																					

图 5-83

原 材 料 明 细 账

最高存量＿＿＿＿＿＿＿＿

最低存量＿＿＿＿＿＿＿＿　　　　　　　　　　　　　　单位（根）　名称　坐垫

编号　B0003　规格　HJM500　　　　　　　　　　　　　　　　　　第　页

2011年		凭号证数	摘要	借方												贷方												结存												稽核
月	日			数量	单价	百	十万	千	百	十	元	角	分	数量	单价	百	十万	千	百	十	元	角	分	数量	单价	百	十万	千	百	十	元	角	分	
10	1		上月结转																					5 000	50		2	5	0	0	0	0	0	0	
	4	××	采购入库	5 000	50		2	5	0	0	0	0	0																					
	28	××	生产领料											5 000																					

图 5-84

① 原材料明细账按照原材料的品种、规格分别设置。

② 双横线上应填写科目名称，名称栏填写明细科目的名称，单位栏为计量单位，年月日栏应填写经济业务发生时间，凭证号数填写凭证种类和号数，摘要栏是对经济业务的简要说明，借方栏登记增加的存货，贷方栏登记减少的存货。

③ 登记明细账时，必须以正式合法的凭证，如物品入库单和出库单、领料单等为依据。记账时应依时间顺序连续、完整地填写各项记录，不能隔行、跳页，并对账页依次编号，在年末结存转入新账后，旧账页应该入档妥善保管。

④ 收入的原材料既登记数量也登记金额，发出的存货只登记数量，不登记金额。

期末结余的存货数量（金额）=期初结余的存货数量（金额）+

存货的借方发生数量（金额）-存货的贷方发生数量（金额）

⑤ 记账时，应该使用蓝、黑墨水笔，并注意书写内容的工整、清晰，数字最好只占空格的 2/3，以便于改错。

⑥ 成本会计登记原材料明细账后，要在记账凭证记账标志栏中打"√"，表示已经登账，并在记账凭证记账处签章。

车架生产领料汇总表格式如表 5-35 所示。

表 5-35　车架生产领料汇总表

2011 年 10 月 28 日

名称	数量	单位	单位成本	总成本
钢管	10 000	根	60.00	600 000.00
坐垫	5 000	个	50.00	250 000.00
合计				850 000.00

成本会计：刘自强

① 车架生产领料汇总表中发出原材料数量来源于原材料明细账。因 20 日前库存钢管的成本全部为 60 元，故发出钢管的成本按 60 元计，发出坐垫成本计算原理相同。

② 车架生产领料汇总表由成本会计编制。记账凭证格式如图 5-85 示。

记 账 凭 证

2011 年 10 月 28 日　　　　　　　　第 ×× 号

摘要	总账科目	明细科目	记账标志	借方金额 百 十 万 千 百 十 元 角 分	贷方金额 百 十 万 千 百 十 元 角 分	
车架材料费用	生产成本	车架—直接材料		8 5 0 0 0 0 0 0		附件1张
	原材料	钢管			6 0 0 0 0 0 0 0	
		坐垫			2 5 0 0 0 0 0 0	
合计				¥ 8 5 0 0 0 0 0 0	¥ 8 5 0 0 0 0 0 0	

财会主管　　　记账　　　出纳　　　复核　　　制单 刘自强

图 5-85

① 记账凭证后面应附上车架生产领料汇总表。

② 记账凭证填好后，需由成本会计刘自强在制单处签章。

登记车架生产领料后的原材料明细账格式如图 5-86 和图 5-87 所示。

原 材 料 明 细 账

最高存量_____

最低存量_____ 单位（根） 名称___钢管___

编号__B0001__ 规格__Φ外 16/Φ内 11/L50000(mm)__ 第　　页

2011年		凭号证数	摘要	借方				贷方				结存				稽核
月	日			数量	单价	金额 百十万千百十元角分		数量	单价	金额 百十万千百十元角分		数量	单价	金额 百十万千百十元角分		
10	1		上月结转									5 000	60	3 0 0 0 0 0 0 0		
	4	××	采购入库	15 000	60	9 0 0 0 0 0 0 0									
	28	××	生产领料					10 000	60	6 0 0 0 0 0 0 0		10 000	60	6 0 0 0 0 0 0 0		

图 5-86

原 材 料 明 细 账

最高存量_____

最低存量_____ 单位（根） 名称___坐垫___

编号__B0003__ 规格__HJM500__ 第　　页

2011年		凭号证数	摘要	借方				贷方				结存				稽核
月	日			数量	单价	金额 百十万千百十元角分		数量	单价	金额 百十万千百十元角分		数量	单价	金额 百十万千百十元角分		
10	1		上月结转									5 000	50	2 5 0 0 0 0 0 0		
	4	××	采购入库	5 000	50	2 5 0 0 0 0 0 0									
	28	××	生产领料					5 000	50	5 0 0 0 0 0 0 0		5 000	50	2 5 0 0 0 0 0 0		

图 5-87

生产成本明细账格式如图 5-88 所示。

生 产 成 本 明 细 账

产品名称：___车架___ 计量单位___根___

11年		凭证号	摘要	借方	成本项目		
月	日			百十万千百十元角分	直接材料 百十万千百十元角分	直接人工 百十万千百十元角分	制造费用 百十万千百十元角分
10	1		上月结转 （5 000件）	8 5 0 0 0 0 0 0	8 5 0 0 0 0 0 0		
	28	××	10月份职工薪酬	5 5 6 2 5 6 0		5 5 6 2 5 6 0 5	
	28	××	分配制造费用	4 9 9 9 9 7			4 9 9 9 9 7
	31	××	分配材料费用	8 5 0 0 0 0 0 0	8 5 0 0 0 0 0 0		

图 5-88

① 生产成本明细账需按照所生产的产品品种设置和登记。

② 生产成本明细账为多栏式，按照产品的成本项目设专栏，生产成本转出要用红字登记。

③ 生产成本明细账由成本会计登记，登记生产成本明细账后，要在记账凭证记账标志栏中打"√"，表示已经登账，并在记账凭证记账处签章。

（2）车架完工入库核算实施步骤

车架完工入库核算工作任务由车间管理员发起，成本会计登记半成品明细账结束。具体步骤参见表 5-36。

表 5-36　车架完工入库核算

序号	操作步骤	角色	操作内容
1	填写（车架）完工单	车间管理员	1. 根据机加工车间车架生产完工情况，车间管理员根据派工单填写（车架）完工单 2. 将派工单及填写的（车架）完工单交给生产计划部经理审核
2	审核（车架）完工单	生产计划部经理	1. 接收车间管理员送来派工单和填写的（车架）完工单 2. 根据派工单审核（车架）完工单填写的产品是否已经派工 3. 审核无误签字 4. 将完工单第一联留存车间管理员，并由车间管理员将（车架）完工单第二联和车架交给仓管员
3	填写半成品入库单	仓管员	1. 仓管员接到车间管理员送来的车架和（车架）完工单 2. 核对车架的单据和实物是否相符 3. 填写半成品入库单，然后送部门经理审核 4. 仓管员把审核完的生产入库单自留一联，另外两联交给财务部和生产部
4	审核半成品入库单	仓储部经理	1. 仓储部经理收到仓管员交给的半成品入库单 2. 仓储部经理审核半成品入库单准确性和合理性，在半成品入库单上签字
5	填写（车架）生产执行情况表	车间管理员	1. 根据车架完工单登记生产计划部生产执行情况表 2. 将生产执行情况表交生产计划部经理审核
6	审核生产执行情况表	生产计划部经理	审核生产执行情况表是否完整填写
7	在 VBSE 系统中处理完工入库	生产计划部经理	选择已完工的生产订单，确定生产完工情况已记录进系统中
8	填写（车架）物料卡	仓管员	1. 仓管员将货物摆放到货位，根据生产入库单更新（车架）物料卡 2. 将生产入库单送仓储部经理登记台账
9	登记（车架）库存台账	仓储部经理	仓储部经理根据入库单登记库存台账
10	登记半成品（车架）明细账	成本会计	1. 成本会计接到仓管员交给的入库单 2. 成本会计根据入库单登记半成品（车架）明细账

第一步，完工单（DJ0054）的格式如图 5-89 所示。

完 工 单

生产部门：机加工车间

完工单号：SC-WG-201110001　　　　　　　　　　　编制日期：2011 年 10 月 28 日

产品名称	完工日期	计划产量	实际完工量	单位	剩余在产品	待检验	不良产品数
车架	2011 年 10 月 28 日	5 000	5 000	个			

部门经理：王璐　　　　　　　　　　　　　　　　　　车间管理员：周群

图 5-89

① 完工单一式二联，分别为生产计划部留存联、仓储部留存联，需要复写。

② 完工单按照生产部门设置，按完工产品的品种填列。

③ 完工单由车间管理员填写。

第二步，审核时，需审查派工单与完工单所列部门、产品品种、完工数量是否一致。

第三步，半成品入库单（DJ0023）的格式如图 5-90 所示。

半 成 品 入 库 单

制单日期：2011.10.28   仓库：半成品库
单据编号：CC-BCPRK-201110001   完工单编号：SC-WG-201110001

序号	品名	规格型号	单位	入库时间	数量	备注
1	经济车架	HJA800	个	2010.10.28	5 000	
合计						

仓储部经理：何海明   仓管员：王宝珠   车间管理员：周群

图 5-90

① 半成品入库单一式三联，分别为仓储部存根联、生产计划部留存联和财务部留存联，需要复写。

② 半成品入库单根据完工单数量和实际验收数量填写，只填数量和计量单位，不填金额。

③ 半成品入库单由仓管员根据完工单填写。

④ 存根联留在仓库登记存货台账，生产计划部联交生产部作为产量统计的依据，财务联交财务部作为成本核算的依据。

第四步，审核时，应注意半成品入库单与完工单上的品种、规格、数量是否一致，存放地点是否合理。

第五步，生产执行情况表（DJ0056）的格式如图 5-91 所示。

生 产 执 行 情 况 表

制表单位：机加工车间   日期：2011 年 10 月 28 日

派工单号	产品名称	领料情况	开工数量	完工数量	开工日期	计划完工日期	完工日期	在产品数量	完工入库数量	产品入库日期	备注
SC-PG-201110001	经济车架	已领	5 000	5 000	2011.10.28	2011.10.28	2011.10.28		5 000	2011.10.28	

车间管理员：周群   生产部经理：叶润中

图 5-91

① 生产执行情况表根据完工单填制。

② 生产执行情况表由车间管理员填写。

第六步，生产执行情况表的审核应注意开工单号、产品品种、完工数量、有无半成品、入库日期等。

第七步，（车架）物料卡的格式如图 5-92 所示。

物 料 卡

存货类别：半成品   仓位：B01
物料名称：经济车架   规格：HJA800

日期	入库	出库	结余	经手人	备注
2011.9.30			5 000	王宝珠	9 月盘存
2011.10.28	5 000		10 000	王宝珠	机加工车间完工

图 5-92

① 物料卡需登记入库物料的品种、数量和入库的具体情况。

② 结余物料数量=期初结存的物料+本期入库的额物料−本期出库的物料。

③ 物料卡由仓管员根据半成品入库单填写。

第八步，（车架）库存台账（DJ0028）的格式如下图 5-93 所示。

库 存 台 账

物料名称：车架 规格：HJA800 最高存量：

物料编号：M0001 仓位：B01 最低存量：

2011 年		凭证编号	摘要	入库		出库		结存	
月	日			数量	单价	数量	单价	数量	单价
10	1		上月结转					5 000	
10	28		完工入库	5 000				10 000	

图 5-93

① 库存台账用来核算、监督物料数量增减变动的。按物料的类别、名称分别设置、填列，以便能把该物料的进、销、存清晰地反映出来。

② 进入和发出的数量都及时准确的在台账上进行登记，算出结存数，结算公式为：

期末结存物料的数量=期初结存物料的数量+入库物料的数量−出库物料的数量

③ 库存台账由仓储部经理登记。

④ 期初在产品（也就是科目余额表中的生产成本）尚在车间，未入库，不用建库存台账。

第九步，（车架）半成品明细账的格式如图 5-94 所示。

半 成 品 明 细 账

最高存量＿＿＿＿＿＿＿

最低存量＿＿＿＿＿＿＿ 单位（个）名称＿车架＿＿

编号＿M001＿规格＿HJA800＿ 第 页

2011 年		凭证号数	摘要	借 方				贷 方				结 存				稽核
月	日			数量	单价	金 额 百十万千百十元角分		数量	单价	金 额 百十万千百十元角分		数量	单价	金 额 百十万千百十元角分		
10	1		上月结转									5 000	170	8 5 0 0 0 0 0 0		
10	28	××	车架入库	5 000												

图 5-94

① 半成品入库时，半成品明细账只登记数量，待结转完工产品成本时，再登记金额。

② 成本会计负责登记半成品明细账。

（3）车架成本计算任务流程

车架完工入库核算工作任务由成本会计发起，成本会计登记半成品明细账结束收尾。具体步骤参见表 5-37。

第一步，（完工）产品成本计算表格式如表 5-38 所示。

① 完工产品成本计算单需按所生产产品的品种填列。

② 完工产品成本计算单需按照成本的构成项目列示，包括直接材料、直接人工、制造费用。

③ 完工产品成本计算单由成本会计填列。

④ 完工产品成本计算单需根据车架生产成本明细账和完工产品数量，计算完工产品成本。

表 5-37　车架成本计算

序号	操作步骤	角色	操作内容
1	车架成本计算	成本会计	1. 根据车架生产成本明细账——直接材料统计生产车架领用原材料 2. 根据车架生产成本明细账——直接人工统计生产车架所用人工成本 3. 根据车架生产成本明细账——制造费用统计生产车架所用制造费用 4. 编制车架的产品成本计算表 5. 编制记账凭证
2	审核记账凭证	财务部经理	1. 接收成本会计交给的记账凭证，进行审核 2. 审核后，交成本会计登记半成品明细账
3	登记半成品明细账和生产成本	成本会计	1. 接收财务部经理审核完的记账凭证 2. 根据记账凭证登记半成品明细账和生产成本明细账

表 5-38　完工产品成本计算单

产品名称：车架　　　　　　　　　　　　完工日期：2011 年 10 月 28 日
生产车间：机加工　　　　　　　　　　　完工数量：5000 个

项目	直接材料	直接人工	制造费用	合计
月初在产品成本	850 000.00			850 000.00
本月发生费用	850 000.00	55 625.60	4 999.97	910 625.57
费用合计	11 700 000.00	55 625.60	4 999.97	1 760 625.57
完工产品成本	850 000.00	55 625.60	4 999.97	910 625.57
单位成本	170.00	11.13	1.00	182.13
月末在产品成本	850 000.00			850 000.00

制表：刘自强

本实训中，月末在产品成本计算方法为：只计算材料费用法，不计算制造费用和人工费用。即，月末在产品成本按本月发生的直接材料成本计算。而当期完工产品生产成本的金额为：月初的直接材料+本期发生的直接人工+本期发生的制造费用。

本期完工产品成本=期初生产成本(直接材料)+本期归集的直接人工+本期归集的制造费用
=850 000.00+55 625.60+4 999.97=910 625.57（元）

记账凭证格式如图 5-95 所示。

记　账　凭　证

2011　年　10　月　30　日　　　　　　　第 ×× 号

摘要	总账科目	明细科目	记账标志	借方金额										贷方金额										附件
				百	十	万	千	百	十	元	角	分	百	十	万	千	百	十	元	角	分	
车架完工入库	半成品	车架			9	1	0	6	2	5	5	7										
	生产成本	车架—直接材料												8	5	0	0	0	0	0	0	0	1
		车架—直接人工													5	5	6	2	5	0	0	张
		车架—制造费用														4	9	9	9	9	7	
合计				¥	9	1	0	6	2	5	5	7	¥	9	1	0	6	2	5	5	7	

财会主管　　　　记账　　　　出纳　　　　复核 钱坤　　　　制单 刘自强

图 5-95

记账凭证填好后，需由成本会计刘自强在制单处签章。

第二步，成本会计填制的记账凭证要交由财务部经理钱坤复核并签章。

第三步，半成品明细账格式如图 5-96 所示。

半成品明细账

编号 M001　规格 HJA800　　　　　　　名称 车架　单位 个

月	日	凭证号数	摘要	数量	单价	百	十	万	千	百	十	元	角	分	数量	单价	百	十	万	千	百	十	元	角	分	数量	单价	百	十	万	千	百	十	元	角	分	稽核
2011年									借方金额											贷方金额											结存金额						
10	1		上月结转																							5 000	170		8	5	0	0	0	0	0	0	
10	28	××	车架入库	5 000	182.13		9	1	0	6	2	5	5	7																							

图 5-96

① 半成品明细账需由成本会计刘自强登记。

② 成本会计在明细账中登记后，需在记账凭证记账标志处打"√"，并在记账凭证记账处签章。

生产成本明细账格式如图 5-97 所示。

生产成本明细账

产品名称：　车架　　　　　　　　　　　　计量单位：　根

月	日	凭证号	摘要	百	十	万	千	百	十	元	角	分	百	十	万	千	百	十	元	角	分	百	十	万	千	百	十	元	角	分	百	十	万	千	百	十	元	角	分
11年				借方									直接材料									直接人工									制造费用									
10	1		上月结转（5 000件）	8	5	0	0	0	0	0	0		8	5	0	0	0	0	0	0																			
	28	××	10月份职工薪酬		5	5	6	2	5	6	0												5	5	6	2	5	6	0	5									
	28	××	分配制造费用			4	9	9	9	9	7																						4	9	9	9	9	7	
	31	××	分配材料费用	8	5	0	0	0	0	0	0		8	5	0	0	0	0	0	0																			
	31	××	车架完工入库	9	1	0	6	2	5	5	7		8	5	0	0	0	0	0	0		5	5	6	2	5	6	0	5				4	9	9	9	9	7	
	31		期末在产品成本	8	5	0	0	0	0	0	0		8	5	0	0	0	0	0	0																			

图 5-97

① 生产成本明细账需按照所生产的产品品种设置和登记。

② 生产成本明细账为多栏式，按照产品的成本项目设专栏，生产成本转出要用红字登记。

③ 生产成本明细账由成本会计登记。

扩展知识

（1）核算生产成本涉及的主要会计科目及使用说明

1403 原材料：

① 修理用备件（备品备件）、包装材料、燃料等的计划成本或实际成本。

② 本科目应当按照材料的保管地点（仓库）、材料的类别、品种和规格等进行明细核算。

③ 原材料的主要账务处理。

a. 购入并已验收入库的原材料，按计划成本或实际成本，借记本科目，按实际成本贷记"材料采购"或"在途物资"科目，按计划成本与实际成本的差异，借记或贷记"材料成本差异"科目。

b. 自制并已验收入库的原材料，按计划成本或实际成本，借记本科目，按实际成本贷记"生产成本"等科目，按计划成本与实际成本的差异，借记或贷记"材料成本差异"科目。

c. 生产经营领用材料，按计划成本或实际成本，借记"生产成本"、"制造费用"、"销售费用"、"管理费用"等科目，贷记本科目。

④ 本科目的期末借方余额，反映企业库存材料的计划成本或实际成本。

2211 应付职工薪酬：

① 本科目核算企业根据有关规定应付给职工的各种薪酬。

② 本科目应当按照"工资"、"职工福利"、"社会保险费"、"住房公积金"、"工会经费"、"职工教育经费"、"解除职工劳动关系补偿"等应付职工薪酬项目进行明细核算。

③ 应付职工薪酬的主要账务处理。

a. 企业按照有关规定向职工支付工资、奖金、津贴等，借记本科目，贷记"银行存款"、"现金"等科目。

企业向职工支付职工福利费，借记本科目，贷记"银行存款"、"现金"科目。

b. 企业应当根据职工提供服务的受益对象，对发生的职工薪酬分以下情况进行处理生产部门人员的职工薪酬，借记"生产成本"、"制造费用"、"劳务成本"科目，贷记本科目。

管理部门人员的职工薪酬，借记"管理费用"科目，贷记本科目。

销售人员的职工薪酬，借记"销售费用"科目，贷记本科目。

应由在建工程、研发支出负担的职工薪酬，借记"在建工程"、"研发支出"科目，贷记本科目。

④ 本科目期末贷方余额，反映企业应付职工薪酬的结余。

5001 生产成本：

① 本科目核算企业进行工业性生产发生的各项生产费用，包括生产各种产品（包括产成品、自制半成品等）、自制材料、自制工具、自制设备等。

② 本科目应当按照基本生产成本和辅助生产成本进行明细核算。

基本生产成本应当分别按照基本生产车间和成本核算对象（如产品的品种、类别、订单、批别、生产阶段等）设置明细账（或成本计算单，下同），并按照规定的成本项目设置专栏。

③ 生产成本的主要账务处理。

a. 企业发生的各项直接生产费用，借记本科目（基本生产成本、辅助生产成本），贷记"原材料"、"现金"、"银行存款"、"应付职工薪酬"等科目。

企业各生产车间应负担的制造费用，借记本科目（基本生产成本、辅助生产成本），贷记"制造费用"科目。

b. 企业已经生产完成并已验收入库的产成品以及入库的自制半成品，应于月末，借记"库存商品"等科目，贷记本科目（基本生产成本）。

④ 本科目期末借方余额，反映企业尚未加工完成的在产品的成本或生产性生物资产尚未收获的农产品成本。

（2）会计分录举例

① 分配材料费用。

借：生产成本（或制造费用、管理费用、销售费用等）

　　贷：原材料

② 分配薪酬。

借：生产成本（或制造费用、管理费用、销售费用等）

　　贷：应付职工薪酬

拓 展 阅 读　　　存货管理的三次变革　　　

实训任务 5.3.3　制造费用核算

1. 学习目标

目标分解	目标描述
知识目标	1. 举例说明制造费用包括什么内容
	2. 阐述制造费用的归集原则
	3. 简述制造费用的发配方法
技能目标	1. 完成制造费用分配表
	2. 填制制造费用分配的记账凭证
	3. 登记制造费用明细账及生产成本明细账
素养目标	1. 明确制造费用分配的流程
	2. 完成分配制造费用的记账凭证
	3. 完成制造费用明细账及生产成本明细账的登记

2. 情境导入

好佳童车厂有机加工和组装两个车间，最近几个月，虽然材料费用和人工费用并没有大幅度增加，但生产成本却有所增加，为了加强成本控制，降低生产成本，2011 年 10 月 28 日，财务经理钱坤要求成本会计刘自强核算两个车间为组织生产活动所发生的制造费用，并将它们计入生产成本，刘自强该怎么做呢？

3. 相关知识

（1）制造费用的概念

制造费用是指企业生产车间（部门）为生产产品或提供劳务而发生的各项生产费用，包括工资和福利费、折旧费、修理费、办公费、水电费、机物料消耗、劳动保护费、季节性和修理期间的停工损失等。

（2）制造费用计入产品成本的原则

制造费用一般是间接计入成本。当制造费用发生时，一般无法直接判定它所归属的产品，因而不能直接计入所生产的产品成本中去，而须按费用发生的地点先行归集，月终再采用一定的方法在各成本计算对象间进行分配，计入各产品的成本之中。

（3）制造费用的分配方法

如果一个车间生产两种以上的产品，那么按车间归集的制造费用要在各产品间进行分配。制造费用的分配方法，一般有按生产工人工资、按生产工人工时、按机器工时、按产品产量等标准分配。具体采用哪种分配方法由企业自行决定。分配方法一经确定，不得随意变更。如需变更，应当在会计报表附注中予以说明。实训中每个车间生产单一产品，无须分配，全部计入每个车间的制造费用。

4．任务流程

制造业企业生产车间发生的间接费用需要先在"制造费用"账户归集，分配后计入生产成本。制造费用的核算共分 3 步，起始于成本会计，最后还由成本会计登记明细账。具体流程参见图 5-98。

图 5-98　制造费用的核算

5．实施步骤

成本会计首先结算出制造费用明细账余额，然后编制制造费用分配表，最后编制制造费用分配的凭证，经财务经理审核后交成本会计登记明细账。具体步骤参见表 5-39。

表 5-39　制造费用核算

序号	操作步骤	角色	操作内容
1	制造费用计算	成本会计	1．找到制造费用明细账，结出余额 2．根据制造费用明细账的余额，编制制造费用分配表 3．编制记账凭证
2	审核记账凭证	财务部经理	1．接收成本会计交给的记账凭证，进行审核 2．审核后，交成本会计登记科目明细账
3	登记制造费用明细账和生产成本明细账	成本会计	1．接收财务部经理审核完的记账凭证 2．根据记账凭证登记科目明细账

第一步，找到制造费用所在账页，结出余额，制造费用明细账格式如图 5-99 和图 5-100 所示。

制 造 费 用　明细账

账户名称　机加工车间

2011年 月 日	凭证号	摘要	借方	贷方	借或贷	余额	办公费	人工费	折旧费
10 28	××	计提折旧	499997		借	499997			499997

图 5-99

制 造 费 用　明细账

账户名称　组装车间

2011年 月	日	凭证号	摘要	借方	贷方	借或贷	余额	办公费	人工费	折旧费
10	28	××	计提折旧	1 916 66		借	1 916 66			1 916 66

图 5-100

制造费用分配表格式如表 5-40 所示。

表 5-40　制 造 费 用 分 配 表

2011 年 10 月

车间	金额
车架	4 999.97
经济童车	1 916.66
合计	6 916.63

本实训中每个车间生产单一产品，无须分配。

记账凭证格式如表 5-101 所示。

记 账 凭 证

2011 年 10 月 28 日　　　　　第 ×× 号

摘要	总账科目	明细科目	记账标志	借方金额	贷方金额	附件
分配制造费用	生产成本	车架——制造费用	√	4 999 97		
	生产成本	经济童车——制造费用	√	1 916 66		1
	制造费用	机加工车间	√		4 999 97	
		组装车间	√		1 916 66	张
合计				￥6 916 63	￥6 916 66	

财会主管　　　　　记账　　　　　出纳　　　　　复核 钱 坤　　　　　制单 刘自强

图 5-101

① 制造费用分配表应附在记账凭证后面，机加工车间的制造费用计入车架的生产成本，组装车间的制造费用计入经济童车的生产成本。

② 成本会计填制完记账凭证后应在制单处签章。

第二步，成本会计填制的记账凭证要交由财务部经理钱坤审核，审核后在复核处签章。

第三步，分配制造费用后的制造费用明细账格式如图 5-102 和图 5-103 所示。

制 造 费 用　明细账

账户名称　机加工车间

2011年 月	日	凭证字	凭证号	摘要	借方	贷方	借或贷	余额	办公费	人工费	折旧费
10	28		××	计提折旧	4 999 97		借	4 999 97			4 999 97
	28		××	分配制造费用		4 999 97	平	0			4 999 97

图 5-102

制 造 费 用 明 细 账

账户名称 __组装车间__

2011年 月 日	凭证号	摘要	借方	贷方	借或贷	余额	办公费	人工费	折旧费
10 28	××	计提折旧	1916 66		借平	1916 66			1916 66
28	××	分配制造费用		1916 66	0				1916 66

图 5-103

① 制造费用明细账为多栏式，按费用项目设专栏。

② 发生制造费用在借方登记，期末全部从贷方转出，转出的明细项目需用红字，结转完成后，制造费用账户无余额，方向应标明"无"并在元的位置上写"0"。

③ 成本会计根据记账凭证登账后，需在记账凭证要在记账凭证记账标志栏中打"√"，表示已经登账，并在记账凭证记账处签章。

分配制造费用后的生产成本明细账格式如图 5-104 和表 5-105 所示。

生 产 成 本 明 细 账

产品名称：__车架__　　　　规格型号_____　　　　计量单位 __根__

11年 月 日	凭证号	摘要	借方	成本项目 直接材料	成本项目 直接人工	成本项目 制造费用
10 1		上月结转（5 000件）	850000 00	850000 00		
28	××	10月份职工薪酬	55625 60		556256 05	
28	××	分配制造费用	4999 97			4999 97

图 5-104

生 产 成 本 明 细 账

名称 __经济童车__　　　　规格型号_____　　　　计量单位 __辆__

11年 月 日	凭证号	摘要	借方	成本项目 直接材料	成本项目 直接人工	成本项目 制造费用
10 1		上月结转（4 000件）	1320000 00	1320000 00		
28	××	10月份职工薪酬	51696 00		51696 00	
28	××	分配制造费用	1916 66			1916 66

图 5-105

① 生产成本明细账按产品品种设置和登记，格式为多栏式，按成本项目设专栏。

② 结转制造费用应计入生产成本账户借方。

③ 成本会计登记生产成本明细账后，要在记账凭证记账标志栏中打"√"，表示已经登账。

扩展知识

（1）核算制造费用涉及的主要会计科目及使用说明

5101 制造费用：

① 本科目核算企业生产车间、部门为生产产品和提供劳务而发生的各项间接费用。

② 本科目应当按照不同的生产车间、部门和费用项目进行明细核算。

③ 制造费用的主要账务处理。

a. 生产车间发生的机物料消耗,借记本科目,贷记"原材料"等科目。

b. 发生的生产车间管理人员的工资等职工薪酬,借记本科目,贷记"应付职工薪酬"科目。

c. 生产车间计提的固定资产折旧,借记本科目,贷记"累计折旧"科目。

d. 生产车间支付的办公费、修理费、水电费等,借记本科目,贷记"银行存款"等科目。

e. 将制造费用分配计入有关的成本核算对象,借记"生产成本(基本生产成本、辅助生产成本)"、"劳务成本"科目,贷记本科目。

(2)会计分录举例

① 生产车间领用原材料。

借:制造费用
　　贷:原材料

② 生产车间发生人员薪酬。

借:制造费用
　　贷:应付职工薪酬

③ 生产车间计提固定资产折旧。

借:制造费用
　　贷:累计折旧

④ 生产车间支付的办公费、修理费、水电费等。

借:制造费用
　　贷:银行存款

⑤ 结转制造费用。

借:生产成本
　　贷:制造费用

(3)制造费用的分配方法

为了正确的计算产品成本,必须合理的分配制造费用。由于各车间的制造费用水平不同,制造费用的分配应该按照车间分别进行,而不应将各车间的制造费用汇总起来,在整个企业范围内统一分配。

在生产一种产品的车间、部门中,发生的制造费用应直接计入该种产品的成本。在生产多种产品的车间、部门中,发生的制造费用则属于间接计入费用,应采用适当的分配方法,分配计入各产品生产成本中。即在生产多种产品的车间、部门共同发生的制造费用,才有分配问题。分配的计算公式为:

$$制造费用分配率=\frac{制造费用总额}{各种产品所用的分配标准之和}$$

某种产品应分配的制造费用=该种产品所用分配标准×制造费用分配率

分配制造费用,需要选择一定的标准进行,常用的标准有生产工人工时、生产工人工资、机器工时和年度计划分配率等。由此产生了生产工人工时比例法、生产工人工资比例法、机器工时比例法和按年度计划分配率分配法等制造费用的分配方法。分配方法一经确定,不宜任意变更。

拓展阅读　　　　　制造成本法

实训任务 5.3.4 童车成本核算

1．学习目标

目标分解	目标描述	编码
知识目标	1．举例说明多步骤生产类型	
	2．何为连续式多步骤生产	
	3．何为装配式多步骤生产	
技能目标	1．完成组装童车领料流程	<DJ0055>：派工单 <DJ0057>：领料单 <DJ0028>：库存台账<DJ0025>：材料出库单<DJ0027>：物料卡 <DJ0028>：库存台账<DJ0070>：数量金额明细账
	2．完成童车质检入库流程	<DJ0055>：派工单 <DJ0054>：完工单 <DJ0058>：完工送检单 <DJ0056>：生产执行情况表 <DJ0023>：生产入库单 <DJ0027>：物料卡 <DJ0028>：库存台账 <DJ0070>：数量金额明细账
	2．完成童车成本计算流程	
素养目标	1．明确童车组装领料流程和会计处理	
	2．明确童车成本计算的流程和会计处理	
	3．明确童车成本计算的方法	

2．情境导入

2008 年 10 月 28 日，组装车间已经生产出童车 4 000 辆，成本会计刘自强根据财务部经理钱坤的要求开始计算完工的经济型童车成本，在成本计算单上显示的项目包括月初在产品成本和本月发生的生产成本，到底应如何计算总成本和单位成本呢？

3．相关知识

（1）单步骤生产和多步骤生产

单步骤生产是指生产工艺过程不能间断，不能分散在不同工作地点进行的生产。多步骤生产是指生产工艺过程可以间断，由若干个步骤组成的生产，可以在不同地点、不同时间进行的生产。

（2）多步骤生产分类

多步骤生产分为连续式多步骤生产和装配式多步骤生产。

连续式多步骤生产，是指从原材料投入生产以后，需要经过许多相互联系的加工步骤才能最后生产出产成品，前一个步骤生产出来的半成品，是后一个加工步骤的加工对象，直到最后加工步骤完成才能生产出产成品。

装配式多步骤生产，是指将原材料投入生产后，在各个步骤进行平行加工，制造成产成品所需的各种零件和部分，最后再将各生产步骤的零部件组装成产成品。

（3）成本核算的方法

成本核算的方法有品种法、分批法、分步法、分类法等。本实训中采用分步法。

分步法，是指以产成品及其所经生产步骤作为成本核算对象，来归集和分配生产费用，计算出各生产步骤和最终产成品的实际总成本和单位成本。分步法又分为逐步结转分步法和平行结转分步法。本实训采用逐步结转分步法。

逐步结转分步法，是指按照生产步骤逐步计算并结转半成品成本，直到最后步骤计算出产成品成本的方法。

（4）逐步结转分步法成本核算的程序

逐步结转分步法成本核算的程序如图 5-106 所示。

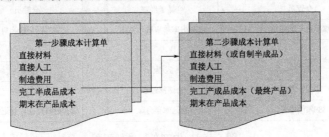

图 5-106　逐步结转分步法成本核算程序

VBSE 实训中，第一步骤（机加工车间）完工的半成品为车架，最终步骤（组装车间）产成品为童车。

（5）平行结转分步法成本核算的程序

平行结转分步法成本核算的程序如图 5-107 所示。

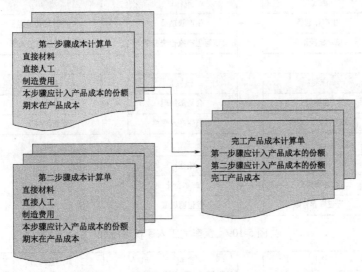

图 5-107　平行结转分步法成本核算程序

4．任务流程

（1）童车组装领料核算

在 VBSE 实训中，童车厂童车成本核算任务流程共分 9 步。始于生产车间管理员，最后由成本会计填制记账凭证和登记明细账，详见图 5-108。

（2）童车完工入库核算

在 VBSE 实训中，童车完工入库任务流程共分 11 步。由生产车间管理员发起，最后由成本会计登记明细账，详见图 5-109。

（3）童车成本核算

在 VBSE 实训中，童车成本核算流程共分 6 步。始于成本会计，最后由成本会计登记明细账，详见图 5-110。

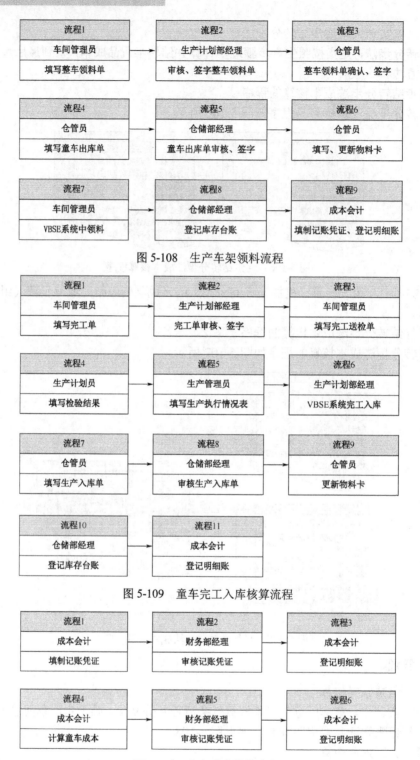

图 5-108　生产车架领料流程

图 5-109　童车完工入库核算流程

图 5-110　童车成本核算流程

5．实施步骤

（1）组装童车领料核算工作步骤

车架管理员填写领料单交生产部经理审批后交仓管员领料，仓管员填写出库单交仓储部经理签字、审核后填制出库单和物料卡，转车间管理员在 VBSE 中记录领料情况，仓储部经理根据材料出库单登记库存台账后，交企业成本会计，根据生产童车领料情况，登记整车材料存货明细账。具体步骤请参见表 5-41。

表 5-41　组装童车领料

序号	操作步骤	角色	操作内容
1	填写（童车）领料单	车间管理员	1. 车间管理员根据派工单和 BOM 填写一式两联的（童车）领料单 2. 送生产计划部经理审批
2	审核（童车）领料单	生产计划部经理	1. 接收车间管理员送来的（童车）领料单 2. 根据派工单和 BOM 审核（童车）领料单填写的准确性 3. 审核无误，签字
3	检查童车生产领料	仓管员	1. 接收车间管理员送来的（童车）领料单 2. 根据库存和 BOM 核对（童车）领料单上物料的库存情况 3. 确认库存物料满足领料单要求，在（童车）领料单"仓储部"位置后签字确认
4	填写（童车）材料出库单	仓管员	1. 核对完毕，根据领料单填写材料（童车）出库单 2. 填完送仓储部经理审核
5	审核（童车）材料出库单	仓储部经理	1. 接收仓管员送来的附有领料单的（童车）材料出库单 2. 审核（童车）材料出库单填写的准确性 3. 审核无误，签字
6	办理原材料出库并更新（原材料）物料卡	仓管员	1. 办理材料出库，出完料让车间管理员在（童车）材料出库单上签字确认 2. （童车）材料出库单的生产计划部联交车间管理员随材料一起拿走 3. （童车）材料出库单财务联交财务 4. 更新各种材料物料卡 5. （童车）材料出库单仓储部联交仓储部经理登记各种物料库存台账
7	在 VBSE 系统中进行生产领料	车间管理员	在 VBSE 系统中记录生产领料情况
8	登记整车材料库存台账	仓储部经理	1. 接收仓管员送来的童车材料出库单 2. 根据入库单的仓库联材料出库单登记库存台账 3. 登记完交仓管员留存备案
9	登记整车材料存货明细账	成本会计	1. 接收仓管员送来的童车材料出库单 2. 根据材料出库单登记原材料明细账及半成品明细账（注意：只填写数量，月末加权平均计算材料成本，出库单做月末成本计算依据）

第一步，派工单（DJ0055）格式如图 5-111 所示。

派 工 单

派工部门：生产计划部

派工单号：SC-PG-201110002　　　　　　派工日期：　2011 年　　10 月　　28 日

产品名称	工序	工序名称	工作中心	生产数量	计划进度	
					开始日期	完工日期
经济型童车			组装车间	4 000	20111028	20111028

生产部经理：叶润中　　　　　　　　　　　　　　车间管理员：周群

图 5-111

① 领料单一式三联，分别为生产计划部留存、仓储部留存，需要复写。

② 领料单应标明领用部门、领料单号、派工单号，需按照领用材料的品种分别填列。

③ 领料单由车间管理员填写。

（童车）领料单格式如图 5-112 所示。

领　料　单

领料部门：组装车间

领料单号：201110002　　　　　派工单号：SC-PG-20111002　　　　　编制日期：2011.10.28

序号	材料编码	材料名称	单位	材料规格	加工产品	领用数量	领用时间	备注
1	B0005	车篷	根	HJ72×32×40	经济型童车	5 000	2011.10.28	
2	B0006	车轮	个	HJΦ外 125/Φ内 60 mm	经济型童车	20 000	2011.10.28	
3	B0007	包装套件	套	HJTB100	经济型童车	5 000	2011.10.28	
4	M0001	经济车架	个	HJA800	经济型童车	5 000	2011.10.28	
合计								

仓储部：何海明　　　　　　　　部门经理：王璐　　　　　　　　车间管理员：周群

图 5-112

第二步，审核时，需将领料单和派工单的领料部门、派工单号、派工单的加工数量与领料品种的一致性，数量的匹配性进行核对。

第三步，核对领料单和库存台账时，需核对领料的领料部门、派工单号、品种、规格和数量。

第四步，（童车）材料出库单格式如图 5-113 所示。

材　料　出　库　单

单据编号：CC-CLCK-201110002　　　　　出库类型：经济童车组装领料

出库日期：2011.10.28　　　　　派工单号：SC-PG-20111002

序号	物料名称	物料编码	出库数量	单价	金额	备注
1	车篷	B0005	5 000			
2	车轮	B0006	20 000			
3	包装套件	B0007	5 000			
4	经济车架	M0001	5 000			
合计						

仓管员：王宝珠　　　　　　　　仓储部：何海明　　　　　　　　车间管理员：周群

图 5-113

① 材料出库单一式三联，分别为仓储部留存联、生产计划部留存联和财务部留存联，需要复写。

② 材料出库单需按照车库类型分别填列，登记领用材料品种、编码，只填出库数量。

③ 材料出库单由仓管员领用材料时填写。

第五步，审核童车材料出库单时，需将出库单与所附领料单的派工单号、出库类型与领料部门、出库品种、物料编码与出库数量进行核对。

第六步，（车篷）物料卡（DJ0027）格式如图 5-114 所示。

物　料　卡

存货类别：　原材料　　　　　　　　　　　　仓位：A03

物料名称：　车篷　　　　　　　　　　　　　规格：HJ72×32×40

日期	入库	出库	结余	经手人	备注
2011.9.30			5 000	王宝珠	9 月盘存
2011.10.4	5 000		10 000	王宝珠	10 月购买入库
2011.10.28		5 000	5 000	王宝珠	组装车间领用

图 5-114

（车轮）物料卡（DJ0027）格式如图 5-115 所示。

物 料 卡

存货类别： 原材料 仓位：A04
物料名称： 车轮 规格：HJΦ 外 125/Φ 内 60 mm

日期	入库	出库	结余	经手人	备注
2011.9.30			20 000	王宝珠	9 月盘存
2011.10.4	20 000		40 000	王宝珠	10 月购买入库
2011.10.28		20 000	20 000	王宝珠	组装车间领用

图 5-115

（包装套件）物料卡（DJ0027）格式如图 5-116 所示。

物 料 卡

存货类别： 原材料 仓位：A05
物料名称： 包装套件 规格：HJTB100

日期	入库	出库	结余	经手人	备注
2011.9.30			10 000		9 月盘存
2011.10.28		5 000	5 000	王宝珠	组装车间领用

图 5-116

注意事项如前所述。
（车架）物料卡（DJ0027）格式如图 5-117 所示。

物 料 卡

存货类别： 原材料 仓位：B01
物料名称： 车架 规格：HJA800

日期	入库	出库	结余	经手人	备注
2011.10.28	5 000		5 000	王宝珠	机加工车间入库
2011.10.28		5 000	0	王宝珠	组装车间领用

图 5-117

① 物料卡是登记物料数量增减变动的辅助账簿。按物料的类别、名称分别设置、填列，只填数量。

② 物料卡由仓管员根据材料出库单填写。

③ 仓管员在放置物料卡时，悬挂位置要明显、牢固，并便于随时填写，在使用物料卡时，仓管员要根据作业的内容，及时更新物料卡上的内容。

第七步，（车篷）库存台账（DJ0028）的格式如图 5-118 所示。

库 存 台 账

物料名称：车篷 规格：HJ72×32×40 最高存量：
物料编号：B0005 仓位：A03 最低存量：

2011 年		凭证编号	摘要	入库		出库		结存	
月	日			数量	单价	数量	单价	数量	单价
10	1		上月结转					5 000	
10	4		10 月采购入库	5 000				10 000	
10	28		生产领料			5000		5 000	

图 5-118

注意事项如前所述。

（车轮）库存台账（DJ0028）的格式如图 5-119 所示。

库 存 台 账

物料名称：车轮　　　　　　规格：HJΦ外125/Φ内60 mm　　　最高存量：

物料编号：B0006　　　　　　仓位：A04　　　　　　　　　　　最低存量：

2011 年		凭证编号	摘要	入库		出库		结存	
月	日			数量	单价	数量	单价	数量	单价
10	1		上月结转					20 000	
10	8		10 月采购入库	20 000				40 000	
10	28		生产领料			20 000		20 000	

图 5-119

"（包装物料）库存台账（DJ0028）"的格式如图 5-120 所示。

库 存 台 账

物料名称：包装套件　　　　　规格：HJTB100　　　　　　　　最高存量：

物料编号：B0007　　　　　　仓位：A03　　　　　　　　　　　最低存量：

2011 年		凭证编号	摘要	入库		出库		结存	
月	日			数量	单价	数量	单价	数量	单价
10	1		上月结转					10 000	
10	28		生产领料			5 000		5 000	

图 5-120

（车架）库存台账（DJ0028）的格式如图 5-121 所示。

库 存 台 账

物料名称：车架　　　　　　　规格：HJA800　　　　　　　　　最高存量：

物料编号：M0001　　　　　　仓位：B01　　　　　　　　　　　最低存量：

2011 年		凭证编号	摘要	入库		出库		结存	
月	日			数量	单价	数量	单价	数量	单价
10	28		10 月生产入库	5 000				5 000	
10	28		生产领料			5 000		0	

图 5-121

① 库存台账是用来核算、监督物料数量增减变动的。按物料的类别、名称分别设置、填列，以便能把该物料的进、销、存清晰的反映出来。

② 每进入和发出的数量都及时准确的在台账上进行登记，算出结存数，结算公示为：

期末结存物料的数量=期初结存物料的数量+入库物料的数量-出库物料的数量

③ 库存台账由仓储部经理登记。

④ 期初在产品（也就是科目余额表中的生产成本）尚在车间，未入库，不用建库存台账。

第八步，（车篷）原材料明细账的格式如图 5-122 所示。

原 材 料 明 细 账

最高存量＿＿＿＿＿＿＿
最低存量＿＿＿＿＿＿＿　　　　　　　　　　　　　　单位（个）　名称　＿车篷＿
编号＿B0005＿　规格＿HJ72×32×40＿　　　　　　　　　　　第　页

2011年 月	日	凭证数	摘要	借方 数量	单价	金额 百	十	万	千	百	十	元	角	分	贷方 数量	单价	金额 百	十	万	千	百	十	元	角	分	结存 数量	单价	金额 百	十	万	千	百	十	元	角	分	稽核
10	1		上月结转																							5 000	60		3	0	0	0	0	0	0	0	
	4	××	采购入库	5 000	60		3	0	0	0	0	0	0	0																							
	28	××	生产领料												5 000																						

图 5-122

（车轮）原材料明细账的格式如图 5-123 所示。

原 材 料 明 细 账

最高存量＿＿＿＿＿＿＿
最低存量＿＿＿＿＿＿＿　　　　　　　　　　　　　　单位（个）　名称　＿车轮＿
编号＿B006＿　规格＿HJΦ外125/Φ内60 mm＿　　　　　　　第　页

2011年 月	日	凭证数	摘要	借方 数量	单价	金额 百	十	万	千	百	十	元	角	分	贷方 数量	单价	金额 百	十	万	千	百	十	元	角	分	结存 数量	单价	金额 百	十	万	千	百	十	元	角	分	稽核
10	1		上月结转																							20 000	20		4	0	0	0	0	0	0	0	
	8	××	车轮入库	20 000	20		4	0	0	0	0	0	0	0																							
	28	××	生产领料												20 000																						

图 5-123

（包装套件）原材料明细账的格式如图 5-124 所示。

原 材 料 明 细 账

最高存量＿＿＿＿＿＿＿
最低存量＿＿＿＿＿＿＿　　　　　　　　　　　　　　单位（套）　名称　＿包装套件＿
编号＿B0007＿　规格＿HJTB100＿　　　　　　　　　　　　第　页

2011年 月	日	凭证数	摘要	借方 数量	单价	金额 百	十	万	千	百	十	元	角	分	贷方 数量	单价	金额 百	十	万	千	百	十	元	角	分	结存 数量	单价	金额 百	十	万	千	百	十	元	角	分	稽核
10	1		上月结转																							10 000	20		2	0	0	0	0	0	0	0	
	28	××	生产领料												5 000																						

图 5-124

（车架）半成品明细账的格式如图 5-125 所示。

半 成 品 明 细 账

最高存量＿＿＿＿＿＿＿
最低存量＿＿＿＿＿＿＿　　　　　　　　　　　　　　单位（个）　名称　＿车架＿
编号＿B0001＿　规格＿HJA800＿　　　　　　　　　　　　第　页

2011年 月	日	凭证数	摘要	借方 数量	单价	金额 百	十	万	千	百	十	元	角	分	贷方 数量	单价	金额 百	十	万	千	百	十	元	角	分	结存 数量	单价	金额 百	十	万	千	百	十	元	角	分	稽核
10	1		上月结转																							10 000	20		2	0	0	0	0	0	0	0	
	28	××	生产领料												5 000																						

图 5-125

① 原材料明细账和半成品明细账按照原材料的品种、规格分别设置。

② 双横线上应填写科目名称，名称栏填写明细科目的名称，单位栏为计量单位，年月日栏应填写经济业务发生时间，凭证号数填写凭证种类和号数，摘要栏是对经济业务额的简要说明，借方栏登记增加的存货，贷方栏登记减少的存货。

③ 登记明细账时，必须以正式合法的凭证，如物品入库单和出库单、领料单等为依据。记账时应依时间顺序连续、完整地填写各项记录，不能隔行、跳页，并对账页依次编号，在年末结存转入新账后，旧账页应该入档妥善保管。

④ 收入的原材料和半成品既登记数量也登记金额，发出的存货只登记数量，不登记金额。期末结余的存货数量（金额）=期初结余的存货数量（金额）+存货的借方发生数量（金额）－存货的贷方发生数量（金额）

⑤ 记账时，应该使用蓝、黑墨水笔，并注意书写内容的工整、清晰，数字最好只占空格的 2/3，以便于改错。

（2）童车完工质检、入库任务流程

童车生产完工，应进行质量检验、达到质量要求的，可以办理入库手续。其工作从车间管理员开始，成本会计登记明细账为止。具体工作步骤如表 5-42 所示。

表 5-42　童车完工入库

序号	操作步骤	角色	操作内容
1	填写（童车）完工单	车间管理员	车间管理员根据派工单填写（童车）完工单
2	审核（童车）完工单	生产计划部经理	1. 生产部经理收到（童车）完工单 2. 生产部经理审核（童车）完工单，在完工单上签字
3	填写（童车）完工送检单	车间管理员	1. 车间管理员填写（童车）完工送检单（一式三联） 2. 车间管理员送生产计划处进行检验
4	填写（童车）检验结果	生产计划员	1. 生产计划员接到车间管理员来的（童车）完工送检单 2. 生产计划员进行检验 3. 将检验结果填入（童车）完工送检单
5	填写（童车）生产执行情况表	车间管理员	1. 根据完工单和完工送检单填写生产执行情况表 2. 登记完然后带完工单第二联及送检单去仓库入库 3. 将完工单第一联自行留存
6	在 VBSE 系统中处理完工入库	生产计划部经理	根据完工送检单在系统中选择相应订单，并确认
7	填写（童车）生产入库单	仓管员	1. 仓管员核对完工单和完工送检单及实物 2. 填写一式三联的生产入库单 3. 车间管理员在生产入库单上签字确认 4. 仓管员送仓库部经理审核生产入库单
8	审核（童车）生产入库单	仓储部经理	1. 仓储部经理收到生产入库单 2. 仓储部经理审核生产入库单准确性和合理性，在生产入库单上签字后返还仓管员 3. 仓管员把审核完的生产入库单的财务联给财务部，生产部联给生产部，仓库联自留
9	填写（童车）物料卡	仓管员	1. 仓管员将货物摆放到货位，根据生产入库单更新物料卡 2. 将生产入库单送仓储部经理登记台账
10	登记（童车）库存台账	仓储部经理	仓储部经理根据生产入库单登记库存台账
11	登记库存商品明细账	成本会计	1. 成本会计接到仓管员交给的生产入库单 2. 成本会计根据生产入库单登记库存商品明细账

第一步，（童车）完工单（DJ0054）的格式如图 5-126 所示。

完 工 单

生产部门：组装车间

完工单号：SC-WG-201110002　　　　　　　　　　　　　　编制日期：2011 年 10 月 28 日

产品名称	完工日期	计划产量	实际完工量	单位	剩余在产品	待检验	不良产品数
童车	2011 年 10 月 28 日	4 000	4 000	辆			

部门经理：王璐　　　　　　　　　　　　　　　　　　　　　车间管理员：周群

图 5-126

① 完工单一式二联，分别为生产计划部留存联、仓储部留存联，需要复写。

② 完工单按照生产部门设置，按完工产品的品种填列。

③ 完工单由车间管理员填写。

第二步，审核时，需审查派工单与完工单所列部门、产品品种、完工数量是否一致。

第三步，完工送检单（DJ0058）的格式如图 5-127 所示。

完 工 送 检 单

送检部门：生产计划部—组装车间

送检单号：SC-SJ-201110001　　　　　　　　　　　　　　制单日期：2011.10.8

序号	派工单号	规格型号	单位	检验结果	
				合格品	不合格品
1	SC-PG-201110001	经济童车	辆	4 000	
合计					

质检员：孙盛国　　　　　　　　　　　　　　　　　　　　　车间管理员：周群

图 5-127

① 完工送检单一式三联，分别为生产管理员留存联、质检员留存联和仓储部留存联，需要复写。

② 完工送检单根据完工单数量和实际验收合格品数量填写，只填数量，不填金额。

③ 完工送检单由车间管理员根据完工单填写。

第四步，检验时，既要将完工送检单和完工单进行核对，也要核对送检入库产品的数量和质量。

第五步，生产执行情况表（DJ0056）的格式如图 5-128 所示。

生 产 执 行 情 况 表

制表单位：组装车间　　　　　　　　　　　　　　　　　　　日期：2011 年 10 月 8 日

派工单号	产品名称	领料情况	开工数量	完工数量	开工日期	计划完工日期	完工日期	在产品数量	完工入库数量	产品入库日期	备注
SC-PG-201110002	经济童车	已领	4 000	4 000	2011.10.8	2011.10.8	2011.10.8		4 000	2011.10.8	

车间管理员：周群　　　　　　　　　　　　　　　　　　　　生产部经理：叶润中

图 5-128

① 生产执行情况表根据完工单填制。

② 生产执行情况表由车间管理员填写。

第六步，生产入库单（DJ0023）的格式如图5-129所示。

生 产 入 库 单

制单日期：2011.10.8　　　　　　　　　　　　　　　　　仓库：成品库
单据编号：CC-SCRK-201110001　　　　　　　　　　　完工单编号：SC-WG-201110002

序号	品名	规格型号	单位	入库时间	数量	备注
1	经济童车		辆	2010.10.8	4 000	
合计						

仓储部经理：何海明　　　　　　仓管员：王宝珠　　　　　　车间管理员：周群

图 5-129

① 生产入库单一式三联，分别为仓储部存根联、生产计划部留存联和财务部留存联，需复写。

② 生产入库单根据完工单数量和实际验收数量填写，只填数量和计量单位，不填金额。

③ 生产入库单由仓管员根据完工单填写。

④ 存根联留在仓库登记存货台账，生产计划部联交生产部作为产量统计的依据，财务联交财务部作为成本核算的依据。

第七步，审核时，应注意生产入库单与完工单上的品种、规格、数量是否一致，存放地点是否合理。

第八步，（童车）物料卡的格式如图5-130所示。

物 料 卡

存货类别：产成品　　　　　　　　　　　　　　　　仓位：C01
物料名称：经济童车　　　　　　　　　　　　　　　规格：

日期	入库	出库	结余	经手人	备注
2011.9.30			2 000	王宝珠	9 月盘存
2011.10.8	4 000		6 000	王宝珠	组装车间完工

图 5-130

① 物料卡需登记入库物料的品种、数量和入库的具体情况。

② 结余物料数量=期初结存的物料+本期入库的额物料–本期出库的物料。

③ 物料卡由仓管员根据产成品入库单填写。

第九步，（车架）库存台账（DJ0028）的格式如图5-131所示。

库 存 台 账

物料名称：经济童车　　　　　　规格：HJA800　　　　　　最高存量：
物料编号：P0001　　　　　　　　仓位：C01　　　　　　　　最低存量：

2011 年		凭证编号	摘要	入库		出库		结存	
月	日			数量	单价	数量	单价	数量	单价
10	1		上月结转					2 000	
10	8		完工入库	4 000				6 000	

图 5-131

① 库存台账用来核算、监督物料数量增减变动的。按物料的类别、名称分别设置、填列，以便能把该物料的进、销、存清晰的反映出来。

② 每进入和发出的数量都及时准确的在台账上进行登记，算出结存数，结算公式为：

期末结存物料的数量=期初结存物料的数量+入库物料的数量-出库物料的数量

③ 库存台账由仓储部经理登记。

第十步，库存商品的格式如图 5-132 所示。

库 存 商 品 明 细 账

明细科目 ___经济童车___   单位 ___辆___

2011年	凭号证数	摘要	借方			贷方			结存			稽核
日			数量	单价	金额（百十万千百十元角分）	数量	单价	金额（百十万千百十元角分）	数量	单价	金额（百十万千百十元角分）	
10 1		上月结转							2 000	350.5	7 0 1 0 0 0 0 0	
28	××	完工入库	4 000									

图 5-132

完工产品入库时，库存商品明细账只登记数量，待结转完工产品成本时，再登记金额。

（3）童车成本核算任务流程

成本会计首先根据车库单统计组装童车领用车架的数量，根据自制半成品明细账按照全月一次加权平均法计算车架出库成本；根据出库单统计组装童车领用原材料的数量，根据原材料明细账按照全月一次加权平均法计算出库材料成本，并填制记账凭证，待财务部经理审核后登记科目明细账。然后编制童车的成本计算表，成本计算完成后编制记账凭证，经财务经理审核后登记明细账。该任务始于成本会计，终于成本会计。具体步骤参见表 5-43。

表 5-43 童车成本核算

序号	操作步骤	角色	操作内容
1	童车直接材料核算	成本会计	1. 根据出库单数据统计组装童车领用车架的数量，根据自制半成品明细账按照全月平均法计算车架出库成本 2. 根据出库单数据统计组装童车领用原材料的数量，根据原材料明细账按照全月平均法计算材料出库成本 3. 编制（童车）领料汇总表 4. 填制记账凭证
2	审核记账凭证	财务部经理	1. 接收成本会计交来的记账凭证，进行审核 2. 审核后，交成本会计登记科目明细账
3	登记生产成本和原材料明细账	成本会计	1. 接收财务部经理审核完的记账凭证 2. 根据记账凭证登记生产成本和原材料明细账
4	童车成本计算	成本会计	1. 根据生产成本明细账编制童车的完工产品成本计算表 2. 编制记账凭证
5	审核记账凭证	财务部经理	1. 接收成本会计交给的记账凭证，进行审核 2. 审核后，交成本会计登记科目明细账
6	登记生产成本和库存商品明细账	成本会计	1. 接收财务部经理审核完的记账凭证 2. 根据记账凭证登记生产成本明细账和库存商品明细账

第一步，（车架）半成品明细账格式如图 5-133 所示。

（车架）半成品明细账中，截止 28 日，库存车架只有一个批次，则发出半成品成本按本月入库的车架成本计算，即单位成本 182.13 元，总成本 910 625.57 元。

（车篷）原材料明细账格式如图 5-134 所示。

<u>半 成 品</u> 明 细 账

最高存量_____

最低存量_____　　　　　　　　　　　　　单位（个）　名称___车架___

编号　M0001　规格　HJA800　　　　　　　　　　　　　　第　页

2011年		凭号证数	摘要	借方			贷方			结存			稽核
月	日			数量	单价	金额 百十万千百十元角分	数量	单价	金额 百十万千百十元角分	数量	单价	金额 百十万千百十元角分	
10	1		车架入库	5 000	182.13	9 1 0 6 2 5 5 7							
	28	××	生产领料				5 000						

图 5-133

<u>原 材 料</u> 明 细 账

最高存量_____

最低存量_____　　　　　　　　　　　　　单位（个）　名称___车篷___

编号　B0005　规格　HJ72×32×40　　　　　　　　　　　　第　页

2011年		凭号证数	摘要	借方			贷方			结存			稽核
月	日			数量	单价	金额 百十万千百十元角分	数量	单价	金额 百十万千百十元角分	数量	单价	金额 百十万千百十元角分	
10	1		上月结转							5 000	60	3 0 0 0 0 0 0 0	
	4	××	采购入库	5 000	60	3 0 0 0 0 0 0 0							
	28	××	生产领料				5 000						

图 5-134

车篷采用全月一次加权平均法计算加权平均单位成本。

本月发出车篷单位成本 $=\dfrac{300\,000+300\,000}{5\,000+5\,000}=60$（元）

本月发出车篷成本 $=5\,000\times60=30\,000$（元）

（车轮）原材料明细账格式如图 5-135 所示。

<u>原 材 料</u> 明 细 账

最高存量_____

最低存量_____　　　　　　　　　　　　　单位（个）　名称___车轮___

编号　B0006　规格　HJΦ外 125/Φ内 60 mm　　　　　　　　　第　页

2011年		凭号证数	摘要	借方			贷方			结存			稽核
月	日			数量	单价	金额 百十万千百十元角分	数量	单价	金额 百十万千百十元角分	数量	单价	金额 百十万千百十元角分	
10	1		上月结转							20 000	20	4 0 0 0 0 0 0 0	
	8	××	车轮入库	20 000	20	4 0 0 0 0 0 0 0							
	28	××	生产领料				20 000						

图 5-135

本月发出车轮单位成本 $=\dfrac{400\,000+400\,000}{20\,000+20\,000}=20$（元）

本月发出车轮成本 $=20\,000\times20=400\,000$（元）

（包装套件）原材料明细账格式如图 5-136 所示。

（包装套件）原材料明细账中，截止 28 日，库存车架只有一个批次，则发出半成品成本按月初结存的车架成本计算，即 20 元，总成本 100 000 元。

根据发出原材料成本和发出半成品成本编制（童车）领料汇总表，（童车）领料汇总表格式如表 5-44 所示。

原 材 料 明 细 账

最高存量_____

最低存量_____   单位（套）名称__包装套件__

编号__M0007__ 规格__HJTB100__   第__页

2011年		凭号证数	摘要	借方		金额		贷方		金额		结存		金额		稽核
月	日			数量	单价	百十万千百十元角分		数量	单价	百十万千百十元角分		数量	单价	百十万千百十元角分		
10	1		上月结转									10 000	20	2 0 0 0 0 0 0 0		
	28	××	生产领料					5 000								

图 5-136

表 5-44   经 济 型 童 车 领 料 汇 总 表

2011 年 10 月

名称	单位	数量	单位成本	金额
车篷	个	5 000	60.00	300 000.00
车轮	个	20 000	20.00	400 000.00
包装套件	个	5 000	20.00	100 000.00
车架	个	5 000	182.13	910 625.57
合计				17 110 625.57

制表：刘自强

① （童车）领料汇总表需依据生产童车的原材料车篷、车轮、包装套件、车架明细账账簿记录数量，按全月一次加权平均法计算每种材料的加权平均单位成本，进而计算本期收入、发出、结存存货的金额。

② （童车）领料汇总表由成本会计填列。

根据（童车）领料汇总表填制的记账凭证格式如图 5-137 所示。

记 账 凭 证

2011 年 10 月 31 日   第 ×× 号

摘要	总账科目	明细科目	记账标志	借方金额										贷方金额									
				千	百	十	万	千	百	十	元	角	分	千	百	十	万	千	百	十	元	角	分
经济童车材料费用	生产成本	经济童车—直接材料	√		1	7	1	0	6	2	5	5	7										
	原材料	车架	√												9	1	0	6	2	5	5	7
		车轮	√												4	0	0	0	0	0	0	0
		车篷	√												3	0	0	0	0	0	0	0
		包装套件	√												1	0	0	0	0	0	0	0
合计				¥	1	7	1	0	6	2	5	5	7	¥	1	7	1	0	6	2	5	5	7

附件 1 张

财会主管   记账   出纳   复核 钱 坤   制单 刘自强

图 5-137

记账凭证填好后，需由成本会计刘自强在制单处签章。

第二步，成本会计填制的记账凭证要交由财务部经理钱坤复核并签章。

第三步，成本会计登记的生产成本明细账格式如图 5-138 所示。

（车架）半成品明细账格式如图 5-139 所示。

（车篷）原材料明细账格式如图 5-140 所示。

（车轮）原材料明细账格式如图 5-141 所示。

生 产 成 本 明 细 账

名称　经济童车　　　　规格型号　　　　　　　计量单位　辆

11年 月	日	凭证号	摘要	借方	成本项目 直接材料	直接人工	制造费用
10	1		上月结转（4 000件）	1 3 2 0 0 0 0 0 0	1 3 2 0 0 0 0 0		
	28	××	10月份职工薪酬	5 1 6 9 6 0 0		5 1 6 9 6 0 0	
	28	××	分配制造费用	1 9 1 6 6 6			1 9 1 6 6 6
	31	××	分配材料费用	1 7 1 0 6 2 5 5 7	1 7 1 0 6 2 5 5 7		

图 5-138

半 成 品 明 细 账

最高存量_____

最低存量_____　　　　　　　单位（个）　名称　车架

编号　M0001　规格　HJA800　　　　　　　　第　　页

2011年	日	凭证数	摘要	借方 数量	单价	金额	贷方 数量	单价	金额	结存 数量	单价	金额	稽核
10	1		车架入库	5 000	182.13	9 1 0 6 2 5 5 7							
	28	××	生产领料				5 000	182.13	9 1 0 6 2 5 5 7	0		0	
	31		本月合计	5 000	182.13	9 1 0 6 2 5 5 7	5 000	182.13	9 1 0 6 2 5 5 7	0		0	

图 5-139

原 材 料 明 细 账

最高存量_____

最低存量_____　　　　　　　单位（个）　名称　车篷

编号　B0005　规格　HJ72×32×40　　　　　　第　　页

2011年 月	日	凭证数	摘要	借方 数量	单价	金额	贷方 数量	单价	金额	结存 数量	单价	金额	稽核
10	1		上月结转							5 000	60	3 0 0 0 0 0 0 0	
	4	××	采购入库	5 000	60	3 0 0 0 0 0 0 0							
	28	××	生产领料				5 000	60	3 0 0 0 0 0 0 0	5 000	60	3 0 0 0 0 0 0 0	
	31		本月合计	5 000	60	3 0 0 0 0 0 0 0	5 000	60	3 0 0 0 0 0 0 0	5 000	60	3 0 0 0 0 0 0 0	

图 5-140

原 材 料 明 细 账

最高存量_____

最低存量_____　　　　　　　单位（个）　名称　车轮

编号　B0006　规格　HJΦ外 125/Φ内 60 mm　　　第　　页

2011年	日	凭证数	摘要	借方 数量	单价	金额	贷方 数量	单价	金额	结存 数量	单价	金额	稽核
10	1		上月结转							20 000	20	4 0 0 0 0 0 0 0	
	8	××	车轮入库	20 000	20	4 0 0 0 0 0 0 0							
	28	××	生产领料				20 000	20	4 0 0 0 0 0 0 0	20 000	20	4 0 0 0 0 0 0 0	
	31		本月合计	20 000	20	4 0 0 0 0 0 0 0	20 000	20	4 0 0 0 0 0 0 0	20 000	20	4 0 0 0 0 0 0 0	

图 5-141

（包装套件）原材料明细账格式如图 5-142 所示。

原 材 料 明 细 账

最高存量_____
最低存量_____   单位（套）名称____包装套件____
编号____M0007____规格____HJTB100____   第   页

2011年		凭号证数	摘要	借方			贷方			结存			稽核
	日			数量	单价	金额 百十万千百十元角分	数量	单价	金额 百十万千百十元角分	数量	单价	金额 百十万千百十元角分	
10	1		上月结转							10 000	20	2 0 0 0 0 0 0 0	
	28	××	生产领料				5 000	20	1 0 0 0 0 0 0 0	5 000	20	1 0 0 0 0 0 0 0	
	31		本月合计				5 000	20	1 0 0 0 0 0 0 0	5 000	20	1 0 0 0 0 0 0 0	

图 5-142

第四步，产品成本计算表格式如图5-143所示。

完 工 产 品 成 本 计 算 单

产品名称：经济童车   完工日期：2011年10月28日
生产车间：组装   完工数量：4 000个

项目	直接材料	直接人工	制造费用	合计
月初在产品成本	1 320 000.00			1 320 000
本月发生费用	1 710 625.57	51 696.00	1 916.66	1 764 238.23
费用合计	3 030 625.57	51 696.00	1 916.66	3 084 238.23
完工产品成本	1 320 000	51 696.00	1 916.66	1 373 612.66
单位成本	330.00	12.92	0.48	343.40
月末在产品成本	1 710 625.57			1 710 625.57

制表：刘自强

图 5-143

① 本期完工产品总成本为：期初生产成本(直接材料)+本期归集的直接人工+本期归集的制造费用=1320 000+51 696.00+1 916.66=1 373 612.66（元）。

② 本期完工产品单位成本=1 373 612.66÷4 000=343.40（元）。

成本会计编制的产品入库记账凭证格式如图5-144所示。

记账凭证

2011 年 10 月 31 日   第 ×× 号

摘要	总账科目	明细科目	记账标志	借方金额										贷方金额										
				千	百	十	万	千	百	十	元	角	分	千	百	十	万	千	百	十	元	角	分	
经济童车	库存商品	经济童车			1	3	7	3	6	1	2	6	6											
完工入库	生产成本	经济童车—直接材料													1	3	2	0	0	0	0	0	0	
		经济童车—直接人工																5	1	6	9	6	0	0	
		经济童车—制造费用																	1	9	1	6	6	6	
	合计			¥	1	3	7	3	6	1	2	6	6	¥	1	3	7	3	6	1	2	6	6	

财会主管   记账   出纳   复核   制单

图 5-144

第五步，成本会计填制的记账凭证要交由财务部经理钱坤审核，审核后在复核处签章。

第六步，编制的童车入库记账凭证格式如图5-145所示。

库 存 商 品 明 细 账

明细科目   经济童车   单位   辆

2011年		凭号证数	摘 要	借 方				贷 方				结 存				稽核
	日			数量	单价	金 额 百十万千百十元角分		数量	单价	金 额 百十万千百十元角分		数量	单价	金 额 百十万千百十元角分		
10	1		上月结转									2 000	350.5	7 0 1 0 0 0 0 0		
	28	××	完工入库	4 000	343.4	1 3 7 3 6 1 2 6 6									

图 5-145

生产成本明细账格式如图 5-146 所示。

生 产 成 本 明 细 账

名称   经济童车   规格型号_____   计量单位（ 辆 ）

11年		凭证号	摘要	借方		成本项目			
						直接材料	直接人工		制造费用
月	日			百十万千百十元角分		百十万千百十元角分	百十万千百十元角分		百十万千百十元角分
10	1		上月结转（4 000件）	1 3 2 0 0 0 0 0 0		1 3 2 0 0 0 0 0 0			
	28	××	10月份职工薪酬	5 1 6 9 6 0 0			5 1 6 9 6 0 0		
	28	××	分配制造费用	1 9 1 6 6 6					1 9 1 6 6 6
	31	××	分配材料费用	1 7 1 0 6 2 5 5 7		1 7 1 0 6 2 5 5 7			
	31	××	完工入库	1 3 7 3 6 1 2 6 6		1 3 2 0 0 0 0 0 0	5 1 6 9 6 0 0		1 9 1 6 6 6
	31		期末在产品成本	1 7 1 0 6 2 5 5 7					

图 5-146

① 库存商品明细账为数量金额式，反映库存商品的收入、发出和结存情况，既要记载数量，还需根据单位成本计算出总成本。库存商品增加需借记，减少需贷记，期末结存在贷方。

② 期末结存库存商品的数量（金额）= 期初结存库存商品的数量（金额）+库存商品的借方数量（金额）–库存商品的贷方数量（金额）。

③ 成本会计根据记账凭证登账后，需在记账凭证要在记账凭证记账标志栏中打"√"，表示已经登账，并在记账凭证记账处签章。

扩 展 知 识

（1）核算产品完工入库涉及的主要会计科目及使用说明

1406 库存商品：

① 本科目核算企业库存的各种商品的实际成本（或进价）或计划成本（或售价），包括库存产成品、外购商品、存放在门市部准备出售的商品、发出展览的商品以及寄存在外的商品等。

② 本科目应当按照库存商品的种类、品种和规格进行明细核算。

③ 库存商品的主要账务处理。

企业生产的产成品一般应按实际成本核算，产成品的收入、发出和销售，平时只记数量不记金额，月末计算入库产成品的实际成本。企业生产完成验收入库的产成品，按其实际成本，借记本科目，贷记"生产成本"等科目。

采用实际成本进行产成品日常核算的，发出产成品的实际成本，可以采用先进先出法、加权平均法或个别认定法计算确定。

对外销售产成品（包括采用分期收款方式销售产成品），结转销售成本时，借记"主营业务成本"科目，贷记本科目。

④ 本科目期末借方余额，反映企业库存商品的实际成本（或进价）或计划成本（或售价）。

（2）会计分录举例

① 领用自制半成品。

借：生产成本

　　贷：自制半成品

② 产品完工入库。

借：库存商品

　　贷：生产成本

拓展阅读　　　　成本控制案例——沃尔玛　　　👉

实训任务 5.3.5　期末结转销售成本

1. 学习目标

目标分解	目标描述	编码
知识目标	1. 说明何为销售成本	
	2. 阐述销售成本包括的内容	
	3. 简述销售成本的计算方法	
技能目标	1. 简述结转销售成本的流程	
	2. 填制"销售出库单"	<DJ0026>销售出库单
	3. 填制结转销售成本的记账凭证	
	4. 登记库存商品明细账	
素养目标	1. 熟悉结转销售成本的流程	
	2. 完成结转销售成本的会计处理	

2. 情境导入

2011 年 10 月 28 日下午，根据财务部经理钱坤的要求，成本会计刘自强找出本月全部产成品出库单，汇总本月经济型童车出库数量后，要在电脑上用 Excel 计算本月销售产品成本，最后还要进行相应会计处理。

3. 相关知识

（1）销售成本的概念

销售成本是指已销售产品的生产成本或已提供劳务的劳务成本以及其他销售的业务成本。

（2）销售成本的分类

销售成本包括主营业务成本和其他业务成本。

（3）销售成本的计算公式

　主营业务成本=产品销售数量或提供劳务数量×产品单位生产成本或单位劳务成本

（4）产品单位生产成本或单位劳务成本的确定

产品单位生产成本或单位劳务成本的计算方法有：个别计价法、逐次加权平均法和全月一次加权平均法以及先进先出法。本实训采用全月一次加权平均法。

全月一次加权平均法计算公式：

$$产品单位生产成本=\frac{期初库存商品数量×库存商品单位成本＋本期实际采购入库商品金额}{期初商品数量＋本期实际入库商品数量}$$

$$库存商品发出成本=本月发出库存商品数量×产品单位生产成本$$

例如：期初结存库存经济童车 2 000 辆，总成本 701 000.00 元，本月入库 4 000 辆，总成本 1 373 612.66 元，本月销售童车 4 000 辆，则：

$$库存商品单位成本=\frac{701\,000+1\,373\,612.66}{2\,000+4\,000}=345.77（元）$$

$$期末结存库存商品成本=（2\,000+4\,000-2\,000）×345.77=691\,540.00（元）$$

$$本期销售库存商品成本=701\,000+1\,373\,612.66-691\,540.00=1\,383\,072.66（元）$$

（5）销售收入的计算公式

$$销售收入=产品销售数量或提供劳务数量×产品单位单价或单位劳务成本收入$$

例如：本期销售库存经济童车 4 000 辆，单价 600 元，则：

$$销售收入=4\,000×600=240\,000.00（元）$$

4．任务流程

（1）制造业企业结转销售成本

销售成本是指已销售产品的生产成本或已提供劳务的劳务成本及其他销售业务的成本。制造业结转销售成本共 5 个步骤，由成本会计发起，成本会计登记库存商品明细账结束。核心企业结转销售成本流程具体详见图 5-147。

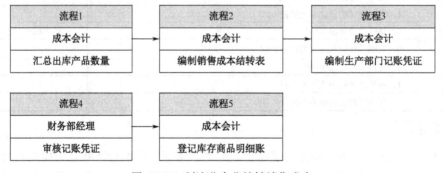

图 5-147 制造业企业结转销售成本

（2）供应商（客户）结转销售成本

供应商结转销售成本共 3 个步骤，由总经理负责。供应商企业结转销售成本流程具体详见图 5-148。

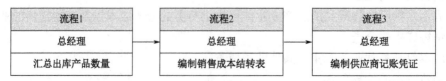

图 5-148 供应商（客户）结转销售成本

5．实施步骤

（1）制造业企业结转销售成本

核心企业结转销售成本由成本会计发起，需要根据出库单汇总销售产品数量，并采用一定方法（VBSE 实训中采用全月一次加权平均法）计算出主营业务成本，编制销售成本计算表并据此填制记账凭证，经财务经理审核后，交成本会计登记库存商品明细账。具体步骤参见表 5-45。

表 5-45　制造业企业结转销售成本

序号	操作步骤	角色	操作内容
1	汇总销售出库单数量	成本会计	根据产成品出库单汇总销售出库的产品明细数量
2	编制销售成本结转表	成本会计	根据销售数量和库存商品平均单价，用 Excel 编制销售成本结转明细表
3	编制记账凭证	成本会计	1．根据销售出库单及销售成本结转明细表反映的业务内容，编制记账证 2．在记账凭证"制单"处签字或加盖名单
4	审核记账凭证	财务部经理	审核记账凭证的附件、记账科目、金额、手续是否正确与齐全
5	登记库存商品明细账	成本会计	据记账凭证登记库存商品明细账

第一步，产成品出库单（DJ0026）格式如表 5-46 所示。

表 5-46　产 成 品 出 库 单

销售订单号：YX-DD-201110001　　　客户名称：华晨商贸城　　　出库类型：销售出库
出库单编号：CC-CPCK-201110001　　出库日期：2011.10.28　　　仓位：C01

序号	产品名称	产品编号	规格型号	出库数量	单位	备注
1	经济童车	P0001		3 000	辆	
合计				3 000		

仓管员：王宝珠

① 发货单一式三联，第一联由仓储部留存，第二联由销售部留存，第三联由财务部留存。
② 产成品出库单由仓管员填写。

第二步，在 Excel 中编制的销售成本结转表格式如表 5-47 所示。

表 5-47　销售成本结转表

品种	数量	成本	数量	成本	单位成本	销售量	销售成本	销售成本
经济型童车	2 000	701 000.00	4 000	1 373 612.33	345.77	3 000	691 540.00	1 383 072.66

第三步，"记账凭证"格式如图 5-149 所示。
第四步，记账凭证填好后，需由成本会计刘自强在制单处签章。
第五步，成本会计填制的记账凭证要交由财务部经理钱坤复核并签章。
库存商品明细账格式如图 5-150 所示。

记 账 凭 证

2011 年 10 月 31 日　　　　　　第 ×× 号

摘要	总账科目	明细科目	记账标志	借方金额									贷方金额									
				百	十	万	千	百	十	元	角	分	百	十	万	千	百	十	元	角	分
结转商品	主营业务成本			1	3	8	3	0	7	2	6	6									
销售成本	库存商品	经济童车											1	3	8	3	0	7	2	6	6
	合计			1	3	8	3	0	7	2	6	6	1	3	8	3	0	7	2	6	6

附件 1 张

财会主管　　　　　记账　　　　　出纳　　　　　复核　　　　　制单 刘自强

图 5-149

库 存 商 品 明 细 账

明细科目　　经济童车　　　　　　　　　　　　　　　　单位　　辆

2011年		凭证号数	摘 要	借 方												贷 方												结 存												稽核
	日			数量	单价	百	十	万	千	百	十	元	角	分	数量	单价	百	十	万	千	百	十	元	角	分	数量	单价	百	十	万	千	百	十	元	角	分	
10	1		上月结转																							2 000	350.5		7	0	1	0	0	0	0	0	
	28	××	完工入库	4 000	343.4	1	3	7	3	6	1	2	6	6																								
	31	××	销售												1 000																							
	31	××	销售												3 000																							
	31		结转													345.77	1	3	8	3	0	7	2	6	6													

图 5-150

（2）供应商（客户）结转销售成本

供应商（客户）结转销售成本共分 3 步，由总经理负责汇总产成品出库数量、计算销售成本并编制销售成本结转表，最后填制记账凭证。具体步骤参见表 5-48。

表 5-48　供应商结转销售成本

序号	操作步骤	角色	操作内容
1	汇总产成品出库数量	供应商总经理	根据产成品出库单汇总出库数量
2	编制销售成本结转表	供应商总经理	根据出库数量和库存商品成本金额计算平均单价，编制销售成本结转表
3	填制记账凭证	供应商总经理	1. 根据原始凭证及产成品出库单和生产成本结转表、销售成本结转表反映的业务内容，编制记账凭证 2. 在记账凭证"制单"处签字或加盖名单

扩 展 知 识 ■■■■■

（1）核算销售成本涉及的主要会计科目及使用说明

6401 主营业务成本：

① 本科目核算企业根据收入准则确认销售商品、提供劳务等主营业务收入时应结转的成本。

② 本科目应当按照主营业务的种类进行明细核算。

③ 主营业务成本的主要账务处理。

月末，企业应根据本月销售各种商品、提供的各种劳务等实际成本，计算应结转的主营业务成本，借记本科目，贷记"库存商品""劳务成本"科目。

④ 期末，应将本科目的余额转入"本年利润"科目，结转后本科目应无余额。

（2）会计分录举例

① 结转已销产品生产成本。

借：主营业务成本

　　贷：库存商品

② 结转主营业务成本。

借：本年利润

　　贷：主营业务成本

拓展阅读 　　**财政部：企业产品成本核算制度（试行）**

扫一扫

实训项目 5.4 　税务相关业务

实训任务 5.4.1 　增值税计算

1. 学习目标

目标分解	目标描述	编码
知识目标	1. 了解哪些是增值税纳税人	
	2. 了解增值税的税率分为几档	
	3. 分辨增值税专用发票和增值税普通发票	
技能目标	1. 能正确计算本期应交增值税税额	
	2. 会编制增值税纳税申报表	<DJ0092> 纳税申报表
	3. 掌握应交增值税的计算、审核、审批流程	
素养目标	明确计算、审核、审批的流程	

2. 情境导入

2011 年 10 月 8 日一早，财务会计（兼税务会计）周中华从文件柜中取出了一本账簿，上面写着"应交增值税明细账"，他要根据上个月的经营情况，计算应交增值税，并将计算的详细过程在增值税纳税申报表中填列，表中的项目有：进项税额、销项税额和进项税额转出等，到底应该怎么计算应交增值税呢？

3. 相关知识

（1）模拟企业需要缴纳的税费种类

模拟企业中的税费包括增值税、企业所得税、个人所得税、城建税及教育费附加、按照季度、本季度初缴纳上季度税金。目前企业暂不提供服务，所以不要缴纳营业税。

（2）增值税的纳税人

在中华人民共和国境内销售货物或者提供加工、修理修配劳务以及进口货物的单位和个人，应当缴纳增值税。

（3）增值税的税率

增值税纳税人销售或者进口货物，基本税率为 17%。

（4）增值税纳税人的分类

增值税纳税人分为一般纳税人和小规模纳税人。具体按照纳税人年应税销售额的水平和会计核算水平两个标准划分。

小规模纳税人是指年应税销售额在规定标准以下，并且会计核算不健全，不能够提供准确税务资料的增值税纳税人。小规模纳税人的认定标准是：① 从事货物生产或者提供劳务的纳税人，以及以从事货物生产或者提供应税劳务为主的，年应税销售额在 50 万元以下（含 50 万元）的；② 除从事货物生产或者提供劳务的纳税人和以从事货物生产或者提供应税劳务为主的纳税人，年应税销售额在 80 万元以下的。

一般纳税人是指应税销售额超过《增值税暂行条例实施细则》规定的小规模纳税人标准的企业和企业性单位。

（5）增值税发票的种类

增值税发票分为增值税专用发票和增值税普通发票。

增值税专用发票一般只能由增值税一般纳税人领购使用，它不仅是购销双方收付款的凭证，而且可以用作购买方扣除增值税的凭证。增值税专用发票格式如图 5-151 所示。

图 5-151

增值税专用发票常见格式为一式三联，分别为记账联（第一联），销货方记账凭证（黑色）；抵扣联（第二联），购货方扣税凭证（绿色）；发票联（第三联），购货方记账凭证（蓝色），需套写。

增值税普通发票则可以由从事经营活动并办理了税务登记的各种纳税人领购使用，它除运费、收购农副产品、废旧物资的按法定税率作抵扣外，其他的一律不予作抵扣用。增值税普通发票格式如图 5-152 所示。

增值税发票一式两联，第一联为记账联，销货方记账凭证（黑色）；第二联为发票联，购货方记账凭证（红色），需套写。

（6）一般纳税人应纳税额的计算公式

应纳税额计算公式：

应纳税额=当期销项税额-当期进项税额

当期销项税额小于当期进项税额不足抵扣时，其不足部分可以结转到下期继续抵扣。

例如，2011 年 9 月份，好佳童车公司当月销项税额 408 000.00 元，进项税额 246 500.00 元，则当月的应纳增值税税额=408 000.00-246 500.00=161 500.00（元）。

图 5-152

（7）销项税额及其计算

纳税人销售货物或者应税劳务，按照销售额和增值税税率计算并向购买方收取的增值税额，为销项税额。销项税额计算公式为：

$$销项税额=销售额×税率$$

例如，好佳童车厂为增值税一般纳税人，2011 年 9 月份销售货物 2 400 000 元（不含税），则当期的销项税额=2 400 000.00×17%=408 000.00 元。

（8）进项税额

纳税人购进货物或者接受应税劳务支付或者负担的增值税额，为进项税额。实际工作中，本期进项税额为取得的增值税专用发票上列明的税额。如果购入货物没有取得增值税装用发票，则不能抵扣。

例如，好佳童车厂为增值税一般纳税人，2011 年 9 月份因购买材料，取得了 2 张增值税专用发票，其格式如图 5-153 和图 5-154 所示。

北京市增值税专用发票					NO 00369807			
7900022140		抵扣联			开票日期 2011 年 9 月 2 日			第二联
购货单位	名 称：好佳童车厂 纳税人识别号：110108745862890 地 址、电话：北京市昌平区建翔路 115 号 开户行及账号：中国工商银行北京分行昌平支行				密码区			
货物或应税劳务名称	规格型号	单 位	数 量	单价	金 额	税率	税 额	购货方扣税凭证
坐垫	HJM500	个	5 000	50.00	250 000.00	17%	42 500.00	
合计					¥250 000.00		¥42 500.00	
价 税 合 计（大写）			贰拾玖万贰仟伍佰元整		（小写）¥292 500.00			
销货单位	名 称：北京彩虹耗材厂 纳税人识别号： 地 址、电话： 开户行及账号：				备注			
收款：		复核：		开票人：李琳		销货单位：（章）		

图 5-153

该发票中的税额 42 500.00 元，为北京好佳童车厂购买坐垫过程中的可以抵扣的进项税额。

北京市 增值税 专用发票							NO 00738690	
7900022140 抵扣联		开票日		9 月 28 日		密码区		第二联
购货单位	名 称：好佳童车厂 纳税人识别号：110108745862890 地址、电话：北京市昌平区建翔路 115 号 开户行及账号：中国工商银行北京分行昌平支行							购货方扣税凭证
货物或应税劳务名称	规格型号	单位	数量	单价	金 额	税率	税 额	
钢管	HJM500	根	20 000	60.00	1 200 000.00	17%	204 000.00	
合 计					¥1 200 000.00		¥204 000.00	
价税 合计（大写）	⊗壹佰肆拾万零肆仟元整				（小写）¥1 404 000.00			
销货单位	名 称：天津钢铁公司 纳税人识别号： 地址、电话： 开户行及账号：					备注		
收款：	复核：		开票人：赵思思		销货单位：（章）			

图 5-154

该发票中的税额 204 000.00 元，为北京好佳童车厂购买钢管过程中可以抵扣的进项税额。如果本月取得的增值税专用发票只有 2 张，则 9 月份可以抵扣的增值税进项税额为 42 500.00 +204 000.00=246 500.00（元）。

（9）纳税申报

纳税申报表是税务机关指定，由纳税人填写，以完成纳税申报程序的一种税收文书。一般应包括纳税人名称、税种、税目、应纳税项目、适用税率或单位税额、计税依据、应纳税款、税款属期等内容。

（10）增值税一般纳税人纳税申报表及其附列资料

纳税申报资料包括纳税申报表及其附列资料和纳税申报其他资料。

① 《增值税纳税申报表（一般纳税人适用）》；

② 《增值税纳税申报表附列资料（一）》（本期销售情况明细）；

③ 《增值税纳税申报表附列资料（二）》（本期进项税额明细）；

④ 《增值税纳税申报表附列资料（三）》（应税服务扣除项目明细）；

⑤ 《增值税纳税申报表附列资料（四）》（税收抵减情况表）；

⑥ 《固定资产进项税额抵扣情况表》。

4. 任务流程

（1）制造业企业计算增值税

在 VBSE 实训中，税务会计根据涉税业务填制增值税纳税申报表，经财务经理审核后报总经理审批。任务流程共分 3 步，始于税务会计，最后交总经理审批，详见图 5-155。

流程1		流程2		流程3
税务会计	→	财务部经理	→	总经理
填写纳税申报表		审核纳税申报表		审批纳税申报表

图 5-155 制造业计算增值税

（2）供应商（客户）计算增值税

供应商计算增值税由总经理操作，详见图 5-156。

5. 实施步骤

流程1
总经理
计算应纳税额

（1）核心企业计算应交增值税

制造业企业由税务会计根据企业销售货物的情况计算应交增

图 5-156 供应商计算增值税

值税销售税额，汇总取得的增值税专用发票上的税额为进项税额，再计算当期应交增值税税额，财务经理接到税务会计交来的纳税申报表经审核后交总经理审核签字。具体步骤参见表 5-49。

表 5-49 制造业企业计算应交增值税

序号	操作步骤	角色	操作内容
1	填写纳税申报表	税务会计	1. 根据科目余额表填写增值税纳税申报表，应纳增值税=销项税额-进项税额 2. 带纳税申报表送财务部经理审核
2	审核纳税申报表	财务部经理	1. 接收税务会计送来的纳税申报表 2. 审核纳税申报表，审查数据计算及填写的正确性 3. 审核无误，签字
3	审批纳税申报表	总经理	1. 接收税务会计送来的增值税纳税申报表 2. 在审核无误的增值税纳税申报表上签字

第一步，增值税纳税申报表——主表（DJ0092）的格式如表 5-50 所示。

表 5-50

增值税纳税申报表

（适用于增值税一般纳税人）

根据《中华人民共和国增值税暂行条例》第二十二条和第二十三条的规定制定本表，纳税人不论有无销售额，均应按主管税务机关核定的纳税期限按期填写本表，并于次月一日起十五日内，向当地税务机关申报。

税款所属时间：自 2011 年 9 月 1 日至 2011 年 9 月 30 日　　　填表日期：2011 年 10 月 8 日　　　金额单位：元至角分

纳税人识别号	1 0 1 0 0 8 7 4 5 8 6 2 8 9 0				所属行业：制造业		
纳税人名称	好佳童车厂（公章）	法定代表人姓名	梁天	注册地址	北京市昌平区建翔路 115 号	营业地址	北京市昌平区建翔路 115 号
开户银行及账号	中国工商银行 957688832456	企业登记注册类型		有限责任公司	电话号码		010-69706878

	项目	栏次	一般货物及劳务		即征即退货物及劳务	
			本月数	本年累计	本月数	本年累计
销售额	（一）按适用税率征税货物及劳务销售额	1	2 400 000.00			
	其中：应税货物销售额	2				
	应税劳务销售额	3				
	纳税检查调整的销售额	4				
	（二）按简易征收办法征税货物销售额	5				
	其中：纳税检查调整的销售额	6				
	（三）免、抵、退办法出口货物销售额	7				
	（四）免税货物及劳务销售额	8				
	其中：免税货物销售额	9				
	免税劳务销售额	10				

税款计算	销项税额	11	408 000.00		
	进项税额	12	246 500.00		
	上期留抵税额	13			
	进项税额转出	14			
	免抵退货物应退税额	15			
	按适用税率计算的纳税检查应补缴税额	16			
	应抵扣税额合计	17=12+13-14-15+16			
	实际抵扣税额	18（如17<11,则为17,否则为11）			
	应纳税额	19=11-18	161 500.00		
	期末留抵税额	20=17-18			
	简易征收办法计算的应纳税额	21			
	按简易征收办法计算的纳税检查应补缴税额	22			
	应纳税额减征额	23			
	应纳税额合计	24=19+21-23			
税款缴纳	期初未缴税额（多缴为负数）	25			
	实收出口开具专用缴款书退税额	26			
	本期已缴税额	27=28+29+30+31			
	（1）分次预缴税额	28			
	（2）出口开具专用缴款书预缴税额	29			
	（3）本期交纳上期应纳税额	30			
	（4）本期缴纳欠缴税额	31			
	期末未缴税额（多缴为负数）	32=24+25+26-27			
	其中：欠缴税额(≥0)	33=25+26-27			
	本期应补（退）税额	34=24-28-29			
	即征即退实际退税额	35			
	期初未缴查补税额	36			
	本期入库查补税额	37			
	期末未缴查补税额	38=16+22+36-37			
授权声明	如果你已委托代理人申报，请填写以下资料： 为代理一切税务事宜，现授权 （地址）　　　　　　　　为本纳税人的代理申报人，任何与本申报表有关的往来文件，都可寄予此人。 授权人签字：		申报人声明	此纳税申报表是根据《中华人民共和国增值税暂行条例》的规定填报的，我相信它是真实的、可靠的、完整的。 声明人签字：梁天	

注意事项：

① 增值税纳税申报表是增值税纳税人在计算、申报增值税时需填写的报表，包括主表和附表。

② 增值税纳税申报表由税务会计填列。

第二步：

① 对于表头部分，主要审核税款的所属日期、纳税人基本信息。

② 主表内容的审核主要是对表内逻辑关系的审核。表内审核主要是对增值税应纳税额计算的审核。

　　　　本期应交增值税=本期销项税额-本期允许抵扣的进项税额-上期留抵税额

③ 增值税纳税申报表由财务部经理审核。

第三步，总经理再对增值税纳税申报表进行复审，审核无误后，在右下角签名。

（2）供应商（客户）计算增值税

供应商计算应交增值税工作由总经理负责，步骤详见表5-51。

表5-51

序号	操作步骤	角色	操作内容
1	计算增值税	供应商总经理	根据资产负债表上的销项进项之差额，计算应交增值税

扩展知识

（1）可以从销项税额中抵扣的进项税额

① 从销售方取得的增值税专用发票上注明的增值税额。

② 从海关取得的海关进口增值税专用缴款书上注明的增值税额。

③ 购进农产品，按照农产品收购发票上注明的农产品买价和13%的扣除率计算的进项税项。进项税项的计算公式为：

$$进项税额=买价×扣除率$$

④ 购进或者销售货物以及在生产经营过程中支付运输费用的，按照运输费用结算单据上注明的运输费用金额和7%的扣除率计算进项税额。进项税额计算公式：

$$进项税额=运输费用金额×扣除率$$

（2）核算增值税涉及的主要会计科目及使用说明

2221 应交税费：

① 本科目核算企业按照税法等规定计算应缴纳的各种税费，包括增值税、消费税、营业税、所得税、城市维护建设税等。

② 本科目可按应交的税费项目进行明细核算。应交增值税还应分"进项税额""销项税额""出口退税""进项税额转出""已交税金"等设置专栏。

③ 应交增值税的主要账务处理。

a. 企业采购物资，按应计入采购成本的金额，借记"材料采购"、"在途物资"等科目，按可抵扣的增值税额，借记本科目"应交税费——应交增值税（进项税额）"，按应付或实际支付的金额，贷记"应付账款"、"应付票据"、"银行存款"等科目。购入物资发生退货做相反的会计分录。

b. 销售物资或提供应税劳务，按营业收入和应收取的增值税额，借记"应收账款""应收票据""银行存款"等科目，按专用发票上注明的增值税额，贷记"应交税费——应交增值税（销项税额）"，按确认的营业收入，贷记"主营业务收入""其他业务收入"等科目。发生销售退回做相反的会计分录。

c. 缴纳的增值税，借记"应交税费——应交增值税（已交税金）"，贷记"银行存款"科目。

④ 本科目期末贷方余额，反映企业尚未交纳的税费；期末如为借方余额，反映企业多交或尚未抵扣的税金。

（3）会计分录举例

① 企业采购物资。

借：材料采购（或在途物资、原材料）

应交税费——应交增值税（进项税额）
　　贷：银行存款（或应付账款、应付票据）
② 销售物资或提供应税劳务。
借：银行存款（或应收账款、应收票据）
　　贷：主营业务收入（或其他业务收入）
　　　　应交税费——应交增值税（销项税额）
③ 期末结转应交增值税。
借：应交税费——应交增值税（应交未交增值税）
　　贷：应交税费 —— 未交增值税

拓展阅读　　　　　　　　　税务：曝光台　　　☞

实训任务 5.4.2　增值税申报与缴纳

1. 学习目标

目标分解	目标描述	编码
知识目标	1. 明确纳税申报的办理地点	
	2. 明确纳税申报的时限	
技能目标	1. 完成公章、印鉴使用申请表	<DJ00460>公章、印鉴使用申请表
	2. 完成申报增值税	
	3. 完成增值税缴纳	
素养目标	1. 能够正确填制纳税申报及附列资料	
	2. 能够在正确的时间、地点进行纳税申报	

2. 情境导入

　　2011 年 10 月 8 日，好佳童车厂财务部财务会计（兼税务会计）朱中华要去主管税务机关申报纳税，因为纳税申报表上要加盖企业公章，他找到了行政助理填写了一张"公章、印鉴使用登记表"，下面的程序该如何完成，才能圆满地完成上个月应纳税款的申报和缴纳工作呢？

3. 相关知识

　　（1）增值税纳税申报办理地点
　　① 固定业户应当向其机构所在地的主管税务机关申报纳税。
　　② 固定业户到外县（市）销售货物或者应税劳务，应当向其机构所在地的主管税务机关申请开具外出经营活动税收管理证明，并向其机构所在地的主管税务机关申报纳税。
　　③ 非固定业户销售货物或者应税劳务，应当向销售地或者劳务发生地的主管税务机关申报纳税；未向销售地或者劳务发生地主管税务机关申报纳税的，由其机构所在地或者居住地的主管税务机关补征税款。
　　（2）增值税纳税申报时限
　　纳税人应按月进行纳税申报，申报期为次月 1 日起至 15 日止，遇最后一日为法定节假日的，顺延 1 日；在每月 1 日至 15 日内有连续 3 日以上法定休假日的，按休假日天数顺延。

4．任务流程

（1）制造业申报、缴纳增值税

制造业企业申报、缴纳增值税的流程共 14 步，由税务会计发起，税务会计登记"应交税费"明细账结束，详见图 5-157。

图 5-157 制造业申报缴纳增值税

（2）供应商申报、缴纳增值税

供应商申报、缴纳增值税的流程共 6 步，从总经理申报增值税开始，最后由总经理填制记账凭证，详见图 5-158。

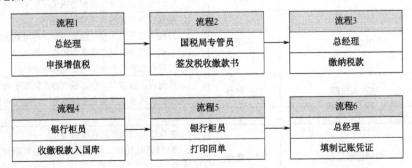

图 5-158 供应商申报缴纳增值税

（3）客户缴纳增值税

客户申报、缴纳增值税的流程如图 5-159 示。

流程1
总经理
计算应交增值税

5. 实施步骤

（1）核心企业申报缴纳增值税

图 5-159　客户申报缴纳增值税

首先由税务会计填写公章、印鉴使用申请表，经财务经理、
总经理审核后，由行政助理审核盖章并登记使用表，然后由税务会计填写税收缴款书交由国税
专管员审核后，由出纳向银行缴纳税款，银行柜员将税款收缴国库后打印收税收缴款书（回单），
盖章后退还税务会计，税务会计据此填制记账凭证交财务经理审核后，交由出纳登记日记账，
最后由税务会计登记明细账。具体步骤参见表 5-52。

表 5-52　核心企业申报缴纳增值税

序号	操作步骤	角色	操作内容
1	填写《公章、印鉴使用申请表》	税务会计	1．去行政助理处领取公章、印鉴使用申请表 2．填写公章、印鉴使用申请表 3．带公章、印鉴使用申请表、增值税纳税申报表、送总经理审批 4．带审核并签字完毕的公章、印鉴使用申请表、增值税纳税申报表、去行政助理处盖章
2	审核《公章、印鉴使用申请表》	财务部经理	1．接收财务会计送来的公章、印鉴使用申请表和增值税纳税申报表 2．根据增值税纳税申报表、审核公章、印鉴使用申请表 3．审核无误，签字
3	审批《公章、印鉴使用申请表》	总经理	1．接收财务会计送来的公章、印鉴使用申请表和增值税纳税申报表 2．审核财务部经理是否审核签字 3．审核无误，签字
4	《公章、印鉴使用申请表》盖章	行政助理	1．收到财务会计送来的公章、印鉴使用申请表 2．核对相关领导是否已审核签字 3．核对无误，在增值税纳税申报表上加盖公章
5	登记公章印鉴使用登记表	行政助理	登记公章印鉴使用登记表
6	填写税收缴款书	财务会计	1．去税务局进行纳税申报 2．领取税务申报完成后税务人员签字盖章的税收缴款书 3．将税收缴款书送交出纳
7	审核纳税申报表与税收缴款书	国税局专管员	1．接受出纳交来的缴税申报表并审核 2．在税收缴款书上加盖税务机关征税专用章
8	缴纳税款	出纳	1．接收税务会计送来的税收缴款书 2．持税务局开具的税收缴款书到银行缴纳税款 3．领取银行划款完毕盖章后的税收缴款书 4．将税收缴款书完税证明送交税务会计
9	税款入国库	银行柜员	1．接受税款缴款书，办理税款转入国库手续 2．在税款缴款书回单上盖转讫章，并退还给出纳
10	打印回单	银行柜员	在系统里打印
11	填制记账凭证	财务会计	1．接收出纳送来的税收缴款书 2．编制记账凭证，将税收缴款书作为附件粘贴在记账凭证后面 3．将记账凭证送交财务部经理审核

续表

序号	操作步骤	角色	操作内容
12	审核记账凭证	财务部经理	1. 接收财务会计送来的记账凭证 2. 审核记账凭证附件的合法性、准确性 3. 审核记账凭证填制的准确性 4. 审核无误，交出纳
13	登记银行存款日记账	出纳	1. 接收财务部经理交给的审核后的记账凭证 2. 根据记账凭证登记银行存款日记账 3. 将记账凭证交财务会计登记科目明细账
14	登记科目明细账	税务会计	1. 接收出纳交给的记账凭证 2. 根据记账凭证登记科目明细账

第一步，公章、印鉴使用申请表（DJ00460）的格式如表 5-53 所示。

表 5-53　公章、印鉴、资质证照使用申请表

部门	财务部	经办人	朱中华	申请使用时间	2011-10-08
使用原因	申报纳税				
章、证类别 （原件/复印件）	公章	盖章/证照 复印件份数	6	归还时间	立即
部门核实	钱坤				
总经理审批	梁天				

填表说明：1. 本表由经办人填写；2. 审核由经办人直接向上级负责。

该申请表由经办人（税务会计）按照实际情况填写。

第二步：

① 审核时，要注意核对需以增值税纳税申报表为依据，审核公章、印鉴使用申请表中的有关项目是否填写齐全，与实际情况是否相符。

② 财务部经理钱坤审核无误后，需在"部门核实"栏签名。

第三步：

① 总经理审核公章、印鉴使用申请表，实际是对其进行复审。

② 总经理梁天审核无误后，需在"总经理审批"栏签名。

第四步：盖章完毕，公章、印鉴使用申请表留存，其他表单由税务会计带走。

第五步：公章印鉴使用登记表（DJ0045）的格式如表 5-54 所示。

表 5-54　公章、印鉴使用登记表

日期：2011 年 10 月 8 日

申请表编号	使用人	部门	文件名称	文件主要内容	盖章时间	公章类型	盖章份数	办理人
GZ002	朱中华	财务部	增值税纳税申报表	应纳税额	财务部	公章	6	叶瑛

① 公章、印鉴使用登记表只有一联，由行政部门留存。

② 表中盖章份数应与公章、印鉴使用申请表所列盖章份数一致。

③ 公章、印鉴使用登记表由行政助理填列。

第六步，税收缴款书（DJ0094）的格式如图 5-160 所示。

中 华 人 民 共 和 国
税 收 通 用 缴 款 书

（2011 贰）京缴 No. 125687

隶属关系：
注册类型：有限责任公司　　　填发日期：2011 年 10 月 08 日

缴款单位	代　码	110108745862890			预算科目	编　码		第一联（收据）国库（银行）收款盖章后退缴款单位（人）作完税凭证
	全　称	好佳童车厂				名　称		
	开户银行	中国工商银行北京银行昌平支行				级　次		
	账　号	0100220000088899988				收款国库		

税款所属时期 2011 年 9 月 1 日至 2011 年 9 月 30 日　　　税款限缴日期 2011 年 10 月 8 日

税种/税目	课税数量	销售收入	税率	已缴或扣除额	税额
增值税		2 400 000.00	17%	246 500.00	161 500.00

金额合计（大写）	壹拾陆万壹仟伍佰元整		¥161 500.00

缴款单位（人）（盖章）经办人（章）	税务机关填票人（章）	上列款项已收妥并划转收款单位账户国库（银行）盖章 2011 年 10 月 08 日	备注

图 5-160

① 税收缴款书一式四联。第一联单位联，缴款单位做完税凭证；第二联银行联，缴款单位（人）开户银行作借方传票；第三联国库联，国库入账凭证；第四联税务机关联，国库收款单位盖章后退税务机关，需要套写。

② 税收缴款书按税种填写，单位信息必须填列清楚，预算科目由税务机关填写。

③ 税务缴款书中的税额栏，应与纳税申报表中应纳税额一致。

④ 税务缴款书应由财务会计填写并在左下角加盖单位公章。

第七步：

① 税务机关的专管员应将纳税申报表与税收缴款书进行核对，具体包括单位名称、纳税代码、开户银行与账号、税额等。

② 审核无误的纳税申报表要由税务机关留存一份，税收缴款书留存第四联，其余退回给出纳人员到银行缴纳税款使用。

第八步：出纳持税收缴款书第一联、第二联、第三联到银行缴纳税款。

第九步：银行留存第二、第三联。

第十步：银行柜员在在第一联回单联上加盖银行受理章后退给企业出纳人员。

第十一步：根据税收缴款书（回单联）填制的记账凭证格式如图 5-161 所示。

① 记账凭证后需附上通用税收缴款书。

② 记账凭证由财务会计填制。

第十二步：

① 审核记账凭证要注意其后是否附上了通用税收缴款书，税收缴款书上的缴款金额与记账凭证是否相等，所填总账科目与明细科目是否正确，借贷金额是否相等。

② 记账凭证的审核由财务部经理负责，审核无误后，需在复核处签章。

记 账 凭 证

2011 年 10 月 08 日   第 ×× 号

摘要	总账科目	明细科目	记账标志	借方金额										贷方金额										
				百	十	万	千	百	十	元	角	分	百	十	万	千	百	十	元	角	分	附件 1 张
缴纳增值税	应交税费	应交增值税—增值税	√		1	6	1	1	5	0	0	0										
	银行存款		√											1	6	1	1	5	0	0	0	0
	合计				¥	6	9	1	6	6	3			¥	6	9	1	6	6				

财会主管   记账   出纳   复核 钱 坤   制单 朱中华

图 5-161

第十三步：银行存款日记账格式如图 5-162 所示。

银 行 存 款 日 记 账

2011 年		凭证编号	摘 要	对方科目	借 方									贷 方									方向	余 额									√
月	日				百	十	万	千	百	十	元	角	分	百	十	万	千	百	十	元	角	分		百	十	万	千	百	十	元	角	分	
10	1		上月结转																				借	2	4	8	0	0	0	0	0	0	
10	8	0002	缴纳税款	应交税费											1	6	1	1	5	0	0	0	0	借	2	3	1	8	5	0	0	0	0	

图 5-162

注意事项：

① 银行存款日记账需根据记账凭证填列。

② 对方科目栏填写银行存款的对应科目。

③ 银行存款日记账借方登记银行存款的增加额，贷方登记银行存款的减少额，期末余额都在借方。

$$借方期末余额=借方期初余额+借方发生额-贷方发生额$$

④ 出纳登记银行存款日记账后，要在记账凭证记账标志栏中打"√"，表示已经登账。

第十四步：应交税费明细账格式如图 5-163 所示。

应 交 税 费 明 细 账

明细科目：应交增值税

2011 年		凭证编号	摘 要	对方科目	借 方									贷 方									方向	余 额									√
月	日				百	十	万	千	百	十	元	角	分	百	十	万	千	百	十	元	角	分		百	十	万	千	百	十	元	角	分	
10	1		上月结转																				贷		1	6	1	1	5	0	0	0	0	
10	8	0002	缴纳税款	银行存款		1	6	1	1	5	0	0	0	0										平									0	

图 5-163

① 应交税费明细账需根据记账凭证填列。

② 对方科目栏填写应交税费的对应科目。

③ 应交税费明细账贷方登记银行存款的增加额，借方登记银行存款的减少额，期末余额都在贷方。

$$贷方期末余额=贷方期初余额+贷方发生额-借方发生额$$

④ 税务会计登记应交税费明细账后，要在记账凭证记账标志栏中打"√"，表示已经登账。

（2）供应商申报缴纳增值税

供应商经理去国税局申报纳税，税务专管员审核纳税申报表和税收缴款书后退回缴款书，供应商行政主管去银行缴税，银行柜员转款入国库后，将缴款书退还企业，财务经理收到缴款书后填制记账凭证。具体步骤参见表 5-55。

表 5-55　供应商申报缴纳增值税

序号	操作步骤	角色	操作内容
1	去国税局申报纳税	供应商总经理	1. 供应商总经理去国税局申报纳税
2	审核纳税申报表和税收缴款书	国税局专管员	1. 审核纳税申报表 2. 审核税收缴款书 3. 将税收缴款书交供应商总经理
3	去银行缴纳税款	供应商行政主管	1. 接收供应商总经理交来的税收缴款书 2. 去银行缴纳税款
4	税款入国库	银行柜员	1. 在 VBSE 系统中将税款从企业账户转入国库 2. 将税收缴款书回单退回给供应商行政主管
5	打印回单	银行柜员	在 VBSE 系统中打印税收缴款书回单
6	填制记账凭证	供应商总经理	1. 接收行政主管交来的税收缴款书回单 2. 编制记账凭证

（3）客户申报缴纳增值税

客户计算应交增值税具体步骤参见表 5-56。

表 5-56　客户申报缴纳增值税

序号	操作	角色	操作内容
1	计算增值税	客户总经理	根据资产负债表上的销项税额减去进项税额之差额，计算得出应交增值税

扩展知识

（1）违反纳税申报规定的法律责任

根据《中华人民共和国税收征收管理法》，违反纳税申报规定的企业或个人应承担以下法律责任：

① 纳税人未按照规定的期限办理纳税申报的，或者扣缴义务人、代征人未按照规定的期限向国家税务机关报送代扣代缴、代收代缴税款报告表的，由国家税务机关责令限期改正，可以处以 2 000 元以下的罚款。逾期不改正的，可以处以 2 000 元以上 10 000 元以下的罚款。

② 一般纳税人不按规定申报并核算进项税额、销项税额和应纳税额的，除按前款规定处罚外，在一定期限内取消进项税额抵扣资格和专用发票使用权，其应纳增值税，一律按销售额和规定的税计算征税。

（2）会计分录举例

交纳上月应交增值税：

借：应交税费——应交增值税

　　贷：银行存款

实训项目 5.5　预算编制工作

实训任务　编制预算

1. 学习目标

目标分解	目标描述
知识目标	理解财务预算的作用
技能目标	1. 填写支出预算表
	2. 填写收入预算表
	3. 编制支出预算汇总表
	4. 编制资金计划表
	5. 编制市场、产品开发计划
	6. 编制资产需求计划

2. 情境导入

进入第四季度，各部门开始为下一年度编制相应的预算表。

3. 相关知识

（1）预算的含义与作用

预算是通过对企业内外部环境的分析，在科学的生产经营预测与决策基础上，用价值和实物等多种形态反映企业未来一定时期的投资、生产经营及财务成果等一系列的计划和规划。其实质是一套以货币及其他数量形式反映的预计财务报表和其他附表，主要用来规划预算期内企业的全部经济活动及其成果。

财务预算是一系列专门反映企业未来一定期限内预计财务状况和经营成果，以及现金收支等价值指标的各种预算的总称。

财务预算是反映某一方面财务活动的预算，如反映现金收支活动的现金预算；反映销售收入的销售预算；反映成本、费用支出的生产费用预算（又包括直接材料预算、直接人工预算、制造费用预算）、期间费用预算；反映资本支出活动的资本预算等。

（2）预算的特征

预算必须与企业的战略目标保持一致。

预算作为一种量化的详细计划，是对未来活动细致、周密地安排，是未来经营活动的依据，数量化和可执行性是预算最主要的特征。因此，预算是一种可以据以执行和控制经济活动的具体计划，是对目标的具体化，是将企业活动导向预定目标的有力工具。

各部门结合本部门年度工作目标、任务，本着精打细算、勤俭节约的原则，对本部门的预算支出做合理安排，预算通常由财务部进行牵头组织。

进入第四季度，企业通常开始着手进行未来一年的预算编制。

（3）支出预算表

支出预算表由各部门自行填制。支出预算表分为三项预算类别：人员费用、日常费用和专项费用。

人员费用由人力资源部经理根据用工计划、工资级别及相关工薪政策填写；日常费用是各部门根据本部门目标、任务，结合上年度实际费用以及市场情况、生产季节性等因素，本着精打细算的原则填写；专项费用是各部门根据本部门费用实际项目，结合年度销售、生产、采购预算，填写与本部门相关且由本部门负责的专项费用，如人力资源部门的培训费用、招聘费等。支出预算表如表 5-57 所示。

表 5-57　支出预算表示例

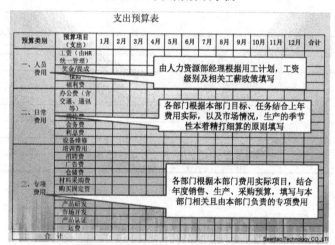

人员费用填写范例如表 5-58 所示。

表 5-58　支出预算表人员费用填写样例

__2014__ 年度支出预算表 单位：万元

预算类别	预算项目（支出）	1月	2月	3月	4月	5月	6月	7月	8月	9月	10月	11月	12月	合计
一、人员费用	工资（由HR统一管理）	62	65	68	70	62	62	62	62	67	67	70	70	787
	奖金/提成	4	4	5	5	4	4	4	4	4	4	5	5	49
	保险	12	13	14	14	12	12	12	12	13	13	14	14	157
	福利费	9	9	10	10	9	9	9	9	9	9	10	10	110
二、日常费用	办公费（含交通、通讯等）													
	招待费													
	公务费													
	利息费													
	设备维修													
三、专项费用	培训费用													
	招聘费													
	广告费													
	仓储费													
	材料采购费													
	购买固定资产													
	产品研发													
	市场开发													
	产品认证													
	运费													
合计														

（4）收入预算表

收入预算表由营销部部门填制。在 VBSE 系统中，收入预算表针对经济童车、舒适童车、豪华童车进行预算，根据本年度预测的订单量编制销售量预算，需结合市场的季节性分配到各个月份。根据毛利要求、成本定额、市场供需情况合理确定单价，根据销量和单价计算预计销售收入。收入预算示例见表 5-59。

表 5-59　收入预算示例

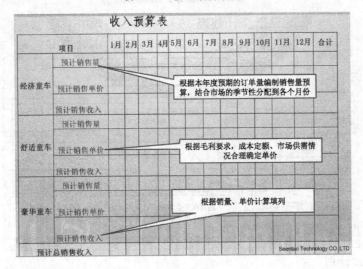

（5）支出预算汇总表

支出预算汇总表由财务部门负责汇总。财务部经理需根据各部门填制的支出预算表，计算分析并填制属于期间费用的项目及其子项目（销售费用、管理费用、财务费用）；根据各部门填制的支出预算表，以及产品成本计算制度，计算填写产品成本及明细项目（直接材料、直接人工、制造费用）；分析属于长期资产支出的项目（固定资产、无形资产）。支出预算汇总表如表 5-60 所示。

表 5-60　支出预算汇总表示例

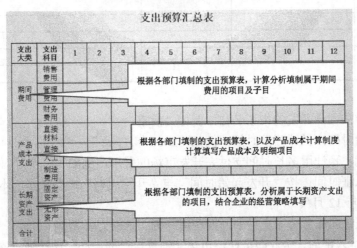

（6）资金计划表

资金计划就是为维持企业的财务流动性和适当的资本结构，以有限的资金谋取最大的效益，而采取的关于资金的筹措和使用的一整套计划。资金计划表由财务部门填制。

财务部经理根据收入预算中的本期销售本期收回资金、上期赊销本期收回资金合计填列"收入"；根据采购支出预算中的本期采购本期支付资金、上期赊购本期支付资金合计填列"支出"。资金计划表如表 5-61 所示。

$$资金缺口=期初资金+收入-支出$$

表 5-61　资金计划表示例

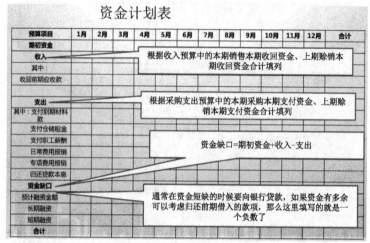

（7）市场开发计划

为了开拓新市场，企业需要进行开发投资。在投资前应先进行预算计划。"市场开发计划"是企业针对新市场开发投资所做的预算计划。市场开发计划如表 5-62 所示。

表 5-62　市场开发计划示例

市场开发计划

市场名称	开发起始时间	开发周期	取得市场准入证时间	费用

填写说明：

① 市场名称：预计开发的市场名称，例如"南京"。

② 开发起始时间：预计开发时间，例如"2011 年 11 月"。

③ 开发周期：预计用多长时间支付完开发市场的费用，例如"一个月"。

④ 取得准入证时间：按"开发起始时间"与"开发周期"进行计算，本例中，取得准入证时间为"2011 年 12 月"。

⑤ 费用：预计向服务公司支付的开发费用，例如"三万元"。

取得市场的准入证后，企业即可在该市场上销售自己的产品。该计划应该与企业整体的战略计划相关联，即什么时间开发新产品，什么时间把产品推广到什么市场。

（8）产品开发计划

新产品开发是企业研究与开发的重点内容，虚拟商业社会中采用购买生产许可证来模拟新产品研发的过程。产品开发计划是针对购买生产许可证所发生的费用所做的预算。表 5-63 为产品开发计划示例。

表 5-63　产品开发计划表示例

产品开发计划

产品特色	产品名称	预计投产时间	预计费用

填写说明：

① 产品名称：预计开发的新产品名称，例如"舒适型童车"。

② 产品特色：对新产品特征的简单描述，例如"中档，性价比高"。

③ 预计投产时间：预计购买生产许可证的时间，例如"2011 年 11 月"。

④ 预计费用：费用预算，例如"一万元"。

（9）资产需求计划表

资产需求计划是针对购买生产设备或厂房所发生的费用所做的预算，如表 5-64 所示。

表 5-64　资金需求计划示例

资金需求表

制表日期：　　年　月　日

单位编号：　　　　　　　　　　　　　需求部门：

资产到位时间	需求理由	需求设备规格及数量			需求厂房		备注
		普通机床	组装机床	组装生产线	大厂房	小厂房	

生产计划部经理：　　　　　　　财务部：　　　　　　　总经理：

填写说明：

① 设备到位时间：是指预计使用设备的时间。注意设备有购买提前期和安装调试提前期，所以制定了资产需求计划后要及时根据计划进行采购。例如，设备到位时间是"2011 年 12 月"，但考虑到一个月的采购提前期及一个月的安装调试期，那么 2011 年 10 月就必须下达采购订单才能保证 12 月份能够使用机床。

② 需求理由：填写购买设备或厂房的理由，例如"扩大产能"。

③ 需求设备规格及数量：在所需要的设备下填写数字，如"数控机床 1 台"。

④ 需求厂房类型：大厂房或小厂房。

⑤ 备注：备注栏中填写预算金额，如"十五万元"。注意，一种资产填写一行，如需要多种资产，则需要填写多行。

4．任务流程

制造业企业编制预算工作是由财务部门发起，各部门经理组织工作，财务部汇总分析，以便其他部门形成预算计划，具体流程如图 5-164 所示。

图 5-164　制造业企业编制预算流程图

5．实施步骤

制造业企业编制预算实施步骤如表 5-65 所示。

表 5-65　制造业企业编制预算实施步骤表

操作步骤	角色	操作	内容
1	财务部经理	下发收入/支出预算表	1．绘制收入/支出预算表模板 2．向各部门下发收入/支出预算表
2	总经理	填写支出预算表	1．收到财务部下发的支出预算表，各部门经理根据需要填写表格中各自相关的内容 2．将填写好的支出预算表交给财务经理
3	财务部经理	填写支出预算表	同上
4	营销部经理	填写支出预算表	同上
5	采购部经理	填写支出预算表	同上
6	生产计划部经理	填写支出预算表	同上
7	仓储部经理	填写支出预算表	同上
8	人力资源部经理	填写支出预算表	同上
9	营销部经理	填写收入预算表	1．收到财务部下发的收入预算表，根据需要填写表格中相关内容 2．将填写好的收入预算表交给财务经理
10	财务部经理	收集收入/支出预算表	收集各部门交回的收入/支出预算表
11	财务部经理	编制支出预算汇总表	根据各部门交回的支出预算表编制支出预算汇总表
12	财务部经理	编制资金计划表	编制资金计划表
13	营销部经理	编制市场开发计划	编制市场开发计划
14	生产计划部经理	编制产品开发计划	编制产品开发计划
15	生产计划部经理	编制资产需求计划	编制资产需求计划

模块 6
供应链管理实务训练

本模块主要从供应链管理角度，对跨专业综合实训产、销、购、存四个方面进行了详细的阐述，旨在帮助实训者理解把握供应链各方之间的内在关联，提升实训者的供应链管理水平。

实训项目 6.1 供应链上游企业相关业务

实训任务 6.1.1 签订采购订单

1. 学习目标

目标分解	目标描述
知识目标	1. 举例说出采购订单的概念和用途
	2. 说明签订采购订单的作用和意义
	3. 简述签订采购订单的流程
技能目标	1. 掌握采购订单的规范填写方法
	2. 按照签订采购订单的流程，完成采购订单的填写
	3. 掌握采购订单、采购合同执行情况表的填写方法
素养目标	1. 明确与供应商签订采购订单的意义
	2. 领会填写采购订单的关键点、检查所填写单据是否规范

2. 情境导入

恒通橡胶厂的采购部门在市场上选择企业（供应商）为其提供所需的原材料，完成与供应商签订原材料采购订单的任务。

采购主管按照生产的需求与经济采购的原则，决定采购原料的品种、数量及供应商，向供应商下达采购订单，同时仓管员对采购订单备案。订单上的单价采用之前采购合同上约定的价格。

3. 相关知识

（1）销售计划

是指规定企业在计划期内（年度）销售产品的品种、质量、数量和交货期，以及销售收入、销售利润等。

（2）初步供应商调查

初步供应商调查是对供应商的基本情况的调查，主要是了解供应商的名称、地址、生产能力、能提供什么产品、能提供多少、价格如何、质量如何、市场份额有多大、运输进货条件如何等。

（3）预算

预算是一种用数量来表示的计划，是将企业未来一定时期内经营决策的目标通过有关数据系统地反映出来，是经营决策具体化、数量化的表现。

（4）供应商选择的标准

供应商选择的标准包括技术水平、采购成本、管理水平、整体服务水平、快速响应能力。

4．任务流程

签订采购订单的基本流程：

供应商业务主管　供应商总经理　供应商行政主管

供应商签订采购订单：

步骤1：在 VBSE 系统中，在"未选择订单中"勾选所需料品，单击"确定"按钮。

步骤2：选择的订单出现在"已选择订单"中，如果改变选择意愿，可以勾选某项订单单击"放弃"。

步骤3：根据 VBSE 系统所选订单数据填写采购订单，如图 6-1 所示。

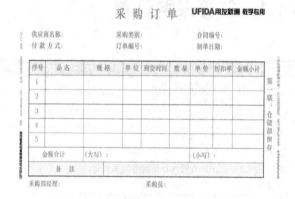

图 6-1　采购订单样例

5．实施步骤

（1）供应商签订采购订单的业务流程（图 6-2）

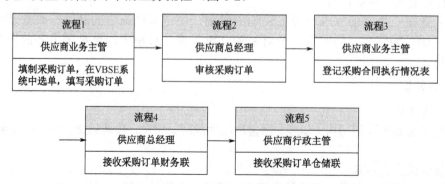

图 6-2　供应商签订采购订单的业务流程

① 核心企业签订采购订单的业务流程如表 6-1 所示。

表 6-1　核心企业签订采购订单

序号	操作步骤	角色	提示内容
1	准备填制采购订单	供应商业务主管	查看流程图，做好记录系统选单的准备
2	在 VBSE 系统中进行选单	供应商业务主管	供应商从虚拟市场上选择自己的采购料品，并下达采购订单
3	填写采购订单	供应商业务主管	填写纸质采购订单，并送交总经理审核
4	审核采购订单	供应商总经理	接收业务主管送交的采购订单，审核无误后，在"采购部经理"位置签字确认
5	登记采购合同执行情况表	供应商业务主管	业务主管将采购订单的采购部留存联和供应商留存联保管，并在"采购合同执行情况表"上记录此次采购的明细
6	接收采购订单财务联	供应商总经理	在供应商企业担任财务职能的供应商总经理接收采购订单的财务联，以便采购到货进行记账时核对
7	接收采购订单仓储联	供应商行政主管	担任仓储职能的供应商行政主管接收采购订单仓储联，以便采购到货仓库收货时核对

② 下达采购订单（U8）。下达采购订单是采购员根据采购计划按照企业规定在 ERP 系统中填写采购订单。采购订单表示了对与供应商进行采购业务的正式的和最终的确认。通过采购订单可以直接向供应商订货并可查询采购订单的收货情况和订单执行情况，通过采购订单的关联跟踪，采购业务的处理过程可以一目了然。采购订单的下达步骤如表 6-2 所示。

表 6-2　下达采购订单

序号	操作步骤	角色	提示内容
1	填制采购订单	采购员	1. 采购员收到采购计划 2. 采购员根据请购单生成采购订单，并依据情况选择供应商 3. 打印 2 份并送交采购部经理审核采购订单 4. 采购员把订单下达给供应商 5. 供应商审核后在采购订单上签字盖章确认 6. 采购员把采购订单下发给相关部门
2	审核采购订单	采购部经理	1. 采购部经理收到纸质采购订单 2. 采购部经理结合采购计划、采购合同，供应商信息汇总表审核采购订单内容填写的准确性和合理性 3. 审核通过后交给采购员与供应商确认
3	下达采购订单	采购员	1. 采购员把采购订单交给供应商 2. 供应商复核采购订单内容的准确性、合理性及交付性 3. 供应商确认无误后签字盖章确认订单 4. 采购订单确认完给供应商留一份
4	采购订单备案	仓管员	1. 接收采购员送来的采购订单 2. 登记完毕，将采购订单的采购联留存备案

（2）业务部门

① 编制采购计划。编制采购计划是在合理利用供应环境机会，并综合考虑运输成本、存货成本、每次订货成本等因素，将物料需求计划转变为采购计划，确定发出订单的时机和订购数量的过程。

第一步：确定季度物料需求计划；

第二步：根据预计可用库存确定该季度采购任务，图 6-3 为季度采购计划样例；

第三步：根据供应商折扣策略，调整采购数量；

第四步：填写季度采购计划表。

2011 年 4 季度采购计划表

制表日期：2011 年 10 月 28 日　　　　　　　　　　　　　制表部门：采购部

序号	物料名称	规格型号	10	11	12	总采购量	享受折扣
1	钢管	D16*S3*L5000 mm	14000	10000	16000	40000	2%
2	坐垫	HJM500	7000	5000	8000	20000	2%
3	车篷	HJ72*32*40	5000	7000	5000	17000	0
4	车轮	HJΦ外125*Φ内60 mm	20000	28000	20000	68000	0
5	包装套件	HJTB100	5000	7000	5000	17000	0

总经理：　　　　　　　　　　　　　　　　　　　　　采购部门经理：**李斌**

图 6-3　季度采购计划表样例

② 填写合同会签单，合同会签单样例如图 6-4 所示。

合同会签单

单据编号：0201　　　　　　　　　　　　　　　　　　日期：2011 年 10 月 8

送签部门	采购部	签约人：李斌	承办人：付海生	电话：0311-83024777 E-mail：BJHJFHS@126.COM
合同名称	钢管采购合同		对方单位：河北钢铁厂	
合同主要内容	采购物品名称、规格、数量及价格、质量标准、验收方法，付款方式、交货地点、供货时间，包装与运输等给予说明		合同金额（大写）： 贰佰柒拾伍万壹仟捌佰肆拾元整	
业务部门审批意见	已审阅合同，同意签约。 部门经理：李斌		日期：2011、10、8	
财务部审批意见	财务经理：		日期：	
总经理审批意见	总经理： （注：付款金额1万元以上的由总经理审批）		日期：	
争议解决	合同内包括了可预见性的争议解决方法，对于不可预见的争议，双方协商解决；如有异议，申请"北京市昌平区仲裁委员会"仲裁，仲裁方案为最终裁决。			
归档情况	与合同一起归档，存于行政助理处。			

图 6-4　合同会签单样例

填写说明：

a. 单据编号：自拟定，以 4 位长度编制流水号，如 0001。

b. 送签部门：哪个部门准备签合同，即为哪个部门名称。

c. 签约人：合同签约人，负责签订合同的人员。

d. 承办人：负责合同会签事情，回收合同的人员。

e. 合同名称：签订合同时的名称，如×××购销合同。

f. 对方单位：与之签订合同的企业名称。

g. 合同主要内容：简要写上这个合同约定的是什么事。

h. 争议解决：在合同签订时，遇到争议时的解决方法。

i. 归档情况：这份合同归档的说明，如已归档或未归档等。

③ 填写采购合同执行情况表。采购合同执行情况表中"合同总数"一栏表明该合同签订的材料总量。一个合同通常分多次采购订单执行，在录入"采购合同执行情况表"时，相同的合同号下会有多个采购订单存在。采购员在每次执行采购订单时都要认真填写"采购合同执行情况表"，记录采购合同的进程，便于日后查询及追踪管理。

④ 填写采购订单，采购订单填写样例如图 6-5 所示。

采购订单

供应商名称：河北钢铁厂　　　　采购类别：正常采购
合同编号：CG-HT-201110001　　付款方式：月结
制单日期：2011.10.28　　　　　订单编号：CG-DD-201110001

序号	品名	规格	单位	到货时间	数量	单价	折扣率	金额小计
1	钢管	Φ外 16/Φ内 11/L5000MM	根	2011.11.28	14000	70.2	2%	963,144.00
2	—	—						
金额合计	(大写)：玖拾陆万叁仟壹佰肆拾肆元整					(小写)：¥963,144.00		
备注								

采购部经理：李斌　　　　　　　　　　　　采购员：付海生

图 6-5　采购订单填写样例

采购订单第一联留存于采购部；第二联送达仓储部，作为验收货物的依据；第三联送达财务部，支付货款时使用；第四联递送供应商。

扩展知识　　　　　　　　　　　**物料清单**

物料清单（Bill Of Material，简称 BOM）是详细记录一种产品所用到的所有原材料及相关属性的文件。产品结构表反映了生产产品与其物料需求的数量和其从属关系。

物料清单是接收客户订单、选择装配、计算累计提前期，编制生产和采购计划、配套领料、跟踪物流、追溯任务、计算成本、改变成本设计不可缺少的重要文件，上述工作涉及企业的销售、计划、生产、供应、成本、设计、工艺等部门。因此，BOM 不仅是一种技术文件，还是一种管理文件，是各部门联系与沟通的纽带，企业各个部门都要用到 BOM 表。经济童车的 BOM 表如表 6-3 所示。

表 6-3　经济童车的 BOM 表

结构层次	物料编码	物料名称	规格型号	单位	总数量	备注
0	P0001	经济童车		辆	1	自产成品
1	M0001	经济车架		个		自产半成品
1	B0005	车篷	HJ72*32*40	个	1	外购原材料
1	B0006	车轮	HJ Φ外 125/Φ内 60mm	个	4	外购原材料
1	B0007	包装套件	HJTB100	套	1	外购原材料
2	B0001	钢管	Φ外 16/Φ内 11/L5000(mm)	根	2	外购原材料
2	B0003	坐垫	HJM500	个	1	外购原材料

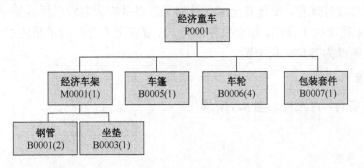

实训任务 6.1.2　供应商采购入库

1. 学习目标

目标分解	目标描述
知识目标	1. 能够解释与采购入库相关的概念
	2. 说明供应商采购入库的作用和意义
	3. 简述供应商采购入库的流程
技能目标	1. 掌握采购入库单的规范填写方法
	2. 按照采购入库的流程，完成入库单的填写
素养目标	1. 明确采购入库的意义
	2. 领会填写采购入库单的关键点，检查所单据填写是否规范

2. 情境导入

签订完采购订单后，恒通橡胶厂依据订单要求发出货物。货物抵达后，恒通橡胶厂进行原材料验收。验收合格后，原材料入库。

首先，仓储部经理根据期初资料，建立库存台账，一物一账，将物料的库存期初数量填入库存台账。采购入库是指卖方发出的货物抵达企业，同时开具了该张采购订单所对应的发票。仓储人员负责填写入库单确认货物入库、登记库存台账，财务人员负责登记记账凭证。在信息化阶段，该业务需在管理软件系统中进行记录。注意：因卖方是虚拟商业社会环境，非学生扮演的真实供货企业，实习时无法获得卖方直接提供的发货单、发票等原始凭证。

3. 相关知识

（1）库存台账

库存台账是用来核算、监督库存物料和成品的。所以需将各种物品分别设账，以便能把该物品的进、销、存清晰地反映出来。

（2）在途数量与在产数量

在途数量是指企业已经下采购订单且收到对方的结算凭证，但材料仍在运输途中，或已经运达企业但尚未验收入库的材料的数量。在产数量是指已经投产，正在车间加工、组装的，未完工的半成品和成品的数量。

（3）安全库存

安全库存又称缓冲库存，设置安全库存是为了应对供应和需求或提前期中偶然出现的不可预测的波动。如果需求大于预测，就会发生缺货，设置安全库存是为了预防这种可能性的发生，从而避免生产中断或为客户交货中断。

4. 任务流程

（1）供应商采购入库流程如图 6-6 所示。

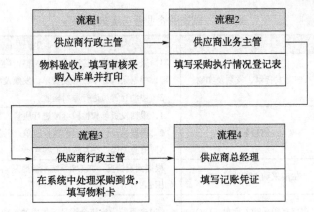

图 6-6　供应商采购入库流程

（2）制造业企业采购入库流程如图 6-7 所示。

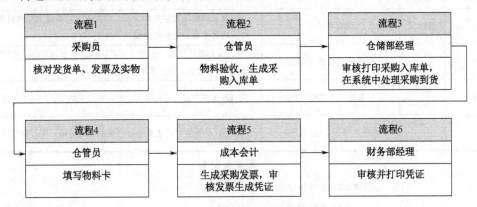

图 6-7　制造业采购入库流程

5. 实施步骤

（1）供应商业务说明如表 6-4 所示。

表 6-4　供应商业务实施步骤

操作步骤	角色	操作	内容
1	供应商行政主管	物料验收	1. 根据物料检验标准进行质量、数量、包装检测 2. 根据检验结果填写物料检验单，并签字确认 3. 检验无误，在发货单上签字
2	供应商行政主管	填写审核采购入库单并打印（U8）	根据物料的到货情况，在 U8 系统中填制采购入库单，审核并打印
3	供应商行政主管	在系统中处理采购到货	在 VBSE 系统中确定采购物料到货
4	供应商行政主管	填写物料卡	将货物摆放到货位，根据入库单数量填写物料卡
5	供应商业务主管	登记采购执行情况表	1. 登记采购执行情况表 2. 将发票（发票联、抵扣联）和对应的入库单财务联送交供应商总经理
6	供应商总经理	填制记账凭证	填制记账凭证

（2）制造业企业业务实施步骤如表 6-5 所示。

表6-5 制造业企业业务实施步骤

操作步骤	角色	操作	内容
1	采购员	核对发货单、发票及实物	1. 采购员接收供应商发来的材料，附有发货单、发票和实物 2. 根据采购订单核对发货单、发票及实物 3. 协助仓管员进行原料验收
2	仓管员	物料验收	1. 根据发货单和检验标准进行质量、数量、包装检测 2. 根据检验结果填写物料检验单，并签字确认 3. 检验无误，在发货单上签字
3	仓管员	生成采购入库单（U8）	根据到货情况，在U8系统中参照采购订单生成采购入库单，如图6-8所示
4	仓储部经理	审核打印采购入库单（U8）	在U8系统中审核仓管员所生成的采购入库单
5	餐厨部经理	在系统中处理采购到货	在VBSE系统中查询采购订单，并确认采购物料到货
6	仓管员	填写物料卡	1. 仓管员将货物摆放到货位，根据入库单数量填写物料卡 2. 将入库单交仓储部经理登记台账
7	成本会计	生成采购发票（U8）	确认采购员提供的、供货方开具的增值税专用发票，在U8系统中参照相应的采购入库单生成采购发票并进行结算
8	成本会计	审核发票生成凭证（U8）	在U8系统中进行应付单据审核，审核采购发票，并生成凭证
9	财务部经理	审核并打印凭证（U8）	在U8系统中审核成本会计生成的记账凭证，并打印

采购入库单

制单日期：2011.10.08

仓库：原材料库

供应商名称：河北钢铁公司　　　　　　　　　　类型：原材料采购

单据编号：CK-CLRK-201110001　　　　　订单编号：CG-DD-201109001

序号	品名	规格型号	单位	入库时间	数量	备注
1	钢管	Φ外 16/Φ内 11/L5 000mm	根	2011.10.08	15 000	
2						
3						
合计						

仓储部经理：何明海　　　　　　　　　　　　仓管员：王宝珠

图6-8　采购入库单填写样例

扩展知识

（1）采购运费

每张订单所订货物如果交期一致，应一次性运达企业，企业支付给供应商采购运输费用。如果因供方原因发生分批到货情况，所产生的费用由供方自行承担。如果同一张订单因为采购提前期的不同，分为两个月运送到货，则发生2次运输费用。

（2）紧急采购

除正常采购外，为了应对临时性要货需求或采购不足情况，也可以采取紧急采购策略。紧急采购时没有提前期的要求，货物随要随到，但是采购单价将上浮20%。注意：紧急采购的材料不享受批量采购的折扣优惠。

拓 展 阅 读 | 编写物料净需求计划

实训任务 6.1.3 支付货款

1. 学习目标

目标分解	目标描述
知识目标	1. 举例说出支付货款的方式有哪些
	2. 简述企业支付货款的流程
	3. 简述企业开具发票的流程
	4. 掌握增值税发票的规范填写方法
技能目标	1. 按照流程完成支付货款的整个过程
	2. 按照税务局的业务规范，将发票出售给企业
	3. 掌握发票的填写方法
素养目标	1. 领会发票填写的关键点、检查所填写发票是否规范
	2. 掌握支付货款的相关注意事项

2. 情境导入

依据采购订单，恒通橡胶厂将入库原材料款支付给客户。

业务数据：供应商货款回收。

2011 年 10 月 8 日，供应商从每家制造企业回收的货款详情如下：

供应商名称	回收日期	回收金额（每家制造企业）
供应商×××	2011 年 10 月 8 日	424125

依据采购订单，将相应的货款支付给供应商。

3. 相关知识

（1）汇票的概念

汇票是由出票人签发的，要求付款人在见票时或在一定期限内，向收款人或持票人无条件支付一定款项的票据。汇票是国际结算中使用最广泛的一种信用工具。

（2）本票的概念

本票是一个人向另一个人签发的，保证即期或定期或在可以确定的将来的时间，对某人或其指定人或持票人支付一定金额的无条件书面承诺。我国《票据法》第 73 条规定：本票是由出票人签发的，承诺自己在见票时无条件支付确定的金额给收款人或持票人的票据。本法所指的本票是指银行本票，不包括商业本票，更不包括个人本票。

（3）支票的概念

支票是出票人签发，委托办理支票存款业务的银行或者其他金融机构在见票时无条件支付确定的金额给收款人或持票人的票据。

（4）发票的概念

发票是指一切单位和个人在购销商品、提供劳务或接受劳务、服务以及从事其他经营活动时，提供给对方的收付款的书面证明，是财务收支的法定凭证，是会计核算的原始依据，也是审计机关、税务机关执法检查的重要依据。

（5）增值税发票样式

增值税专用发票一式三联（见图 6-9），分别为记账联、抵扣联和发票联。其中，抵扣联和发票联对于一般纳税人的材料采购和抵扣进项税额是非常重要的，缺一不可。

增值税普通发票一般为 2 联，第一联为记账联，第二联为发票联。

No.

开票日期： 年 月 日

购货单位	名　称：		密码区			
	纳税人识别号：					
	地址、电话：					
	开户行及账号：					

货物或应税劳务名称	规格型号	单位	数量	单价	金额	税率	税额
合　　　计							

价税合计（大写）	（小写）

销货单位	名　称：		备注	
	纳税人识别号：			
	地址、电话：			
	开户行及账号：			

收款人：　　　　　复核：　　　　　开票人：　　　　　销货单位：（章）

第一联：记账联 销货方记账凭证

No.

开票日期： 年 月 日

购货单位	名　称：		密码区			
	纳税人识别号：					
	地址、电话：					
	开户行及账号：					

货物或应税劳务名称	规格型号	单位	数量	单价	金额	税率	税额
合　　　计							

价税合计（大写）	（小写）

销货单位	名　称：		备注	
	纳税人识别号：			
	地址、电话：			
	开户行及账号：			

收款人：　　　　　复核：　　　　　开票人：　　　　　销货单位：（章）

第二联：抵扣联 销货方记账凭证

No.

开票日期： 年 月 日

购货单位	名　称：		密码区			
	纳税人识别号：					
	地址、电话：					
	开户行及账号：					

货物或应税劳务名称	规格型号	单位	数量	单价	金额	税率	税额
合　　　计							

价税合计（大写）	（小写）

销货单位	名　称：		备注	
	纳税人识别号：			
	地址、电话：			
	开户行及账号：			

收款人：　　　　　复核：　　　　　开票人：　　　　　销货单位：（章）

第三联：发票联 销货方记账凭证

图 6-9　增值税专用发票样式及填写说明

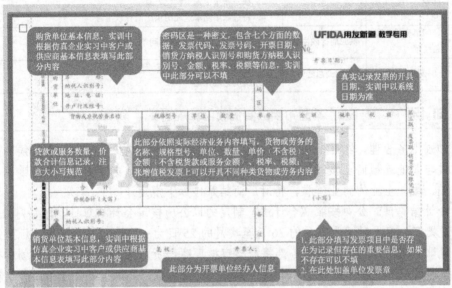

图 6-9　增值税专用发票样式及填写说明（续）

4．任务流程

实现销售之后，销售人员（实训中为业务主管）需要按照销售合同的约定期限跟踪催促货款的收回。客户通过支票方式进行付款，企业出纳员（实训中为行政主管）前往银行取回电汇单，财务部做记账处理。供应商货款的回收流程如图 6-10 所示。

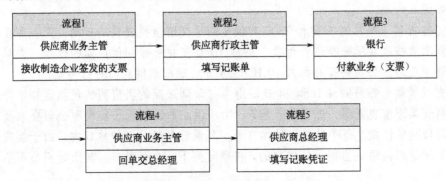

图 6-10　供应商货款回收的流程

5. 实施步骤

供应商货款回收的工作步骤如表 6-6 所示。

表 6-6　供应商货款回收的工作步骤

序号	操作步骤	角色	角色操作内容
1	接收制造企业签发的支票	供应商业务主管	1. 接收制造企业签发的转账支票 2. 将转账支票提交给行政主管
2	填写进账单	供应商行政主管	1. 接收供应商业务主管提交的转账支票 2. 按照支票上填写的金额填写进账单 3. 去银行送存转账支票
3	办理支票进账业务	银行柜员	1. 接收转账支票 2. 在系统中办理"付款业务（支票）" 3. 在进账单上盖"转讫"章 4. 将进账单回单退还给供应商行政主管
4	回单交供应商总经理	供应商行政主管	将经银行盖章后的进账单回单交供应商总经理
5	编制记账凭证	供应商总经理	1. 接收供应商行政主管送来的进账单回单 2. 编制记账凭证

扩展知识　　某超市供应商货款结算规则

为了加强财务管理，实行资金预算控制，提高工作效率，减少供应商结账等候时间，同时使结账方式与其他连锁商业核算接轨，优化财务管理，保证及时支付货款，严格履行合同签订的结算方式，维护企业的商业信誉，特对厂商结账作如下规定。

（1）会计结算日：公司按照《会计法》制定的以公历核定会计核算日，即每月 25 日为我公司会计轧账日。起止时间为当月的 26 日至次月的 25 日为一个会计核算周期。厂商结账日要按照会计轧账日进行核定，同时财务部将严格审核厂商送货时间、销售金额、实物库存、账面余额等。按照到期日支付货款并结合当期销售情况予以付款。厂商也要关注商品和销售及库存才能真正实现合作后的双赢。

（2）付款条件：采购部采购对账期厂商到期货款查询销售予以确认结款资金。

商品销售达到 90%~100% 的，支付 100% 货款；销售在 80%~90% 之间的，支付 80% 货款；销售在 60%~80% 之间的，支付 60% 货款；销售低于 60% 的，按实际比例结账。

（3）账期：每月 10 日、25 日安排两次付款。经销供应商应在收到超市的验货清单之日起 3 日内进行对账，财务部匹配通过开始记入账期。第一次匹配不通过的应进行二次匹配，匹配成功后开始记入账期。

（4）支付货款：每月的 5 日和 25 日为供应商送交增值税发票的日期，财务部在收到供应商增值税发票后按照实际账期进行付款。每月 10 日安排长账期供应商的付款。为减少短账期供应商的资金压力，公司将安排每月 10 日和 25 日对短账期供应商进行付款。

（5）支付货款：每月的 4 日和 24 日，财务打印到账期的供应商的付款通知单并交采购，通知供应商开具增值税发票，进行账务结算。由于供应商的原因不能按照公司要求及时递交发票的，公司将延后付款。每个结算日持续 3 天，节假日顺延。在结算日内，由于供应商原因或由于账务不清等原因造成当期不能付款的，将顺延到下一个付款日，其余时间公司不再进行付款活动。

（6）联营供应商结算：按照约定的账期，依照公司规定于每月的 10 日或 20 日进行付款具体流程。联营供应商在每月的 8 日前由财务部打印销售报表，账期到后将按照公司既定付款日进行付款。

（7）扣款：账期厂商所应承担的所有费用，不包括返点、返利等，全部在货款前用现金支付，不在货款中扣除，避免扣款重复或漏扣给双方对账造成困难。一般纳税人厂商应按货款开具增值税发票，不允许税前扣除相关费用，否则不予结账。退货厂商应保证及时退货，延期退货或长期不退货将按合同签订的条款执行。退货冲红单必须扣减当期货款，并从支付货款中扣减。调价冲红单及促销商品让利冲红单，应凭厂商签字确认的确认单从当期货款中扣减。自采商品冲红单从自采报销中直接扣减。退货冲红单如发现送货价与退货价不符，厂商通过与财务部、信息技术部核对解决。

（8）对账：正常情况下，供应商应在送货后 3 天内进行账务核对。核对内容包括送货数量、送货金额及商品的价格等，具体详见供应商对账单

应注意：

① 若单据遗失需经过对账后确信该单据未结账，方可使用复印件并加盖财务印章后入结账流程。② 双方账面余额不符需进行对账后将余额调整一致。③ 扣款出现疑问或不符应核对往来账。

（9）延期付款：如遇特殊情况，货款可延期支付。例如，新店开业，延期付款 7 天；店庆活动，延期付款 7 天；法定节假日，延期付款 7 天；出现质量事故的供应商停止付款，待责任赔偿后恢复结账，退货厂商退货后结账；清场供应商食品、非食品厂商，清场之日起 90 天内结账；小家电半年结账；生鲜厂商 30 天结账，质保金与货款一起退还。

拓展阅读 ｜ 接受支票支付货款的风险何在 ☞

实训任务 6.1.4　销售发货

1. 学习目标

目标分解	目标描述
知识目标	1. 能够解释与销售发货相关的概念
	2. 说明销售发货的作用和意义
	3. 简述供应商和客户销售发货的流程
技能目标	1. 掌握发货单的规范填写方法
	2. 按照销售发货的流程，完成单据的填写
	3. 掌握发货单、销售出货单、物料卡、销售发票的正确填写方法
素养目标	1. 明确销售发货的意义
	2. 领会填写销售发货相关单据的关键点，检查所填写单据是否规范

2. 情境导入

按照销售订单要求，恒通橡胶厂向好佳童车厂发出货物。即按照销售订单要求，供应商将原材料货物发给制造企业。

3. 相关知识

品质检验，亦称质量检验，即运用各种检验手段，包括感官检验、化学检验、仪器分析、

物理测试、微生物学检验等，检查商品的品质、规格、等级，确定其是否符合外贸合同（包括成交样品）、标准等规定。

品质检验的范围很广，一般包括外观质量检验与内在质量检验两个方面。外观质量检验主要是对商品的外形、结构、花样、色泽、气味、触感、疵点、表面加工质量、表面缺陷等进行检验；内在质量检验一般指有效成分的种类含量、有害物质的限量、商品的化学成分、物理性能、机械性能、工艺质量、使用效果等的检验。同一种商品根据不同的外形、尺寸、大小、造型、式样、定量、密度、包装类型等分为各种不同规格。

4．任务流程

销售发货是指销售员依据销售订单交货日期填写产品发货单，仓管员填写出库单由销售员发货给客户，财务部根据发货出库单开具销售发票，当客户确认收货后，销售员需登记销售发货明细。在信息化阶段，该业务可在管理软件中进行记录，供应商销售发货的流程见图 6-11 和图 6-12。

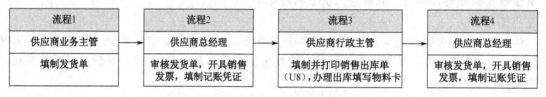

图 6-11　供应商销售发货的流程

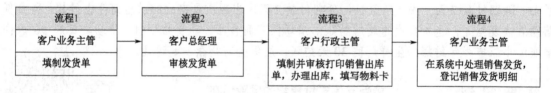

图 6-12　客户销售发货的流程

5．实施步骤

（1）供应商业务流程如表 6-7 所示。

表 6-7　供应商业务流程说明

操作步骤	角色	操作	内容
1	供应商业务主管	填制发货单	1．根据销售订单明细表和发货计划填制发货单 2．审核发货单并签字
2	供应商总经理	审核发货单	1．审核该企业的应收账款额度，如果高则限制发货 2．审核发货单，确认数量和金额 3．发货单签字 4．将签字后的发货单交给客户行政主管
3	供应商行政主管	填制并打印销售出库单（U8）	根据发货单的发货要求，在 U8 系统中填制销售出库单，并审核打印
4	供应商行政主管	填写物料卡	1．办理出库手续，更新物料卡 2．把出库单给供应商业务主管一联 3．把出库单送给供应商总经理一联
5	供应商总经理	开具销售发票	1．从业务主管处获取卖给该客户（制造企业）的销售价格 2．根据销售出库单，结合销售价格，开具销售发票
6	供应商总经理	填制收入记账凭证	根据开具的收入发票填制记账凭证
7	供应商业务主管	在系统中处理销售发货	在 VBSE 系统中选择发货的订单，并确认已经发货
8	供应商业务主管	登记销售发货明细表	登记销售发货明细表

（2）客户业务流程如表 6-8 所示。

表 6-8　客户业务流程说明

操作步骤	角色	操作	内容
1	客户业务主管	填制发货单	根据销售订单明细表和发货计划填制发货单
2	客户总经理	审核发货单	1．审核该企业的应收账款额度，如高，则限制发货 2．审核发货单，确认数量和金额 3．发货单签字，将签字后的发货单交给客户行政主管
3	客户行政主管	填制并审核打印销售出库单（U8）	根据发货单的发货要求，在 U8 系统中填制销售出库单，审核并打印
4	客户行政主管	办理出库填写物料卡	1．办理出库手续，更新物料卡 2．把出库单给业务主管一联 3．把出库单送总经理一联
5	客户业务主管	在系统中处理销售发货	在 VBSE 系统中选择发货的订单，并确认已经完成销售发货
6	客户业务主管	登记销售发货明细	1．根据发货单进行销售发运 2．登记销售发货明细表

扩展知识　假冒伪劣商品鉴别的一般方法和防伪标签

1．假冒伪劣商品

（1）假冒商品：逼真地模仿别人的产品外形，未经授权，对已受知识产权保护的产品进行复制和销售，借以冒充他人的产品。在当前市场上主要表现有冒用、伪造他人商标、标志；冒用他人特有的名称、包装、装潢、厂名厂址；冒用优质产品质量认证标志，伪造产品产地和生产许可证标识。

（2）伪劣商品：是指生产、经营的商品违反了我国现行法律、行政法规的规定，其质量、性能指标达不到我国已发布的国家标准、行业标准及地方标准所规定的要求，甚至是无标生产的产品。

《产品质量法》第 5 条规定：禁止伪造或者冒用认证标志等质量标志；禁止伪造产品的产地或者冒用他人的厂名、厂址；禁止在生产、销售的产品中掺杂、掺假，以假充真，以次充好。

2．几种主要鉴别方法

（1）对商品商标标识及其包装、装潢等特殊标志的真伪进行鉴别。

（2）通过感官评判或其他简易手段进行鉴别。

（3）按照国家标准对商品理化、卫生等各项指标进行检测。

（4）利用本部门的专业特长，特别是长期实践积累的经验，对于本企业或行业生产或经销的商品进行鉴别。

3．鉴别要点

（1）认准商标标识。商标是商品的标记，假冒伪劣商品一般都是假冒名优商品，我国名优商品都使用以国家工商行政管理局、商标局登记注册的商标。假冒商品的外包装上大多没有商标标识，或"注册商标"等字样。正品的商标质量好，印刷美观，文字图案清晰，色泽鲜艳、纯正、光亮，烫金精细。而假冒商标是仿印真品商标，由于机器设备和印刷技术差，与真品商标相比，往往纸质较差，印刷粗糙，线条、花纹、笔画模糊，套色不正，光泽差，色调不分明，图案、造型不协调，版面不洁，无防伪标记。

假冒商标的印刷疵点特征：

① 墨稿疵点特征：字体不正、笔画偏粗、间隔不均、字迹不清、笔画不畅，图案细节被省略或很粗糙，花纹粗细不一，边线棱角不明显。

② 制版疵点特征：印刷板周边有缺损，不光滑，版式与版之间有差异，字迹变粗，笔画连接不清晰，粗细不均。

③ 印刷疵点特征：多色图案花纹衔接不好，版面拼接连贯或重叠部分过多、过少，商标边缘颜色有外溢，该印的地方没有印到。

④ 模切疵点特征：切边处有未切断的纤维，切边与商标边缘没有共同的起伏，切边处有缺损，不圆滑。

（2）查看商品标识。根据《产品质量法》第 27 条，产品或其包装上的标识必须真实并符合下列要求：

① 有产品质量检验合格证明。

② 有中文标明的产品名称、生产厂厂名和厂址。

③ 根据产品的特点和使用要求，需要标明产品规格、等级、所含主要成分的名称和含量的，用中文相应予以标明；需要事先让消费者知晓的，应当在外包装上标明或者预先向消费者提供有关资料。

④ 限期使用的产品，应当在显著位置清晰地标明生产日期、安全使用期或者失效日期。

⑤ 使用不当，容易造成产品本身损坏或者可能危及人身、财产安全的产品，应当有警示标志或者中文警示说明。裸装的仪器和其他根据产品的特点难以印刷标识的裸装产品，可以不附加产品标识。

假冒伪劣商品的标识一般不是正规企业生产，外包装标识或残缺不全，或乱用乱写，或假冒优质奖标记，欺骗消费者。

（3）检查商品特有标记。部分名优商品在其特定部位还有特殊标记，如飞鸽、凤凰、永久三大国产名牌自行车，在车把、车铃、车座、后架、车圈等处均有特殊标记。部分名优烟、酒包装上的商品名称系用版印刷，用手摸有凹凸感，而假冒产品名称在包装上字体较平，无凹凸感。

（4）检查原产地命名产品的生产地域。原产地域命名产品，指的是用一特定地域名称来命名的产品，以标志该产品产自该特定区域，而且产品的质量、特色或声誉取决于该地域以内在的自然因素和人文因素所构成的地理特征。

（5）检查商品包装。名优产品包装用料质量好，装潢印刷规范，有固定颜色和图案，套色准确，图案清晰，形象逼真。伪劣商品一般包装粗糙，图案模糊，色彩陈旧，包装用料材质差。用真假商品对比，可以辨认。大多数名优商品包装封口均采用先进机械封口，平整光洁，不泄漏。而假冒伪劣商品无论是套购的真品包装，还是伪造、回收的包装，封口多为手工操作，常有折皱或裂口，仔细检查封口处，大都能发现破绽。如假冒名酒，将酒瓶倒置，往往会有酒液流出，用鼻嗅闻，能觉察到酒味。

（6）检查液体商品的透明度。除黄酒和药酒允许有正常的瓶底聚集物外，其他酒在常温下均为清亮透明，无悬浮物，无沉淀。

（7）商品的色泽。例如，对农作物的种子和谷物，可看颜色是否新鲜而光泽，籽粒大小是否均匀。卷烟烟丝应色泽油润而光泽，受潮的烟丝则失去光泽、发暗。优质禽畜生肉，肌肉颜色鲜艳、有光泽，脂肪白色；劣质品肌肉颜色灰暗、无光泽，脂肪发灰、褐色。

（8）看商品的烧灼情况。例如，粉剂农药取 10g 点燃后，如冒白烟，说明有效，若冒浓黑烟，说明是假农药。香烟点燃后，能自燃 40mm 以上者为正常，否则是受潮，或烟丝质量差的商品。

（9）看商品的发霉、潮湿、杂质、结晶、形状、结构情况。药品和食品有发霉情况的应禁止销售和使用。粉状商品（如面粉、药粉、水泥等）出现结块的，表明受潮失效或变质。

（10）手感。手握饱满干燥的农作物或种子，应感到光滑顶手，将手插入种子堆（包）时阻力小，感觉发凉；如手握时感到松软，插入时阻力大，则说明籽粒不饱满，含水量大。

（11）听感。例如，罐头有漏听或胖听的不能食用；胖听罐头盖部凸起，用手叩击能听到空虚鼓音。

（12）嗅感。凡食品、药品鼻嗅有霉味、酸腐味、异味的，马口铁罐头有金属味的，均不能再食用或服用。

（13）味道。例如，名酒香气突出，醇厚丰满，回味悠长，大多能空杯留香。兑水的白酒品尝时口感香味寡淡，尾味苦涩。兑水的啤酒品尝时口感香味、滋味淡薄，感觉不到酒花香气，味道欠纯正。

（14）检查商品供货渠道。国家规定部分商品只能由特定部门经销。如国务院规定：各级农资公司是化肥流通的主渠道，农业植保站（简称"三站"）和化肥生产企业自销为化肥流通辅助渠道，其他任何单位或个人，一律不得经营化肥。

经销农作物种子要有"三证"，"三证"是检验种子质量的检验合格证、种子经营许可证和调入种子检疫证，以及经销单位的营业执照。

经销食盐、香烟要有专卖许可证。

（15）检查商品认证标志。例如，假冒进口彩电后盖上的商检安全标志从颜色、字体上几乎可乱真，但其尺寸略小，而且没有防伪暗记。真皮标志 A 型尺寸为 3.5cm，用于皮衣及大皮件（具），而且在标牌正面、反面共有六项保密措施，从而为识别真伪提供了有力的技术依据。

拓展阅读 | 某公司进货检验管理规定 |

实训任务 6.1.5　签订采购合同

1. 学习目标

目标分解	目标描述
知识目标	1. 能够解释与签订采购合同相关的概念
	2. 说明签订采购合同的作用和意义
	3. 简述供应商和客户签订采购合同的流程
	4. 牢记签订采购合同的注意事项
技能目标	1. 掌握采购合同的拟定方法
	2. 按照签订采购合同的流程，完成合同的签订
素养目标	1. 明确供求双方签订合同的意义
	2. 领会签订合同的关键点、检查所签订的合同是否规范，是否符合双方达成意向的需求

2．情境导入

为了进一步扩大企业经营成果，好佳童车厂与恒通橡胶厂签订了原材料采购合同。签订采购合同是企业与选择的供应商针对商品的品种、规格、技术标准、质量保证、订购数量、包装要求、售后服务、价格、交货日期与地点、运输方式、付款条件等进行反复磋商，双方无异议后为建立双方满意的购销关系而办理的法律手续。在信息化阶段，该业务流程需在管理软件系统中进行记录。

3．相关知识

采购合同是企业（供方）与分供方，经过谈判协商一致而签订的"供需关系"的法律性文件，合同双方都应遵守并履行，同时也是双方联系的共同语言基础。签订合同的双方都有各自的经济目的，采购合同是经济合同，双方受"经济合同法"保护并承担责任。

4．任务流程

采购员→采购部经理→行政助理→供应商业务主管

（1）起草采购合同（见图6-13）。

无缝钢管采购合同

甲方：好佳童车厂

乙方：河北钢铁厂

经甲、乙双方友好协商，本着平等互利的原则，根据《中华人民共和国合同法》及相关法律法规的规定，现就乙方供应甲方 D16*S5*L5000mm 型无缝钢管，达成一致意见，为明确双方权利和义务，特订立本合同。

一、采购物品名称、规格、数量及价格

序号	品名	规格	单位	数量	含税价	折扣率	合计	备注
1	钢管	D16*S5*L5000mm	根	40000	70.2	2%	2751840	标准件
—	—							
金额合计		（大写）：贰佰柒拾伍万壹仟捌佰肆拾元整					（小写）：¥2,751,840.00	

图 6-13　采购员采购合同填写样本（部分）

（2）采购员填写合同会签单（见图6-14）。

合同会签单

单据编号：05-CG-02-01　　　　　　　　日期：2011.10.8

送签部门	采购部	签约人：李斌	承办人：付海生	电话：0311-83024777
				E-mail：BJHJFHS@126.com
合同名称	钢管采购合同		对方单位：河北钢铁厂	
合同主要内容	采购物品名称、规格、数量及价格，质量标准、验收方法、付款方式、交货地点、供货时间、包装与运输等给予说明		合同金额（大写）：贰佰柒拾伍万壹仟捌佰肆拾元整	
业务部门审批意见	已审阅合同，同意签约 部门经理：李斌　　　　日期：2011.10.8			
财务部审批意见	财务经理：　　　　日期：			
总经理审批意见	总经理：　　　　日期： （注：付款金额1万元以上的由总经理审批）			
争议解决	合同内包括了可预见性的争议解决方法；对于不可预见的争议，双方协商解决；如有异议，申请"北京市昌平区仲裁委员会"仲裁，仲裁方案为最终裁决			
归档情况	与合同一起归档，存于行政助理处			

图 6-14　合同会签单填写样例

（3）采购部经理审核采购合同，审核无误后在合同会签单上签字。

（4）行政助理在采购合同上盖章。应依据使用申请表要求给合同盖章，合同多于一页时需要将其装订，并加盖骑缝章。

盖章注意事项：

① 合同章应该在合同前的位置，应能盖住单位名称、领导签字及签订日期。

② 保持章的方向端正、章上所附印泥量适中，确保印章效果端正、清晰、完整。

③ 合同可能是一式两份或几份，盖章时必须保证每份合同上所盖印章完整，不能将几份合同放在一起加盖骑缝章。

④ 加盖骑缝章时，将装订好的合同字面朝上，所有页均匀铺展，展开面积需超过公章大小（最好保证合同第一页至最后一页均有字），保证章能盖全所有页面且合在一起为一个完整的章，骑缝章一般盖在合同的右侧，左边一般做装订用。

（5）供应商业务主管（以河北钢铁厂为例），在制造业的采购合同上签字确认，见图 6-15 和图 6-16。

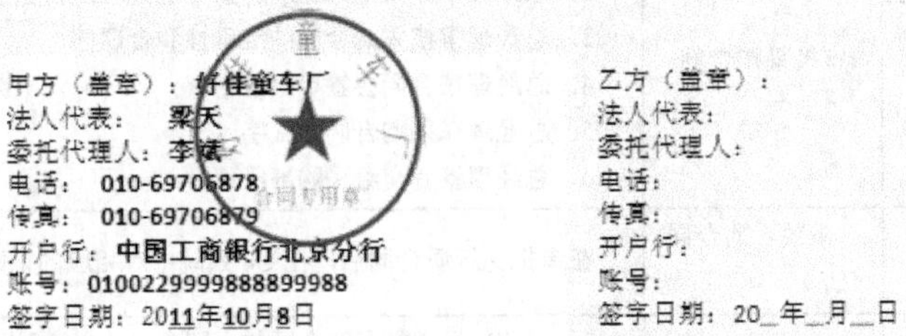

甲方（盖章）：好佳童车厂
法人代表：　梁天
委托代理人：李斌
电话：　010-69706878
传真：　010-69706879
开户行：中国工商银行北京分行
账号：0100229999888899988
签字日期：2011年10月8日

乙方（盖章）：
法人代表：
委托代理人：
电话：
传真：
开户行：
账号：
签字日期：20_年_月_日

图 6-15　合同盖章填写样例

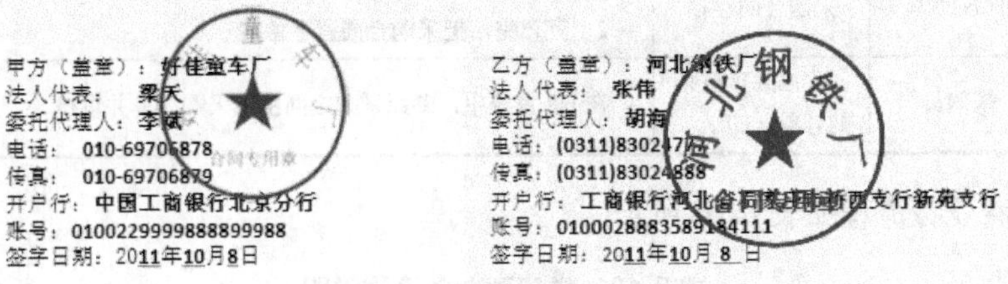

甲方（盖章）：好佳童车厂
法人代表：　梁天
委托代理人：李斌
电话：　010-69706878
传真：　010-69706879
开户行：中国工商银行北京分行
账号：0100229999888899988
签字日期：2011年10月8日

乙方（盖章）：河北钢铁厂
法人代表：　张伟
委托代理人：胡海
电话：(0311)83024787
传真：(0311)83024888
开户行：工商银行河北省石家庄市新西支行新苑支行
账号：0100028883589184111
签字日期：2011年10月 8 日

图 6-16　合同签字确认填写样例

（6）供应商业务主管在 VBSE 系统中进行确认（见图 6-17）。

企业编码	supp101	企业名称	供应商代表	当前时间	2012-10-14

□合同编号	订单编码	产品名称	订单数量	单价	订单日期	运费
☑DD001	002	钢管	100.0000000	10.00000000	2012-08-14 00:	100.00000000
□DD002	003	钢管	100.0000000	10.00000000	2012-08-10 00:	0
					确定	拒绝

图 6-17　单击“确定”对订单信息进行系统确认

5．实施步骤

（1）供应商业务流程如表 6-9 所示。

表 6-9   供应商业务流程说明

操作步骤	角色	操作	内容
1	采购员	起草采购合同	1. 采购员根据采购计划选择合适的供应商，沟通采购细节内容 2. 起草采购合同，一式两份
2	采购员	填写合同会签单	1. 采购员填写合同会签单 2. 采购员将采购合同和合同会签单送交采购部经理审核
3	采购部经理	审核采购合同	1. 采购部经理接收采购员交给的采购合同及合同会签单 2. 采购部经理审核采购合同内容填写的准确性和合理性 3. 采购部经理在合同会签单上签字确认
4	采购部经理	填制采购合同（U8）	根据纸质采购合同，在 U8 系统中填制采购合同
5	财务部经理	审核采购合同	1. 财务部经理收到采购员交给的采购合同及合同会签单 2. 财务部经理审核采购合同的准确性和合理性 3. 财务部经理在合同会签单上签字
6	总经理	审批采购合同	1. 总经理接收采购员送来的采购合同及合同会签单 2. 总经理审核采购部经理和财务部经理是否已经签字 3. 总经理审核采购合同的准确性和合理性 4. 总经理在合同会签单上签字 5. 总经理在采购合同上签字 6. 总经理签完交给采购部经理
7	总经理	生效采购合同（U8）	在审批完纸质合同后，在 U8 系统中对相应的采购合同进行生效处理
8	行政助理	采购合同盖章	1. 采购部经理把采购合同与合同会签单交给采购员盖章 2. 采购员拿采购合同与合同会签单，找行政助理盖章 3. 行政助理检查合同会签单是否签字
9	行政助理	采购合同存档	1. 登记合同管理表 2. 登记完，把采购合同留存备案
10	采购员	生成并审核采购订单（U8）	在 U8 系统中，参照采购合同生成采购订单并审核

（2）供应商业务流程如表 6-10 所示。

表 6-10   供应商业务流程说明

序号	操作步骤	角色	操作内容
1	起草采购合同	采购员	1. 采购人员根据采购计划选择合适的供应商，沟通采购细节内容 2. 起草采购合同，一式两份
2	合同会签	采购员	1. 采购员填写合同会签单 2. 采购员将采购合同和合同会签单送交采购部经理审核
3	审核采购合同	采购部经理	1. 采购部经理接收采购员交来的采购合同及合同会签单 2. 采购部经理审核采购合同内容填写的准确性和合理性 3. 采购部经理在合同会签单上签字确认
4	审核采购合同	财务部经理	1. 财务部经理收到采购员交给的采购合同及合同会签单 2. 财务部经理审核采购合同的准确性和合理性 3. 财务部经理在合同会签单上签字

续表

序号	操作步骤	角色	操作内容
5	审批采购合同	总经理	1. 总经理接采购员送来的采购合同及合同会签单 2. 总经理审核采购部经理和财务部经理是否审核签字 3. 总经理审核采购合同的准确性和合理性 4. 总经理在合同会签单上签字 5. 总经理在采购合同上签字 6. 总经理签完交给采购员
6	合同盖章	行政助理	1. 采购部经理把采购合同和合同会签单交给采购员盖章 2. 采购员拿采购合同和合同会签单找行政助理盖章 3. 行政助理检查合同会签单是否签字 4. 行政助理给合同盖章 5. 行政助理将盖完章的采购合同交采购员
7	采购合同存档	行政助理	1. 行政助理收到采购合同 2. 行政助理更新合同管理表 3. 行政助理登记完，把采购合同留存备案

扩展知识　　　　　　合　　同

（1）合同的概念

合同也叫契约、合约，它是平等主体的自然人、法人、其他组织之间设立、变更、终止民事权利义务关系的协议。

（2）合同的特征

① 合同的主体是自然人、法人和其他组织。

② 合同的目的是为了设立、变更、终止民事权利义务关系。

③ 合同在性质上是一种协议。

（3）合同的分类

① 有名合同和无名合同。

a. 有名合同，又称典型合同，是法律已经规定了名称和具体规则的合同。

b. 无名合同，又称非典型合同，是法律尚未规定名称和具体规则的合同。

② 双务合同和单务合同。

a. 双务合同，当事人双方互负对价给付义务的合同。

b. 单务合同，仅有当事人一方负担给付义务的合同。单务合同又分为两种，一种是只有单方承担义务的合同；另一种是一方负担合同的主要义务，另一方只承担附属义务，双方义务不存在对价给付关系的合同。

③ 诺成合同和实践合同。

a. 诺成合同，当事人的意思表示一致即成立的合同。

b. 实践合同，除当事人意思表示一致外，尚需交付标的物才能成立或者生效的合同。

④ 要约合同和不要约合同。

a. 要约合同，法律规定必须采取某种形式的合同。

b. 不要约合同，不要约合同体现了合同自愿原则，因此绝大多数合同为不要约合同。

⑤ 主合同和从合同。

a. 主合同，不依赖其他合同的存在既可独立存在的合同。

b. 从合同，以其他合同的存在为存在前提的合同。

⑥ 有偿合同和无偿合同。

a. 有偿合同，当事人取得权益必须支付对价的合同。

b. 无偿合同，无需支付对价的合同。

（4）格式条款

格式条款是当事人为了重复使用而预先拟定，并在订立合同时未与对方协商的条款。

提供格式条款一方的义务：应遵循公平原则确立当事人之间的权利义务，并采取合理的方式提请对方注意免除或者限制其责任的条款，按照对方的要求对该条款予以说明。

格式条款的无效：格式条款具有《合同法》规定的合同无效和免责条款无效情形的，或者提供格式条款一方免除其责任，加重对方责任，排除对方主要权利，该条款无效。

注意：在对格式条款理解发生争议时，应当按照通常逻辑予以理解；对格式条款有两种以上解释时，应当作出不利于提供格式条款一方的解释。格式条款与非格式条款不一致的，应当采取非格式条款。

（5）要约

要约是希望和他人订立合同的意思表示。该意思表示应符合以下两项规定：

一是内容具体确定；二是表明经受要约人承诺，要约人即受该意思表示约束。

要约邀请：要约邀请是希望他人向自己发出要约意思表示。

要约生效：要约生效时间以要约到达受要约人时为准，要约生效后，要约人不得随意撤销要约或对要约内容进行更改、限制和变更，受要约人取得承诺的权利。

要约的撤回：要约的撤回应在要约通知到达受要约人之前或者同时到达受要约人。

要约的撤销：要约的撤销要在要约到达受要约人之后，受要约人发出承诺通知之前取消要约。有下列情形之一的，要约不得撤销。

① 要约人确定了承诺期限或者以其他形式明示要约不可撤销。②受要约人有理由认为要约是不可撤销的并已经为履行合同做了准备。

要约失效：

① 拒绝要约的通知到达要约人。②要约人依法撤销要约。③承诺期限将届满，受要约人未做出承诺。④受要约人对要约内容做了实质性变更。

（6）承诺

承诺是受要约人同意要约的意思表示，承诺人只能是受要约人，第三人向要约人做出同意要约的意思表示不构成承诺。

承诺应当以通知的方式做出，但根据交易习惯或者要约表示可以通过行为做出承诺的除外。

（7）缔约过失责任

缔约过失责任是当事人一方在合同订立过程中实施违背了诚实信用原则的行为应承担的损害赔偿责任。

以下几种情况，过错方应承担责任：

① 假借订立合同，恶意进行磋商。

② 故意隐瞒与订立合同有关的重要事实或者提供虚假情况。

③ 有其他违背诚实信用原则的行为。

（8）合同的生效

合同的生效是已经成立的合同符合法定生效条件，从而产生法律上的约束力。

合同生效的要件：

① 行为人具有相应的民事行为能力。

② 意思表示真实。

③ 不违反法律或者社会公共利益。

（9）效力待定的合同

效力待定的合同是指虽已成立，但因欠缺合同生效的某些要件，其效力和能否发生尚未确定，通常需经有权人追认才能生效。

效力待定合同的种类：

① 限制民事行为能力人依法不能独立订立的合同。

② 无权代理订立的合同。

③ 无处分权处分他人财产的合同

（10）无效合同

无效合同是指虽已成立，但不具备法定生效要件，自始不具有法律约束力的合同。

无效合同有以下几种：

① 一方以欺诈、胁迫的手段订立合同，损害国家利益。

② 恶意串通，损害国家、集体或者第三人利益。

③ 以合法形式掩盖非法目的。

④ 损害社会公共利益。

⑤ 违反法律、行政法规的强制性规定。

（11）可变更或者可撤销的合同

可变更或可撤销合同是指，虽已成立，但欠缺某些法定生效条件，撤销权人可以请求人民法院或者仲裁机构予以变更或者撤销的合同。

分类：

① 因重大误解订立的。

② 订立合同是显失公平的。

撤销权的消灭：

① 具有撤销权的当事人知道或者应当知道撤销事由之日起 1 年内没有行使撤销权。

② 具有撤销权的当事人知道撤销事由后明确表示或者以自己的行为放弃撤销权。

（12）合同履行中的抗辩权

① 同时履行抗辩权：是指在没有先后履行顺序的双务合同中，当事人一方在对方未履行或者未适当履行义务之前，有拒绝对方提出的履行要求或者相应的履行要求的权利。

② 后履行抗辩权：是指在有先后履行顺序的双务合同中，先履行一方未履行或者未适当履行义务的，后履行一方有拒绝对方提出的履行要求或者相应的履行要求的权利。

③ 不安抗辩权：是指在有先后顺序的双务合同中，一方先履行债务的当事人有确切证据表明对方有丧失或者可能丧失履行债务能力的情形时，有中止履行的权利。

（13）代位权

代位权是因债务人怠于行使其到期债权，对债权人造成损害的，债权人可以向人民法院请求以自己的名义代为行使债务人的债权的权利。

（14）撤销权

撤销权是在债务人实施了危害债权人债权的行为时，债权人享有请求人民法院撤销债务人行为的权利。

（15）合同的变更

合同变更是合同成立后，尚未履行或者尚未完全履行之前，当事人对合同内容进行修改或者补充。合同变更分为两种；

① 协商变更：当事人经过协商一致变更合同。

② 单方变更：享有变更权的一方通知对方变更合同。

（16）违约责任和侵权责任的竞合

这是当事人的一种行为，依照《合同法》的规定应承担违约责任，依照《侵权责任法》的规定应承担侵权责任的情况。

（17）定金制裁

当事人可以依照《中华人民共和国担保法》约定一方向对方给付定金作为债权的担保。债务人履行债务后，定金抵做货款或者收回。给付一方不履行约定的，无权要求返还定金。收受定金一方不履行约定债务的，应当双倍返还定金。

（18）担保的方式

担保方式有保证、抵押、质押、留置、定金五种。

（19）保证方式

保证分为一般保证和连带责任保证。

（20）主债务的转让与保证人的保证责任

保证期间内，债权人许可债务人转让部分债务未经保证人书面同意的，保证人对未经其同意转让部分的债务不再承担保证责任，但保证人仍应当对未转让部分的债务承担担保责任。

（21）主合同的变更与保证人的保证责任

保证期间内，债权人与债务人对主合同数量、价款、币种、利率等内容作了变动，未经保证人同意，如果减轻债务人的债务，保证人仍以对变更后的合同承担保证责任，如果加重债务人债务的，保证人对加重部分不承担保证责任。

债权人与债务人对主合同履行期限作了变动，未经保证人书面同意，保证期间为原合同约定或者法律规定的期间。债权人与债务人协议变动主合同内容，但未实际履行的，保证人应当承担保证责任。

（22）抵押

抵押是债务人或者第三人不转移财产的占有，将该财产作为债务担保，债务人不履行到期债务或者发生当事人约定的实现抵押的情形，债权人就有权就该财产优先受偿。提供抵押担保的债务人或者第三人为抵押人，接受抵押担保债权人为抵押权人，用于抵押担保的财产为抵押财物或抵押物。

（23）抵押财产毁损、灭失或者被征收等的处理

担保期间，担保财产发生毁损、灭失或者被征收等情形，担保物权人可以就获得的保险金、赔偿金或者补偿金优先受偿，被担保债权的履行期未满的，也可提存保险金、补偿金、赔偿金。

（24）抵押财产的出租

订立抵押合同前，抵押财产已出租的，原来租赁关系不受该抵押权的影响，抵押权设立后，抵押财产出租，该租赁关系不得对抗已登记的抵押权。

（25）抵押权的实现

① 抵押财产折价或者拍卖、变卖后，其价款超过债权数额的部分归抵押人所有，不足部分由债务人清偿。

② 同一财产向两个以上债权人抵押，拍卖、变卖后所得价款依照下列规定清偿：a. 抵押权已经登记的，按登记的先后顺序清偿；顺序相同的，按比例清偿。b. 抵押权已登记的优于未登记的受偿。c. 未登记的，按比例清偿。

注意：抵押权人应在主债权诉讼时效期间行使抵押权，未行使的，法院不予保护。

（26）留置权的实现

① 留置权人与债务人应当约定留置财产后的债务履行期间，债务人逾期未履行的，留置权人可与债务人协商以留置财产折价、拍卖、变卖留置财产所得的价款优先受偿。留置财产折价、变卖应按市场价。

② 债务人可以请求留置权人在债务履行业务期届满后行使留置权，留置权人不行使权力的，债务人可以请求人民法院拍卖、变卖留置财产。

③ 留置财产拍卖、变卖后价款超过债权数额的部分归债务人所有，不足部分由债权人清偿。

④ 同一动产上已设立抵押或者质权，该动产又被留置，留置权人优先受偿。

（27）定金的设立

定金的数额由当事人约定，但不得超过主合同标的额的 20%。实际交付的定金数额多于或者少于约定数额的，视为变更定金合同，收受定金一方提出异议并拒绝接受定金的，定金合同不生效，当事人约定的定金数额超过主合同标的额 20%的，超过的部分，人民法院不予支持。

拓展阅读 巨额采购合同藏猫腻，工商备案免损 64 万元

实训任务 6.1.6 确认采购订单

1. 学习目标

目标分解	目标描述
知识目标	1. 能够解释与采购订单相关的概念
	2. 说明确认采购订单的作用和意义
	3. 简述确认采购订单的流程
技能目标	1. 掌握确认采购订单的方法
	2. 按照流程，完成采购订单的确认
素养目标	1. 明确供求双方确认采购订单的意义
	2. 领会确认采购订单的关键点、检查采购订单是否符合双方达成意向的需求

2. 情境导入

签订采购合同后，好佳童车厂向恒通橡胶厂发出采购订单要求。恒通橡胶厂对此予以确认。采购主管按照生产的需求与经济采购的原则，决定采购原料的品种、数量及供应商，向供应商下达采购订单，同时仓管员对采购订单备案。订单上的单价采用之前采购合同上约定的价格。供求双方对于已签订的采购合同做好确认工作。

3. 相关知识

采购订单指由买方向卖方发出的商业文件，其中指明了卖方向买方提供的产品或服务的种类、数量及双方已经同意的价格。买方向供应商发送采购订单，构成购买产品或服务的合法要约。卖方接受采购订单意味着形成了买方和卖方之间的合同。

采购订单用于控制买方向供应商购买产品或服务的过程。在企业资源计划系统中，创建采购订单通常是接收和处理客户销售过程的第一步。

采购订单表示了对与供应商进行采购业务的正式的和最终的确认。

4. 任务流程

供应链→采购管理→采购订货→采购订单

操作步骤：

在"采购订单"菜单下，单击"定位"按钮，出现选择采购订单过滤窗口，填入相应的采购订单单号，单击"确定"按钮，过滤出相应的采购订单，然后单击"审核"按钮，系统提示"审核成功"即可。

注意事项：

（1）审核没有数据修改功能，如果发现单据的数据有错误，可以先进行修改，修改后再进行审核。

（2）只要该单据未审核，不管该单据是否记账或当月是否结账，均可对该单据进行审核。

（3）已审核的单据不能再进行修改、删除，不能再次审核。

（4）审核后的单据为有效单据，可以被其他单据或其他系统参照、使用。

5. 实施步骤

（1）供应商下达采购订单

① 业务主管进行选单。在 VBSE 系统中进行选单，步骤如下：

步骤 1：在"未选择订单"中勾选所需料品，单击"确定"按钮。

步骤 2：选择的订单出现在"已选择订单"中，如果改变选择意愿，可以勾选某项订单并单击"放弃"按钮。

② 业务主管填写采购订单。订单一式四联，第一联采购部留存（见图 6-18），第二联仓储部留存，第三联财务部留存，第四联寄送给供应商。

图 6-18　采购订单样例

③ 业务主管填写采购执行情况表（见图 6-19）。

采购执行情况登记表

制表部门：采购部

订单编号	供应商名称	物料编码	物料名称	计量单位	订货日期	订货数量	单价	总金额	计划交期	计划付款	已到数量	入库数量	不合格数量	到货日期	应付金额	已付金额	实际付款	开票情况	开票时间	备注

采购部门经理：　　　　　　　　　　　　采购员：

图 6-19　表单样例

（2）制造方录入采购订单

① 进入采购订单录入界面，单击"新增"按钮录入新的采购订单（见图 6-20）。

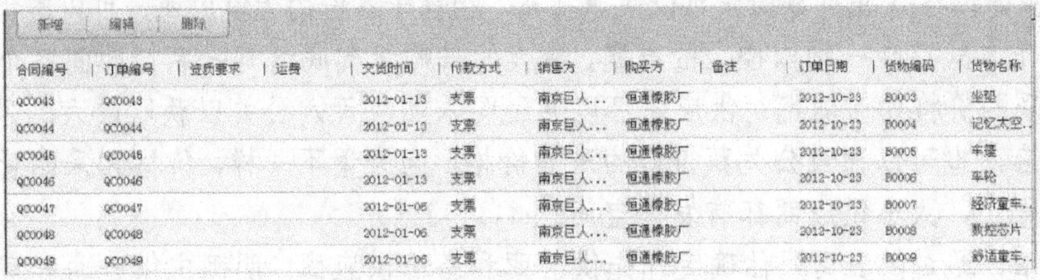

图 6-20　新采购订单录入界面

②录入订单的详细内容。该页面中带*号的项为必填项（见图 6-21），有标记的项，点击后可以在弹出框中进行内容选择。录入完成后单击"保存"或"保存并关闭"按钮。

③如果录入的合同内容有需要修改的，选择该条记录，单击"编辑"按钮。对相关内容修改完毕后，再次单击"保存"按钮（见图 6-22）。

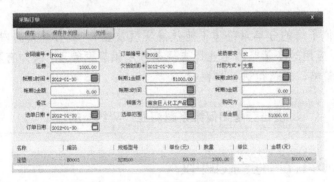

图 6-21　录入订单详细内容界面

图 6-22　修改录入合同内容界面

扩展知识　　　　　　分单方法

采购业务的目标：一是满足对物料的需求；二是降低成本，三是质量，质量是采购业务能够发生的前提条件。在采购管理中还有一个重要管理内容，那就是如何做内控，因为采购往往是企业花钱最多的部门，内控做得不好，会影响产品成本和质量。

订单分配是采购管理的一个核心问题，也是一个难题，因为分单需要综合平衡内外各种关系以实现采购业务目标，同时还要加强内控。

假设采购一种物料 N 吨，有三个供应商 A、B、C，如何给三个供应商分采购量？

可以采用 "80/20 方法"。即绝大部分给 A 企业（例如 80%），另外小部分给 B 企业，或者 B、C 企业。这样做的好处是绝大部分订单量给 A，可以获得批量经济折扣，降低成本。B、C 作为培养关系的供应商，在 A 出问题时候可以快速补充，相当于备份的大供应商，可以避免供应中断。

这种操作方式存在一种内控上的难题，最大的采购量到底给哪一家？面向各个供应商采购不同的量，采购价格如何确定？供应商可以通过向采购决策人公关以获取最大的采购量，而供应量小的供应商也可以通过公关获得好的采购价格，因为量不一样，价格和采购量大的不能完全比较。实际上，大小供应商都有发挥空间。

解决方法：通过供应商评估确定优先供应商和备份供应商。明确主供应商和备份供应商的量的分配比例原则，减少了第一层次的内控（不过，这需要定期评估，以评估小组操作）；第二层次的内控，只有参考市场价格了，很难内控，或许可以通过对采购人员整体部门 KPI 的相关考核来加强内控，比如考核年采购成本降低金额等。

平分方法：一些企业的分单策略是平分，即采购订单在三个供应商之间平分，这是一个非常简单的处理原则，很容易操作，也很容易检查。

操作过程：采购量在三个供应商之间平分。在了解市场价格基础上，和三个供应商谈判价格，取三个供应商价格最低者，要求另外两家也达到最低价格（因为别的供应商能够达到，要求你达到这个价格是合理要求）。

策略分析：这样做的重要原因是加强内控。采购内控主要有两个点：一是决定哪个供应商可以入围成为合格供应商，二是分单多少。入围合格供应商是由产品开发部门确定的，一次性的；分单是经常性的，是内控重点。采取平分原则，分单透明化，供应商不用公关，可以减少公关成本，消除一个在订单数量分配上的内控问题。其次，三个供应商均要求实现最低价，消除在价格上的内控问题。如果供应商在数量和价格上均是凭实力，不需要公关，那么成为企业的合格供应商也需要凭实力，即使不能完全消除第一个方面内控问题（成为合格供应商）也关系不大。

看来，这种貌似不好的分单策略（不能获得规模效益），还有深刻的内控优势，也是一个不错的策略。当然，应用这个策略的企业还未规范开展供应商管理，假如有规范的供应商管理，这是否是一种好的策略，还值得进一步探讨。

拓展阅读　　　麦当劳是如何维系超商业"契约"的　　　☞

实训任务 6.1.7　货款回收

1. 学习目标

目标分解	目标描述
知识目标	1. 能够解释与货款回收相关的概念
	2. 说明货款回收的作用和意义
	3. 简述制造型企业进行货款回收的流程
	4. 明确在货款回收过程中的注意事项
技能目标	1. 掌握货款回收的操作方法
	2. 熟悉货款回收的流程，完成该项业务操作
素养目标	1. 明确及时收回货款的意义
	2. 领会进行货款回收的关键点、检查款项是否按时收回

2. 情境导入

恒通橡胶厂依据采购订单，督促客户按时支付原材料销售款项。销售实现之后，销售人员（实训中为业务主管）需要按照销售合同的约定期限跟踪催促货款的收回。客户通过支票方式进行付款，企业出纳员（实训中为行政主管）前往银行办理支票进账业务，财务部做记账处理。销售实现之后，客户业务主管定期跟踪催促货款的收回。

3. 相关知识

（1）代收货款

独立于买卖双方交易外的第三方代卖方从买方收缴应收款项的有偿服务。

代收货款业务的出现打破了买卖双方一对一、面对面的交易方式，它为商户解决了电视购物、网络交易中商品配送与资金结算不方便、不及时的难题，也避免了买卖双方非面对面交易带来的信用风险。

在物流领域，通常是指在合同约定的时限与佣金费率下，第三方物流商（3PL）为发货方承运、配送货物的同时，向收货方收缴款项转交发货方的附加值业务。

（2）预收货款

预收货款是指企业按照合同规定向购货单位预收的部分或全部货款。预收货款是销货方按照合同或协议规定，在发出商品之前向购货方预先收取部分或全部货款的信用行为。即卖方向买方先借一笔款项，然后用商品归还，对卖方来说，也是一种短期融资方式。预收货款通常是买方在购买紧缺商品时乐意采用的一种方式，以便取得对货物的要求权。而卖方对于生产周期长、售价高的商品，经常要向买方预收货款，以缓和公司资金占用过多的矛盾。

经常和大额预收货款，是国家外汇管理局、税务部门审核的重点，防止进口不付汇或其他外汇资金流入。预收货款方式销售货物，应在货物发出的当天及时开票，并在当期申报纳税，以免涉嫌偷税。

总之，商业信用融资合法、方便，融资成本低，限制条件少，属于一种自然性融资，不用做非常正规的安排，也无需另外办理正式筹资手续，是中小企业一种有效的融资方式。

企业按照合同规定预收货款时，借记"银行存款"账户，贷记"预收货款"账户，待产品销售实现时，应按销售金额借记"应收账款"账户，贷记"产品销售收入"账户，并将预收的货款自"预收货款"账户转入"应收账款"账户。

"预收货款"账户应按不同的货币和购买单位设置明细账，进行明细核算。

预收货款情况不多的企业，也可以将预收的货款直接记入"应收账款"账户，不设"预收货款"账户。

（3）银行贷款

银行贷款是指银行根据国家政策以一定的利率将资金贷放给资金需求的个人或企业，并约定期限归还的一种经济行为。

在不同的国家或同一个国家的不同发展时期，按各种标准划分出的贷款类型也是不同的。如美国的工商贷款主要有普通贷款限额、营运资本贷款、备用贷款承诺、项目贷款等几种类型，而英国的工商贷款多采用票据贴现、信贷账户和透支账户等形式。

（4）货款两讫

货款两讫是指交易的钱货两清了。暗示交易买卖结束，从此双方再无瓜葛。

（5）逾期货款

逾期货款指超过了规定的期限还未发生的货款项。逾期货款一般发生在分期式合同中。

（6）账期

账期是指从生产商、批发商向零售商供货后，直至零售商付款的这段时间周期。

生产商或批发商在规定时间内给予零售商一定金额的信用额度，零售商在信用额度内不用付款就可以进货，但是在规定时间内必须回款，这个规定时间内的周期就称为账期，零售商的额度和账期一般可以根据合作的情况进行调整，回款信用越好则额度越大。

在外贸行业中，账期的采用十分明显，一般信用证是 45 天，这样可以节省大量的资金，尤其是交易时间非常短，降低了沟通成本。零售行业由于拖欠款严重，供货厂商会尽力避免账期，尤其是对小零售商，一般要求全款提货，但对大的零售商，供应商一般给予一定的信用，因此导致账期。还有一些供货企业，为了扩大市场份额，会提供比竞争对手优惠的账期，但因此也可能会导致信用风险。

（7）预付账款

预付账款是指企业按照购货合同的规定，提前支付给供应单位的款项，它属于企业的短期债权。在日常核算中，预付账款按实际付出的金额入账，如预付的材料、商品采购货款、必须预先发放的在以后收回的农副产品预购定金等。对购货企业来说，预付账款是一项流动资产。施工企业的预收账款主要包括预收工程款、预收备料款等。预付账款一般包括预付的货款、预付的购货定金。施工企业的预付账款主要包括预付工程款、预付备料款等。

作为流动资产，预付账款不是用货币抵偿的，而是要求企业在短期内以某种商品、提供劳务或服务来抵偿的。借方登记企业向供货商预付的货款，贷方登记企业收到所购物品应结转的预付货款，期末借方余额反映企业向供货单位预付而尚未发出货物的预付货款；本科目期末借方余额，反映企业预付的款项；期末如为贷方余额，反映企业尚未补货和获得劳务的款项。

预付账款属于会计要素中的资产，通俗讲就是暂存别处的钱，在没有发生交易之前，钱还是你的，所以是资产。

（8）信用支付

信用支付是一种在交易过程中，货款由实力雄厚、公信度良好的第三方（如国有大银行）托管和监管的支付方式，信用支付保障了买卖双方在交易过程中的公平和安全。它通过银行充当信用中介来保证买卖双方交易资金的安全：买卖双方在网上从事交易活动时，买方的货款先交给银行中间账户暂存监管，待双方货物交割完毕后，再由银行将货款交给卖方，避免传统支付模式交易过程中货物或货款可能被欺骗而造成损失。买方不必担心付了钱收不到货，卖方也不必担心发了货收不到钱。银行在交易过程中承担资金监管的责任，并根据买卖双方对交易的确认结果办理资金清算，可实现订单支付、查询、退款、仲裁等功能，从而有效保护交易双方的权益。

（9）应收账款

应收账款是指企业在正常的经营过程中因销售商品、产品、提供劳务等业务，应向购买单位收取的款项，包括应由购买单位或接受劳务单位负担的税金、代购买方垫付的各种运杂费等。

应收账款是伴随企业的销售行为发生而形成的一项债权。因此，应收账款的确认与收入的确认密切相关。通常在确认收入的同时，确认应收账款。该账户按不同的购货或接受劳务的单位设置明细账户进行明细核算。

应收账款表示企业在销售过程中被购买单位所占用的资金。企业应及时收回应收账款以弥补企业在生产经营过程中的各种耗费，保证企业持续经营。对于被拖欠的应收账款应采取措施，组织催收；对于确实无法收回的应收账款，凡符合坏账条件的，应在取得有关证明并按规定程序报批后，作坏账损失处理。

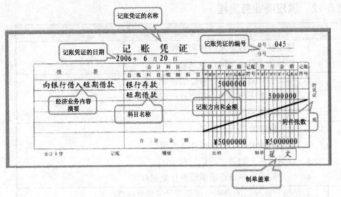

图 6-23　记账凭证的样式

4．任务流程

（1）交易信息查询。

（2）材料款支付。

（3）处理销售回款。

（4）填写支出凭单。

（5）填写记账凭证（见图 6-23）。

（6）登记明细账。

5．实施步骤

（1）制造企业货款回收

销售实现之后，销售专员需要按照销售合同的约定期限跟踪催促货款的收回。客户通过转账支票的方式进行付款，企业出纳员前往银行送存转账支票，财务部做账务处理业务流程见表 6-11。

表 6-11　制造企业业务流程

序号	操作步骤	角色	角色操作内容
1	接收客户签发的支票	销售专员	接收客户采购员工交付的转账支票
2	填写进账单	出纳	填写银行进账单
3	银行转账（支票）	银行柜员	1．银行柜员接收进账单和转账支票 2．银行柜员在 VBSE 系统中进行转账操作 3．银行柜员在进账单上盖开户行的印章
4	把进账单交应付会计	出纳	将银行进账单回单交应付会计作为记账凭证
5	填制记账凭证	应付会计	1．接收出纳送来的银行进账单回单 2．填制记账凭证 3．将附件粘贴到记账凭证后面 4．将记账凭证交财务部经理审核
6	审核记账凭证	财务部经理	1．接收应付会计送来的记账凭证 2．审核记账凭证的附件是否齐全、正确 3．审核记账凭证的编制是否正确 4．审核完毕，交出纳登记银行存款日记账
7	登记银行日记账	出纳	1．根据审核后的记账凭证登记银行日记账 2．登记完毕后，交应付会计登记明细账
8	登记明细账	应付会计	1．接收出纳送来的记账凭证 2．核对财务部经理是否已审核 3．根据审核后的记账凭证登记科目明细账 4．通知销售专员，货款已回收
9	更新销售订单明细表	销售专员	接到应付会计的通知后，更新销售订单明细表中回款项目

（2）供应商货款回收

销售实现之后，销售人员（实训中为业务主管）需要按照销售合同的约定期限跟踪催促货款的收回。客户通过支票方式进行付款，企业出纳员（实训中为行政主管）前往银行办理支票进账业务，财务部做记账处理，业务流程见表 6-12。

表 6-12　供应商业务流程

序号	操作步骤	角色	角色操作内容
1	接收制造企业签发的支票	供应商业务主管	1. 接收制造企业签发的转账支票 2. 将转账支票提交给行政主管
2	填写进账单	供应商行政主管	1. 接收供应商业务主管提交的转账支票 2. 按照支票上填写的金额填写进账单 3. 去银行送存转账支票
3	付款业务（支票）	银行柜员	1. 接收转账支票及进账单 2. 在系统中办理"付款业务（支票）" 3. 在进账单上加盖"转讫"章 4. 将进账单回单退还给供应商行政主管
4	回单交总经理	供应商行政主管	将经银行盖章后的进账单回单交供应商总经理
5	编制记账凭证	供应商总经理	1. 接收供应商行政主管送来的进账单回单 2. 编制记账凭证

扩展知识　　　　风险防范的措施

由于各种原因，在应收账款中总有一部分不能收回，形成呆账、坏账，直接影响了企业经济效益。对应收账款管理，其根本任务就在于制定企业自身适度的信用政策，努力降低成本，力争获取最大效益，从而保证应收账款的安全性，最大限度地降低应收账款的风险。如何加强应收账款管理，有效防范风险呢？应当采取下列措施：

（1）提高认识，坚定控制不良应收账款的决心。良性的资产循环是一个企业生存与发展的基本条件，因资产变现困难形成大量不能按期偿还的应收账款，已逐渐成为企业破产最常见的原因，随着我国现代企业制度的建立，特别是银行商业化运作的逐步到位，这种趋势必将进一步发展。不良应收账款不仅能导致财务状况的恶化，而且会危及企业的生产与发展。鉴于这种情况，企业要提高对应收账款管理的科学认识，把不良应收账款控制到最低水平。

（2）完善管理制度，建立控制不良应收账款的制度保证体系。一是要建立信用评价制度，即具备什么样条件的建设单位才能达到可以垫资的信用标准和条件。二是要建立完善的合同管理制度，对于建设单位付款方式、归还办法、归还期限、违约责任等做出明确的规定，增强法律意识。三是要建立应收账款的责任制度，明确规定责任单位和责任人。四是要建立合理的奖罚制度，并作为经济责任制的主要指标和业绩及离任审计的考核指标。五是要建立应收账款分析制度，分析应收账款的现状和发展趋势及制度的执行情况，及时采取措施，进行控制。

（3）实施全过程控制，防止不良应收账款的产生。对应收账款的控制，应主要控制好两个阶段：一是项目的竞标签约阶段，要对竞标者的品质、偿还能力、财务状况等方面进行认真的调查研究，出具可行性研究报告，对竞标者的资信状况进行评价，做出是否垫资的决策。二是项目的履约过程，项目的履约过程必须建立收款责任制，确定具体的责任人员，按照合同及时敦促对方履约并关注资信变化的情况，另一方面，对内部履约的情况，如质量、工期、结算等是否按合同规定，通过分析，对于有不良趋势的应及时采取措施挽回损失，并防止发生变相的垫资。

（4）组织专门力量，对已形成的应收账款进行清理。由于计划经济条件下的盲目投资和政府性工程，使施工企业形成了大量的应收账款。在当前市场经济条件下，必须加大对应收账款清欠回收工作的力度。制定相应制度，并采取相应管理措施。对已发生的正常应收账款，应根据不同情况，在单位负责人的分配协调下，有区别、有重点地开展清欠工作，加强对账，力争尽快回收资金；对不能正常收回的应收账款，应加大清欠力度，采取以物抵债、让利清收等措施强行收回；对已生成多年的坏账，经多次清欠无结果的，可采取与经济效益挂钩，清账提成的办法；对那些有一定偿还能力，对归还欠款不重视、不积极，并以种种借口推托不还的债务单位，应适当采取诉讼方式，以法律手段强制收回。

拓 展 阅 读　　某公司应收账款管理办法　　☞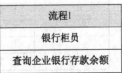

实训任务 6.1.8　查询企业银行存款余额

1. 学习目标

目标分解	目标描述
知识目标	1. 说明查询企业银行存款余额的作用和意义
	2. 简述查询企业银行存款余额的流程
	3. 牢记查询企业银行存款余额的注意事项
技能目标	1. 掌握查询企业银行存款余额的方法
	2. 按照流程，进行企业银行存款余额查询
素养目标	1. 明确查询企业银行存款余额的意义
	2. 领会查询企业银行存款余额的关键点

2. 情境导入

恒通橡胶厂根据企业经营业务要求，向银行申请查询银行存款余额，方便企业后期的经营运作。当企业有人要求或者银行业务需要时，银行柜员要查询企业银行存款余额。

3. 相关知识

存款余额是指商业银行在截止到某一日以前的存款总和，包括储蓄和对公的活期存款、定期存款、存放同业及存放中央银行等的存款之和。银行的考核指标中有存贷比，《商业银行法》第三十九条第二款：贷款余额与存款余额的比例不得超过百分之七十五。否则就会违规，并存在很大风险，存款余额为负债指标，贷款余额为资产指标。

一般存款余额是指企业在基本存款账户以外的银行借款转存、与基本存款账户的企业不在同一地点的附属非独立核算单位开立的账户上的余额。本账户可以办理转账结算和现金缴存，但不能提取现金。

流程I
银行柜员
查询企业银行存款余额

4. 任务流程

在 VBSE 系统里查询企业银行存款余额信息，见图 6-24。

图 6-24　企业流程图

5. 实施步骤

企业业务流程见表 6-13。

表 6-13　企业业务流程

操作步骤	操作	角色	内容
1	查询企业银行存款余额	银行柜员	在 VBSE 系统里查询企业银行存款余额信息

扩展知识　　　　　　银行存款的分类

（1）最低存款余额是指企业存放在银行的低息或无息存款。它往往是银行借款给企业的附加条件，最低存款余额一般占贷款使用额的 2%～5%。最低存款余额不计算利息，增加了银行从周转贷款中赚取的实际利息。

（2）日均存款余额是指收费统计期内同一账户每日存款余额之和除以统计期内天数所得的金额，即统计期内每天存款余额的平均数。例如，把一年内每天的余额加在一起，然后除以 365。

（3）储蓄存款余额即存款总额。

（4）居民储蓄余额是指居民个人在银行的存款总额。

（5）银行储蓄余额是指居民个人和企业在银行的存款额。

（6）储蓄存款余额是指城乡居民在某一时点上在银行和其他金融机构的本（人民币）、外币储蓄存款总额。它既包括城乡居民的人民币储蓄存款，又包括他们的各种外币储蓄存款。既包括城镇居民的，又包括农村居民的，是一个大范围的概念。

（7）居民储蓄存款余额是指城镇居民在某一时点上在银行和其他金融机构的本（人民币）、外币储蓄存款总额。

（8）商业银行储蓄存款余额是指在某一时点上城乡居民在商业银行的本（人民币）、外币储蓄存款总额。

（9）储蓄存款余额不含居民个人在金融机构对公业务柜组开立的人民币存款账户余额。

拓展阅读　　　江龙控股集团资金链断裂的成因分析及启示　　

实训任务 6.1.9　供应商投诉其他组织

1. 学习目标

目标分解	目标描述
知识目标	1. 说明供应商投诉其他组织的作用和意义
	2. 简述供应商投诉其他组织的流程
	3. 牢记供应商投诉其他组织的注意事项
技能目标	1. 掌握供应商投诉其他组织的方法
	2. 按照供应商投诉其他组织的流程，完成对其他组织的投诉
素养目标	1. 明确供应商投诉其他组织的意义
	2. 领会供应商投诉其他组织的关键点，以达到维护企业合法权益的目的

2. 情境导入

恒通橡胶厂在生产经营过程中，因业务往来发生纠纷、冲突、不正当竞争，双方无法协调解决，向工商等行政机构提出投诉。

在实训中，各组之间因业务往来而发生的纠纷、冲突、不公的待遇、不当竞争等情况，双方不能经过协商解决的，利益受损害方可以向工商局提出申诉，由工商局专管员调查实际情况，并给出最后处理批复。经营中遇到以下情形的可进行投诉：

情形一：经营者给对方折扣、给中间人佣金的，没有如实入账。接受折扣、佣金的经营者没有如实入账。

情形二：经营者采用不当手段侵犯商业秘密的，如以盗窃、利诱、胁迫等手段获取商业秘密。

情形三：经营者为获利而以低于成本的价格销售商品排挤竞争对手的。

工商局对投诉案件核实后可酌情处责令停止违法行为、没收违法所得、罚款、吊销营业执照等行政处罚。

3. 相关知识

劳动纠纷是现实中较为常见的纠纷。国家机关、企事业单位、社会团体等用人单位与职工建立劳动关系后，一般都能相互合作，认真履行劳动合同。但由于各种原因，双方之间产生纠纷也是难以避免的事情。劳动纠纷的发生，不仅使正常的劳动关系得不到维护，还会使劳动者的合法利益受到损害，不利于社会的稳定。因此，应当正确把握劳动纠纷的特点。

4. 任务流程

此流程包括两大环节，一是提交投诉，二是查询、处理投诉。

在实训中，各组之间因业务往来而发生的纠纷、冲突、不公待遇、不当竞争等情况，双方不能经过协商解决的，利益受损害方可以向工商局提出申诉，由工商局专管员调查实际情况，并给出最后处理批复。

（1）提交投诉。登陆投诉申请界面，设置投诉对象及时间，填写投诉缘由。

（2）查询、处理投诉。登录投诉处理界面，设置投诉与被投诉对象，选择查询状态。

5. 实施步骤

供应商任务流程见表 6-14。

表 6-14　供应商任务流程

序号	操作步骤	角色	操作内容
1	在 VBSE 系统中投诉其他组织	供应商行政主管	在 VBSE 系统中选择需要投诉的组织名称，填写投诉的原因
2	在 VBSE 系统中查询并处理投诉	工商局专管员	1. 查询投诉、被投诉组织，查明投诉原因 2. 在 VBSE 系统中进行投诉处理结果批复

扩 展 知 识　　　　投诉处理注意事项

认真倾听，表明您的关注并且向客户呈现出负责任的态度；

保持冷静自信，记录客户投诉信息；

不要打断客户，让他发泄愤怒或不满的情绪；

表示您的同情和认同；

收集事实和调查准确数据以便确认真正问题所在；

记录客户提供相关投诉信息并复述每一条数据；

强调共同利益并且负责任地承诺一定帮助客户解决问题；

激励客户参与商量解决方案；

确认解决方案并兑现承诺；

及时传递反馈信息。

拓 展 阅 读　　　　客户投诉处理流程　　　　　☞

扫一扫

实训项目 6.2　制造业产供销存相关业务

实训任务 6.2.1　出售设备

1. 学习目标

目标分解	目标描述
知识目标	了解设备制造合同条款内容
技能目标	1. 会开具增值税专用发票 2. 具备合同盖章技巧

2. 情境导入

10 月 28 日，经盘查发现，企业部分车床设备无法满足生产需要，急需更换。好佳童车厂生产部经理将该情况向企业管理层领导进行了汇报。经企业总经理批准，公司决定将一部分老化设备出售，盘活资产，进行设备的升级换代。

3. 相关知识

购销合同主要是指供方（卖方）同需方（买方）根据协商一致的意见，由供方将一产品交付给需方，需方接受产品并按规定支付价款的协议。一般而言，购销合同主要含有以下几部分内容。

① 合同标题及合同号。例如，签订购买童车的合同，我们可以称为"购销合同"，合同号按照企业的编号顺序编写，如"SX003"。

② 合同买卖双方。一般表现形式为"购货单位（甲方），销售单位（乙方）"等。

③ 合同条款。合同条款是买卖双方就买卖内容签订的权利义务的约定。一般而言，合同条款含有"订购明细、资质要求、付款方式、交货规定、经济责任和其他约定"。

④ 合同签字盖章。签字盖章意味着双方认可合同规定的条款，表明愿意承担由此带来的责任和有权享受由此带来的利益，具有法律效力。所以，合同双方签字盖章时一定要慎之又慎。一般而言，签字盖章的内容主要包括责任人签字、单位盖章（合同章）和签订日期。

4. 任务流程

在 VBSE 实训中，出售设备任务流程共分 5 步，起始于生产计划部经理，终于资产会计登记明细账，详见图 6-25。

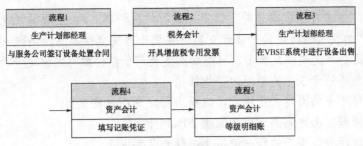

图 6-25　出售设备流程图

5. 实施步骤

在生产经营过程中，因生产等主客观情况的需要，企业需要对外出售设备。在实训中，该任务发起人是生产计划部经理。生产部经理根据设备利用率情况以及资金周转情况，将部分生产设备进行了出售。该任务终于资产会计，销售财务做了账务处理。具体步骤见表 6-15。

表 6-15　出售设备步骤

序号	操作步骤	角色	操作内容
1	与服务公司签订设备处置合同	生产计划部经理	1. 使用通用的"购销合同"，线下找服务公司签署设备出售合同 2. 线下完成合同的盖章
2	开具增值税专用发票	税务会计	1. 因为设备是在 2009 年以后购入的，故可开具增值税专用发票，将发票交给生产计划部经理 2. 生产计划部经理将发票交给服务公司业务员
3	在 VBSE 系统中进行设备出售	生产计划部经理	1. 通过系统操作界面，实现物理设备的交付 2. 若该设备存在固定资产卡片，则对固定资产卡进行注销
4	填写记账凭证	资产会计	1. 根据银行回单、发票记账联等，填写记账凭证 2. 线下让财务部经理审核记账凭证
5	登记明细账	资产会计	登记各相关科目明细账

扩 展 知 识　　有关企业固定资产税务处理相关问题的解释

　　企业一般不将设备的部件单独作为固定资产管理，因此，上述生产性外资企业出售旧设备部件行为不适用"销售使用过的固定资产"的增值税处理方法，企业应按销售货物计算缴纳增值税。不论企业购进设备时作为固定资产管理还是作为在建工程管理，企业出售未使用过的设备部件应按销售货物计算缴纳增值税。取得收入并入收入总额计算缴纳所得税。

　　企业把设备运往境外进行大修，在会计上可以按固定资产后续支出进行处理。根据《企业会计准则》的相关规定，与固定资产有关的后续支出，如果不能导致固定资产性能的改变或使流入企业的经济利益超过原先的估计，应在发生时确认为费用；如果使可能流入企业的经济利益超过了原先的估计，如延长了固定资产的使用寿命，或者使产品质量得到实质性提高，或者使产品成本得到实质性降低，则应当计入固定资产账面价值，但其增计后的金额不超过该固定资产的可收回金额。

　　在税务上，企业报关进口时应按境外修理费和料件费确定完税价格，计算缴纳进口关税和增值税。《中华人民共和国进出口关税条例》第二十五条规定："运往境外修理的机械器具、运输工具或者其他货物，出境时已向海关报明并在海关规定的期限内复运进境的，应当以境外修理费和料件费审查确定完税价格。"

所得税方面，由于存在税率差异，这里应进行纳税调整。《企业所得税税前扣除办法》第三十一条规定："纳税人的固定资产修理支出可在发生当期直接扣除。纳税人的固定资产改良支出，如有关固定资产尚未提足折旧，可增加固定资产价值；如有关固定资产已提足折旧，可作为递延费用，在不短于 5 年的期间内平均摊销。

符合下列条件之一的固定资产修理，应视为固定资产改良支出：

（1）发生的修理支出达到固定资产原值 20% 以上；

（2）经过修理后有关资产的经济使用寿命延长 2 年以上；

（3）经过修理后的固定资产被用于新的或不同的用途。

外商投资企业到主管退税税务机关申请办理购进国产设备的登记备案手续时，应提供企业可行性研究报告。企业按当地外经贸部门的要求制定可行性研究报告的主要内容，税务机关没有特殊要求。

拓 展 阅 读　　　　江苏澳洋科技股份有限公司　　　

实训任务 6.2.2　支付设备回购款

1. 学习目标

目标分解	目标描述
知识目标	1. 了解设备回购款的流程
	2. 理解设备回购款的内涵
技能目标	会开具增值税专用发票

2. 情境导入

10 月 28 日，在生产经营过程中，好佳童车厂出现了资金短缺情况。为了解决这一问题，总经理作了重要批示，要求生产计划部动用一切力量，确保企业于 11 月生产正常进行。因此，为了解决目前面临的资金困境，企业决定进行设备回购，以解燃眉之急。

3. 相关知识

回购又称补偿贸易，是指交易的一方在向另一方出口机器设备或技术的同时，承诺购买一定数量的由该项机器设备或技术生产出来的产品。这种做法是产品回购的基本形式。有时双方也可通过协议，由机器或设备的出口方购买进口一方提供的其他产品。回购方式做法比较简单，而且有利于企业的成本核算，使用较为广泛。

4. 任务流程

在 VBSE 实训中，支付设备回购款任务流程共分 7 步，起始于生产计划部经理，最后由生产计划部经理将增值税专用发票送至服务公司业务员，详见图 6-26。

5. 实施步骤

设备回购款任务是指制造企业为了融资的需求，将从服务公司购买的设备再卖给服务公司，解决资金问题，服务公司支付给制造企业设备回购款。在实训中，该任务由生产计划员发起，最后由生产计划员在系统中完成操作详见表 6-16。

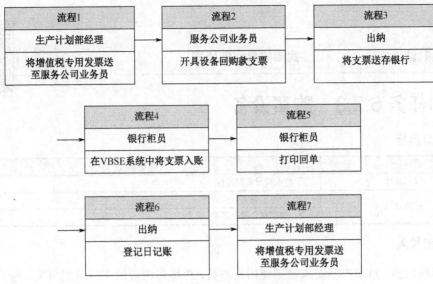

图 6-26　支付设备回购款流程

表 6-16　支付设备回购款步骤

序号	操作步骤	角色	操作内容
1	将增值税专用发票送至服务公司业务员	生产计划部经理	将发票送至服务公司换取支票
2	开具设备回购款支票	服务公司业务员	1. 根据发票金额开具转账支票 2. 将转账支票送交销货方生产计划部经理 3. 生产计划部经理将支票送交给出纳
3	将支票送存银行	出纳	携带服务公司转账支票去银行办理入账
4	在 VBSE 系统中将支票入账	银行柜员	通过系统操作界面，将款项从服务公司转到持票人的企业账户
5	打印回单	银行柜员	打印支票入账回单交出纳
6	登记日记账	出纳	根据回单进行日记账贷记，登记完毕后将银行回单交财务会计
7	填写记账凭证	财务会计	根据银行回单填写记账凭证

扩展知识　　　　　融资租赁

　　融资租赁是指出租人根据承租人对租赁物件的特定要求和对供货人的选择，出资向供货人购买租赁物件，并租给承租人使用，承租人则分期向出租人支付租金，在租赁期内租赁物件的所有权属于出租人所有，承租人拥有租赁物件的使用权。租期届满，租金支付完毕并且承租人根据融资租赁合同的规定履行完全部义务后，对租赁物的归属没有约定或者约定不明的，可以协议补充；不能达成补充协议的，按照合同有关条款或者交易习惯确定，仍然不能确定的，租赁物件所有权归出租人所有。

　　融资租赁是集融资与融物、贸易与技术更新于一体的新型金融产业。由于其融资与融物相结合的特点，出现问题时租赁公司可以回收、处理租赁物，因而在办理融资时对企业资信和担保的要求不高，所以非常适合中小企业融资。

扫一扫

拓 展 阅 读　　我国股票回购历程

实训任务 6.2.3　购买设备

1．学习目标

目标分解	目标描述
知识目标	了解购买设备的流程
技能目标	1．会拟定设备购买合同
	2．会填写合同会签单

2．情境导入

根据市场预测，童车市场需求量呈现增长态势，市场将出现供不应求的情况。为了抓住这一市场机遇，将企业做大做强，好佳童车厂管理层于 10 月 28 日召开了企业产能扩大会议。会上，生产计划部经理签订了购买设备责任书。会后，他立即指示下属，进行购买设备的准备工作。

3．相关知识

合同会签单是记录合同订立、审批过程的规范文本，具体格式如图 6-27 所示。

合同会签单

单据编号：0201　　　　　　　　　　　　　　　　　　　　　　日期：2011 年 10 月 8 日

送签部门	采购部	签约人：李斌	承办人：付海生	电话：0311-83024777
				E-mail：bjhjfhs@126．com
合同名称	钢管采购合同		对方单位：河北钢铁厂	
合同主要内容	采购物品名称、规格、数量及价格、质量标准、验收方法、付款方式、交货地点、供货时间、包装与运输等给予说明		合同金额（大写）：贰佰柒拾伍万壹仟捌佰肆拾元整	
业务部门审批意见	已审阅合同，同意签约 部门经理：李斌		日期：2011 年 10 月 8 日	
财务部门审批意见	财务经理：		日期：	
总经理审批意见	总经理：　　　　　　　　　日期： （注：付款金额 1 万元以上的由总经理审批）			
争议解决	合同内包括了可预见性的争议解决方法，对于不可预见的争议，双方协商解决；如有异议，申请"北京市昌平区仲裁委员会"仲裁，仲裁方案为最终裁决			
归档情况	与合同一起归档，存于行政助理处			

图 6-27　合同会签单样例

4．任务流程

在 VBSE 实训中，购买设备任务流程共分 7 步，起始于生产计划员，最后由生产计划员在 VBSE 系统中进行设备购买，详见图 6-28。

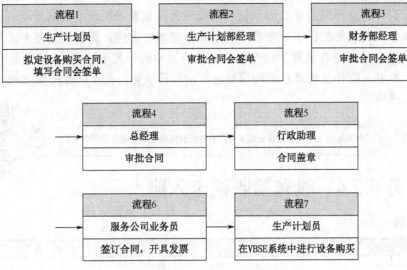

图 6-28　购买设备流程图

5．实施步骤

企业根据中长期生产计划及资金状况，确定购买新设备来扩大产能。生产计划部提起设备需求计划，生产计划员发起设备购买流程。购买设备的一般步骤如表 6-17 所示。

表 6-17　购买设备的一般步骤

序号	操作步骤	角色	操作内容
1	拟定设备购买合同，填写合同会签单	生产计划员	用通用的购销合同拟定设备购买合同主体结构和主要内容，同时填写合同会签单，将合同和会签单送生产部经理进行审批
2	审批合同会签单	生产计划部经理	审核合同会签单并签字，将合同会签单交生产计划员，计划员送交财务部经理审核
3	审批合同会签	财务部经理	审核合同会签单并签字，将合同会签单交生产计划员，计划员将设备购买合同以及合同会签单送交总经理审核
4	审批合同	总经理	1. 审核合同内容，审核生产计划部经理和财务部经理是否已经在合同会签单上签字 2. 审核完成后，总经理签字
5	合同盖章	行政助理	在设备购买合同上盖章
6	签订合同，开具发票	服务公司业务员	1. 确认合同内容，签字 2. 根据合同金额开具增值税专用发票，发票交生产计划员保管
7	在 VBSE 系统中进行设备购买	生产计划员	在 VBSE 系统中记录设备购买信息

扩 展 知 识　　　　　政府采购执行模式

根据《政府采购法》的规定，政府采购是指各级国家机关、事业单位和团体组织，使用财政性资金采购依法制定的集中采购目录以内的或者采购限额标准以上的货物、工程和服务的行为。

《政府采购法》规定，政府采购实行集中采购和分散采购相结合。采购人采购纳入集中采购目录的政府采购项目，应当实行集中采购。

（1）集中采购，是指由政府设立的职能机构统一为其他政府机构提供采购机构代理采购。设区的市、州以上人民政府根据本级政府采购项目组织集中采购，需要设立集中采购机构。

（2）分散采购，是指由各预算单位自行开展采购活动的一种采购形式。《政府采购法》规定，采购未纳入集中采购目录的政府采购项目，可以自行采购，也可以委托集中采购机构在委托的范围内代理采购。

拓展阅读 《外商投资企业和外国企业购买国产设备投资抵免企业所得税管理办法》 ☞

实训任务6.2.4　设备验收建卡入账

1．学习目标

目标分解	目标描述
知识目标	熟悉固定资产卡片
技能目标	会建立固定资产卡片

2．情境导入

经过认真准备，好佳童车厂对外进行了设备购买的公开招标，并与中标企业进行了设备购买的谈判。后期，双方签订了设备购买合同。按照合同要求，设备采购到货。

3．相关知识

固定资产卡片是固定资产进行明细分类核算的一种账簿形式，它将固定资产从进入企业开始到退出企业的整个生命周期所发生的全部情况，在账簿上予以记载。通常情况下，这种账簿以卡片的形式存在，因此被称为固定资产卡片。

固定资产卡片的栏目有：类别、编号、名称、规格、型号、建造单位、年月、投产日期、原始价值、预计使用年限、折旧率、存放地点、使用单位、大修理日期和金额，以及停用、出售、转移、报废清理等内容。具体情况如图6-29所示。

4．任务流程

在VBSE实训中，设备验收建卡入账任务流程共分4步，起始于生产计划员，最后由资产会计登记明细账，详见图6-30。

图6-29　固定资产卡片样式

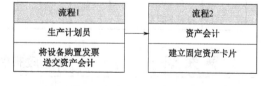

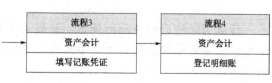

图6-30　设备验收建卡入账流程

5. 实施步骤

企业采购设备到货，验收合格后，企业会计根据会计凭证和验收合格证明，对设备进行固定资产的建卡及登账业务。该任务始于生产计划员，终于资产会计，详见表6-18。

表6-18　设备验收合格建账

序号	操作步骤	角色	操作内容
1	将设备购置发票送交资产会计	生产计划员	采购的设备到货后，生产计划员进行设备验收，并将购置设备的增值税专用发票送交资产会计以便建卡及登账
2	建立固定资产卡片	资产会计	为新购买的设备建立固定资产卡片
3	填写记账凭证	资产会计	填写新增设备的记账凭证
4	登记明细账	资产会计	根据记账凭证登记科目明细账

扩展知识　　　　固定资产折旧方法

（1）年限平均法（将固定资产的应计折旧额均衡地分摊到固定资产预计使用寿命内，采用这种方法计算的每期的折旧额是相等的）。

计算公式：年折旧率=[（1−预计净残值率）÷预计使用寿命]×100%

月折旧率=年折旧率÷12

月折旧额=固定资产原价×月折旧率

（2）工作量法（根据实际工作量计算每期应计提折旧额的一种方法）。

计算公式：单位工作量折旧额=[固定资产原价×（1−预计净残值率）]÷预计总工作量

某项固定资产月折旧额=该项固定资产当月工作量×单位工作量折旧额

（3）双倍余额递减法（一般应在固定资产使用寿命到期前两年内，将固定资产账面净值扣除预计净残值后的净值平均摊销）。

计算公式：年折旧率=（2÷预计使用年限）×100%

月折旧率=年折旧率÷12

月折旧额=每月月初固定资产账面净值×月折旧率

（4）年数总和法（指将固定资产的原价减去预计净残值后的余额，乘以一个逐年递减的分数计算每年的折旧额）。

计算公式：年折旧率=（尚可使用年限÷预计使用寿命的年数总和）×100%

月折旧率=年折旧率÷12

月折旧额=（固定资产原价−预计净残值）×月折旧率

拓展阅读　　　　某企业新购设备验收制度　　　　

扫一扫

实训任务 6.2.5　支付设备维修费

1. 学习目标

目标分解	目标描述
知识目标	1. 了解转账支票
	2. 了解支出凭单
技能目标	1. 会填写转账支票
	2. 会填写支出凭单

2．情境导入

10月28日，按照企业生产管理规章制度，生产计划部经理带领生产计划部全体员工对生产车间的设备进行了全面检查。对检查中发现的设备老化等问题，生产计划部经理要求及时进行维护，以保证生产的正常进行。

3．相关知识

（1）转账支票

支票是出票人签发，委托办理支票存款业务的银行或者其他金融机构在见票时无条件支付确定的金额给收款人或持票人的票据。

支票按能否提取现金分为三种：现金支票、转账支票和普通支票。

（2）支出凭单

支出凭单属于原始凭证，主要在企业发生付款时填写。样例参见图6-31。

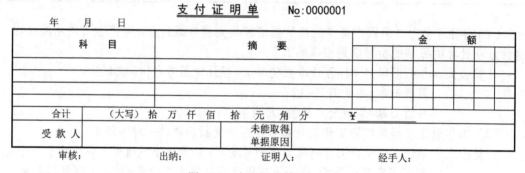

图 6-31　支出凭单样例

4．任务流程

在 VBSE 实训中，编制采购合同任务流程共分 10 步，起始于生产计划部经理，最后由费用会计登记明细账，详见图6-32。

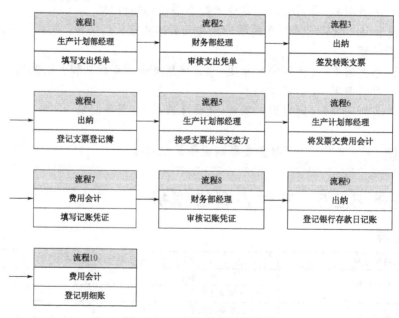

图 6-32　支付设备维修费流程

5. 实施步骤

按照相关协议，服务公司定期对出售的设备进行维护，企业按照协议规定，按月支付设备维护费给服务公司。该任务由生产计划部经理发起，最后由费用会计登记入账。支付设备维修费的具体步骤参见表 6-19。

表 6-19　支付设备维修费步骤

序号	操作步骤	角色	角色操作内容
1	填写支出凭单	生产计划部经理	1. 生产计划部经理按应付设备维修费金额填写支出凭单 2. 将填写的支出凭单交给财务部经理审核
2	审核支出凭单	财务部经理	1. 审核支出凭单填写准确性 2. 审核资金使用合理性 3. 审核无误，签字
3	签发转账支票	出纳	出纳根据审核无误的支出凭单填写转账支票
4	登记支票登记簿	出纳	1. 登记支票登记簿 2. 将支票交采购员 3. 将支票凭单及支票存根交给费用会计
5	接收支票并送交卖方	生产计划部经理	1. 接收出纳签发的支票 2. 将转账支票送交给卖方以支付设备维护费 3. 接收收款方开具的服务业发票
6	将发票交费用会计	生产计划部经理	将发票交费用会计
7	填制记账凭证	费用会计	1. 接收出纳交来的支票存根和支出凭单 2. 审核生产计划部经理交来的发票 3. 填制记账凭证 4. 送财务部经理审核
8	审核记账凭证	财务部经理	1. 接收费用会计交来的记账凭证 2. 审核记账凭证填写的准确性 3. 审核无误签字，交出纳登记银行存款日记账
9	登记银行存款日记账	出纳	1. 接收财务部经理交给的审核后的记账凭证 2. 根据记账凭证登记银行存款日记账 3. 在记账凭证上签字或者盖章 4. 将记账凭证交费用会计登记科目明细账
10	登记明细账	费用会计	1. 接收出纳交给的记账凭证 2. 根据记账凭证登记科目明细账

扩 展 知 识　　　　　　　　　　设备租赁　　　　　　　　　　■■■■■

设备租赁是设备的使用单位向设备所有单位（如租赁公司）租赁，并付给一定的租金，在租赁期内享有使用权，而不变更设备所有权的一种交换形式。

设备租赁的方式主要有以下几种：

（1）直接融资租赁。根据承租企业的选择，向设备制造商购买设备，并将其出租给承租企业使用。租赁期满，设备归承租企业所有。这种方法适用于固定资产、大型设备购置；企业技术改造和设备升级。

（2）售后回租。承租企业将其所有的设备以公允价值出售给租赁方，再以融资租赁方式从租赁方租入该设备。租赁方在法律上享有设备的所有权，但实质上设备的风险和报酬由承租企业承担。这种方法适用于流动资金不足的企业；具有新投资项目而自有资金不足的企业；持有快速升值资产的企业。

（3）联合租赁。租赁方与国内其他具有租赁资格的机构共同作为联合出租人，以融资租赁的形式将设备出租给承租企业。合作伙伴一般为租赁公司、财务公司或其他具有租赁资格的机构。

（4）转租赁。转租赁是以同一物件为标的物的融资租赁业务。在转租赁业务中，租赁方从其他出租人处租入租赁物件再转租给承租人，租赁物的所有权归第一出租方。此模式有利于发挥专业优势、避免关联交易。

拓展阅读 | 设备维修五阶段 ☞

实训任务 6.2.6 租用厂房

1. 学习目标

目标分解	目标描述
知识目标	了解厂房/仓库租赁合同
技能目标	会填写厂房/仓库租赁合同

2. 情境导入

10月，根据市场预测，未来市场童车需求量呈现快速增长的态势。因此，好佳童车厂决定迎合市场，扩大产能。生产计划部经理对目前生产部产能做了客观的分析后认为，扩大生产首先要解决的是生产厂房不足的问题。那么是自建厂房还是租用厂房？生产计划部经理调研后，认为租用厂房更符合企业的利益。于是将租用厂房以提高产能的提议向企业领导做了汇报。企业管理层集体决策，采纳了该提议，即租用厂房。

3. 相关知识

（1）经营性租赁

经营性租赁是指出租人将自己经营的租赁资产进行反复出租给不同承租人使用，由承租人支付租金，直至资产报废或淘汰为止的一种租赁方式。

（2）融资性租赁

融资租赁是指出租人根据承租人对出卖人（供货商）的选择，向出卖人购买租赁物，提供给承租人使用，承租人支付租金，承租期满，货物所有权归属于承租人的交易。

4. 任务流程

在VBSE实训中，租用厂房任务流程共分8步，起始于财务部经理，最后由总经理在VBSE系统中出租厂房/仓库，详见图6-33。

5. 实施步骤

制造企业因业务规模的扩大，企业需要增加厂房、仓库的数量和容量，此时企业可通过租赁等方式满足需求。实训中服务公司作为房产供应商为企业客户提供仓库、厂房的出租、出售信息，企业通过与服务公司洽谈、合作，获得相应资产的使用权或所有权。具体租用厂房/仓库的步骤参见表6-20。

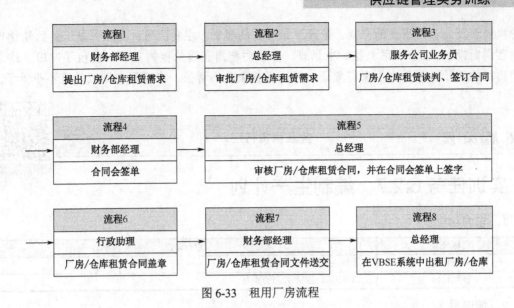

图 6-33　租用厂房流程

表 6-20　租用厂房步骤

序号	操作步骤	角色	操作内容
1	提出厂房/仓库租赁需求	财务部经理	1. 向生产部、仓储部了解企业厂房/仓库使用及缺口情况 2. 向服务公司了解厂房/仓库租赁价格 3. 向总经理汇报企业厂房/仓库使用及缺口情况，并告知市场部厂房/仓库的租赁价格，给出租赁费用支出预算
2	审批厂房/仓库租赁需求	总经理	根据财务部经理提供的情况进行审批和决策，告知财务部经理是否需要进行厂房/仓库的租赁
3	厂房/仓库租赁谈判、签订合同	服务公司业务员	1. 与客户就厂房/仓库的位置、价格、用途、付款期限等进行谈判 2. 双方商谈无异议后，签订书面合同 3. 在合同对应位置加盖公章或合同章 4. 将盖章后合同文件交客户方盖章
4	合同会签单	财务部经理	1. 填写合同会签单 2. 将合同会签单与合同书一同交总经理审批 3. 将总经理审批过的合同会签单、合同交行政助理盖章
5	审核厂房/仓库租赁合同，并在合同会签单上签字	总经理	1. 审核合同内容，明确权利与义务，衡量合同风险 2. 对合同内容无异后在合同会签单上签字
6	厂房/仓库租赁合同盖章	行政助理	1. 检查合同会签单填写是否完整、总经理是否签字审批 2. 在合同文件对应位置盖章 3. 将合同中的一份交财务部经理、一份自己保管
7	厂房/仓库租赁合同文件送交	财务部经理	将盖章完成的合同文本送交服务公司业务员
8	在 VBSE 系统中出租厂房/仓库	服务公司业务员	登录 VBSE 系统，依照租赁合同在系统中做标记

扩 展 知 识　　　　　　租赁的历史

　　中国的租赁历史悠久，起源可追溯到原始社会（约 4000 年前）。剩余产品产生了产品的交换，而在很多场合下，人们需要频繁交换闲置物品，用后再归还，而不必让渡该物品给对方。

这种仅仅涉及物品使用权的交换，是最原始形态的租赁。在我国历史上，文献记载的租赁可追溯到西周时期。《卫鼎（甲）铭》中记载，邦君厉把周王赐给他的五田，出租了四田。这是把土地出租的例子。据历史学家们考证，涉及租赁叛乱的诉讼，在西周中期以后已不少见了。

拓展阅读 　　　　　　金融租赁特征

实训任务 6.2.7　编制生产计划

1．学习目标

目标分解	目标描述
知识目标	了解主生产计划 MPS 的内容
技能目标	具备编制主生产计划的能力

2．情境导入

10 月，好佳童车厂新一届管理层接手企业后，前期为企业正常生产做了大量的准备工作。准备工作完成之后，企业现在要考虑如何进行生产。生产计划部经理提出，应根据市场需求，如市场需求量、需求对象以及需求时间等信息，来制订生产计划。并将这一建议向领导层做了汇报。企业领导给予了同意回复。

3．相关知识

主生产计划（Master Production Schedule，简称 MPS）是闭环计划系统的一个部分。MPS 的实质是保证销售规划和生产规划对规定的需求（需求什么，需求多少和什么时候需求）与所使用的资源取得一致。MPS 考虑了经营规划和销售规划，使生产规划同它们相协调。它着眼于销售什么和能够制造什么，这就能为车间制订一个合适的"主生产进度计划"，并且以粗能力数据调整这个计划，直到负荷平衡。

4．任务流程

在 VBSE 实训中，编制生产计划流程共分 2 步，起始于生产计划部经理，最后由生产计划部经理将主生产计划送交相应部门，详见图 6-34。

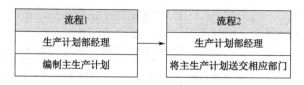

图 6-34　编制生产计划流程

5．实施步骤

主生产计划，是按时间分段方法，去计划企业将生产的最终产品的数量和交货期。主生产计划是一种先期生产计划，它给出了特定的项目或产品在每个计划周期的生产数量。这是个实际的详细制造计划。这个计划力图考虑各种可能的制造要求。MPS 考虑了经营规划和销售规划，使生产规划同它们相协调。实训中，具体的实施步骤参见表 6-21。

表 6-21　编制主生产计划步骤

序号	操作步骤	角色	操作内容
1	编制主生产计划	生产计划部经理	1. 去营销部索要销售预测表和销售订单汇总表 2. 根据销售预测和销售订单汇总表，结合各车间的生产能力状况编制主生产计划计算表 3. 根据主生产计划计算表填写主生产计划表 4. 根据车间产能检查主生产计划是否可行
2	将主生产计划送交相应部门	生产计划部经理	此表一式两联，一联送交计划员做物料净需求计划用，一联交生产计划部经理留存

扩 展 知 识　　　　　　　MRP 计算步骤

一般来说，物料需求计划的制订是遵照先通过主生产计划导出有关物料的需求量与需求时间，然后，再根据物料的提前期确定投产或订货时间的计算思路。其基本计算步骤如下：

（1）计算物料的毛需求量。即根据主生产计划、物料清单得到第一层级物料品目的毛需求量，再通过第一层级物料品目计算出下一层级物料品目的毛需求量，依次一直往下展开计算，直到最低层级原材料毛坯或采购件为止。

（2）净需求量计算。即根据毛需求量、可用库存量、已分配量等计算出每种物料的净需求量。

（3）批量计算。即由相关计划人员对物料生产作出批量策略决定，不管采用何种批量规则或不采用批量规则，净需求量计算后都应该表明是否有批量要求。

（4）安全库存量、废品率和损耗率等的计算。即由相关计划人员来规划是否要对每个物料的净需求量作这三项计算。

（5）下达计划订单。即指通过以上计算后，根据提前期生成计划订单。物料需求计划所生成的计划订单，要通过能力资源平衡确认后，才能开始正式下达计划订单。

拓 展 阅 读　　　　　　　MRP Ⅱ 的发展史　　　　

实训任务 6.2.8　购买生产许可证

1. 学习目标

目标分解	目标描述
知识目标	了解生产许可证
技能目标	略

2. 情境导入

10 月，好佳童车厂通过市场调查发现，现阶段企业的明星产品——经济型童车的市场占有率和市盈率都已达到饱和状态。如果这种状态继续下去，会给企业未来发展带来不利影响。因此，企业在了解这种情况后，未雨绸缪，开始着手新产品研发——舒适型童车和豪华型童车，以应对市场变化。

3．相关知识

生产许可证，全称为全国工业产品生产许可证，是国家机关根据申请企业的资质，准予企业进行产品生产的证明。企业在发证、换证、迁址、增项等情况下都可以进行生产许可证申请。图 6-35 为生产许可证样图。

图 6-35　生产许可证样图

4．任务流程

在 VBSE 实训中，购买生产许可证任务流程共分 11 步，起始于生产计划部经理，最后银行柜员收到服务公司业务员送来的支票，将支票入账，详见图 6-36。

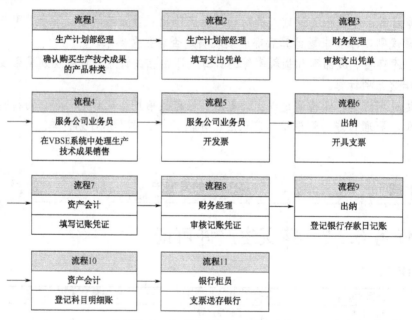

图 6-36　购买生产可证流程

5．实施步骤

新产品开发是指从研究选择适应市场需要的产品开始到产品设计、工艺制造设计，直到投入正常生产的一系列决策过程。从广义而言，新产品开发既包括新产品的研制也包括原有的老产品改进与换代。新产品开发是企业研究与开发的重点内容，该任务采用购买生产许可证来模拟新产品研发的过程。具体研发步骤见表 6-22。

表 6-22　购买生产许可证

序号	操作步骤	角色	操作内容
1	确认购买生产技术成果的产品种类	生产计划部经理	根据市场需求确定新产品类型
2	填写支出凭单	生产计划部经理	查看实习规则，了解该生产许可的购买费用，并填写支出凭单
3	审核支出凭单	财务经理	审核支出凭单内容
4	在 VBSE 系统中处理生产技术成果销售	服务公司业务员	服务公司在系统中完成生产许可证的销售
5	开发票	服务公司业务员	根据金额开具企业购买生产许可证的费用发票，并将发票送交企业出纳员
6	开具支票	出纳	出纳员根据发票开具购买生产许可证所需支票，并将支票送交服务公司业务员
7	填写记账凭证	资产会计	成本会计将开具的支票登入记账凭证
8	审核记账凭证	财务经理	审核记账凭证内容
9	登记银行存款日记账	出纳	出纳员根据记账凭证填写银行日记账记录支出信息
10	登记科目明细账	资产会计	成本会计将支出信息登入无形资产科目明细账
11	支票送存银行	银行柜员	收到服务公司业务员送来的支票，将支票入账

扩展知识　　　　生产许可证申请流程

（1）申请

① 企业办理生产许可证必须填写统一格式的《生产许可证申请表》一式四份，报质量技术监督局业务科。

② 企业应同时提供企业法人营业执照；例行检验报告；环保、卫生证明等资料。

③ 业务科将所有资料初审合格后，将申请资料报质量技术监督局质量科，由市局统一安排初审和检查。

④ 市局初审通过后将申请材料报省质量技术监督局。

（2）受理

省质量技术监督局受理企业的申请材料后，应在 7 个工作日内对符合申报条件的企业发放《生产许可证受理通知书》。

（3）汇总、审定、发证

全国许可证办公室自接到各省级质量技术监督局、审查部汇总的符合发证条件的企业名单和有关材料之日起 1 个月内完成审定工作。经审定，符合发证条件的，由国家质检总局颁发生产许可证，不符合发证条件的，将上报材料退回有关省级质量技术监督局或者审查部并告知企业。

（4）后处理

省级质量技术监督局应当对不符合发证条件的企业发出《生产许可证审查不合格通知书》，同时收回《生产许可证受理通知书》。

企业自接到《生产许可证审查不合格通知书》之日起，应当进行认真整改，2 个月后方可再次提出取证申请。

拓展阅读	国家质量监督检验检疫总局基本情况

实训任务 6.2.9　派工生产

1. 学习目标

目标分解	目标描述
知识目标	1. 了解生产车间产能报表
	2. 了解派工单
	3. 了解生产执行情况表
技能目标	1. 会填写派工单
	2. 会填写生产车间产能报表

2. 情境导入

10 月，生产计划部经理根据市场需求，按照先前编制的主生产计划表，对生产车间下达生产任务。

3. 相关知识

派工单（又称工票或传票）是指生产管理人员向生产人员派发生产指令的单据，是最基本的生产凭证之一。它除了有开始作业、发料、搬运、检验等生产指令的作用外，还有为控制在制品数量、检查生产进度、核算生产成本做凭证等作用。派工单如图 6-37 所示。

派工单

派工部门：生产计划部

派工单号：SC-PG-201110001　　　　　　　　　派工日期：2010 年 10 月 28 日

产品名称	工序	工序名称	工作中心	生产数量	计划进度	
					开始日期	完工日期
经济车架	10	车架加工	普通机床	5000	10 月 28 日	11 月 28 日

生产部经理：叶润中　　　　　　　　车间管理员：周群

图 6-37　派工单样例

4. 任务流程

（1）机加工车间派工

在 VBSE 实训中，机加工车间派工任务流程共分 3 步，起始于生产计划经理，最后由车间管理员在 VBSE 系统中进行机加车间派工，详见图 6-38。

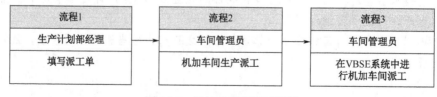

图 6-38　机加工车间派工流程

（2）组装车间派工

在 VBSE 实训中，组装车间派工任务流程共分 3 步，起始于生产计划经理，最后由车间管理员在 VBSE 系统中进行组装车间派工，详见图 6-39。

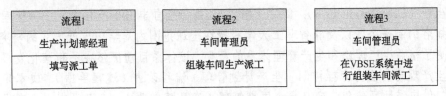

图 6-39　组装工车间派工流程

5. 实施步骤

（1）机加工车间

生产计划部经理依据之前编制的生产加工计划查看车间产能状况，对车间进行派工。对各个工作岗位的生产任务进行具体安排，并检查各项生产准备工作，保证现场按生产作业计划进行生产。具体步骤见表 6-23。

表 6-23　向机加工车间派工

序号	操作步骤	角色	操作内容
1	填写派工单	生产计划部经理	1. 根据主生产计划表编制童车车架派工单 2. 童车车架派工单一式两份 3. 下达童车车架派工单给车间管理员 4. 另一份童车车架派工单自己留存
2	机加车间生产派工	车间管理员	1. 接收童车车架派工单 2. 安排童车车架生产 3. 根据童车车架派工单登记童车车架的生产执行情况表
3	在 VBSE 系统中进行机加车间派工	车间管理员	选择有空余产能的车床进行派工，派工成功后会占用资源产能和工人，直至完工入库时才能释放产能和人力

（2）组装车间

生产计划部经理依据之前编制的生产加工计划查看车间产能状况，对车间进行派工。对各个工作岗位的生产任务进行具体安排，并检查各项生产准备工作，保证现场按生产作业计划进行生产。具体步骤见表 6-24。

表 6-24　向组装车间派工

序号	操作步骤	角色	操作内容
1	填写派工单	生产计划部经理	1. 根据主生产计划表编制童车派工单 2. 童车派工单一式两份 3. 下达童车派工单给车间管理员 4. 另一份童车派工单自己留存
2	组装车间生产派工	车间管理员	1. 接收派工单 2. 安排童车组装生产 3. 根据派工单登记童车组装的生产执行情况表
3	在 VBSE 系统中进行组装车间派工	车间管理员	选择有空余产能的组装流水线进行派工，派工成功后会占用资源产能和工人，直至完工入库时才能释放产能和人力

扩展知识　　　　精益生产

精益生产（Lean Production），简称"精益"，是衍生自丰田生产方式的一种管理哲学。它包括众多知名的制造企业以及麻省理工大学教授在全球范围内对丰田生产方式的研究、应用及发展，促使了精益生产理论和生产管理体系的产生，该体系目前仍然在不断演化发展当中。从过去关注生产现场转变为库存控制、生产计划管理、流程改进（流程再造）、成本管理、员工素养养成、供应链协同优化、产品生命周期管理（产品概念设计、产品开发、生产线设计、工作台设计、作业方法设计和改进）、质量管理、设备资源和人力资源管理、市场开发及销售管理等企业经营管理涉及的诸多层面。

精益生产方式的基本思想可以用一句话来概括，即 Just In Time（JIT），翻译为中文是"旨在需要的时候，按需要的量，生产所需的产品"。因此有些管理专家也称精益生产方式为 JIT 生产方式、准时制生产方式、适时生产方式或看板生产方式。

精益生产的核心：

（1）追求零库存。精益生产是一种追求无库存生产，或使库存达到极小的生产系统，为此而开发了包括"看板"在内的一系列具体方式，并逐渐形成了一套独具特色的生产经营体系。

（2）追求快速反应，即快速应对市场的变化。为了快速应对市场的变化，精益生产者开发出了细胞生产、固定变动生产等布局及生产编程方法。

（3）企业内外环境的和谐统一。精益生产方式成功的关键是把企业的内部活动和外部的市场（顾客）需求和谐地统一于企业的发展目标。

（4）人本主义。精益生产强调人力资源的重要性，把员工的智慧和创造力视为企业的宝贵财富和未来发展的原动力。

（5）库存是"祸根"。高库存是大量生产方式的特征之一。由于设备运行的不稳定、工序安排的不合理、较高的废品率和生产的不均衡等原因，常常出现供货不及时的现象，库存被看做是必不可少的"缓冲剂"。但精益生产则认为库存是企业的"祸害"，其主要理由是：库存提高了经营的成本；库存掩盖了企业的问题。

拓展阅读　　　　"派工单"派出责任与效益　　

实训任务 6.2.10　领料开工

1. 学习目标

目标分解	目标描述
知识目标	1. 了解物料卡
	2. 了解材料出库单
技能目标	会建立库存台账

2. 情境导入

10 月，好佳童车厂为了按期完成生产任务，准时将产品交付到客户手中，要求生产计划部按照原定计划准时开工生产。按照要求，生产计划部经理开会布置了生产领料的任务。

3. 相关知识

物料，是我国生产领域中的一个专业术语。生产企业习惯将最终产品之外的、在生产领域流转的一切材料（不论其来自生产资料还是生活资料）、燃料、零部件、半成品、外协件以及生产过程中必然产生的边角余料、废料以及各种废物统称为"物料"。

4. 任务流程

（1）机加工车间生产领料

在 VBSE 实训中，机加工车间领料任务流程共分 9 步，起始于车间管理员，最后由成本会计登记明细账，详见图 6-40。

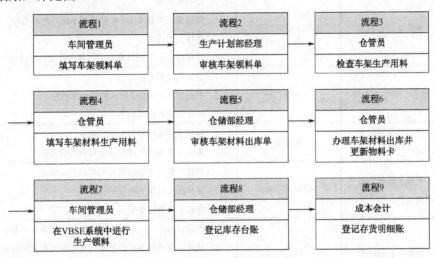

图 6-40　机加工车间生产领料流程

（2）组装车间生产领料

在 VBSE 实训中，组装车间领料任务流程共分 9 步，起始于车间管理员，最后由成本会计登记整车材料存货明细账，详见图 6-41。

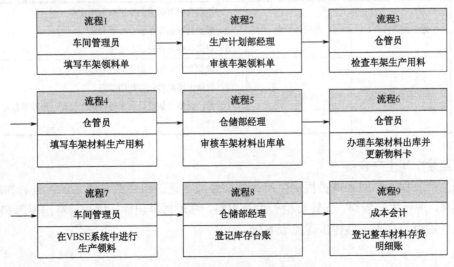

图 6-41　组装车间生产领料流程

5. 实施步骤

（1）机加工车间生产领料

按照生产流程，车间管理员根据生产计划部经理下达的半成品车架派工单，查看物料结构，填写领料单，进行生产领料。仓管员检查生产用料，办理材料出库，填写材料出库单和物料卡，生产工人开始车架生产。具体步骤见表 6-25。

表 6-25　童车车架领料开工步骤

序号	操作步骤	角色	操作内容
1	填写车架领料单	车间管理员	1. 根据派工单和 BOM 填写一式三联领料单 2. 送生产计划部经理审核
2	审核车架领料单	生产计划部经理	1. 接收领料单 2. 根据派工单和 BOM 审核领料单填写的准确性 3. 审核无误签字 4. 将审核完毕的领料单交车间管理员去仓库领料
3	检查车架生产用料	仓管员	1. 仓管员接到领料单 2. 根据库存和 BOM 核对物料存库情况 3. 确认无误后在领料单上签字
4	填写车架材料生产用料	仓管员	1. 根据领料单填写车架出库单 2. 将领料单附在出库单送仓储部经理审核
5	审核车架材料出库单	仓储部经理	1. 接收仓管员送来的附有领料单的出库单 2. 审核出库单填写的准确性 3. 审核无误后，签字
6	办理车架材料出库并更新物料卡	仓管员	1. 办理材料出库，车间管理员在材料出库单上签字确认 2. 材料出库单的生产计划部联交车间管理员随材料一起拿走 3. 更新物料卡 4. 材料出库单财务联交财务 5. 材料出库单仓储联交仓储部经理登记库存台账
7	在 VBSE 系统中进行生产领料	车间管理员	根据领料单在 VBSE 系统中记录生产领料情况
8	登记库存台账	仓储部经理	1. 接收仓管员送来的车架材料出库单 2. 根据材料出库单登记库存台账 3. 登记完交仓管员留存备案
9	登记存货明细账	成本会计	1. 接收仓管员送来的车架材料出库单 2. 根据出库单登记存货明细账 （注意：只填写数量，月末进行成本核算，出库单做月末成本计算依据）

（2）组装车间生产领料

按照生产流程，车间管理员根据生产计划部经理下达的组装童车派工单，查看物料结构，填写领料单，进行生产领料。仓管员检查生产用料，办理材料出库，填写材料出库单和物料卡，组装工人开始组装童车。具体步骤见表 6-26。

表 6-26　童车组装领料开工步骤

序号	操作步骤	角色	操作内容
1	填写整车领料单	车间管理员	1. 车间管理员根据派工单和 BOM 填写一式两联的领料单 2. 送生产计划部经理审批
2	审核整车领料单	生产计划部经理	1. 接收车间管路员送来的领料单 2. 根据派工单和 BOM 审核童车领料单填写的准确性 3. 审核无误，签字
3	齐套检查	仓管员	1. 接收车间管理员送来的童车领料单 2. 根据库存和 BOM 核对童车领料单上物料的库存情况 3. 确认库存物料满足领料单要求，在领料单"仓储部"位置后签字确认
4	填写材料出库单	仓管员	1. 核对完毕，根据领料单填写材料出库单（一式三联） 2. 填完送仓储部经理审核
5	审核材料出库单	仓储部经理	1. 接收仓管员送来的附有领料单的材料出库单 2. 审核材料出库单填写的准确性 3. 审核无误，签字
6	填写物料卡	仓管员	1. 办理材料出库，出完料让车间管理员在材料出库单上签字确认 2. 材料出库单的生产计划部联交车间管理员随材料一起拿走 3. 材料出库单财务联交财务 4. 更新各种材料物料卡 5. 材料出库单仓储部联交仓储部经理登记库存台账
7	在 VBSE 系统中进行生产领料	车间管理员	在 VBSE 系统中记录生产领料情况
8	登记整车材料库存台账	仓储部经理	1. 接收仓管员送来的童车材料出库单 2. 根据入库单的仓库联材料出库单登记库存台账 3. 登记完交仓管员留存备案
9	登记整车材料存货明细账	成本会计	1. 接收仓管员送来的童车材料出库单 2. 根据材料出库单登记存货明细账 （注意：只填写数量，月末加权平均计算材料成本，出库单做月末成本计算依据）

扩展知识　　　　　　　　　　终端物料　　　　　　　　　■■■■■

　　终端就是销售产品的平台，包括专柜、产品、销售及相关人员、销售支持物料。

　　终端所用的视觉用品，称为终端物料，就是销售支持物料，包括品牌海报、产品海报、促销海报、易拉宝、DM、POP、小报、立牌、吊旗、特价卡、价格标签、产品围板、跳跳卡、服务人员服装、车体（送货车）、KT 板、店招、各类促销公关礼品、雨篷、内灯箱、横幅、指示牌、产品模型等及其他创新物料。

拓展阅读　　　　　　　　　　物料管理　　　　　☞

实训任务 6.2.11　完工入库

1. 学习目标

目标分解	目标描述
知识目标	了解完工送检单
技能目标	会填写生产执行情况表

2. 情境导入

10 月，为了保证经济型童车和童车车架准时下线，且合格率满足客户要求，好佳童车厂要求生产计划部加强质量检查。为此，生产计划部和仓储部召开了部门联合办公会议。会上，生产计划部经理和仓储部经理，传达了上级领导的指示，要求相关人员产品入库，严把质量关。

3. 相关知识

完工送检单，是生产部门将产品送往质监部门给予检验的单据。单据记载了产品的相关信息，如产品编号、产品名称、质量合格与否等见图 6-42。

完工送检单

送检部门：生产计划部-组装车间

送检单号：SC-SJ-201110001　　　　　　　　　　　　　　　　送检日期：2011 年 10 月 08 日

派工单号	产品名称	完工数量	检验结果	
			合格品	不合格品
SC-PG-201110002	经济童车	4 000	4 000	

质检员（计划员）：孙盛国　　　　　车间管理员：周群

图 6-42　完工送检单样例

4. 任务流程

（1）车架完工入库

在 VBSE 实训中，机加工车间车架完工入库任务流程共分 10 步，起始于车间管理员，最后由成本会计登记车架明细账，详见图 6-43。

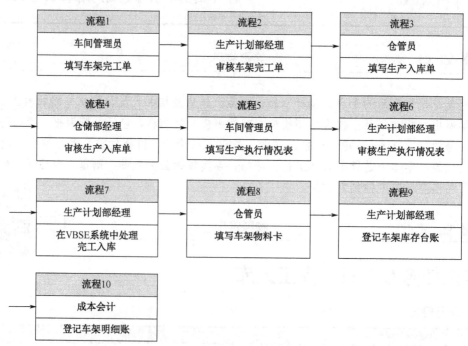

图 6-43　车架完工入库流程

（2）整车完工入库

在 VBSE 实训中，组装车间整车完工入库任务流程共分 11 步，起始于车间管理员，最后由成本会计登记整车明细账，详见图 6-44。

图 6-44　整车完工入库流程

5. 实施步骤

（1）车架完工入库

车架完工后入库业务是指车间管理员对上月开工生产的半成品车架进行生产更新处理，产品完工后填写车架完工单。仓管员办理车架入库手续并填写物料卡，仓储部经理登记存货台账，成本会计对入库车架登记明细账。具体步骤参见表 6-27。

表 6-27　车架完工入库步骤

序号	操作步骤	角色	操作内容
1	填写车架完工单	车间管理员	1. 机加工车间车架生产完工，车间管理员根据派工单填写车架完工单 2. 将派工单及填写的车架完工单交给生产部经理审核
2	审核车架完工单	生产计划部经理	1. 接收车间管理员送来派工单和填写的车架完工单 2. 根据派工单审核完工单填写的产品是否已经派工 3. 审核无误签字 4. 将完工单第一联留存车间管理员，并由车间管理员将车架完工单第二联和车架交给仓管员
3	填写生产入库单	仓管员	1. 仓管员接到车间管理员送来的车架和车架完工单 2. 核对车架的单据和实物是否相符 3. 填写生产入库单，然后送部门经理审核 4. 仓管员把审核完的生产入库单自留一联，另外两联交给财务部和生产部

序号	操作步骤	角色	操作内容
4	审核生产入库单	仓储部经理	1. 仓储部经理收到仓管员交给的生产入库单 2. 仓储部经理审核生产入库单准确性和合理性，在生产入库单上签字
5	填写生产执行情况表	车间管理员	1. 根据车架完工单登记生产计划部生产执行情况表 2. 将生产执行情况表交生产计划部经理审核
6	审核生产执行计划情况表	生产计划部经理	审核生产执行计划情况表是否填写完整
7	在VBSE系统中处理完工入库	生产计划部经理	选择已完工的生产订单，确认生产完工情况已记录进系统
8	填写车架物料卡	仓管员	1. 仓管员将货物摆放至货位，根据半成品入库单更新物料卡 2. 将半成品入库单送仓储部经理登记台账
9	登记车架库存台账	仓储部经理	仓储部经理根据入库单登记库存台账
10	登记车架明细账	成本会计	1. 成本会计接到仓管员交给的入库单 2. 成本会计根据入库单登记科目明细表

（2）整车完工入库

整车组装、完工质检入库是指车间管理员对于上月开始组装的产品进行完工处理，填写产成品完工单。质检员（生产计划员兼）对成品进行质检，到仓储部办理入库手续，填写入库单和物料单。仓储部经理登记存货台账，成本会计登记存货明细账。具体步骤见表6-28。

表6-28　整车完工入库步骤

序号	操作步骤	角色	操作内容
1	填写完工单	车间管理员	车间管理员根据派工单填写完工单
2	审核完工单并签字	生产计划部经理	1. 生产部经理收到完工单 2. 生产部经理审核完工单，在完工单上签字
3	填写完工送检单	车间管理员	1. 车间管理员填写完工单送检单（一式两联） 2. 车间管理员送生产计划员处进行检验
4	填写检验结果	生产计划员	1. 生产计划员接到车间管理员送来的完工送检单 2. 生产计划员进行检验 3. 将检验结果填入完工送检单
5	填写生产执行情况表	车间管理员	1. 根据完工单和完工送检单填写生产执行情况表 2. 登记完后带完工单第二联及送检单去仓库入库 3. 将完工单第一联自行留存
6	在VBSE系统中处理完工入库	生产计划部经理	根据完工送检单在系统中选择相应订单，并确认
7	填写生产入库单	仓管员	1. 仓管员核对完工单和完工送检单及实物 2. 填写一式三联的生产入库单 3. 车间管理员在生产入库单上签字确认 4. 仓管员送仓库部门经理审核生产入库单

续表

序号	操作步骤	角色	操作内容
8	审核生产入库单	仓储部经理	1. 仓储部经理收到生产入库单 2. 仓储部经理审核生产入库单准确性和合理性，在生产入库单上签字后返还仓管员 3. 仓管员把审核完的生产入库单的财务联给财务部，生产部联给生产部，仓库联自留
9	填写物料卡	仓管员	1. 仓管员将货物摆放到货位，根据生产入库单更新物料卡 2. 将生产入库单送仓储部经理登记台账
10	登记库存台账	仓储部经理	仓储部经理根据生产入库单登记库存台账
11	登记存货明细账	成本会计	1. 成本会计接到仓管员交给的生产入库单 2. 成本会计根据生产入库单登记科目明细账

扩展知识　　　　中国首次负责起草重要国际玩具标准

2010 年 1 月，ISO（国际标准化组织）玩具标准技术委员会（ISO/TC181）正式批准通过技术中心玩具室提出的玩具增塑剂国际标准提案，并设立第五工作组（WG5）——玩具增塑剂工作组，由中国担任组长单位、负责指派组长并牵头以中国标准为草案制定相应国际标准。这在 ISO 历史上是首次由中国提案并负责起草的重要国际玩具标准，标志着我国在玩具标准化领域里取得了突破性进展。

拓展阅读　　　　国内政府检测机构

实训任务 6.2.12　原材料采购

1. 学习目标

目标分解	目标描述
知识目标	了解采购合同
技能目标	会起草采购合同

2. 情境导入

10 月，为了保证生产的顺利进行，好佳童车厂董事会开会研究决定，要求采购部与生产计划部密切合作，确保原材料供应充足。为此，采购部经理向部门传达了上级领导的要求，并对下阶段采购任务做了部署。

3. 相关知识

（1）采购合同

采购合同是采购双方就采购内容协商谈判一致同意后签订的供需关系的法律文件。采购合同是经济合同，采购双方受"经济合同法"保护并承担相应责任。

（2）采购合同的内容

一般情况下，采购合同包含以下几项内容：

① 合同标题及合同号。如签订购买童车的合同，我们可以称之为"购销合同"，合同号按照企业的编号顺序编写，如"SX003"。

② 合同买卖双方。一般表现形式为"购货单位（甲方），销售单位（乙方）"等。

③ 合同条款。合同条款是买卖双方就买卖内容签订的权利义务的约定。一般而言，合同条款含有订购明细、资质要求、付款方式、交货规定、经济责任和其他约定。

④ 合同签字盖章。签字盖章意味着双方认可合同规定的条款，表明愿意承担由此带来的责任和有权享受由此带来的利益，具有了法律效力。所以，合同双方签字盖章时一定要慎之又慎。一般而言，签字盖章的内容主要包括责任人签字、单位盖章（合同章）和签订日期。

具体内容参见图 6-45。

合同编号：

材料采购合同

甲方：

乙方：

经甲、乙双方友好协商，本着平等互利的原则，根据《中华人民共和国合同法》及相关法律法规的规定，现就乙方向甲方供应生产物资事宜，达成一致意见，为明确双方权利和义务，特订立本合同：

一、产品、规格、数量及价格：

序号	品名	规格	单位	数量	含税价	折扣率	合计	备注
金额合计	（大写）：				（小写）：			

表中所列数量为合同期内预计的总采购数量，仅供乙方作计划参考时使用，甲方对此不作采购承诺。实际的订货数量以每月下达的采购订单为准。

二、质量标准：

甲方授权乙方供应符合国家质量标准和甲方生产要求的货物。乙方的货物必须符合规定的标准和随货文件要求。

三、付款方式：

双方选择以下第 种方式支付货款。发票为17%的增值税发票，货到票到。

（1）留质保金结算。即乙方前一期货物送达且验收合格后，留下 元作为质量保证金，其余款项货到后当月内付清。合同期限届满，货物没有发生质量问题，质量保证金全部退还乙方。

（2）整张订单的所有货物都运到甲方后，经检验合格，于次月内付清本张订单的货物的款项。

四、交货地点：

_____。运输过程中货物毁损、灭失等各种风险均由乙方承担责任。

五、供货时间：

每批货物的供货时间以每月下达的采购订单上的交货日期为准。

甲方承诺在交货日期前至少一个月下达采购订单。

六、双方的权利和义务：

1、如果供应的货物行情有较大幅度的变化，经双方协商可根据市场价格对供货产品的价格做出必要的调整。协商不成，仍按原条款执行。

2、如乙方提供的货物包装或产品规格不符合要求，甲方有权拒收货物。如甲方拒收，乙方必须按照本合同的约定另行提供符合要求的货物，且由此造成的各种损失均由乙方承担责任。

3、甲方应在乙方所送的货物到达后及时进行质量检测，如发现质量问题，乙方须立即现场处理善后事宜。因此给甲方造成损失的，乙方应承担甲方为此支付的所有费用（包括但不限于赔偿的费用、必要的律师费、罚款等）。

4、双方都应保守对方的商业机密。

七、合同有效期： 年 月 日起至 年 月 日止。

八、本合同一式两份，甲乙双方各持一份，具有同等法律效力，双方签字盖章后生效。双方发生争议时，协商解决，协商不成任何一方均有权向甲方所在地仲裁委员会或人民法院提起诉讼。

九、货到票到，发票为17%的增值税发票。

十、合同签订地点：_____

甲方（盖章）：	乙方（盖章）：
法人代表	法人代表
委托代理人	委托代理人
电话	电话
传真	传真
开户行	开户行
账号	账号
签字日期： 年 月 日	签字日期： 年 月 日

图 6-45　签订采购合同样例

4. 任务流程

（1）签订采购订单

在 VBSE 实训中，签订采购订单任务流程共分 7 步，起始于采购员，最后由行政助理将采购合同归档，详见图 6-46。

（2）录入采购订单

在 VBSE 实训中，录入采购订单任务流程只有 1 步，由采购员在 VBSE 系统中录入采购订单，详见图 6-47。

（3）确认制造业采购订单

在 VBSE 实训中，确认采购订单任务流程只有 1 步，由供应商业务主管在 VBSE 系统中进行订单确认，详见图 6-48。

图 6-46　签订采购订单流程

流程1	流程1
采购员	供应商业务主管
在VBSE系统中录入采购订单	在VBSE系统中进行订单确认

图 6-47　录入采购订单流程　　　　　图 6-48　确认采购订单流程

5. 实施步骤

签订采购合同是企业与选择的供应商针对商品的品种、规格、技术标准、质量保证、订购数量、包装要求、售后服务、价格、交货日期与地点、运输方式、付款条件等进行反复磋商、双方无异议后，为建立双方满意的购销关系而办理的法律手续。

制造业采购根据制造业与供应商签订的采购合同录入采购订单后，供应商在 VBSE 系统中对录入的订单进行确认操作。

（1）制造业签订采购订单（步骤详见表 6-29）。

表 6-29　签订采购订单

序号	操作步骤	角色	操作内容
1	起草采购合同	采购员	1. 采购人员根据采购计划选择合适的供应商，沟通采购细节内容 2. 起草采购合同，一式两份
2	合同会签	采购员	1. 采购员填写合同会签单 2. 采购员将采购合同和合同会签单送交采购部经理审核
3	审核采购合同	采购部经理	1. 采购部经理接收采购员交来的采购合同及合同会签单 2. 采购部经理审核采购合同内容填写的准确性和合理性
4	审核采购合同	财务部经理	1. 财务部经理收到采购员交给的采购合同及合同会签单 2. 财务部经理审核采购合同的准确性和合理性 3. 财务部经理在合同会签单上签字
5	审批采购合同	总经理	1. 总经理接收采购员送来的采购合同及合同会签单 2. 总经理审核采购部经理和财务部经理是否审核签字 3. 总经理审核采购合同的准确性和合理性 4. 总经理在合同会签单上签字 5. 总经理在采购合同上签字 6. 总经理签完交给采购部经理

续表

序号	操作步骤	角色	操作内容
6	合同盖章	行政助理	1. 采购部经理把采购合同和合同会签单交给采购员去盖章 2. 采购员采购合同和合同会签单找行政助理盖章 3. 行政助理检查合同会签单是否签字 4. 行政助理给合同盖章 5. 行政助理将盖完章的采购合同交采购员
7	采购合同存档	行政助理	1. 行政助理收到采购合同 2. 行政助理更新合同管理表-采购合同 3. 行政助理登记完，把采购合同留存备案

（2）录入采购订单（步骤详见表 6-30）。

表 6-30　录入采购订单

序号	操作步骤	角色	操作内容
1	在 VBSE 系统中录入采购订单	采购员	根据制造业与供应商签订好的采购合同，将采购信息录入 VBSE 系统

（3）确认制造业采购订单（步骤详见表 6-31）。

表 6-31　确认制造业采购订单

序号	操作步骤	角色	操作内容
1	在 VBSE 系统中进行订单确认	供应商业务主管	供应商业务主管根据双方之前签订的采购合同审核采购订单的内容，无误后确认订单

扩展知识　　　　　购销合同印花税

印花税是对经济活动和经济交往中树立、领受具有法律效力的凭证的行为所征收的一种税。因采用在应税凭证上粘贴印花税票作为完税的标志而得名。现行《印花税暂行条例》列举了征税的凭证，其中包括购销合同。

在印花税中购销合同的范围包括供应、预购、采购、购销结合及写作、调剂、补偿易货等合同。纳税人为立合同人，印花税按购销金额的 0.03%。由于采购合同和销售合同的归集问题和保管的部门多，给征管带来了诸多不便。因此，有的省份采取核定征收的办法征收印花税，购销合同核定征收采购合同改按采购金额的一定比例计征、销售合同改按销售金额的一定比例计征，具体比例由各省地税局根据典型调查后确定。

例如天津按照《天津市地方税务局印花税核定征收管理办法（试行）》等文件，核定征收印花税。计算方法：由主管地方税务机关依据纳税人当期实际销售（营业）收入、采购成本或费用等项目及确定的核定征税比例，计算征收印花税。计算公式为：应纳印花税税额=销售（营业）收入（采购成本、费用等）×核定比例×适用税率。

拓展阅读　　　　　签订采购合同注意事项

实训任务 6.2.13　原材料入库

1. 学习目标

目标分解	目标描述
知识目标	了解发货单
技能目标	填写发货单

2．情境导入

10 月，好佳童车厂与供应商签订了原材料的采购合同。供应商按照合同要求，发出原材料，且首批原材料已经到货，等待入库。为了确保原材料顺利入库，采购部召开部门会议。会上，采购部经理要求员工一定要严把入库质量关。

3．相关知识

（1）发货

发货指按照购销合同的规定要求，销货方将产品交运至购货方并过账的过程。一般情况下，发货导致销货方仓库库存减少，预期导致购货方库存增加。

（2）发货单

上述发货的经济行为，需要相应的原始凭证记录。那么，我们把记录这种行为过程的单据称为发货单。具体发货单的样式可参见图 6-49。

发货单

单据编号：0001　　　　日　期：2011.10.28　　交货日期：2010.10.28
销售订单号：LJ110001　　客户名称：华晨商贸城　　仓　库：成品库
业务员：刘思羽　　　　　运输方式：路运　　　　　客户联系人：甲

产品名称	产品型号	发货数量	备注
经济童车	一	3000	
合计		3000	

营销部经理：杨笑笑　　　　财务部经理：钱坤　　　　客户确认：甲

图 6-49　发货单样式

4．任务流程

在 VBSE 实训中，原材料入库任务流程共分 12 步，起始于采购员，最后由成本会计登记明细账，详见图 6-50。

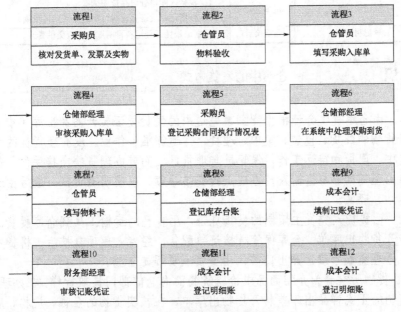

流程1	流程2	流程3
采购员	仓管员	仓管员
核对发货单、发票及实物	物料验收	填写采购入库单

流程4	流程5	流程6
仓储部经理	采购员	仓储部经理
审核采购入库单	登记采购合同执行情况表	在系统中处理采购到货

流程7	流程8	流程9
仓管员	仓储部经理	成本会计
填写物料卡	登记库存台账	填制记账凭证

流程10	流程11	流程12
财务部经理	成本会计	成本会计
审核记账凭证	登记明细账	登记明细账

图 6-50　原材料入库流程

5. 实施步骤

采购入库是指供应商发出的货物抵达企业，同时开具了该张采购订单所对应的发票。实训中，采购员协助仓管员办理采购入库手续，仓管员填写入库单确认货物入库，仓储部经理登记库存台账，材料会计登记存货明细账，成本会计凭发票确认应付账款。具体步骤参见表 6-32。

表 6-32　原材料入库

序号	操作步骤	角色	操作内容
1	核对发货单、发票及实物	采购员	1. 采购员接收供应商发来的材料，附有发货单、发票和实物 2. 根据采购订单核对发货单和发票及实物 3. 协助仓管员进行原料验收
2	物料验收	仓管员	1. 根据发货单和检验标准进行质量、数量、包装的检测 2. 根据检验结果填写材料检验单，并签字确认 3. 检验无误，在发货单上签字
3	填写采购入库单	仓管员	1. 根据物料检验单填写采购入库单（一式三联），然后送交仓储部经理审核 2. 将审核后的入库单自留一份，另外两联交采购部和财务部
4	审核采购入库单	仓储部经理	审核原材料入库单的准确性和合理性，在入库单上签字
5	登记采购合同执行情况表	采购员	1. 采购员接收到仓库员送来的采购入库单 2. 采购员登记采购合同执行情况表 3. 采购员将发票（发票联和抵扣联）和对应的采购入库单的财务联送交财务
6	在系统中处理采购到货	仓储部经理	在 VBSE 系统中确定采购材料到货
7	填写物料卡	仓管员	1. 仓管员将货物摆放到货位，根据入库单数量填写物料卡 2. 将入库单交仓储部经理登记台账
8	登记库存台账	仓储部经理	仓储部经理根据入库单登记库存台账
9	填制记账凭证	成本会计	1. 接收到采购员交给发票和入库单 2. 填制记账凭证 3. 送财务部经理审核
10	审核记账凭证	财务部经理	1. 接收财务会计交给的记账凭证，进行审核 2. 审核后，交成本会计登记科目明细账
11	登记明细账	成本会计	1. 根据入库单登记存货明细账 2. 根据记账凭证登记科目明细账（应付账款）
12	登记明细账	财务会计	根据记账凭证登记科目明细账（应交税费）

扩展知识　　　仓储中的发货方式

（1）托运。由仓库货物会计根据货主事先送来的发货凭证转开商品出库单或备货单，交仓库保管员做好货物的配货、包装、集中、理货、待运等准备作业。没有理货员的仓库应由保管员负责进行集中、理货和待运工作，保管员与理货员之间要办理货物交接手续。然后由仓库保管员（或直接由理货员）与运输人员办理点验交接手续，以便明确责任。最后由运输人员负责将货物运往车站、码头。

（2）提货。由提货人凭货主填制的发货凭证，用自己的运输工具到仓库提货。仓库会计根据发货凭证转开货物出库单。仓库保管员接证单配货，经专人逐项复核后，将货物当面点交给提货人员，并办理交钱手续，开出门单，由提货人员提走货物。

（3）取样。货物所有者为介绍商品或检验货物而向仓储部门提取货样。在办理取样业务时，要根据货主填制的正式样品出库单转开货物出库单，在核实货物的名称、规格、牌号、等级和数量等项后备货，并经复核，将货物交提货人。

（4）移仓。因业务或保管需要而将储存的货物从某一仓位转移到另一仓位的发货方式。移仓分内部移仓和外部移仓。内部移仓填制仓储企业内部的移仓单，并据此发货；外部移仓则根据货主填制的货物移仓单结算和发货。

（5）过户。在不转移仓储货物的情况下，通过转账变更货物所有者的一种发货方式。货物过户时，仍由原货主填制正式的发货凭证，仓库据此做过户转账处理。

拓 展 阅 读　　　　　淘宝自动发货系统　　　　☞

实训任务 6.2.14　原材料货款支付

1. 学习目标

目标分解	目标描述
知识目标	了解支票登记簿
技能目标	会填写支票登记簿

2. 情境导入

10 月，好佳童车厂开始按照原材料采购合同的规定分期付款。好佳童车厂总经理要求财务部门要做好资金预算，在保证企业资金流动性的基础上，按期支付供应商材料款。同时，业务部门要注意要做好原始材料备案。业务部门和财务部门要通力合作，做好原材料货款的支付。

3. 相关知识

按照银行支付结算办法，企业发生经济业务往来时，同城支付情况下，用支票来进行结算。企业内部的财务管理制度规定，开具支票时，需要进行登记，记录开具支票的相关信息，比如支票领用人、日期、支票号码、用途、金额等信息，用来明确支票开具的责任。那么记录这种信息的载体，称为支票登记簿。

支票登记簿样例如图 6-51 所示。

支 票 登 记 簿

领用日期	用途	预计金额	支票号码	领用人	所属部门

图 6-51　支票登记簿样例

4. 任务流程

在 VBSE 实训中，原材料汇款支付任务流程共分 11 步，起始于采购员，最后由应付会计登记明细账，详见图 6-52。

5. 实施步骤

实训中，采购员查看采购合同执行情况表，确认应付款情况，找到相应的采购订单和采购入库单，并据此填写支出凭单，经财务部门审核通过，向供应商支付上期已到货材料款。具体步骤如表 6-33 所示。

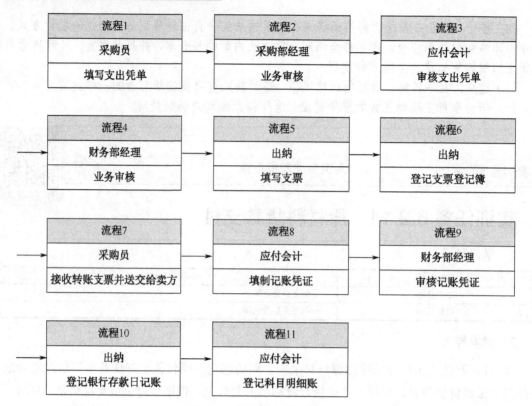

图 6-52　原材料汇款支付流程

表 6-33　原材料款支付步骤

序号	操作步骤	角色	操作内容
1	填写支出凭单	采购员	1. 填写支出凭单（把对应的采购订单的单号和入库单的单号写上） 2. 将填写的支出凭单交给采购部经理审核 3. 将采购部经理审核后的支出凭单交给应付会计审核 4. 将支出凭单交财务部经理审核 5. 拿支出凭单去财务部出纳处办理付款手续
2	业务审核	采购部经理	1. 接收采购员送来的支出凭单 2. 根据采购合同执行情况表及订单、入库单、发票等资料审核支出凭单内容填写的准确性和合理性 3. 审核无误，签字
3	审核支出凭单	应付会计	1. 审核支出凭单填写准确性 2. 审核支出凭单附件的合法性和真实性 3. 审核无误，签字
4	业务审核	财务部经理	1. 审核支出凭单填写准确性 2. 审核支出凭单附件的合法性和真实性 3. 审核资金的使用的合理性 4. 审核无误，签字
5	填写支票	出纳	1. 出纳根据审核的支出凭单填写转账支票 2. 将支出凭单及票根交应付会计
6	登记支票登记簿	出纳	1. 登记支票登记簿 2. 将支票交采购员
7	接收转账支票并送交给卖方	采购员	1. 接收出纳签发的支票 2. 将转账支票送给卖方以支付货款

续表

序号	操作步骤	角色	操作内容
8	填制记账凭证	应付会计	1. 接收到出纳交给的支票根和支出凭单 2. 填制记账凭证 3. 送财务部经理审核
9	审核记账凭证	财务部经理	1. 接收应付会计交给的记账凭证 2. 审核记账凭证填写的准确性 3. 审核无误签字，交出纳登记银行日记账
10	登记银行存款日记账	出纳	1. 接收财务部经理交给的审核后的记账凭证 2. 根据记账凭证登记银行日记账 3. 将记账凭证交应付会计登记科目明细账
11	登记科目明细账	应付会计	1. 接收出纳交给的记账凭证 2. 根据记账凭证登记科目明细账

扩展知识　　　　　转账支票

转账支票是出票人签发的，委托办理支票存款业务的，银行在见票时无条件支付确定的金额给收款人或持票人的票据。在银行开立存款账户的单位和个人客户，用于同城交易的各种款项，均可签发转账支票，委托开户银行办理付款手续。转账支票只能用于转账。

转账支票是一种最基本的同城支付结算业务品种，只能用于本地（也可以异地）转账。

（1）出票。客户根据本单位的情况，签发转账支票，并加盖预留银行印鉴。

（2）交付票据：出票客户将票据交给收款人（也可直接到开户银行办理付款手续）。

（3）票据流通使用。收款人或持票人根据交易需要，将转账支票背书转让。

（4）委托收款或提示付款。收款人或持票人持转账支票委托自己的开户银行收款或到出票人开户行提示付款。收款人提示付款时，应做成委托收款背书，在转账支票背面"背书人签章"处签章，注明委托收款字样。

（5）挂失止付。转账支票丧失，失票人需要挂失止付的，应填写挂失止付通知书并签章，挂失止付通知书由银行提供，同时按标准收费。

拓展阅读　　　　国际贸易货款支付方式——信用证（LETTER OF CREDIT, L/C）

实训任务 6.2.15　编制物料净需求计划

1. 学习目标

目标分解	目标描述
知识目标	1. 了解物料需求计划计算表
	2. 了解物料净需求计划表
技能目标	1. 会填制物料需求计划计算表
	2. 会填制物料净需求计划表

2. 情境导入

10 月，好佳童车厂的生产经营步入快车道。如何能保持这种快速增长，是好佳童车厂目前着力解决的问题。好佳童车厂认为，问题的重要前提是要优化原材料的库存。而原材料库存水平的高低，很大程度上取决于物料净需求计划的制订。因此，好佳童车厂集中力量制订物料净需求计划。

3．相关知识

（1）物料需求计划

物料需求计划（Material Requirement Planning，简称 MRP）早在 20 世纪 40 年代初就已形成了雏形。物料需求计划是根据主生产计划表上需要物料来决定订货和生产的，计划工作量大，直到 20 世纪 60 年代出现计算机后，这种管理方法才得以实现并进入应用领域。

（2）如何制订物料需求计划

MRP 的基本原理是以主生产计划为出发点，根据库存信息、产品结构的层次、从属关系和企业工作日历等，以完成品的交货日期为基准来进行倒推计算，从而确定在整个零部件加工过程中所需要生产或采购的各种物料的数量和时间。

在 VBSE 中，MRP 的工作原理是根据产品结构（童车）的具体特征，将主生产计划具体分解为零部件（主要指童车车架）生产计划和采购件及原材料的采购计划，确定自制件（童车整车、童车车架）的生产数量和生产日期，采购件及原材料的采购数量和采购日期。在 VBSE 中，MRP 遵循 JIT 的方法，实现适时、适量的生产与采购，尽量减少生产中的在制品和采购件的库存量，缩短生产周期，保证按时交货。

在 VBSE 中，上述工作原理需要通过填制物料需求计划计算表（见图 6-53）来完成物料净需求计划表（见图 6-54）。

物料需求计划计算表（1）

填表部门：
产品名称：　　安全库存：　　编制日期：　　年　　月　　日

项目	月份		1	2	3	4	5	6	7	8	9	10	11	12	1	2	3
童车提前期一个月批量5000	净需求=主生产计划表mps																
	下达生产订单																
车架提前期一个月批量5000	总需求=童车生产订单下达量bom用量																
	减：可用库存	期初库存															
		减：安全库存															
		等于：可用库存															
	净需求																
车篷	总需求=童车生产订单下达量bom用量																
	减：可用库存	期初库存															
		减：安全库存															
		等于：可用库存															
	净需求																
车轮	总需求=童车生产订单下达量bom用量																
	减：可用库存	期初库存															
		减：安全库存															
		等于：可用库存															
	净需求																
包装套件	总需求=童车生产订单下达量bom用量																
	减：可用库存	期初库存															
		减：安全库存															
		等于：可用库存															
	净需求																

物料需求计划计算表（2）

填表部门：
产品名称：　　安全库存：　　编制日期：　　年　　月　　日

项目	月份		1	2	3	4	5	6	7	8	9	10	11	12	1	2	3
车架 提前期 一个月 批量5000	生产订单完工																
钢管	总需求=童车生产订单下达量bom用量																
	减：可用库存	期初库存															
		减：安全库存															
		等于：可用库存															
	净需求																
坐垫	总需求=童车生产订单下达量bom用量																
	减：可用库存	期初库存															
		减：安全库存															
		等于：可用库存															
	净需求																

注：在途数量：

图 6-53　物料需求计划计算表

图 6-54　物料净需求计划表

4．任务流程

在 VBSE 实训中，签订采购订单任务流程共分 3 步，起始于生产计划员，最后由生产计划员送交物料净需求计划，详见图 6-55。

流程1	流程2	流程3
生产计划员	生产计划部经理	生产计划员
编制物料净需求计划	审核物料净需求计划	送交物料净需求计划

图 6-55　编制物料需求计划流程

5．实施步骤

物料需求计划就是一段时间内整个生产计划所需要的量，而净需求计划则是通过计算，在总需求量上扣除现有库存量、已订购量、在途量，最后得出净需求量，即企业还需要的订购量。具体计算步骤参见表 6-34。

表 6-34　编制物料净需求计划

序号	操作步骤	角色	操作内容
1	编制物料净需求计划	生产计划员	通过填制物料需求计算表进行物料净需求计算，并将结果填写到物料净需求计划表中
2	审核物料净需求计划	生产计划部经理	审核物料净需求计划中物料需求时间与数量是否同主生产计划一致
3	送交物料净需求计划	生产计划员	计划员留存一份物料净需求计划用来安排生产，第二联送采购部经理以便安排采购

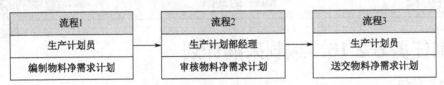

一般来说，物料需求计划的制订是遵照先通过主生产计划导出有关物料的需求量与需求时间，然后，再根据物料的提前期确定投产或订货时间的计算思路。其基本计算步骤如下：

（1）计算物料的毛需求量。即根据主生产计划、物料清单得到第一层级物料品目的毛需求量，再通过第一层级物料品目计算出下一层级物料品目的毛需求量，依次一直往下展开计算，直到最低层级原材料毛坯或采购件为止。

（2）净需求量计算。即根据毛需求量、可用库存量、已分配量等计算出每种物料的净需求量。

（3）批量计算。即由相关计划人员对物料生产做出批量策略决定，不管采用何种批量规则或不采用批量规则，净需求量计算后都应该表明是否有批量要求。

（4）安全库存量、废品率和损耗率等的计算。即由相关计划人员来规划是否要对每个物料的净需求量做这三项计算。

（5）下达计划订单。即指通过以上计算后，根据提前期生成计划订单。物料需求计划所生成的计划订单，要通过能力资源平衡确认后，才能开始正式下达计划订单。

（6）再一次计算。物料需求计划的再次生成大致有两种方式：第一种方式会对库存信息重新计算，同时覆盖原来计算的数据，生成全新的物料需求计划；第二种方式则只是在制订、生成物料需求计划的条件发生变化时，才相应地更新物料需求计划有关部分的记录。这两种生成方式都有实际应用的案例，至于选择哪一种要看企业实际的条件和状况。

拓展阅读	MRP 的缺陷	

实训任务 6.2.16　编制采购计划

1．学习目标

目标分解	目标描述
知识目标	了解采购计划表
技能目标	会填制采购计划表

2．情境导入

10 月，依据市场供求情况，好佳童车厂生产计划部编制出了物料净需求计划表，采购部依据物料净需求计划表编制采购计划，进行原材料采购。

3．相关知识

采购计划表是企业按照采购计划就采购原材料、型号规格、采购日期、采购量等内容制定的表格，目的是规范企业的采购行为，其样例如图 6-56 所示。

2011 年 4 季度采购计划表

制表日期：2011 年 10 月 28 日　　　　　　　　　　　　　制表部门：采购部

序号	物料名称	规格型号	10	11	12	总采购量	享受折扣
1	钢管	D16*S3*L5000 mm	14 000	10 000	16 000	40 000	2%
2	坐垫	HJM500	7 000	5 000	8 000	20 000	2%
3	车篷	HJ72*32*40	5 000	7 000	5 000	17 000	0
4	车轮	HJ Φ外 125* Φ内 60 mm	20 000	28 000	20 000	68 000	0
5	包装套件	HJTB100	5 000	7 000	5 000	17 000	0

总经理：　　　　　　　　　　　　　　　　　　　　采购部门经理：李斌

图 6-56　采购计划表样例

4．任务流程

在 VBSE 实训中，签订采购订单任务流程共分 2 步，起始于采购部经理，最后由采购员分发采购计划，详见图 6-57。

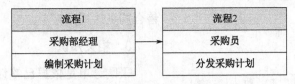
流程1		流程2
采购部经理	→	采购员
编制采购计划		分发采购计划

图 6-57　编制采购计划流程

5. 实施步骤

编制采购计划是在合理利用供应环境机会，并综合考虑运输成本、存货成本、每次订货成本等因素，将物料需求计划转变为采购计划，确定发出订单的时机和订购数量的过程。编制采购计划任务要求生产计划部和采购部协同合作，将物料需求计划变成购买实际行动。该任务由采购部经理发起，由采购员下发采购计划。具体步骤参见表 6-35。

表 6-35　编制采购计划步骤

序号	操作步骤	角色	操作内容
1	编制采购计划	采购部经理	1. 收到生产部的物料净需求计划表 2. 核对库存及在途信息编制采购计划 3. 初步填制采购计划表 4. 根据供应商的折扣等相关信息调整计划 5. 采购计划交采购员下发
2	分发采购计划	采购员	1. 采购计划表一式三份 2. 分发采购计划表（仓储部、生产计划部和采购部各一份）

扩展知识　　　采购计划类别

（1）按时间长短划分，可以把采购计划分为年度物料采购计划、季度物料采购计划、月度物料采购计划等。

（2）按物料的使用方向分，可以把采购计划分为生产产品用物料采购计划、维修用物料采购计划、基本建设用物料采购计划、技术改造措施用物料采购计划、科研用物料采购计划、企业管理用物料采购计划。

（3）按自然属性分类，可以把采购计划分为金属物料采购计划、机电产品物料采购计划、非金属物料采购计划等。

拓展阅读　　　某公司采购计划管理制度　　　☞

实训任务 6.2.17　下达采购订单

1. 学习目标

目标分解	目标描述
知识目标	了解采购订单
技能目标	会填制采购订单

2. 情境导入

10 月，采购部编制采购计划表，将采购计划信息传达给相关部门，并依据已签订好的销

图 6-58 采购订单样例

售合同下达采购订单。

3．相关知识

采购订单是依据已签订的采购合同，结合编制的采购计划，购销双方对合同所涉及的采购信息做进一步的细化和具体的落实。我们把承载这种任务的单据称为采购订单。一般而言，采购订单包含以下几项内容：

① 供应商名称；

② 合同信息；

③ 订单编号；

④ 采购物品的数量和预计金额；

⑤ 采购物品到货时间。

采购订单样例如图 6-58 所示。

4．任务流程

在 VBSE 实训中，该任务属于软件操作任务，任务发起人是采购员，任务内容是下达采购订单，该任务只需 1 个步骤即可完成。具体参见图 6-59。

5．实施步骤

制造企业与供应商经过磋商签订了采购合同后，制造业的采购员将采购订单的基本信息录入 VBSE 系统，系统将根据录入的信息执行未来的采购收货及付款等业务。具体步骤参见表 6-36。

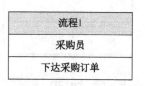

图 6-59 下达采购订单流程

表 6-36 下达采购订单

序号	操作步骤	角色	操作内容
1	下达采购订单	采购员	在 VBSE 系统中录入采购订单

扩展知识 注册采购师

注册采购师是指全国注册采购师职业资格认证，是中国物流与采购联合会按照国际惯例，依据《注册采购师职业资质国家标准》，针对国内采购与供应链管理人员在全国统一开展的一项职业资质水平与能力的鉴定。

注册采购师认证直接与国际接轨，借鉴和参照"ITC 采购与供应链管理国际资格认证"体系，并采用其模块化学习系统。ITC（International Trade Center，国际贸易中心，简称 ITC）由联合国贸易与发展大会（UNCTAD）和世贸组织（WTO）联合设立，是联合国开发计划署的执行机构，其主要职能之一是推动全球贸易发展。"ITC 采购与供应链管理国际资格认证"是其在全球开展的人力资源开发和培训援助项目之一。2012 年，认证已在全球数十个国家推广，受到普遍认可，其模块化培训教材被公认为内容实用、体系完整的认证教材。

由于全国注册采购师资格认证所具有的国际性、权威性、专业性、实用性、统一性等特点，在业界尤其是政府采购、制造加工、流通贸易等领域受到普遍重视和认可。

拓 展 阅 读　　采购订单的分单方法　　☞

实训任务 6.2.18　编制采购合同

1. 学习目标

目标分解	目标描述
知识目标	了解合同条款
技能目标	会编写合同条款

2. 情境导入

10 月，好佳童车厂采用公开招标方式，选中两家供应商——恒通橡胶厂和邦尼工贸公司，作为首届战略合作伙伴，并就采购合作事宜进行了友好地洽谈。

3. 相关知识

合同条款，即合同的内容，是确定合同当事人权利和义务的根据。从法律意义上来说，合同条款应当明确、肯定、完整，而且条款之间不能相互矛盾。否则将影响合同成立、生效和履行。

合同条款的主要内容包括：

① 产品的名称、品种、规格和质量；

② 产品的数量和计量单位、计量方法；

③ 产品的包装标准和包装物的供应与回收；

④ 产品的交货单位、交货方法、运输方式、到货地点（包括专用线、码头）；

⑤ 产品的交（提）货期限；

⑥ 产品的价格与货款的结算；

⑦ 验收方法；

⑧ 对产品提出异议的时间和办法；

⑨ 供应双方违约责任。

4. 任务流程

在 VBSE 实训中，编制采购合同任务流程共分 3 步，起始于采购部经理，最后由采购部经理确定采购合同内容，详见图 6-60。

5. 实施步骤

采购合同草案是根据采购物料的品类、供应市场状况，针对采购物品的规格、技术标准、质量保证、订购数量、包装要求、售后服务、价格、交货日期与地点、运输方式、付款条件等与供应商沟通后，按照采购合同的规定格式制定的规范文本。

编制采购合同草案任务是在与供应商进行协商沟通后进行的，为签订合同打下基础。其具体步骤参见表 6-37。

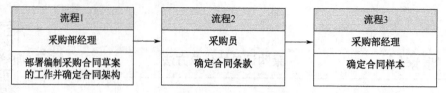

流程1	流程2	流程3
采购部经理	采购员	采购部经理
部署编制采购合同草案的工作并确定合同架构	确定合同条款	确定合同样本

图 6-60　编制采购合同流程图

表 6-37　编制采购合同条款

序号	操作步骤	角色	操作内容
1	编制采购合同草案工作部署并确定合同构架	采购部经理	1. 查看现有供应商的考评档案及原采购合同的到期日期 2. 采购部内部开会，启动采购合同草案的编写 3. 采购合同草案的编制由采购部经理主导，采购员协助完成 4. 制订工作计划，指定采购合同编写工作的分工 5. 确定采购合同的结构
2	确定合同条款	采购员	确定采购合同需要强化的条款：数量条款、价格条款、品质条款、支付条款、检验条款、包装条款、装运条款、保险条款、仲裁条款、不可抗力条款
3	确定合同样本	采购部经理	1. 接收采购员送来的采购合同条款，审核采购合同条款的合理性 2. 形成采购合同草案 3. 与采购员一起讨论，共同确定采购合同样本

扩展知识　　　　项目管理

项目采购管理是指在整个项目过程中从外部寻求和采购各种项目所需资源的管理过程。也有人翻译为"项目获得管理"。项目采购管理过程由采购规划、发包规划、询价、卖方选择、合同管理以及合同收尾组成。

（1）采购计划（procurement planning）——决定采购什么，何时采购。

（2）询价计划（solicitation planning）——以文件记录所需的产品以及确认潜在的渠道。

（3）询价（solicitation）——取得报价单（quotations）、标书（bids）、要约（offers）或订约提议（proposals）。

（4）渠道选择（source selection）——从潜在的卖主中做出选择。

（5）合同管理（contract administration）——管理与卖主的关系。

（6）合同收尾（contract close-out）——合同的执行和清算，包括赊销的清偿。

这些过程之间以及与其他领域的过程之间相互作用，如果项目需要，每一过程可以由个人、多人或团体来完成。虽然在这里列举的过程是分立的阶段并具有明确定义的分界面，事实上它们是互相交织、互相作用的。

拓展阅读　　　《政府采购管理暂行办法》条款（部分）

实训任务 6.2.19　供应商评价

1. 学习目标

目标分解	目标描述
知识目标	了解供应商评价表
技能目标	会编制供应商评价表

2. 情境导入

10 月，好佳童车厂与各供应商签订采购合同，并就合同履行注意事项进行了确认。各供应商按照采购合同条款进行原材料供应。为了保证企业原材料稳定安全供应，做到货源充足，本真谨慎性原则，好佳童车厂管理层要求采购部对各供应商进行评价。

3. 相关知识

供应商评价表，是制造商对原材料供应商，就供应商提供原材料的价格、品质、交货日期等因素制定的评估考核表。通常情况下，供应商评价表建立在双方的经济利益基础之上，是制造商与原材料供应商能否进一步合作的晴雨表。

供应商评价表的样例，具体可参见图 6-61。

恒通橡胶厂供应商评价表

供方名称		法定代表人	
联系地址		联系电话	
主营产品		成立日期	
现有员工	人	技术人员	人
序号	评估考核指标		
1	是否具有企业文化	□是　　□否	
2	是否具有质量标准，如 iso 认证	□是　　□否	
3	能否提供营业执照、产品检测报告、技术标准等资料	□是　　□否	
4	是否具有员工培训计划	□是　　□否	
5	是否具有员工培训制度	□是　　□否	
6	是否具有材料出库检验手续	□是　　□否	
7	是否制定不合品管理制度和处理程序并执行	□是　　□否	
8	是否制定产品抽样制度	□是　　□否	
9	有无产品投诉案例发生	□是　　□否	
10	是否仓库分类合理，出入库制度健全	□是　　□否	
11	是否定期对设备进行维护保养	□是　　□否	
12	有无售后服务机构和制度	□是　　□否	
13	是否企业管理层定期制定产品销售计划	□是　　□否	
评价标准：请在"□是"或者"□否"前面的"□"内打"√"。其中有七项以上的指标在"□是"内打"√"，我们认为企业合格，否则不合格			
评定	□合格　　　　　　□不合格		
调查结论	采购员： 签名/日期	采购部经理： 签名/日期：	总经理经理意见 签名/日期：

图 6-61　供应商评价表样表

4. 任务流程

在 VBSE 实训中，制定供应商评价表任务流程共分 1 步，起始于采购部经理，由采购部经理编制供应商评价表并最终对各个供应商做出评价，详见图 6-62。

5．实施步骤

供应商评价是采购方从价格、品质及服务等多方面来考核供应商的过程，通过供应商评价企业可开拓潜在的供应商并对现有的供应商进行激励。该任务由采购部根据供应商材料供应等情况来完成考核。具体步骤参见表6-38。

流程1
采购部经理
编制供应商评价表并对供应商进行评价

图 6-62　编制供应商评价表并作出评价流程图

表 6-38　供应商评估考核表

序号	操作步骤	角色	操作内容
1	编制供应商评价表并对供应商进行评价	采购部经理	查找供应商评价的相关指标，并根据对本企业的供应商表现进行量化评价

扩 展 知 识　　　　　　　　　　**供应商考核指标**

（1）质量指标

产品批次合格率=（合格批次/总批次）*100%

产品抽检缺陷率=（抽检缺陷总数/抽检样品部数）*100%

产品免检率=（免检的各类产品数/该供应商供应的产品总种数类数）*100%

（2）供应指标

准时交货率=（按时按量交货的实际批次/订单确认的交货总批次）*100%

其中，交货周期是指自订单开出之日到收货之时的时间长度，一般以天数作为单位。

订单变化接受率=（订单增加或减少的交货数量/订单原定的交货数量）*100%

其中，订单变化接受率是平衡供应商对订单变化反应灵敏度的一个指标，是指在双方确认的交货周期中供应可接受的订单增加或减少的比率。

拓 展 阅 读　　　　　　**某企业供应商评价制度**　　　　　　☞

扫一扫

实训项目 6.3　供应链下游企业相关业务

实训任务 6.3.1　市场调研

1．学习目标

目标分解	目标描述
知识目标	1．举例说明市场调研在企业运营中的作用
	2．简述企业进行市场调研的基本方法
技能目标	1．能通过 VBSE 系统进行基本的市场调研活动
	2．掌握市场分析报告的基本编制方法

2．情境导入

欧博公司是好佳童车厂下属的销售公司，负责销售好佳童车厂的童车产品。2013年6月，公司必须与好佳童车厂签订2013年8月、9月、10月三个月的购销合同。作为欧博公司童车产品的营销部经理，您必须向公司提供一份合理的市场分析报告，说明所需订购的产品数量及理由。

作为营销部经理，您必须通过市场调研估算出所需订购的产品数量。在这个案例中，市场调研可以简化为两部分：第一，收集市场信息。市场信息的收集方式是多样的，在此我们可以通过走访客户、利用VBSE系统查询历史数据（例如去年同期的订货量或销售量）等手段来获取必要的市场信息；第二，通过VBSE系统查看市场预测信息。然后在市场调研分析的基础上，做出预决策，撰写市场分析报告。

3．相关知识

（1）市场调研的概念

市场调研是指为了提高产品销售决策质量、解决存在于产品销售中的问题或寻找机会等而系统地、客观的识别、收集、分析和传播营销信息的工作。

（2）为什么要做市场调研

为了提高产品销售决策质量、解决存在于产品销售中的问题或寻找机会。在本任务中，是为了预测特定时段的销售量，从而决定产品订购数量。

（3）如何做市场调研

必须有针对性地进行市场信息收集和市场信息预测，本节扩展知识部分给出了常用的市场调研方法。在本案例中，我们可以通过VBSE系统获取历史销售数据和市场预测信息，从而完成市场调研工作。

（4）市场分析报告基本结构

在本任务中，市场分析是利用获取的信息对可能的产品订购数量进行分析，在此基础上生成的报告即为市场分析报告。市场分析报告一般由标题和正文两部分组成。标题的基本格式为"关于××××的分析报告"。正文分前言、主体、结尾三部分，前言要表明调查分析的目的和对象，主体要详述调研分析的方法和基本结论，结尾可以总结全文的观点，或提出建议展望未来。

4．任务流程

在VBSE实训中，市场调研工作由营销部经理负责实施完成，具体见图6-63。

图6-63　市场调研工作流程图

5．实施步骤

市场调研工作以收集市场信息为起点，同时查询系统中的预测信息，通过科学的信息分析加工，最终生成市场分析报告。具体实施步骤见表6-39。

表 6-39 市场调研实施步骤

序号	操作步骤	角色	操作内容
1	收集市场信息	营销部经理	通过查询历史订单、走访客户等方式了解童车的需要
2	在 VBSE 系统中查看市场预测信息	营销部经理	在系统中查看市场预测信息
3	编制市场分析报告	营销部经理	根据市场需求及预测信息编制本企业的市场分析报告,该报告可作为制订销售计划的参考依据

扩 展 知 识　　　　　　　　　**常用的市场调研方法**

(1)文案调研

主要是二手资料的收集、整理和分析;主要来自数据库、网络资源和图书馆等信息渠道。

(2)实地调研

实地调研分为观察法、询问法和实验法。

① 观察法又分为直接观察和实际痕迹测量两种方法。直接观察法,指调查者在调查现场有目的、有计划、有系统地对调查对象的行为、言辞、表情进行观察记录。实际痕迹测量是通过某一事件留下的实际痕迹来观察调查,一般用于对用户的流量,广告的效果等的调查。

② 询问法是将所要调查的事项以当面、书面或电话的方式,向被调查者提出询问,以获得所需要的资料,它是市场调查中最常见的一种方法。

③ 实验法是在一定条件下进行小规模实验,然后对实际结果做出分析,研究是否值得推广。它的应用范围很广,凡是某一商品在改变品种、品质、包装、设计、价格、广告、陈列方法等因素时都可以应用这种方法。

(3)竞争对手的调研

竞争研究的根本目标是通过一切可获得的信息来查清竞争对手的状况,包括产品及价格策略、渠道策略、营销策略、竞争策略、研发策略、财务状况及人力资源等,发现其竞争弱势点,帮助企业制定恰如其分的进攻战略,以扩大自己的市场份额。

拓 展 阅 读　　　　　　　　　　　　　　　　　

实训任务 6.3.2　签订广告合同

1. 学习目标

目标分解	目标描述
知识目标	1. 简述并举例说明广告对企业经营的意义
	2. 简述广告合同的基本内容
	3. 简述签订广告合同的基本流程
技能目标	1. 起草简单的广告合同
	2. 会使用合同会签单

2. 情境导入

为了拓展市场,欧博公司计划参加全国童车产品交易会。在参加交易会前,欧博公司与广告公司就广告事宜经协商谈判达成共识后，为了保障双方合法权益，需要签订广告合同。

假设您是欧博公司营销部市场专员。公司主管此事的市场经理让您起草广告合同，并在合同审核通过后，负责与广告服务商签订合同的事宜。作为经办人，您必须根据任务流程完成任务。

3．相关知识

（1）广告的概念

广告即广而告知之意，是企业为了某种特定的需要，通过一定形式的媒体，公开而广泛地向公众传递信息的宣传手段。

（2）企业为什么要做广告

广告通常是商品生产者、经营者和消费者之间沟通信息的重要手段，或企业占领市场、推销产品、提供劳务的重要形式，主要目的是扩大企业的经济效益。

（3）广告合同的概念

广告合同是指广告客户与经营者之间、广告经营者与广告经营者之间确立、变更、终止广告承办或代理关系的协议。签订广告合同是双方订立协议的过程。

（4）为什么要签订合同

签合同是双方存在事实关系的依据，是对双方权利和义务的一种规范，在发生纠纷时，能更好地维护自己的合法权益。

（5）广告合同的主要内容

① 合同当事人的名称：使用合法名称。

② 广告标的：广告合同标的是指承办或代理的广告项目。

③ 广告数量：广告数量是指完成广告项目的多少。

④ 广告质量：广告质量是指广告项目满足规定要求的特性的总和。

⑤ 广告费用：一般是指广告活动所支出的总费用。

⑥ 履行的期限、地点和方式：履行的期限是指双方当事人履行义务的时间范围；履行的地点是指当事人完成所承担义务的具体地方，应根据标的物的法律特征或法律规定和当事人的约定而确定；履行的方式是指采用什么样的方法来履行合同规定的义务。

⑦ 违约责任：违约责任是指合同当事人由于自己的过错，没有履行或没有完全履行应承担的义务，按照法律和合同的规定应该承担的法律责任。违约责任的具体条款，当事人可以依据《合同法》在合同中进一步约定。

⑧ 解决争议的方法：《合同法》规定解决合同争议有和解、调解、仲裁和诉讼四种方法，当事人应在合同中约定解决合同争议所采用的方法。

（6）广告合同填写样例和说明

图 6-64 为广告合同填写样例，后附广告合同填写说明。

① 广告合同在书定时，不能有任何涂改。

② 广告合同中，首页的甲乙方当事人与最后一页甲乙方当事人需要保持一致。

③ 广告合同盖章时，合同专用章和法人章不能重叠。

④ 广告合同必须盖骑缝章（为防止合同篡改）。

（7）合同会签单

合同会签单是签订合同过程中单位内部的审批手续。会签单上所有部门签字后，整个流程才算结束。签字人一旦签字，就要承担责任。图 6-65 为合同会签单填写样例，后附填写说明。

广告合同

合同编号：GH-0001

广告投放企业（甲方）：**好佳童车厂**
广告经营单位（乙方）：**北京龙腾会展有限公司**

根据《中华人民共和国合同法》、《中华人民共和国广告法》的有关规定，甲、乙双方在平等自愿、互惠互利、协商一致的基础上，就广告代理发布事宜，达成如下协议，共同遵照执行。

一、项目范围
甲方委托乙方代理发布针对以下市场和产品的广告策划及投放（用 √ 标注）。

产品	北京	南京	上海	杭州	南宁	无锡
经济童车	400000					
舒适童车						
豪华童车						

二、项目时间
自 2011 年 10 月 8 日始至 2011 年 12 月 31 日止。

三、发布内容
采用甲方签字认可之样稿，未经甲方同意，乙方不得擅自改动广告样稿。

四、价格及付款方式
1、价格：广告费合计 ￥400000 元，大写：肆拾万元整 。
2、付款方式：合同签订后第一个月支付全额的30%，即￥120000 元，大写：壹拾贰万元整；合同签订后第二个月支付全额的30%，即￥120000 元，大写：壹拾贰万元整；合同签订后第三个月支付全额的40%，即￥160000 元，大写：壹拾陆万元整。

五、双方的责任与义务
1、乙方应确保本广告发布审批手续的齐全、合法，如因乙方审批手续不全而给甲方造成的经济损失及法律责任，责任全部由乙方承担。

2、甲方保证委托乙方代理的广告活动的合法性，如因甲方提供样稿侵犯第三方权利，甲方承担由此产生的一切法律责任。

3、甲方应在接到乙方通知之日起 3 日内组织验收，验收依据为甲方前期签字确认的样稿；如甲方在 3 日内未对广告策划案提出异议，则视为甲方对广告策划无异议可以投放。

4、乙方应严格按照合同约定履行广告发布义务，履行不当应向甲方承担违约责任。

5、甲方应严格按照履行合同约定的付款义务，逾期付款应向乙方承担违约责任。

6、乙方有权审查广告内容和表现形式，对不符合法律、法规的广告内容和表现形式，乙方有权要求甲方做出修改，甲方做出修改后，乙方有权拒绝发布。

7、乙方应在广告发布后及时向甲方提供广告发布的实景照片作为发布证明。

8、因不可抗力，或者国家法律、法规、政策的变化，造成广告不能正常发布的，双方均不承担违约责任；广告费按照实际发布时间计算，或由双方另行签订补充合同。

9、如任何一方违约而给对方造成的经济损失及法律责任，由违约方承担。

六、争议的解决方式
合作期间如发生争议，双方应本着友好合作的态度，协商解决。协商不成，双方均可向当地仲裁委员会申请仲裁。

七、本合同一式 两 份，甲、乙双方各执 一 份，具有同等法律效力。

八、本合同自甲、乙双方签字、盖章之日起生效。

甲方：（盖章）好佳童车厂　　乙方：（盖章）北京龙腾会展有限公司
法定代表人：（签字）梁玉　　法定代表人：（签字）王伟
委托代理人：（签字）　　委托代理人：（签字）
签约日期：2011 年 10 月 4 日　　签约日期：2011 年 10 月 04 日

图 6-64　广告合同填写样例

合同会签单

单据编号：0201　　　　日期：2011 年 10 月 8

送签部门	采购部	签约人：李斌	承办人：付海生	电话：0311-83024777 E-mail：BJHJFHS@126.COM
合同名称	钢管采购合同		对方单位：河北钢铁厂	
合同主要内容	采购物品名称、规格、数量及价格，质量标准、验收方法，付款方式，交货地点，供货时间，包装与运输等给予说明		合同金额（大写）：贰佰柒拾伍万壹仟捌佰肆拾元整	
业务部门审批意见	已审阅合同，同意签约。部门经理：李斌		日期：2011、10、8	
财务部审批意见	财务经理：		日期：	
总经理审批意见	总经理：（注：付款金额1万以上的由总经理审批）		日期：	
争议解决	合同内包括了可预见性的争议解决方法 对于不可预见的争议 双方协商解决；如有异议，申请"北京市昌平区仲裁委员会"仲裁，仲裁方案为最终裁决。			
归档情况	与合同一起归档，存于行政助理处。			

图 6-65　合同会签单填写样例

合同会签单填写说明：
① 单据编号：自行拟定，以 4 位长度编制流水号，如：0001。
② 送签部门：哪个部门准备签合同，即为哪个部门名称。
③ 签约人：合同签约人，负责签订合同的人员。
④ 承办人：负责合同会签事情，合同回收的人员。
⑤ 合同名称：签订合同时的名称，如×××购销合同。
⑥ 对方单位：与之签订合同的企业名称。
⑦ 合同主要内容：简要写明这个合同约定的是什么事。
⑧ 争议解决：在合同签订时，遇到争议时的解决方法。
⑨ 归档情况：这份合同归档的说明，如已归档或未归档等。

4. 任务流程

图 6-66 描述了企业签订广告合同的基本流程。在现实中，不同的企业在具体流程和操作上不尽相同，但总体思路是一致的。

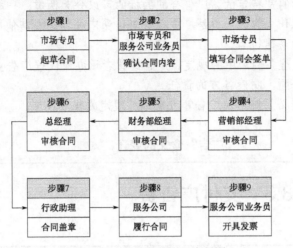

图 6-66 广告合同签订流程图

5. 实施步骤

广告合同的签订以起草广告合同为起点，经过相关的确认和审核手续，双方签订合同，并履行合同义务。签订广告合同的具体实施步骤见表 6-40。

表 6-40 广告合同签订的实施步骤

序号	操作步骤	角色	操作内容
1	起草广告合同	欧博市场专员	确定广告合同的主题结构及主要内容
2	磋商并确认合同内容	欧博市场专员和服务公司业务员	1. 双方商谈合同细节 2. 对广告合同内容确认无误后，服务公司在合同上签字、盖章
3	填写合同会签单	欧博市场专员	1. 填写合同会签单 2. 将广告合同及合同会签单交部门经理、财务部经理、总经理审核 3. 合同审核完毕后交行政助理盖章
4	审核广告合同	欧博营销部经理	1. 审核广告合同的合理性 2. 在合同会签单上签字
5	审核广告合同	欧博财务部经理	1. 审核广告合同的合理性 2. 在合同会签单上签字
6	审核广告合同	欧博总经理	1. 审核广告合同的合理性 2. 在合同会签单上签字
7	广告合同盖章	欧博行政助理	1. 确认合同会签单是否填写完整 2. 在广告合同上加盖公章
8	履行合同	服务公司	根据合同条款履行合同义务
9	开具广告费发票	服务公司业务员	依据合同上确定的广告费金额开具发票并送交市场专员

扩 展 知 识　　　　　　　　**广告合同的特征**

广告合同除了具备合同的一般法律特征外，还具有下列特征：

（1）合同一方当事人是特定的。广告合同中的一方当事人必须是经过工商行政管理机关核准登记注册的广告经营者。否则，双方签订的合同无效，而且委托非法广告经营者承办或代理广告业务的一方由此而支出的费用，也不准列入成本和营业外开支。

（2）广告合同的标的是特定的。广告合同的标的可以分为两类：一类是广告经营者按照广告客户的要求完成的工作成果；一类是广告经营者接受广告客户或其他广告经营者的委托，为其完成广告代理任务的法律行为。

（3）根据《广告管理条例》中的规定，广告经营者承办或代理广告业务，必须与广告客户或被代理人签订书面合同，明确各方的责任。

（4）订立广告合同必须按照《广告管理条例》规定的程序办理。

拓展阅读　　　　"广告"含义的变迁　　　　

实训任务 6.3.3　支付广告费

1．学习目标

目标分解	目标描述
知识目标	了解广告费支付的流程
技能目标	1．会正确填写支付凭证
	2．会根据办理付款手续

2．情境导入

欧博公司在《春晓日报》的广告已成功投放。根据双方签署的广告合同，欧博公司应支付春晓日报广告费用。

假如您是欧博公司的销售部门市场专员，负责与春晓日报的相关部门接洽处理广告费用结算事宜。根据合同条款，春晓日报已根据合同金额开具一张发票，您收到发票后，到本公司办理付款手续。

3．相关知识

（1）支出凭单

支出凭单是会计根据现金和银行存款付出业务的原始凭证，是专门用来做账的记账凭证。支出凭单的后面要粘贴外来原始凭证，如会务费发票等。支出凭单样例如图 6-67 所示。

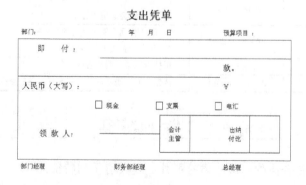

图 6-67　支出凭单样例

（2）填写支出凭单

① 部门：填写员工所属的职能部门，例如营销部。

② 日期：填写费用报销当天的日期。

③ 预算项目：填写该项费用属于哪个项目。预算项目在各部门业务计划中已明确，如日常费用。

④ 即付：填写本次费用支出的明细用途。如"即付参加 10 月份商品交易会会务费"。

⑤ 计人民币（大写）：填写实际应付金额大写，注意大写方法。

⑥¥：小写金额。如¥2000.00。

⑦ 领取人：填写实际领取报销费用的人。

⑧ 会计人员：会计人员办理过做标记用。

⑨ 部门经理：费用列支单位的部门经理签字。

⑩ 财务部经理：财务经理审核签字。

⑪ 总经理：按照财务制度超过一定额度的费用需要总经理审核签字。

4．任务流程

图 6-68 描述了 VBSE 实训中广告费用的支付流程。我们同样要注意实训内容和企业实际操作的区别。

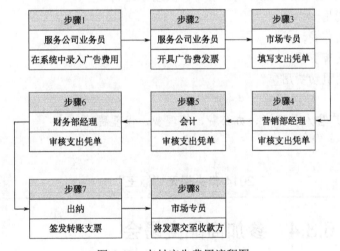

图 6-68　支付广告费用流程图

5．实施步骤

支付广告费用必须首先由服务公司业务员根据合同规定的金额开具发票，并送交付款方。付款方履行审核等相关手续，签发转账支票。具体实施步骤见表 6-41。

表 6-41　支付广告费用的实施步骤

序号	操作步骤	角色	操作内容
1	在 VBSE 系统中录入广告费用	服务公司业务员	将合同中的广告金额记录进 VBSE 系统
2	开具广告费发票	服务公司业务员	依据合同上确定的广告费金额开具发票并送交欧博公司
3	填写支出凭单	欧博市场专员	1．根据广告费发票金额填写支出凭单 2．将发票粘贴在支出凭证后面

续表

序号	操作步骤	角色	操作内容
4	审核支出凭单	欧博营销部经理	审核支出凭单
5	审核支出凭单	欧博费用会计	审核支出凭单
6	审核支出凭单	欧博财务部经理	审核支出凭单
7	签发转账支票	欧博出纳	履行相关手续、填写转账支票
8	将支票交给收款方	欧博市场专员	1. 在支票登记簿上签收 2. 将支票交给收款方,即服务公司

扩展知识　　　　　广告费

广告费是指同时符合以下条件的费用:广告经工商部门批准的专门机构发布;通过一定的媒体传播;取得合法有效的凭证。制作、发布《中华人民共和国广告法》禁止广告的支出,不属于广告费。

广告费一般是指广告活动所支出的总费用,一般情况下,广告费用由两部分组成:

(1)直接费用

直接费用有广告制作费、媒介发布费等。其基本结构如下:

① 广告调查费用;

② 广告设计制作费;

③ 广告媒介发布费用;

④ 广告活动的机动费用。

(2)间接费用

间接费用包括广告人员工资、办公费、管理费、代理费等。

拓展阅读　　　　　2014 年央视无"标王"　　　

实训任务 6.3.4　参加商品交易会

1. 学习目标

目标分解	目标描述
知识目标	1. 了解参加商品交易会对企业的意义
	2. 掌握参加商品交易会的流程
技能目标	1. 会按照竞单规则在 VBSE 系统中选择企业所需要商品订单
	2. 会记录订单具体信息,填写商品订单卡
	3. 会汇总取回的订单

2. 情境导入

欧博公司通过参加广告投放取得参加全国童车类产品交易会资格。飞扬公司作为这次交易会的服务公司,全面负责商品交易会的组织。

您作为欧博公司的市场专员,负责欧博公司参加本次产品交易会的组织工作。您必须根据流程和规则完成这项任务。

3. 相关知识

（1）商品交易会

商品交易会是某一类产品或商业信息的买卖双方进行磋商谈判的集会，以达成买卖协议为目的。通常情况下，各个卖方在交易会上有自己的展位，展示并销售自己的产品；买方根据自己的需求，在交易会上与卖方进行洽谈。

（2）为什么参加商品交易会

对卖方来说，可以扩大知名度，获得更多的销售机会；对买方来说，可以获取更多的选择机会。

（3）如何参加商品交易会

不同的商品交易会都有自己的参与规则，可以通过交易会的信息发布渠道进行了解。在本任务中，您可以学习到参加商品交易会的基本流程。

（4）商品订单卡

商品订单卡是对商品订单基本信息的汇总。通常包括订货时间、客户名称、产品名称、产品数量、产品单价、交货日期和总价款等重要商品订购信息。其基本格式如表 6-42 所示。

表 6-42　商品订单卡

订单编号：

订货市场		订货时间	
客户名称		产品名称	
产品数量		产品单价	
交货日期		收款日期	
总价款		资质认证	
备　注			

（5）销售订单明细表

销售订单明细表是对多个订单的汇总，根据不同的订单，显示每个订单的重要信息，如订单号、客户名称、产品名称、订货数量、单价、交货期、回款期、货款额等。具体格式和填写内容如图 6-69 所示。

销售订单明细表

订单号	客户名称	产品名称	市场	数量(辆)	单价(元)	合同约定交货期	合同约定回款期	货款额(元)
LJ110002	华晨商贸城	经济童车	北京	3000	655.20	2011-10-28	2011-11-28	￥1965600
LJ110003	旭日贸易公司	经济童车	北京	1000	655.20	2011-10-28	2011-11-28	￥655200
LJ110004	旭日贸易公司	经济童车	北京	5000	655.20	2011-11-28	2011-12-28	￥3276000
LJ110005	华晨商贸城	经济童车	北京	4000	655.20	2011-12-28	2012-1-28	￥2620800
LJ110006	旭日贸易公司	经济童车	北京	2000	655.20	2011-12-28	2012-1-28	￥1310400

编制人：刘思羽　　　　　　　　　　　　　　编制日期：2011 年 10 月
说明：一式一联，销售部存

注：更新销售订单明细表回款情况时，在右侧空白区域标记"已回款"。

图 6-69　销售订单明细表

4．任务流程

任务具体操作步骤如图 6-70 所示。

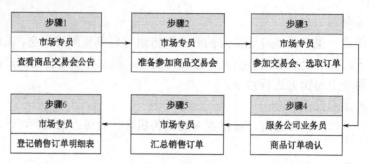

图 6-70　任务步骤流程

5．实施步骤

参加商品交易会，首先要获取交易会公告，经过参会、订单确认和汇总等流程，将订单信息交付生产单位。具体实施步骤见表 6-43。

表 6-43　参加商品交易会的实施步骤

序号	操作步骤	角色	操作内容
1	去公告区查看是否有召开商品交易会公告	市场专员	1．去公告区查看服务公司是否张贴最新参加商品交易会公告 2．若有新公告，准备参加商品交易会
2	参加商品交易会、选订单	市场专员	1．准时参加商品交易会 2．服从主办方安排，按照竞单规则在 VBSE 系统中选择企业所需要商品订单 3．记录订单具体信息，填写商品订单卡
3	商品订单确认	服务公司业务员	1．组织各企业在 VBSE 系统中选取订单 2．在 VBSE 系统中查询各企业选单情况及具体订单信息 3．核对市场专员订单信息是否填写完整、准确 4．在商品订单卡上盖章，并将订单交还给市场专员
4	汇总销售订单、登记销售订单明细表	市场专员	1．汇总市场专员取回的订单 2．填写销售订单明细表 3．将销售订单明细表副本交生产计划员，由其组织生产

扩展知识　　　　交易会、展会和博览会的区别

交易会是主要以现场展商和观众达成协议为主要的目的。

展会是为了展示产品和技术、拓展渠道、促进销售、传播品牌而进行的一种宣传活动。在中文里，展览会名称有博览会、展览会、展览、展销会、博览展销会、看样定货会、展览交流会、交易会、贸易洽谈会、展示会、展评会、样品陈列等。另外，还有一些展览会使用非专业名词。例如，日（澳大利亚全国农业日 Australian National Field Days），周（柏林国际绿色周 Berlin International Green Week）、市场（亚特兰大国际地毯市场 International Carpet and Rug Market）、中心（汉诺威办公室、信息、电信世界中心 World Center for Office-Information-Telecommunication）等。

中文的博览会指规模庞大、内容广泛、展出者和参观者众多的展览会。一般认为博览会是高档次的，对社会、文化以及经济的发展能产生影响并起到促进作用的展览会。

拓展阅读　　　　广交会介绍

实训任务 6.3.5　客户谈判

1. 学习目标

目标分解	目标描述
知识目标	1. 简述客户谈判的意义
	2. 简述客户谈判的内容和步骤
技能目标	掌握客户谈判的基本技巧

2. 情境导入

欧博公司在全国童车类产品交易会上开发了几个潜在客户，其中银岛公司合作意向最明显。为了争取与银岛公司签订购销合约，您作为欧博公司的销售专员，必须与银岛公司进行磋商和谈判。

作为欧博公司的销售专员，您必须收集银岛公司的需求，并与银岛公司就合同主要条款（品名规格、数量、价格、交货日期等）进行磋商，以获得双赢的局面。经协商，双方就大部分内容达成一致，仅在价格方面还存在分歧。欧博公司规定的销售价格为每辆 300 元，但是银岛公司由于采购量较大，希望获得折扣，希望能以每辆 250 元成交。但是在这个价位上，欧博公司无利可图。作为销售专员，您不希望失去这个大客户，您必须与银岛公司协商，确定双方都能接受的价格，并签订最后的合约。

3. 相关知识

（1）潜在客户

潜在客户就是存在成交的可能性，通过努力有可能达成合作或购买本公司产品，但还未达成合同的客户。

（2）客户谈判

指企业为了实现自己的经济目标和满足对方的需要，通过沟通、协商、妥协、合作、策略等方式，劝导对方接受某种方案、产品及服务的协调过程。

（3）为什么要进行客户谈判

通过谈判弄清对方的真实需求，通过沟通协调，克服障碍，使双方利益最大化，以顺利签订合约。

（4）如何进行客户谈判

谈判可基本分为 3 个步骤。第一，弄清对方真实需求，同时申明自己的利益所在；第二，谈判双方应想方设法寻求更佳方案，力求双方利益最大化；第三，克服谈判过程中出现的障碍。

4. 任务流程

图 6-71 描述了客户谈判的基本流程。必须明确，流程图中所示的三个步骤高度总结了大

量的工作细节。

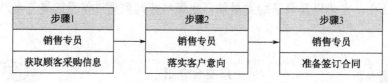

图 6-71　客户谈判流程图

5．实施步骤

与客户谈判的基本实施步骤见表 6-44。在实际与客户谈判的过程中，要具体问题具体分析，并正确使用谈判技巧。

表 6-44　客户谈判的实施步骤

序号	操作步骤	角色	操作内容
1	确定客户并谈判	销售专员	1．走访客户或以其他方式与客户保持联系，获得潜在客户的采购信息 2．与客户进行沟通，落实客户意向 3．与意向客户就供货时间、数量、价格、结算条件、运输方式等进行磋商，为签订购销合同做准备

扩展知识　　　　客户谈判的步骤

"商务谈判三部曲"，即谈判的步骤应该为申明价值（laiming value）、创造价值（creating value）和克服障碍（overcoming barriers to agreement）三个进程。

（1）申明价值

此阶段为谈判的初级阶段，谈判双方彼此应充分沟通各自的利益需要，申明能够满足对方需要的方法与优势所在。此阶段的关键步骤是弄清对方的真正需求，因此其主要的技巧就是多向对方提出问题，探询对方的实际需要；与此同时也要根据情况申明我方的利益所在。因为你越了解对方的真正实际需求，越能够知道如何才能满足对方的需求；同时对方知道了你的利益所在，才能满足你的需求。

（2）创造价值

此阶段为谈判的中级阶段，双方彼此沟通，往往申明了各自的利益所在，了解了对方的实际需要。但是，以此达成的协议并不一定对双方都是利益最大化的。也就是说，利益在此往往不能有效地达到平衡。即使达到了平衡，此协议也可能并不是最佳方案。因此，谈判中双方需要想方设法去寻求更佳的方案，为谈判双方寻求最大利益，这一步就是创造价值。创造价值的阶段往往是商务谈判最容易忽略的阶段。

（3）克服障碍

此阶段往往是谈判的攻坚阶段。谈判的障碍一般来自于两个方面：一个是谈判双方彼此利益存在冲突；另一个是谈判者自身在决策程序上存在障碍。前一种障碍是需要双方按照公平合理的客观原则来协调利益；后者就需要谈判无障碍的一方主动去帮助另一方顺利决策。

拓展阅读 | 如何与客户进行谈判

实训任务 6.3.6　与客户签订合同

1. 学习目标

目标分解	目标描述
知识目标	1. 简述购销合同的基本内容
	2. 简述签订购销合同的基本流程
技能目标	1. 根据合同填写样例起草简单的购销合同
	2. 会使用合同会签单

2. 情境导入

经谈判协商，银岛公司决定在欧博公司定购 7000 辆童车，双方需要签订购销合同。

签订购销合同之前，您作为欧博公司的销售专员，必须与银岛公司针对合同涉及的具体条款和细节进行磋商。在双方都同意后，签订合同。

3. 相关知识

（1）购销合同

购销合同是企业与客户针对商品的品种、规格、技术标准、质量保证、订购数量、包装要求、售后服务、价格、交货日期与地点、运输方式、付款条件等进行反复磋商，双方无异议后，为建立双方满意的购销关系而办理的法律手续。

（2）购销合同的主要内容

购销合同的主要内容包括商品的品种、规格、技术标准、质量保证、订购数量、包装要求、售后服务、价格、交货日期与地点、运输方式、付款条件、违约责任和解决争议的方法。图 6-72 为购销合同的填写样例，后附填写说明。

图 6-72　购销合同填写样例

购销合同填写说明：

① 盖章后的两份合同送给客户，请对方审核、签字盖章。

② 确定对方盖公司合同专用章、法人章和骑缝章。

③ 销售合同一式两份，一份客户留存；另一份带回企业，待登记完销售订单明细后，送行政助理处归档。

（3）销售订单汇总表

销售订单汇总表是根据销售订单明细表的信息，对相同品名、相同交货期的产品汇总数量的表格。图 6-73 描述了销售订单汇总表的格式及填写方法，后附填写说明。

销售订单汇总表

编制日期：2011 年 10 月 8 号

产品名称	数量	交货日期
经济童车	4 000	2011-10-28
经济童车	5 000	2011-11-28
经济童车	6 000	2011-12-28

说明：一式两联，销售、生产各一联

图 6-73　销售订单汇总表样例

销售订单汇总表填写说明：

① 产品名称：童车产品名称，如经济型童车。

② 数量：相同产品名称，相同交货期的汇总数量。

③ 交货日期：合同中约定的交货日期。

4．任务流程

图 6-74 描述了企业签订购销合同的一般流程。

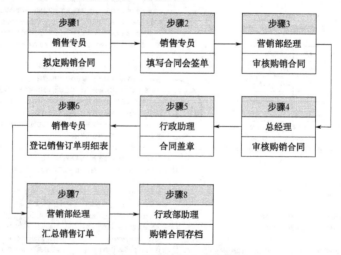

图 6-74　签订购销合同流程图

5. 实施步骤

与客户签订合同以草拟合同为起点，经过审核确认等手续后，双方签订合同。具体实施步骤见表 6-45。

表 6-45　与客户签订合同的实施步骤

序号	操作步骤	角色	操作内容
1	拟定购销合同	销售专员	1. 销售专员根据销售计划与客户沟通销售合同细节内容 2. 起草购销合同，一式两份
2	填写合同会签单	销售专员	1. 填写合同会签单 2. 将购销合同和合同会签单送交营销部经理审核
3	审核购销合同	营销部经理	1. 接收销售专员交给的购销合同及合同会签单 2. 审核购销合同内容填写的准确性和合理性 3. 在合同会签单上签字确认
4	审核购销合同	总经理	接收销售专员送来的销售合同及合同会签单
5	合同盖章	行政助理	1. 营销部经理把购销合同和合同会签单交给销售专员去盖章 2. 销售专员拿购销合同和合同会签单找行政助理盖章 3. 行政助理检查合同会签单是否签字 4. 行政助理给合同签章 5. 行政助理将盖完章的购销合同交还销售专员
6	登记销售订单明细表	销售专员	销售专员根据购销合同内容将销售订单信息登记在销售订单明细表中
7	汇总销售订单	营销部经理	营销部经理将订单信息的主要内容登记在"销售订单汇总表"中，并将其中一联交生产部经理，以便生产部安排生产
8	购销合同存档	行政部助理	1. 行政助理收到购销合同 2. 行政助理更新合同管理表 3. 行政助理登记完，把购销合同留存备案

扩展知识　　有关"合同落款"的注意事项

对于在合同上签名还是盖章的问题，需要掌握一个原则——认章不认人。就是说，只认公章，不管签名的经手人；只要公章是真实有效的，只要对方没有证据证明你是非法盖章的，哪怕没有经手人，盖章就表明对方认可了合同上的所有内容。对于没有公章，只有签名的落款，一般都对对方没有约束力，但这个签名的人属于下面三种情况的除外：

第一，是对方单位的法定代表人；第二，是对方单位出具授权委托书明确授权的人；第三，虽不是对方法定代表人和授权委托人，但是以前的交易中或其他证据足以证明是对方工作人员。

所以，对于合同落款的选择依次是：盖章+签名、盖章、签名。

没有盖章、签名的合同，充其量只是一份合同草稿。在《合同法》中是要约邀请，就好像广告商场的海报，只是邀请你去买东西，对对方是没有约束力的。《合同法》规定只有一方提出要约，另一方予以承诺，合同才得以成立（我们看到商场海报后，到柜台前拿出钱交给营业员才是要约，营业员把商品交给我们才是承诺）。所以我们在这个问题上一定要坚持原则，让对方在落款处补齐公章，否则拒绝在我们的落款处盖章。

拓 展 阅 读　　合同签订后的实际操作需谨慎　　☞

实训任务 6.3.7　销售订单录入

1. 学习目标

目标分解	目标描述
知识目标	1. 简述什么是销售订单及其主要内容
	2. 简述销售订单管理的作用
技能目标	掌握在 VBSE 系统中录入订单

2. 情境导入

欧博公司与银岛公司通过磋商签订了销售合同。银岛公司根据销售合同内容下达了销售订单：经济童车 500 辆，单价 280 元/辆。双方商定交货日期为 2013 年 8 月 4 日，回款日期为 2013 年 9 月 4 日。

您作为欧博公司的销售专员，需要将销售订单的基本信息录入 VBSE 系统，系统将根据录入的信息执行未来的销售发货及收款等业务。

3. 相关知识

（1）销售订单

销售订单是企业与客户就商品销售预先签订的协议性质的业务单据，其中包括的主要内容有客户名称、商品品名规格、数量、单价、交货日期等。销售订单是销售管理系统实质性功能的第一步，它上接销售合同，并向下传递至销售发货。

（2）为什么要录入销售订单

录入销售订单后，可以对订单信息进行维护与管理，系统将根据录入的信息执行未来的销售发货及收款等业务。

4. 任务流程

销售专员应根据销售合同，在系统中录入销售订单信息，具体步骤如图 6-75 所示。

图 6-75　销售订单录入工作流程图

5. 实施步骤

销售订单录入的实施步骤和具体操作内容见表 6-46。

表 6-46　销售订单录入的实施步骤

序号	操作步骤	角色	操作内容
1	在 VBSE 系统中录入销售订单	销售专员	根据制造业与客户签订好的销售合同，将销售订单信息录入 VBSE 系统

扩展知识　　　　销售订单管理

销售订单不仅是销售业务的业务处理源，更是工业系统整体的起源单据和最终目标，可以实现以销定产、以销售定计划、以销定购等多种业务模式，因而在整个系统中处于核心地位。

销售订单管理主要是订单执行的管理，即对订单情况的记录、跟踪和控制，包括针对销售合同的执行；控制订货价格、数量和客户、业务员信用管理；随时对订单完成情况的跟踪、控制订单的实际执行；根据实际补货情况实现追加执行订单；进行比较并显示订单执行差异，并通过业务和分析报表进行订单执行情况的反映。如果企业有集团内部的购销业务，还要包括集团内部销货或调拨的订单执行情况。

拓展阅读　　　　订单管理系统（OMS）

实训任务 6.3.8　销售发货计划

1. 学习目标

目标分解	目标描述
知识目标	1. 简述销售发货计划及其作用
	2. 简述制订销售发货计划的流程
技能目标	学习制作销售发货计划表

2. 情境导入

2014 年 9 月 4 日，欧博公司准时向银岛公司交货，经验收，货物质量合格。银岛公司对与欧博公司的合作表示满意，又在 2013 年 9 月 5 日追加了一份新订单，订购经济型童车 6 000 辆。经双方协商，6 000 辆童车将在 2013 年 11 月 6 日前分三个批次交货，每次 2 000 辆。

作为欧博公司的销售专员，您必须根据现有的库存和产能情况编制销售发货计划。销售计划最终送交仓储部，以保证及时发货。

3. 相关知识

（1）销售发货计划

销售发货计划是营销部根据客户订单的交货期、企业库存及车间产能情况制定的未来一段时间的发货清单。销售发货计划由销售专员编制，营销部经理进行审核，并将销售发货计划送交一份至仓储部以便及时发货。

（2）为什么要编制销售发货计划

仓储部门要根据销售发货计划进行准备和安排，以保证及时准确的发货。

（3）如何编制销售计划

销售发货计划由销售专员根据客户订单的交货期、企业库存及车间产能情况编制，营销部经理进行审核，并将销售发货计划送交一份至仓储部以便及时发货。销售计划表样例如图 6-76 所示。

销售发货计划表

编制日期：2011 年 10 月 8 日

订单号	客户名称	产品名称	数量	交货日期	计划发货日期
LJ110002	华晨商贸城	经济童车	3 000	2011-10-28	2011-10-28
LJ110003	旭日贸易公司	经济童车	1 000	2011-10-28	2011-10-28
LJ110004	旭日贸易公司	经济童车	5 000	2011-11-28	2011-11-28
LJ110005	华晨商贸城	经济童车	4 000	2011-12-28	2011-12-28
LJ110006	旭日贸易公司	经济童车	2 000	2011-12-28	2011-12-28

编制人： 刘思羽 　　　　　　　　　　　　　　　　　编制部门： 营销部

说明：一式两份，营销和仓储各一份。

说明：一式两份，营销和仓储各一份。

注：编制销售发货计划时要参考本企业现有的产成品库存及机加车间与组装车间的生产能力，否则可能造成无法按期交货的不良后果。

图 6-76　销售计划表样例

4. 任务流程

图 6-77 描述了销售计划从编写到传递至下一工序的一般流程。

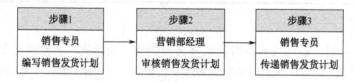

图 6-77　销售发货计划工作流程图

5. 实施步骤

销售发货计划涉及编写、审核和传递三个步骤。具体实施步骤和操作内容见表 6-47。

表 6-47　销售发货计划的实施步骤

序号	操作步骤	角色	操作内容
1	编写销售发货计划	销售专员	根据客户订单、企业现有库存及车间产能制订销售发货计划
2	审核销售发货计划	营销部经理	审核销售发货计划的发货订单时间及数量
3	传递销售发货计划	销售专员	送交一份发货计划至仓储部以便安排及时发货

扩展知识　　　　　销售部门与仓储部门的职责

（1）产成品库存

产成品库存是已经制造完成并等待装运，可以对外销售的制成产品的库存。

（2）生产能力

生产能力是指在计划期内，企业参与生产的全部固定资产，在既定的组织技术条件下，所能生产的最大产品数量，或者能够处理的原材料数量。生产能力是反映企业所拥有的加工能力的一个技术参数，它也可以反映企业的生产规模。每位企业主管之所以十分关心生产能力，是因为他随时需要知道企业的生产能力能否与市场需求相适应。当需求旺盛时，他需要考虑如何增加生产能力，以满足需求的增长；当需求不足时，他需要考虑如何缩小规模，避免能力过剩，尽可能减少损失。

拓展阅读　　　　　企业产成品库存的原因　　　　　☞

实训任务 6.3.9　产品发货

1．学习目标

目标分解	目标描述
知识目标	简述企业发货流程
技能目标	1．会填写发货单
	2．会在 VBSE 系统中选择发货的订单，并确认
	3．会登记销售发货明细

2．情境导入

为银岛公司生产的第一批次童车 2000 辆已完成，双方协商于 2013 年 9 月 28 日发货，货到后，银岛公司确认收货。

作为欧博公司的销售专员，您必须根据与客户商定的交货日期填写产品发货单，然后根据企业要求的发货流程交由各相关部门履行手续，最后由仓储部发货。当银岛公司确认收货后，您需登记销售发货明细。

3．知识工具

（1）销售发货

销售发货指销售员依据销售订单交货日期填写产品发货单，仓管员填写出库单由销售员发货给客户，财务部根据发货出库单开具销售发票，当客户确认收货后销售员需登记销售发货明细。图 6-78 为发货单填写样例，后附填写说明。

发货单

单据编号：0001　　　　　日　　期：2011.10.28　　　交货日期：2010.10.28
销售订单号：LJ110001　　客户名称：华晨商贸城　　仓　　库：成品库
业务员：刘思羽　　　　　运输方式：路运　　　　客户联系人：甲

产品名称	产品型号	发货数量	备注
经济童车		3 000	
合计		3 000	

营销部经理：杨笑笑　　　　财务部经理：钱坤　　　　客户确认：甲

图 6-78　发货单填写样例

发货单填写说明：

① 发货单的填写依据是"销售订单明细表"及"销售发货计划"。

② 发货单一式四联，第一联由营销部门留存，第二联由仓储部门留存，第三联由财务部门留存，第四联由客户留存。

填写说明：

① 单据编号：销售发货单中的单据编号；

② 日期：发货的日期；

③ 交货日期：合同中约定的交货日期；

④ 销售订单：涉及发货的销售订单号；

⑤ 客户名称：购货方企业名称；

⑥ 仓库：货物从哪个仓库出库的仓库名称；

⑦ 业务员：进行发货的销售业务员；

⑧ 运输方式：采用什么方式运送给客户；

⑨ 客户联系人：客户方收货的联系人名称；

⑩ 产品名称：发货的产品名称；

⑪ 产品型号：用"—"来表示"无"；

⑫ 发货数量：发给客户的货物数量；

⑬ 备注：填写一些注意事项或说明。

注意事项：如果发货单中的发货项有空白的情况，则用斜线标注。

（2）销售发货明细表

销售发货明细表是显示每个销售订单的发货情况的重要信息的表格。例如，销售订单号、客户名称、产品名称、订货数量、单价、交货期、实际发货量、回款情况等。具体格式和填写内容如图 6-79 所示。

销售发货明细表

单据编号	销售订单号	客户名称	产品名称	数量（辆）	货款额（元）	合同约定交货期	合同约定回款期	实际发货数量（辆）	发票开具情况	回款额（元）
0001	LJ110002	旭日贸易公司	经济型童车	3000	¥1 965 600.00	2011-10-28	2011-11	3000		
0002	LJ110003	旭日贸易公司	经济童车	1000	¥655 200.00	2011-10-28	2011-11	1000		

编制人：刘思羽　　　　　　编制日期：2011　年　10　月

说明：一式一联，销售部存

图 6-79　销售发货明细表样例

销售发货明细表填写说明：

① 销售发货明细表是根据发货单填写的；

② 单据编号：销售发货单中的单据编号；

③ 销售订单号：涉及发货的销售订单号；

④ 客户名称：购货方企业名称；

⑤ 产品名称：涉及发货的产品名称；

⑥ 数量：此笔发货业务的货物数量（童车数量）；

⑦ 货款额：根据销售订单中的单价和数量得到总货款额；

⑧ 合同约定交货期：即合同中约定此笔业务哪天交付的日期；

⑨ 合同约定回款期：即合同中约定此笔业务哪天货物交付的日期；

⑩ 实际发货数量：实际发给客户的数量；

⑪ 发票开具情况：根据发票开具情况进行更新；

⑫ 回款额（元）：回款时进行更新填写。

注意事项：销售发货明细表中，如果某项为空或不填写，需要用"—"来表示。此做法在实际企业中是为了防止单据造假。

4. 任务流程

产品发货涉及多个部门，基本流程如图 6-80 所示。

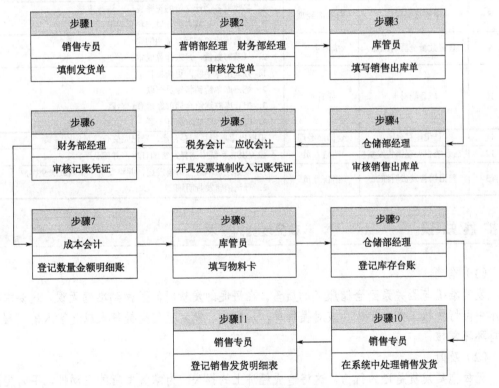

图 6-80　产品发货工作流程图

5. 实施步骤

产品发货过程涉及多个部门和多个步骤，具体实施步骤和操作内容见表 6-48。

表6-48　产品发货的实施步骤

序号	操作步骤	角色	操作内容
1	填制发货单	销售专员	1. 根据销售订单明细表和发货计划填制发货单 2. 报部门经理和财务部经理审核
2	审核发货单	营销部经理	1. 根据销售订单明细表审核发货单，确认客户名称、产品名称、型号等重要项的填写 2. 发货单签字，将审核完的发货单交还销售专员 3. 销售专员留存发货单第一联，将第二联送仓储部，第三联送财务部
3	审核发货单	财务部经理	审核发送单并签字
4	填制销售出库单	库管员	1. 根据发货单填制销售出库单 2. 请销售专员签字 3. 提交至部门经理审批
5	审核销售出库单	仓储部经理	1. 仓储部经理审核销售出库 2. 办理手续
6	开具增值税专用发票	税务会计	1. 从销售专员处获取卖给客户的销售价格 2. 根据销售出库单，结合销售价格，开具销售发票
7	填制收入记账凭证	应收会计	1. 根据开具的发票填制记账凭证 2. 将记账凭证交给财务经理审核
8	审核记账凭证	财务部经理	1. 接收财务会计交给的记账凭证，进行审核 2. 审核后，交成本会计登记科目明细账
9	登记数量金额明细账	成本会计	1. 根据出库单填写存货明细账 2. 只填写数量，月末计算成本
10	填写物料卡	库管员	1. 办理出库手续，更新物料卡 2. 把出库单给销售专员一联 3. 把仓库联送给仓储部经理登记台账 4. 把出库单送成本会计一联
11	登记库存台账	仓储部经理	根据出库单填写库存台账，登记完交仓管员留存备案
12	在系统中处理销售发货	销售专员	在 VBSE 系统中选择发货的订单，并确认
13	登记销售发货明细表	销售专员	1. 根据发货单进行销售发运，并将发货单第四联送交客户 2. 登记销售发货明细

扩展知识　　　　商品发货的要求

（1）准确

发货准确与否关系到仓储服务的质量。在短促的发货时间里做到准确无误，这要求在发货工作中做好复核工作，要认真核对提货单，从配货、包装直到交提货人或运输人的过程中，要注意环环复核。

（2）及时

无故拖延发货是违约行为，这将造成经济上的损失。为掌握发货的主动性，平时应注意与货主保持联系，了解市场需求的变动规律；同时，加强与运输部门的联系，预约承运时间。在发货的整个过程中，各岗位的责任人员应密切配合，认真负责，这样便能保证发货的及时性。

（3）安全

在货物出库作业中，要注意安全操作，防止作业过程中损坏包装，或震坏、压坏、摔坏货物；同时，应保证货物的质量。在同种货物中，应做到先进先出。对于已发生变质的货物应禁止发货。

拓展阅读 　　仓储中的发货方式 ☞

实训任务 6.3.10　核心制造货款回收

1. 学习目标

目标分解	目标描述
知识目标	简述货款回收流程
技能目标	1. 会核对销售发票是否准确
	2. 会核对收取的转账支票是否准确

2. 情境导入

2013 年 11 月 8 日，银岛公司已全部收到 6 000 辆经济童车并确认收货。根据合同规定，银岛公司应在确认收货后，根据欧博公司开具的发票，在确认收货后 30 天内以转账支票的方式付款。

作为欧博公司销售专员，您已在 2013 年 11 月 9 日将本公司会计开具的销售发票送交给银岛公司，您需要按照合同规定，在 2013 年 12 月 8 日之前收回货款。

3. 相关知识

（1）核心制造货款回收

核心制造货款回收是指销售实现之后，销售专员需要按照销售合同的约定期限跟踪催促货款的收回。客户通过转账支票的方式进行付款，企业出纳员前往银行送存转账支票，财务部做财务处理。

（2）发票

发票是指一切单位和个人在购销商品、提供劳务或接受劳务、服务以及从事其他经营活动时，提供给对方的收付款书面证明，是财务收支的法定凭证，是会计核算的原始依据，也是审计机关、税务机关执法检查的重要依据。

（3）转账支票

当客户不用现金支付收款人的款项时，可签发转账支票，自己到开户银行或将转账支票交给收款人到开户银行办理支付款项手续。转账支票只能用于转账，不能用于提取现金。

（4）注意事项

销售专员在收到发票和支票后应注意：必须认真核对发票和支票中填写所有数据的正确性，包括日期、金额、开具方和收票方名称和印章等。避免因为票据错误延长收款周期。

4. 任务流程

核心制造货款回收基本工作流程如图 6-81 所示。

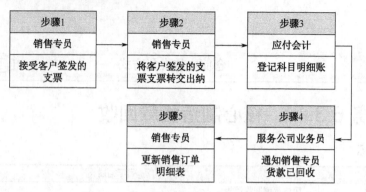

图 6-81　核心制造货款回收工作流程图

5. 实施步骤

核心制造货款回收的实施步骤和具体操作内容见表 6-49。

表 6-49　核心制造货款回收的实施步骤

序号	操作步骤	角色	操作内容
1	接收客户签发的支票	销售专员	接收客户采购员工交付的转账支票
2	将客户签发的支票转交给公司出纳	销售专员	将支票转交给财务部门出纳
3	通知销售专员货款已回收	应付会计	1. 登记科目明细账 2. 通知销售专员，货款已收回
4	更新销售订单明细表	销售专员	1. 接到应付会计的通知后，更新销售订单明细表中的回款项目

扩展知识　　　　　　　　　　**结算方式**　　　　　■ ■ ■ ■ ■

　　结算方式对因商品交易、劳务供应、资金调拨等经济往来引起的货币收付关系进行清偿的办法。在中国，根据不同经济往来的特点、形式及需要，分为转账结算和现金结算两种方式。

　　转账结算亦称"非现金结算""划拨结算"，是指通过商业银行把款项从付款人账户划转到收款人账户而完成的货币收付行为。

　　转账结算的主要方式有：支票、银行汇票、银行本票、商业汇票、汇兑、委托收款、托收承付、信用卡等。

　　现金结算是转账结算的对称，指在商品交易、劳务供应等经济往来中直接使用现金进行应收应付款结算的行为。主要有两种渠道：一种是付款人直接将现金支付给收款人，不通过银行等中介机构；另一种是付款人委托银行和非银行金融机构或非金融机构（如邮局）将现金支付给收款人。

拓展阅读　　　　　　　　　　十三个催款技巧　　　　☞

模块 7
企业管理实务训练

本模块主要从企业行政角度，对跨专业综合各组织管理进行了详细的阐述，主要包括公章、印鉴的管理，办公用品的管理等，有助于进一步提升实训者的管理水平。

实训任务 7.1.1 公章、印鉴管理制度

1. 学习目标

目标分解	目标描述
知识目标	1. 明确公章的种类及概念
	2. 明确资质证明的种类及概念
	3. 认识《公章、印鉴、资质证照使用登记表》
	4. 明确公章、印鉴管理制度的制定流程
技能目标	1. 掌握公章、印鉴管理制度的制定流程
	2. 能够正确填写《公章、印鉴、资质证照使用登记表》，并领用相关材料
素养目标	1. 明确公章、印鉴管理制度的对企业的意义
	2. 领会《公章、印鉴、资质证照使用登记表》中的职责分工

2. 情境导入

2011 年 10 月，好佳童车厂营销部市场专员刘思羽拟与客户签订广告合同，经过部门经理、财务部经理和总经理的相关审批后，需要盖合同章，他现在要填写《公章、印鉴、资质证照使用申请表》，经过批准后交给行政助理盖章。

3. 相关知识

（1）公章的种类及概念

公章主要包括法人章、公章、合同章、财务章、发票章，样式如图 7-1 所示。

① 法人章。法人章由财务部门保管（一般是出纳人员保管）。法人章是企业法定代表人的私人印章，其使用情况比较多。例如，在合同中约定需加盖法人章的、办理银行结算业务时同财务章一同使用等。

图7-1　公章样图

② 公章。公章一般由专人保管。公章用于以公司名义发出的信函、公文、合同、介绍信、证明、公司对外提供的财务报告、公司章程协议、员工任免调动及其他材料，可以申请盖公章。

③ 合同章。合同章一般用于企业与其他单位业务往来而订立合同、协议时使用。

④ 财务章。财务章由财务部保管（一般为财务部经理），主要用于处理同银行结算等与钱有关的业务时使用。

⑤ 发票章。发票章由财务部保管，主要用于开具发票时使用。

（2）资质证明的种类及概念

① 企业法人营业执照：其正副本具有同等法律效力。一般而言，正本悬挂于企业经营场所明显处，副本则在外出办理业务时携带，如图7-2所示。

图7-2　企业法人营业执照样例

② 税务登记证：其正副本的区别与营业执照正副本相同，一般正本用于展示，而副本用于外出办理税务登记、年检等业务。

③ 组织结构代码证：企业在注册登记时颁发，是企业在全国范围内的统一标识，相当于企业的身份证。

④ 开户许可证：由中国人民银行核发的一种开设基本账户的凭证。凡在中华人民共和国境内金融机构开立基本存款账户的单位可凭此证，办理其他金融往来业务。

（3）《公章、印鉴、资质证照使用登记表》

《公章、印鉴、资质证照使用登记表》属于企业内部表格，是企业基于内控管理需要的自制表格。企业一般会建立内控制度，设计符合制度、规范要求的表格，以保证公司各类章、证的使用、借用等规范操作。

4. 任务流程

在 VBSE 实训中，制造业企业制定《公章、印鉴管理制度》的任务涉及企业的行政助理和总经理。具体任务流程如图 7-3 所示。

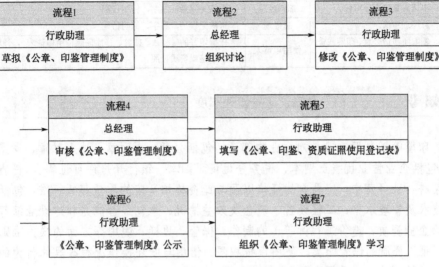

图 7-3　制定《公章、印鉴管理制度》流程图

5. 实施步骤

（1）制造业制定《公章、印鉴管理制度》

制造业企业制定《公章、印鉴管理制度》的具体步骤如表 7-1 所示。

表 7-1　制定《公章、印鉴管理制度》的具体步骤

序号	操作步骤	角色	操作内容
1	草拟《公章、印鉴使用管理制度》	行政助理	1. 满足企业内部控制的需要，制定对企业各类章证、资质证照使用、借用的具体管理细则、办法 2. 请总经理组织讨论
2	组织讨论	总经理	组织各部门经理参与讨论草拟的《公章、印鉴使用管理制度》的细则，并修改修订意见，交行政助理修改
3	修改《公章、印鉴使用管理制度》	行政助理	依据讨论确定的修改修订意见进行修改，并再次校对，将校对完成的《公章、印鉴使用管理制度》交总经理审批
4	审核《公章、印鉴使用管理制度》	总经理	审核《公章、印鉴使用管理制度》是否已经完成修改，是否有条款仍需修订，最后确定无误后，签字
5	填写《公章、印鉴、资质证照使用申请表》	行政助理	填写《公章、印鉴、资质证照使用申请表》，经总经理审批后，盖章，并颁布实施
6	《公章、印鉴使用管理制度》公示	行政助理	将纸质的《公章、印鉴、资质证照使用申请表》制度予以公示，可以贴在办公区明显位置，也可以通过邮件等方式通知企业全员
7	组织《公章、印鉴使用管理制度》学习	行政助理	组织各部门学习《公章、印鉴使用管理制度》，学习完成后在制度原稿上签字，存档

（2）填写《公章、印鉴、资质证照使用申请表》

制造业企业填写《公章、印鉴、资质证照使用申请表》的具体步骤如表 7-2 所示。

表7-2　填写《公章、印鉴、资质证照使用申请表》的具体步骤

序号	操作步骤	角色	操作内容
1	领取《公章、印鉴、资质证照使用申请表》	使用申请人	按照《公章、印鉴使用管理制度》要求,去行政助理处领取空白表单
2	按申请表要求填写表单	使用申请人	依次填写所在部门、经办人(申请人)、申请时间、使用原因、章(证)类别、份数、归还时间等项目
3	申请人直接上级审核	部门经理	审核无误后,签字,标明日期
4	总经理审核	总经理	审核无误后,签字,标明日期
5	领取所申请公章、印鉴或资质证照	使用申请人	依据填好的《公章、印鉴、资质证照使用申请表》,领取所申请公章、印鉴或资质证照

扩 展 知 识　　　公章、印鉴管理制度

　　公章、印鉴管理制度一般是对企业内部章(包括公章、合同章、法人私章、发票章、财务章)、证(包括企业营业执照正副本、税务登记证正副本、银行开户许可证等)、资质(即为企业在从事某种行业经营中,应具有的资格以及与此资格相适应的质量等级标准,包括企业的人员素质、技术及管理水平、工程设备、资金及效益情况、承包经营能力和建设业绩等,例如通信建设市场企业资质、造价工程师等)的制作、保管、更换、使用等方面的操作准则,是员工在各类章、证、资质的保管归属、使用审批权限、借用与归还操作流程等具体行为的规范,是企业进行内部控制的一个重要方面。

拓 展 阅 读　　　×××公司印章使用管理制度

实训任务 7.1.2　购买办公用品

1. 学习目标

目标分解	目标描述	编码
知识目标	1. 明确办公用品的概念	
	2. 注意办公用品采购的注意事项	
	3. 了解办公用品采购人员要求	
	4. 明确办公用品采购流程	
技能目标	1. 掌握办公用品采购的工作内容	
	2. 能够按公司要求采购办公用品	
素养目标	1. 意识到办公用品采购对企业的重要性	
	2. 明确如何能够成为一名合格的办公用品采购人员	

2. 情境导入

　　年初,天津某软件公司新进一批员工,因此该公司行政主管小张需要采购一批办公用品,主要包括笔、本、电脑、鼠标等一些常用的办公用品,但是小张也是刚进入公司不久的员工,对于此项工作并不熟悉,请你帮他完成该项工作。

3．相关知识

（1）办公用品的概念

办公用品，是指人们在日常工作中所使用的辅助用品。主要被应用于企业单位，它涵盖的种类非常广泛，一般包括文件档案用品、桌面用品、办公设备、财务用品、耗材等一系列与工作相关的用品。

（2）办公用品采购注意事项

公司行政部门是全公司办公用品和低值易耗品的采购与管理的主管部门，凡涉及办公用品的事宜均由行政部门负责。行政部门需设专人负责，加强管理。

综合管理部根据实际情况，确定办公用品及办公设备耗材的品种，汇总清单填写《请购单》，交采购人进行采购。原则上办公用品不进行零星采购，确因业务需要临时采购的，需经总经理批准后方可购置。

办公用品与办公设备耗材购入后，部分耗材直接由各部门根据计划领回，其余由综合管理部负责保管。综合管理部应做好原库存、进货数、发出数与结存数的统计。

各部门根据申领计划统一领用耗材类办公用品时，需在申领办公用品发放登记簿上登记清楚。

4．任务流程

在 VBSE 实训中，需完成购买办公用品工作的主要有供应商、客户和制造业企业，需要经过逐级审批后方可购买。具体流程如下。

（1）供应商（客户）购买办公用品的流程如图 7-4 所示。

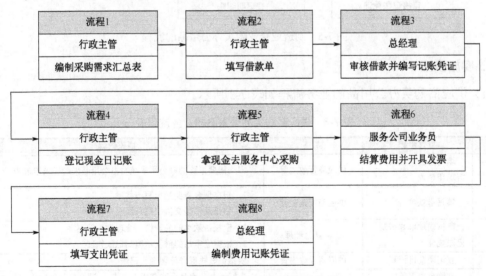

图 7-4　供应商购买办公用品的流程

（2）制造业企业购买办公用品的流程如图 7-5 所示。

图 7-5　制造业企业购买办公用品的流程

5．实施步骤

（1）供应商购买办公用品的业务流程如表 7-3 所示。

表 7-3　供应商购买办公用品的业务流程表

序号	操作步骤	角色	操作内容
1	填写办公用品采购需求申请表	供应商行政主管	根据需要采购的办公用品填写办公用品采购需求申请表
2	填写借款单	供应商行政主管	1．根据现金需要量填写借款单 2．将借款单提交供应商总经理审核
3	审核借款单并编制记账凭证	供应商总经理	1．审核借款单的准确性、合理性，并签字 2．根据经审核的借款单编制记账凭证
4	登记现金日记账	供应商行政主管	根据记账凭证登记现金日记账
5	拿现金去服务中心采购	供应商行政主管	带好《办公用品采购需求汇总表》、现金去服务中心购买办公用品
6	结算费用并开具发票	服务公司业务员	1．依照服务公司办公用品定价有关规则，计算费用，收取现金 2．依照实际出售办公用品数量及单价开具办公用品发票
7	填写支出凭证	供应商行政主管	根据发票金额填写支出凭证
8	编制记账凭证	供应商总经理	根据支出凭证编制记账凭证

（2）客户购买办公用品的业务流程如表 7-4 所示。

表 7-4　客户购买办公用品的业务流程

序号	操作步骤	角色	操作内容
1	填写办公用品采购需求申请表	客户行政主管	根据需要采购的办公用品填写办公用品采购需求申请表
2	填写借款单	客户行政主管	1. 根据现金需要量填写借款单 2. 将借款单提交客户总经理审核
3	审核借款单并编制记账凭证	客户总经理	1. 审核借款单的准确性、合理性，并签字 2. 根据经审核的借款单编制记账凭证
4	登记现金日记账	出纳	根据记账凭证登记现金日记账
5	拿现金去服务中心采购	客户行政主管	带好《办公用品采购需求汇总表》、现金去服务中心购买办公用品
6	结算费用并开具发票	服务公司业务员	1. 依照服务公司办公用品定价有关规则，计算费用，收取现金 2. 依照实际出售办公用品数量及单价开具办公用品发票
7	填写支出凭单	客户行政主管	根据发票金额填写支出凭单
8	编制记账凭证	客户总经理	根据支出凭单编制记账凭证

（3）制造业企业购买办公用品的业务流程如表 7-5 所示。

表 7-5　制造业企业购买办公用品的业务流程

序号	操作步骤	角色	操作内容
1	填写办公用品采购需求申请表	行政主管	根据需要采购的办公用品填写办公用品采购需求申请表
2	填写借款单	行政主管	1. 根据现金需要量填写借款单 2. 将借款单提交企管部经理审核
3	审核借款单	企管部经理	审核借款单的准确性、合理性，并签字
4	支付现金	出纳	1. 接收经审核的借款单 2. 按借款单金额支付现金给行政助理
5	编制记账凭证	费用会计	1. 根据经审核的借款单编制记账凭证 2. 将记账凭证交财务部经理审核
6	审核记账凭证	财务部经理	审核费用会计编制的记账凭证的合理性
7	登记日记账	出纳	1. 根据经审核的记账凭证登记现金日记账 2. 将记账凭证交费用会计
8	登记科目明细账	费用会计	登记科目明细账
9	去服务中心采购	行政助理	带好《办公用品采购需求汇总表》、现金去服务中心购买办公用品
10	结算费用并开具发票	服务公司业务员	1. 依照服务公司办公用品定价有关规则，计算费用，收取现金 2. 依照实际出售办公用品数量及单价开具办公用品发票
11	结算费用并开具发票	行政助理	1. 根据发票金额填写支出凭单 2. 将支出凭单提交财务部经理审核
12	编制记账凭证	费用会计	1. 根据支出凭单编制记账凭证 2. 将记账凭证交财务部经理审核
13	审核记账凭证	财务部经理	审核记账凭证的准确性、合理性，并签字
14	登记科目明细账	费用会计	登记科目明细账

扩 展 知 识　　　　办公托管　　　　■■■■■

　　办公托管是指企业把自己的办公用品采购、软硬件设备维护以及琐碎的行政安排等繁杂的后勤工作从日常事务中完全解放出来，统一打包交给专业的第三方进行管理。第三方利用自己的资源整合优势，为企业量身定做全面的办公解决方案，为企业节约成本，提高效率，增加收益。

　　办公托管会给企业带来诸多好处，企业办公后勤管理的第一目标是使办公更有效率，有效率才能保障业务和事项的顺利开展。任何企业都希望自己的办公更有效率，然而，繁杂的办公用品采购、软硬件设备维护以及琐碎的行政安排等后勤工作耗费了企业大量的人力、物力和财力，而所有的这些办公后勤工作都不直接产生利润，有形尤其是无形的成本却依然在持续地增加。根据大量的实际调研和经营运作得出，企业办公后勤内耗掉了企业 36.8%的管理，同时，根据实践运作经验，企业的办公后勤成本有 15%～30%的节省空间。因此，企业需要改进自己的办公后勤管理，办公托管是最好的改进方式。

拓 展 阅 读　　　　××公司办公用品采购制度　　　　☞

实训任务 7.1.3　办公费用报销

1．学习目标

目标分解	目标描述
知识目标	1．明确办公费的概念
	2．明确报销的概念
	3．明确办公费报销的工作流程
技能目标	能够按照规定流程完成办公费报销工作
素养目标	1．明确办公费报销对企业的意义
	2．明确办公费报销的工作要求

2．情境导入

好佳童车厂行政部目前有一笔办公费需要相关部门进行报销，请你完成这项工作。

3．相关知识

（1）办公费的概念
办公费是指基本生产车间耗用的文具、印刷、邮电、办公用品及报刊、杂志等办公费用。
（2）报销的概念
把领用款项或收支账目开列清单，报请上级核销。

4．任务流程

在 VBSE 实训中，办公费报销共分为 8 个工作步骤，具体任务流程如图 7-6 所示。

5．实施步骤

办公费报销的实施步骤如表 7-6 所示。

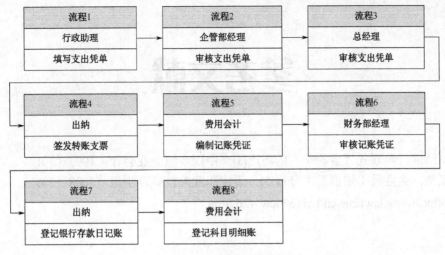

图 7-6　任务流程

表 7-6　办公费报销实施步骤

序号	操作步骤	角色	操作内容
1	填写支出凭单	行政助理	1. 根据购买办公桌椅发票上的金额填写支出凭单，并将发票粘贴在支出凭单后面 2. 将支出凭单送交企管部经理审核
2	审核支出凭单	企管部经理	1. 审核支出凭单填写的准确性 2. 审核办公费支出业务的真实性 3. 审核无误后签字
3	审批支出凭单	总经理	1. 根据预算金额对办公费进行审批 2. 对在预算范围内的支出审批签字
4	签发转账支票	出纳	1. 接收总经理审批过的支出凭单 2. 根据支出凭单金额签发转账支票 3. 将支票交行政助理，支票根及支出凭单交费用会计 4. 登记支票登记簿
5	编制记账凭证	费用会计	根据支出凭单金额编制记账凭证
6	审核记账凭证	财务部经理	审核费用会计编制的记账凭证
7	登记银行存款日记账	出纳	根据记账凭证登记银行存款日记账
8	登记科目明细账	费用会计	根据记账凭证登记费用明细账（多栏式明细账）

扩展知识　　　　　　　　网上报销

目前，探寻高效的工作模式成为各个企业的主要任务之一，采用网上报销方式是提高工作效率的一种方法。

网上报销业务是指利用软件进行电子化报销处理的过程，实现随时、随地报销，领导可以随时进行单据审批，实现网上报销 E 化管理，报销和预算进行紧密结合，时实进行预算控制预警管理，审批流程结束自动生成财务凭证，实现与财务系统对接和网银集中付款管理。这样可以帮助企业进行费用事前管理、事中控制和事后分析。

拓展阅读　　　　办公费用审核及报销制度　　　　☞

扫一扫

参考文献

[1] 刘结璀. 单联式"借款单"的巧用[J]. 中国乡镇企业会计，1993（7）.

[2] 侯荣. 企业员工培训需求分析[J]. 天津职业院校联合学报，2008（2）.

[3] http://www.lawtime.cn/baike/view/426.html